Cultural Industry Planning

文化产业策划学

刘玉平　陈　洁　周恋榕 / 编著

山东人民出版社 · 济南
国家一级出版社　全国百佳图书出版单位

图书在版编目（CIP）数据

文化产业策划学/刘玉平，陈洁，周恋榕编著.——济南：山东人民出版社，2018.9（2019.8重印）
ISBN 978-7-209-11511-7

Ⅰ．①文… Ⅱ．①刘… ②陈… ③周… Ⅲ．①文化产业－策划－研究 Ⅳ．①G114

中国版本图书馆CIP数据核字(2018)第121588号

文化产业策划学
WENHUA CHANYE CEHUAXUE
刘玉平 陈 洁 周恋榕 编著

主管部门 山东出版传媒股份有限公司
出版发行 山东人民出版社
出 版 人 胡长青
社　　址 济南市英雄山路165号
邮　　编 250002
电　　话 总编室（0531）82098914
　　　　 市场部（0531）82098027
网　　址 http://www.sd-book.com.cn
印　　装 山东华立印务有限公司
经　　销 新华书店

规　　格 16开（169mm×239mm）
印　　张 27
字　　数 420千字
版　　次 2018年9月第1版
印　　次 2019年8月第2次
印　　数 1001－2000
ISBN 978-7-209-11511-7
定　　价 48.00元

序：新时代呼唤高品质的文化创意策划

创意策划是人类认识世界、改造世界的智慧结晶，是人的情感、想象力、智慧和灵感的迸发，也是在继承传统文化、前人经验基础上，立足当下、面向未来的发展、创新和升华。当前，我国正处于调整经济结构，推动发展方式从数量型增长向质量型发展转变，迈向中华民族伟大复兴的新时代。新时代是以人民为中心，满足人民对美好生活追求的时代，是贯彻新发展观，呼唤高品质的文化创意策划和文化产品，建设社会主义文化强国的时代。

一、新时代对文化产业发展及其创意策划提出了新要求

中华民族是一个富于幻想、创意迭出的伟大民族，五千年的悠久历史积累了极为丰富的创意策划资源。春秋战国时期，屈原、庄周就创作了《离骚》《庄子》等富于想象力的浪漫文学作品，其思想深度、想象力和大气磅礴达到了前所未有、后人难以企及的高度。都江堰、郑国渠等大型工程至今仍蜚声中外。同一时期的纵横家苏秦、张仪提出的合纵连横、远交近攻，以及三国时期诸葛亮所构想的“隆中对”，“运筹帷幄，决胜千里”，成为军事史上脍炙人口的战略思维绝唱，至今仍然为人们所称道。站在新的历史起点上，保护和传承先辈所创造的文化遗产，尤其是其中所蕴含的创造性思维和创新性精神，开创中国特色的文化经济发展新时代，既是我们的责任和使命，也是新时代促使创意精品源源涌现，让中华传统思想和艺术之魂焕发青

春，无愧于伟大时代的必然要求。

时光荏苒，斗转星移。在经历了近代以来“积贫积弱”的屈辱之后，改革开放40年的思想解放、砥砺前行，促使我国的经济建设取得了举世瞩目的巨大成就，迎来了中华民族伟大复兴的新时代曙光。

民族复兴，文化先行。民族复兴的标志不仅仅是物质财富的极大增长，更重要的是文化财富的积累和公民素质的大幅度提升。否则，缺乏优秀文化滋润、文化创新及其精神力量的支撑，物质财富就可能得而复失，毁于一旦。殷鉴不远，二战时期德意日法西斯的狂热使之偏离健康价值观的轨道，不仅给人类造成巨大的灾难，而且也导致其国家和民族几乎毁灭。由此可见，在中华民族伟大复兴的进程中，必须把文化建设摆在更为突出的地位，而文化建设是比经济建设更为复杂、更为艰巨的一项任务，无疑需要全社会给予更多关注，投入更大精力和更多财力，采取更加科学化的态度才能取得预期效果。

新世纪以来，产业结构、消费结构转型升级和文化体制改革的不断深化，极大地释放了社会各界投入文化建设的活力和动力，我国文化发展犹如滚滚长江，波澜壮阔，进入高速发展的时期。然而，面对经济社会发展不平衡不充分的现实，在新形势下如何通过“创造性转化和创新性发展”，更好地传承、发展和创新中华传统文化，使之在新时代发扬光大？面对粗放式发展的问题，如何在文化建设尤其是文化产业发展中创作更多更好的精品节目，满足公民日益增长的精神文化需求，塑造青少年的健康人格？如何把文化建设和新型城镇化、乡村振兴战略、脱贫攻坚以及生态文明建设更加紧密地结合起来，推动产城融合、城乡融合，建设美丽和谐家园？不难看出，解决好这些问题，既需要顶层设计，形成综合配套的规划目标、政策支撑体系和管理机制，也离不开推动文化产业健康发展的高品质创意策划的强有力支撑。

二、推动文化产业转型升级要发挥创意策划的引领作用

当前，我国文化产业经过连续多年的持续高速增长，已经初步完成粗放式的规模化发展和文化市场供需基本平衡，但文化产品雷同化严重，缺乏品牌和精品佳作的粗放式发展问题日益凸显。按照党的十九大提出的推动国民经济从规模化增长向高质量发展的战略决策，文化产业同步进入转型升级的高质量发展阶段，即精细化、品牌化、特色化和跨界融合化发展，从而为更大程度地发挥创意策划的引领作用提出了新要求，展现出巨大的发展潜力和市场空间。

众所周知，文化产业是当今世界的新兴产业和朝阳产业，是需求巨大、国家产业政策重点支持的战略性产业。作为纵向一体化、横向一体化的庞大产业和产品体系，文化产业的上游包含了产品研发、节目创作、创意策划和产品设计，中游包含了节目制作、生产制造、项目施工，下游则包括了传播推广、产品营销、客户服务、信息反馈等诸多环节，同时横向跨界连接了旅游、健康、信息、餐饮等服务业以及创意农业、生态产业、文化地产等相关周边产业。其中，产品研发、节目创作、创意策划和产品设计作为文化产业的上游，在整个文化产业发展中发挥着价值引领和资源整合的重要作用。而创意策划又为产品研发、节目创作和产品设计提供核心理念和文化价值，是促进文化产业转型升级的关键和灵魂。

文化产业与传统产业既具有同一性，又存在着较大差异：

一是传统产业是以需求拉动供给，为消费者提供刚性的物质产品，解决人的基本需求。而文化产业则是以供给创造需求，为消费者提供弹性的精神文化产品，解决人的精神和心理需求；二是消费者对传统产品的刚性需求是确定性的、必不可少的，而对文化产品的需求则是模糊的、不确定的和多层次、多样化的；三是传统产业尤其是制造业的生产和再生产属于标准化、规模化增长模式，而文化产业的生产和再生产则是个性化、非标准化的特色化发展模式；四是文化产业作为内容产业和注意力经济，在经济社会发展中能够比传统产业产生出更为强大的溢出效应、价值引领和辐射带动作用，从而通过与相关产业的广泛跨界融合促进经济社会转型升级。

因而，推动文化产业转型升级，必须从其上游的创意策划入手。一个高质量的创意策划，不仅能够高屋建瓴，“守正出奇”，从经济社会和文化市场的全局出发，准确地为项目定位，整合并优化配置相关资源，从而既坚持核心价值观，凸显社会效益，同时又能吸引消费者眼球，起到“点石成金”“化腐朽为神奇”的溢出效果，引爆文化消费市场。反之，如果创意策划出了问题，就可能“失之毫厘，差之千里”，或“南辕而北辙”，导致项目平庸化、雷同化乃至于完全失败，遭到消费者的讥讽或唾弃。这类文化产业项目可以说是“赔了夫人又折兵”，在当今文化市场上比比皆是，并非少见，应当引起我们的警惕并深刻反思。

三、提高创意策划能力要培养大批高水平的人才

“千军易得，一将难求”，人才尤其是领军人才和骨干人才，是创意策划的核心要素和前提条件。近年来文化建设高潮的兴起和越来越大的市场需求，为富有创意思维的各类人才提供了施展聪明才智的广阔空间，一大批优秀的创意策划人才顺应时代召唤，投身文化产业发展的潮流脱颖而出，即美国著名学者佛罗里达所说的“创意阶层”的崛起，成为中华锦绣大地上一道亮丽的风景，也由此拉动了高等院校的文化创意、艺术管理、策划设计、新媒体等相关学科迅速兴起，形成了持续不断的创意热、人才热。据相关媒体报道，2017 年以来，天津、武汉、长沙、杭州、西安、成都、郑州等诸多中心城市相继出台优惠政策，大规模引进科技、文化创意等高端人才，掀起了人才争夺大战。其中，仅西安市在几个月时间就急剧引进了 50 万人。由此可见，供给侧结构性改革的日益深化，催生了市场对科技和创意人才的渴求，表明我国发展改革的动力已经悄然从外延式的投资推动向人力资源推动的内涵式方向转变。

创意策划人才之所以不同于一般性的专业化人才，是因为他不仅需要具备宽广的知识结构，高屋建瓴的睿智和想象力，严密的逻辑思维能力，跨界的资源配置能力，同时还应当有追求文化艺术的情怀，童心未泯的幻想和好奇心，锲而不舍的事业心、使命感和执行力。因此，创意策划人才既需要有“工匠”的专业化技能，更要求具备解决综合性复杂问题思维的“大将风度”和文化情怀，市场中流行的“没有情怀的策划就是耍流氓”，即此之谓也！不难看出，随着文化产业的日益发展，创意策划人才已经成为文化市场中急需的一种稀缺人才。

市场经济决定了创意策划必然与金融资本绑在一起，二者互为支撑，相互促进，难分难解，否则，任何一个文化产业项目都无法实施。在实践中这往往导致创意策划人才的文化艺术价值追求和资本的逐利本性发生矛盾和冲突。如果不坚持自身的精神价值追求和文化情怀，就可能屈从于资本的逐利动机，致使创意策划方案迎合某些市场的低级趣味。

创意策划同样离不开政府的合作与支持。事实上，政府往往是文化产业项目的需求者、投资者和管理主体。政府引进创意策划团队推动区域文化产业发展，当然首先要考虑社会效益、经济效益，但与此同时还隐含着政府自身的政绩需求，而政府任期短暂所决定的局限性，往往会通过各种渠道甚至于行政干预传导给创意策划团队和评审专家，最终使得创意策划方案可能忽视长期愿景而追求短期效益，从而在项目实施中迎合市场，使策划缺乏创意、雷同化甚至于庸俗化。

由此可见，组织实施一项高水准的文化产业项目，不仅对创意策划的领军人才及其团队的专业水平提出了很高的要求和严峻考验，而且也要求其具备强有力的组织协调能力，包括和当地政府、投资人，以及行业协会、社区民众、消费者等利益相关方进行协调和博弈，促使各方面达成广泛的共识，才能推动项目成功实施，取得预期效益。

那么，如何培养高水平的创意策划人才呢？毫无疑问，首先要深化教育体制改革，创新和完善培养模式，发挥高等院校在创意人才培养中的主渠道和基础性作用。要针对当前创意人才培养中存在的问题和弊端，根据其行业特点和市场需求，以创意思维、能力培养为目标，优化课程设置，更多地采取讨论式、对话式、实践型的案例教学方法、比较教学方法、国际合作教学等生动活泼的方式方法，开发学生的智慧和灵感，拓宽视野，不断提高教学效果，起到事半功倍的作用。

其次，要把提高存量创意人才的能力作为一项重要任务，摆在更加突出的位置，给予更大的政策支持力度，抓紧做好。如前所述，新世纪以来我国文化产业的快速发展促使一大批各类人才从各个领域进入文化产业和创意策划领域，但由于各方面条件所限，这些人员仍然存在着理论教育欠缺、知识结构不尽合理，以及热情有余，能力不足，难以胜任的“二把刀”问题。应当看到，这类人才通过实践摸索已经具备一定的素质和经验，属于80—99度即将烧开的水，因而如果能够争取国家产业政策支持，对之进行大规模的在职回炉培训，应该是一件投入少、收益大，值得引起管理层和业界给予足够关注，并尽快推动实施的大好事。

无论是高校教育还是在职培训，都离不开适用的文化产业创意策划教材。正是在这一时点上，我们高兴地看到，由山东大学历史文化学院文化产业管理学系刘玉平教授领衔撰写的《文化产业策划学》正式出版问世，为文化产业发展及其学科建设园地增添了一棵稚嫩而又富有价值的新苗。近几年来，作者一直担负本科生、研究生文化产业创意策划及相关课程的教学工作，同时还主持参与了诸多文化产业项目的创意策划方案的实践，在这方面积累了丰富的经验。正如作者所说，这是一本兼具文化产业理论探索和创意策划实务的著作，也是作者及其写作团队近年来教学和实践探索的结晶。通览全书，一是感觉作者立意高远，结构合理，饱含着振兴中华文明的强烈责任感、使命感和文化情感，能够吸引并点燃读者的创意激情；二是作者在梳理和继承前人成果的基础上，进一步总结和概括了近年来创意策划领域的诸多鲜活经验和生动案例，具有前沿性和专业化的突出特点；三是该书融理论探索与案例实践分析于一体，既可作为高校创意策划教材，同时也适用于读者自学，适应了当前教育培训市场的迫切需求；四是该书语言流畅、文字清新，富于哲理，通俗易懂。不难看出，这是作者呕心沥血，付出智慧和辛劳、几易其稿才完成的新作。作为集体合作撰写的专著，不免在谋篇布局、概念和文字表述、统稿等方面还存在一些不足和推敲之处，但瑕不掩瑜，对于从事文化产业发展和创意策划的各方面人士来说，该书无疑是一部富有启发性并值得阅读和借鉴的前沿性著作。

文化是民族精神的升华。发展永无止境，需要我们扎扎实实地做好每一件事情，策划好每一个创意项目，从而一步一个脚印，聚沙成塔，建成社会主义的文化大厦。毫无疑问，这是一项极为艰巨的任务。随着实践的发展变化，希望作者今后及时吸收新思想、新创意和新成果，对该书进一步补充、修改和提升，使之成为一项文化精品，吸引更多的社会力量参与文化产业发展和创意策划。

是为序。

2018 年 6 月 22 日于北京

（齐勇锋，中国传媒大学协同创新中心二级教授、博士生导师，文化部中国艺术研究院高端文化智库研究员）

导 论

自2002年党的十六大以来，中国文化产业呈现出快速发展的态势。作为一种知识密集型产业与绿色朝阳产业，它已然成为一种特殊的经济形态和文化形态，其发展正在深刻地改变着中国政治、经济、社会和文化的深层结构。在中国开始步入新常态的背景下，经济领域供给侧结构性改革正在深化，新旧动能转换进程已经拉开大幕，文化产业关系到增长方式转型升级和经济持续发展，承担着上升为国民经济支柱产业的重要使命。现在看来，这个重要使命已经接近实现。

但是，文化产业同文化一起，还承担着更加重大和复杂的使命。在不断加速和日趋深化的全球化趋势下，中国文化建设和文化产业又面临着维系民族认同、文化认同的重大战略问题，特别是国家政治、文化安全问题。跨越“中等收入陷阱”、突破“修昔底德陷阱”，不仅是一个经济问题，也是一个严峻的文化发展问题、重大的政治问题。文化产业在这个“跨越”和“突破”中扮演着重要角色，具有多重意义。大国权力正在向中国转移，日益成为国际社会有识之士的先见，但这种“转移”不是纯自然而然发生的，我们应当努力使这种“权力转移”与中国进程相适应。文化产业发展关系到文化自信。文化自信是一个国家和民族发展中“更基本、更深沉、更持久的力量”。文化和文化产业，一方面要更好地“构筑中国精神、中国价值、中国力量，为人民提供精神指引”（十九大《报告》）；另一方面，应当在“为人类对更好社会制度的探索提供中国方案”（习近平《在庆祝中国共产党成立

95 周年大会上的讲话》），为人类文明提供中国智慧，做出独特贡献。

近十年来，中国文化产业实践的“高歌猛进”推动着理论研究的空前活跃。面对国家经济发展与加入世界贸易组织（WTO）后的迫切性实践，一大批学者和管理者纷纷著书立说，从不同角度回答了“文化产业是什么”的问题，这在当时具有较强的启蒙作用和动员作用。但是，这种对现实迫切需求的积极回应，另一方面也形成了无意识的理论研究的窄化趋势与“解释乏力”。加之，“文化产业政策执行中践行纯粹的实用主义原则”，“经济上的刚性指标同时也就转化成为文化产业的发展政策，而文化政策本身应有的把社会效益放在首位的价值原则被消融到市场主导下的经济原则之中”。① 这在一定程度上，对文化产业学术和理论研究产生不利影响。

实践走在理论前头，对当前和今后的文化产业研究提出了新的挑战与要求。从回答“是什么”到“应该是什么”，从“实然”到“应然”的转型，需要重启理论研究的开放性，克服重应用轻理论的窄化、浅化和功利化的研究倾向。文化创新在当前和今后国家战略中是一切创新行为的核心，而文化产品、文化产业则是文化创新的集中表现形态。在这个意义上，创新是当今中国文化产业的研究之魂。对于产业发展遇到的许多矛盾和难题，文化产业理论研究应当强化前瞻性、指导性、规划性、策划性，为产业实践提供具有方向性意义的理论支撑和智力支持。

文化产业的理论系统，是新兴的学科，也是交叉的、综合的、正在形成过程中的大人文学科，其理论发展与学科建设需要基于众多学科的学术探索和长期积累，不可急功近利，不能简单采用“经济价值”取向，亟待系统的、真正有价值的文化产业学理研究。

策划学伴随着中国改革开放历史进程而肇始于 20 世纪 80 年代、诞生于 90 年代，是地地道道地起源于中国并发展于中国的一门新学科。随着市场经济的发展深化，社会实践的发展推动着策划活动的发展，策划与咨询一样越来越成为具有相对独立性的社会活动和社会职业，同时也向理论工作者提出了新的要求，即如何对其进行科学的分析整理和提炼，使之由经验走向科学。

---

① 胡惠林：《关于文化产业发展若干问题的思考》，《华中师范大学学报》（人文社会科学版）2016 年第 6 期。

文化产业策划是策划学在文化产业领域中的具体运用，是当今社会环境下文化进行产业化运作并实现其经济价值和社会价值的重要方式。文化产业策划学作为文化产业理论与策划学的结合，简单地说，它就是关于研究文化产业策划的一系列问题的科学。这种学问，既具有显著的综合性、创新性，又具有鲜明的实践性、应用性。

近八年来，“策划学理论与实务”课程在我校文化产业管理专业的研究生中开设，本人连续多年讲授该课程。多年的积累和思考融入教与学之中，多次的师生交流切磋中闪现“智慧的火花”。我们有了较为深入的认识与理路，在此基础上酝酿一起编著一部专门的书——我们将其定位为介于学术专著与研究生教材之间的著作。“火花”不断保留下来，“理路”逐渐清晰，三年来的努力“耕耘”终于有了收获。大致说来，呈现在读者面前的这部作品具有如下特点。

学术性和理论性。实践需要理论指导。经过十余年的“高歌猛进”，中国文化产业发展不能延续跑马圈地式模式，不能继续“摸着石头过河”，需要理论上的反思和前瞻，需要学术上的探究和规划。在此理路下，我们首次提出文化产业策划学的概念，认为策划具备三要素：策划者、策划目标、策划方案。文化产业策划既是产业策划，也是文化策划，一个成功的文化产业策划至少要具备三点：建立在调研基础上通过创造性思维而得到的产业发展的精准预测、科学而又合理的文化创意文案、周密而有效的产业实施运作措施。在此理路下，每一章涵盖一个具体文化产业领域，我们都从策划学角度加以审视，带着问题意识为产业实践“把脉”，注重该领域策划的理论分析，从提出问题到分析问题再到回应问题，贯穿较为系统和清晰的学术逻辑，力求形成一家之言。

实践性和应用性。理论不能脱离实践。经过十余年的“狂飙突进”，中国文化产业在规模和数量上蓬勃发展，但是在质量和竞争力上存在显而易见的“短板”和“瓶颈”。供给侧结构性改革，立足于当下我国国情，不是简单地对西方供给学派的复制。文化产业供给侧改革，要以解决产业结构性矛盾为出发点，同时做好“加法”和“减法”，加强要素创新和转型升级，增强产品特色，提高内容质量和价值，培育新业态，塑造文化品牌。“短板”要补，“瓶颈”须突破。从根本上来说，这就要从内涵上提升，特别要注重主要环节和产业链上的创意和策划。正是在此理路下，我们编著团队自觉运用文化产业策划学的基本理论，比较全面地阐明文化产业领域的策划环节和原则，并精心选取典型案例分析其策划亮点。本书每一章最后的独立思考和阐发，力求为当前文化科学管理建言，为文化企业和事业提质增效献策，同时希冀为文化产业学界研究提供有价值的参考。突出实践性和应用性，由此彰显与其他文化产业有关著述的区别，展现别样风采。

生动性和可读性。房子是用来住的，书是供人读的。一部著作，无论多么“高大上”，只有接地气，才能被读者接受和喜爱。文化产业领域的著述更是如此，具有生动性和可读性，才能发挥其作用、实现其价值。策划一旦提高到学科高度，难免会使用曲高和寡的理论表述，而往往会失去文化产业应有的乐趣与轻松。文化产业策划之所以能够适用于不同年龄层次、不同学科背景的受众，源自其实践过程中的创意性和自由度。面对这样的矛盾，在上述理念的指导下，我们团队摒弃了理论描述中惯于使用的抽象性语言，而采取了更为生动的表述方式。

例如，“非‘策’无以成书”“积跬步至千里”“歌儿为什么这样红”“运筹帷幄于指掌”“众人拾柴火焰高”等章节标题吸睛，一目了然；打开正文，内容不说教不灌输，语言平实灵动。读起来，像是作者们挑选了一个个自己感兴趣的话题跟读者聊聊，严谨、真切、有趣，如热议的电影《芳华》、经典的动漫《千与千寻》、让人惊叹的“方特主题公园”、二次元的《阴阳师》、吸金的“罗辑思维”，等等。愿每位读者朋友都能在这本书里找到自己关注的话题，并获得思维的碰撞。只要你愿意进入，无论是否懂得文化产业策划，你都会有所收获。

文化产业策划关系到文化产业的健康、持续发展，文化产业发展关系到国家和民族的文化自信，关系到满足“人民日益增长的美好生活需要”的实现。让我们带着一份文化自信，走向明天，明天更美好！

戊戌年春于大恒书斋

目　录

CONTENTS

中　篇

下 篇

上　篇

第一章

文化产业策划学的基本理论

任何建筑物都有其基础，基础坚实与否对整个建筑物影响重大。正如《道德经》有言："合抱之木，生于毫末；九层之台，起于累土。"物质性的建筑物是这样，思想系统、科学体系等精神性的"建筑"也是如此。本章主要阐述文化产业策划学的由来和根据、概念内涵和外延、创意与策划、策划的分类等基本理论问题。

第一节　何谓"策划学"

树有根，河有源。"策划学"这个概念是怎么来的，其基本内涵是怎样的？要说清楚这些问题，我们还要从"策划"这个词说起。

一、关于"策划"

"策"：形声字，从竹、朿（ci）声，原义是指带有芒刺的一种植物。后来，逐渐引申和延展为：

1. 占卜用的蓍草。例如，在国学经典《周易》中，"策"为蓍草数量，"乾之策二百一十有六，坤之策百四十有四"（《易传·系辞上》）。

2. 古代一种竹制的马鞭子，头上有尖刺。《论语·雍也》有言："将入门，策其马。"将入城门，鞭打着马匹。现代汉语中还在引申使用，如鞭策，就是比喻督促和鼓励，使人努力学习和进步。

3. 连编而成的竹简叫“简策”。因而成编古书为策，如《战国策》。

4. 古代帝王对臣下封土、授爵的文书。《左传》和《三国志》都有使用。

5. 数学上曾用的计算工具，形状与“筹”相似。有一个词叫筹子。《老子》有言：“善数不用筹策。”这里的“策”与“筹”连在一起，是计算之意。

6. 古代的考试中，出题人叫策问，答题人叫策应、对策。现代汉语中还在使用，如成语“束手无策”。

接下来看“划”字，繁体为“劃”，也作“画”。基本义即用尖东西将物体分开。延伸为：

1. 拨水前行。如划船，就是用桨划水使得船体移动。

2. 合算、划算、划得来。经常听到有人这样谈事经商，与“策”之第五义关联度大。划拳，在手臂和手掌挥动之中，主要指合算、计算。

3. 任何带“划”的词都含“动”之义，如计划一词。

分别看了两字后，我们再把二者合起来看。“策划”一词，基本含义为计划、打算、谋划、筹划、策略、决策等。这些意思在我国古籍中已经有明确表述。如：

《孙子兵法·虚实》：“故策之而知得失之计。”这里的“策”就是策划。

《论语·述而》：“必也临事而惧，好谋而成者也。”“谋”即谋略。孔子说，我所找他共事的，一定是面临任务便恐惧谨慎、善于谋略而能够完成的人。

《礼记·中庸》：“凡事预则立，不预则废。”“预”有预先计划、筹划之义。

《后汉书·隗嚣传》："以功名终申，策画复得。"这里，"策画"即策划。

《三国志·魏书·荀攸传》："公达前后凡画奇策十二。"这里的"公达"即荀攸，"画"与"划"通假，即谋划、策划。

事实上，策划在中国古代称为谋略，是中国特有的一门古老艺术和智慧学。

众所周知，在灿烂的中国智慧星空出现了众多闪亮的谋略家，春秋战国时的孙武、范蠡及三国时的诸葛亮就是杰出代表。《孙子兵法》《史记》与《三国志》分别展现了他们卓尔不群的谋略，是一代又一代人学习策划学取之不尽用之不竭的经典（参见本书第三章后附录）。

"策划"一词，在《辞海》《汉语大字典》等工具书中都能找到释义。汇总来看，几十个释义项所用字词文句不同，侧重点不同，但最通俗、最根本、最核心的解释大约都没有脱离四个字——"出谋划策"。

当然，策划不仅体现在中国文化典籍中，在外文文献中也能发现其身影。下面以英文为例，再来看看其用语。

在英文字典中，有许多单词包含"出谋划策"之义。例如，plan、planning、devise、strategy、scheme、plot 等词，都具有计划、计谋、战略、策略、设计、谋划之义，但都不完全等同于中文中的"策划"一词。

英文"策划"之义，我们还可以从下述例句中仔细体会。如：

He is behind the plan.　他是幕后策划人。

Know about the quality and process planning for the new projects.

了解新产品开发的质量策划和过程策划。

So the next managing director must devise a gradual exit strategy from the Eurozone.

因而，下任总裁必须设计出一个逐步退出欧元区的战略。

The strategy seems to be working. 这种策略似乎正在发挥作用。

Time Warner is not the only company with a scheme to put cable content online.

时代华纳并不是唯一一家计划将有线电视节目放到网上的公司。

With the core of learning to be a man, moral education starts with the small affairs in life and plots the three motif education.

德育以“学会做人”为核心，从生活小事着手，策划了三大主题教育。

We now know why a film director was asked to run the event.

现在我们知道，为什么请一位电影导演来策划开幕式。

可见，在不同的语境下使用的“策划”一词，其含义有明显不同。这是一个有中国特色的词汇，英文中几乎找不到与之完全对应的、能直译出来的单词。

二、策划学的兴起与发展

中国现代的策划业兴起于20世纪80年代，伴随着中国改革开放历史进程而来，是由计划经济转向市场经济、实行自由竞争带来的必然产物；特别是改革开放推进到90年代中期，经济发展取得了令人可喜的成就，工商业由宏利时代进入微利时代，产品由供不应求转为供过于求，知识经济初露端倪，促使现代的策划业应运而生。

在西方发达国家思想观念和市场经济影响下，中国企业面对自由竞争，密切关注市场的变化，积极探索运用各种谋划和策略，寻求在激烈的市场竞争中取胜的方式和方法。在改革开放大潮中，面对就业、收入及各种竞争，每个人都力求通过周密的计算、谋划取得成功。在这种大环境下，中国对策划的认识和重视，提高到了前所未有的程度。各行各业都在谈策划，都在尝试运用策划，策划已成为热门话题。

例如，何阳成为名噪一时的策划界风云人物。他因为给企业出了绝妙的点子而赚了40万元，此事登上了1992年《中国青年报》的头版头条。同年9月1日，《人民日报》第一版刊发了《何阳卖“点子”赚了40万——好主意也是“紧俏商品”》的报道，何阳红遍神州大地。

查阅报道得知，故事是这样的。浙江衢州塑料厂的一位推销员，因为厂里生产的一次性塑料杯子卖不出去，乘坐列车欲往上海推销，在车上向邻座乘客诉苦。这事恰被同车厢的何阳听到，他对推销员搭话说："我给你出个主意吧！把京广沿线站名印在茶杯上，再印个小地图，在跑这条线的火车上卖，管保畅销。以后再印其他线路的，到各处卖。"这位推销员一听，喜出望外，上海不去了，立刻下了车返回厂里，建议厂长照办。何阳是北京和洋民用新技术研究所所长，研究新技术，也为企业经营出点子。许多企业亏损，常会向他讨教。他出的点子几乎个个灵，投产后效益高，合计收到企业送的酬金 40 万元。何阳在博客里曾这样追忆自己当年的辉煌："不是官员，全国报告；不是老师，讲遍大学；不是作家，读者千万；不是老板，企业谋划；不是游侠，走遍世界；不是战士，抗争邪恶。"

理论产生于实践，又反过来指导和运用于实践。

策划学肇始于 20 世纪 80 年代，伴随着中国改革开放的历史进程而生，是地地道道的起源于中国并发展于中国的一门新学科。在几十年的历程中，策划学的发展之路并不平坦。20 世纪八九十年代，人们对策划概念的理解有些杂乱，一段时间内社会上有人片面夸大策划的作用，甚至有人吹嘘得神乎其神，把策划说成无所不能。事实上，那个时代人们认识和重视策划，有其历史必然性。但是，在没有经过严谨的学术研究和科学论证前提下，如果仅从某些现象和偶然事件出发，就夸大策划的作用，则会成为一些主观的论调，必然引起更多人对策划的误解和反感。

策划学发展中重要的转折和提升期出现于 21 世纪初。2001 年 12 月 11 日中国正式加入世界贸易组织（WTO），其后中国经济与世界经济进一步融合，加快了一体化进程。各行各业获得了更多机遇，也面临更多挑战和更激烈的竞争。在这种新形势下，一方面，社会各行各业认识到自身的不足，对科学推动经济增长和发展的需求越来越迫切。策划学恰恰具有使文化转化为生产力、知识转化为财富的独特作用和魅力。果不其然，她再次受到热捧，这是在 20 世纪感性喜爱基础上的发自内心冷静的理性自觉。许多人士意识到，策划与咨询有密切的关联，甚至可以说咨询也是策划。这种情形在 21 世纪初有所表现。例如，根据 2003 年国家对 1637 家策划咨询机构的统计，当年我国咨询业的营业额为90.43亿元。在我国的专职策划咨询人员中，大学以上学历的从业人员已占总数的60.68%。① 策划咨询业的繁兴，带来了文化企业和产业的发展。近十年来，文化产业迅猛发展，文化企业增长更加明显。《国有文化企业改革发展报告（2017）》显示：国有文化企业资产和经营规模不断扩大，截至2016年底，全国国有文化企业共计14838户，同比增长6%；资产总额36937.1亿元，同比增长16.3%；营业总收入15673.9亿元，同比增长11.3%；利润总额1373.6亿元，同比增长4.7%。

另一方面，策划学理论研究也在实践需求和学术研究的推动下，取得了明显进步，逐步走向成熟。表现之一，许多高等学校逐步认识到策划学的重要性，陆续开设了这方面的课程。教育部2006年3月公布新增25个专业，“商务策划管理”赫然位列其中，成为一门全新的本科专业。表现之二，一批有分量的研究成果不断出版和发表，引起学术界的关注与重视。例如，陈放撰写的专著，继1998年《策划学》之后，陆续推出《文化策划学》《营销策划学》(2000)、《策划方法论》（2006）等；李宝山的著作《企业策划学》（2003）；吴粲著有《商业策划学原理》(2004)、《策划经济学》(2005)、《策划学精要》(2009）等。表现之三，党的十六大以来文化产业得到前所未有的重视，策划学理论与文化产业研究在结合中得以空前加强与提升，一大批学术成果相继问世。其中，既有期刊发表的大量论文，也有许多专业著作。例如，李思屈等著《中国数字娱乐产业发展战略研究》(2007)、严三九等编著《文化产业创意与策划》（2008)、顾江主编《文化产业规划案例精析》（2008)、卢志良等著《旅游策划学》(2009)、吴廷玉著《文化创意策划学》(2010)、李锡东著《文化产业策划实务》(2011)、丁培卫著《广告创意与文案策划》（2012)、傅才武等著《文化产业集聚区策划与运营》（2012)、王雷等著《体育品牌广告创意与策划》(2014)、张鲁君编著《文化创意与策划》(2014）等。

再一方面，随着改革开放的深入与对外文化交流的扩展，西方文化产业有关创意与策划的著述中文译本也越来越多出版（本章第二节将重点介绍几

① 吴粲、李林：《策划学精要》，中国人民大学出版社2009年版，第64页。

种西方创意和创新的理论），对中国策划学理论研究与学术提升产生不可忽视的影响。例如，中国城市出版社2002年出版的瓦尔特·本雅明著《机械复制时代的艺术作品》、广西师范大学出版社2004年出版的尼尔·波兹曼著《娱乐至死》、上海人民出版社2006年出版的霍克海默与阿多诺著《文化工业：作为大众欺骗的启蒙》、上海三联书店2006年出版的约翰·霍金斯的《创意经济：如何点石成金》、中国人民大学出版社2007年出版的大卫·赫斯蒙德夫著《文化产业》、北京大学出版社2010年出版的约翰·斯道雷著《文化理论与大众文化导论》（第5版）等。这时期，一些国外策划学名著也译介到中国，如2002年中国财政经济出版社出版艾·里斯、杰克·特劳特著《定位》、2005年商务印书馆出版莫博涅著《蓝海战略》、2008年中信出版社出版大卫·奥格威著《一个广告人的自白》等。也有国内学者对海外文化创意和策划加以研究和介绍，清华大学熊澄宇所著《世界文化产业研究》(2012)，对国外文化产业创意与策划研究加以梳理与论述。

三、“策划”之谓“学”

近30年来，国内外众多学者、策划专家，借鉴各种理论观点和丰富的实践经验，提出了几十种关于策划与策划学的定义和界说。这里仅举例略作说明。

国外有代表性的看法，美国著名学者威廉·H. 纽曼（William H. Newman）认为，策划就是在事前决定做什么事情。其《组织与管理技术》主张，策划是一种程序，在本质上是一种运用脑力的理性行为，是计划并经过设计后的行动路线。日本著名的策划师星野匡在其著作《策划力》中认为，所谓“策划”，就是从虚构出发，然后创造事实，加上正当理由，而且要光明正大地去做。韩国的权宁赞说，策划就是为达到目标而寻找最适当的手段、对未来采取的行动做决定的准备过程。纽曼强调策划事先明确做什么，然后精心规划行动步骤，防止盲目和漫无边际，这种策划思想十分明确而严密；星野匡则强调策划贵在大胆构想，要勇于突破传统，敢于创造，坚守信心和正当理由，放手去做，这种策划思想特性非常鲜明；权宁赞的主张，将目标与手段、行动联系在一起，对策划做出了简明的定义。国外学者的见解有独特性，值得汲取和借鉴。

国内有代表性的看法，例如，策划学的最早提出者之一陈放，认为“创意”即创造性的意念，强调创意是策划的核心。他在《策划学》中主张，策划是指如何在全面谋划上指导操作者去圆满地实现对策、计策或计谋，从而达到成事的目的。吴粲、李琳大部头的著作《策划学精要》对策划学的原理、效应、技巧、实战等做出梳理，结合大量翔实案例展开论述，认为策划是对市场信息进行管理、运行、技巧处理或操作的过程，以及对市场进行计划、酝酿、决策并运用谋略的过程。策划学指研究策划的学科。《策划学精要》认为，策划是一个整合、系统的过程，是对新闻、广告、咨询、营销、谋略等手段的综合运用。作为一门学科，策划学有自己独立完整的理论体系。《经济日报》原总编辑艾丰认为，策划就是以软科学为基本理论，以大量的宏观和微观的政治、经济、社会、文化等各方面的信息和知识为原材料，运用综合的创新思维方式，为某一个主体的战略和策略的制定及实施，而特别进行的谋划性和辅助性的工作。① 学者熊元斌认为，从实践本质上看，策划是人类运用脑力的理性行为，是一种思维活动、智力活动，其结果是要找出事物之间的因果关系，衡量未来可以采取的策略。② 叶茂中认为，策划学理论可以简单概括为广告策划学，其基础来自国外。他在国外广告学理论基础上加上自己的某些创新，提出了自己的策划学，并以其大量实践成为本土优秀广告人。

周培玉则提出了“商务策划”概念，认为商务策划是通过创新经营和决策方式，整合企业有效资源、实现最小投入最大产出，把虚构变成现实的商务过程。它能够帮助组织和个人显著提高竞争力。商务策划学是一门涉及多学科的综合性的新兴学科。③

国内众多学者、实践者根据自己的研究和经验，从不同侧面和角度提出

① 周培玉：《商务策划管理教程》，中国经济出版社 2008 年版，第 47 页。
② 熊元斌：《旅游营销策划理论与实务》，武汉大学出版社 2005 年版，第 2 页。
③ 周培玉：《商务策划管理教程》，中国经济出版社 2008 年版，第 48 页。

并论述策划与策划学，虽然各自强调的重点不同、举例和解说各异，但都注重理论与实践结合，基本做到思路清晰、言之有物、自圆其说。

从上述列举的国内外学界和业界的种种观点，我们大致可以得出这样的结论：任何策划都以创意和创新为基础，具备三个基本要素，即策划者、策划目标、策划方案。策划者是从事策划活动的主体，可以是具有筹划能力的某个人，也可以是具有筹划能力的一个团队；策划目标是策划活动所指向的客体，可能是某一个企业和组织，也可能是某一个准备实施的项目；策划方案是策划活动所形成的结果，也就是凝结着策划者智慧的、解决某一企业或项目问题的行动方案。

从本质上说，策划是主观见之于客观、思想见之于行动的人类理性活动。它既是人脑创造性的思维过程，也是人们积极运用各种工具和手段、为达到预期目标而进行的谋划和建构。简而言之，策划是为了决策而制定计划、策略的活动，其结果一般呈现为具有可操作性的实施方案。一个成功的策划至少要具备三点：建立在调研基础上通过创造性思维而得到的精准预测、科学而又合理的文化创意文案、周密而有效的产业实施运作措施。

“策划”之谓“学”，不是偶然现象和心血来潮，而是发生在改革开放时代的中国社会历史进程中的必然结果。这个必然结果，以改革开放、计划经济转向市场经济、竞争加剧为大背景，以文化转化为生产力、知识转化为财富、推动经济增长为需求的大量的、生动的策划实践为坚实基础，以众多国内学者借鉴国外学者之见、将理论与实践结合进行长期的和艰辛的探索为积累，以形成一大批学术论著为最终成果。

毫无疑问，策划学是研究有关策划一系列问题的学科。它是交叉学科，也是综合学科；它是具有鲜明创新性的学科，也是具有突出实践性、应用性的学科。策划学研究的问题很多，大的和基本的问题有：为什么要搞策划？创意与策划是什么关系？策划学涉及哪些学科，是什么性质的学科？策划如何分类？怎样做好策划？等等。

还有一个问题，文化产业策划学属于策划学的一个重要分支。我们先要正确理解文化策划与产业策划，才能进一步思考和研究文化产业策划学。

第二节　创意与策划

我们谈策划与策划学，不能完全撇开创意。因为任何策划都以创意为基础，以创新为核心。何为创意？关于创意的理论有哪些？创意与策划的关系怎样？

一、何为创意

“创意”这个词，近十几年里频频为人们所使用。无论在海外还是在国内，无论是国家和政府正规文件还是民间朋友聚会交流，无论是传统纸质报刊还是数字媒体手机刷屏，“创意”经常映入眼帘、时常灌入耳中，非一般的“网红”、VR 比得上。她，像一条内蕴无穷魅力的精灵在人们心中游动。

创意之“创”，是开始做某事，初次做某事，因而有创始、创作、创办、创业、创建、创立、创新、创造、创收、创立、创纪录，当代有创意、创客等。创意之“意”，是意思、心愿、意图，也是意料、意想，还有众多词语，如意义、意见、意识、意念、意志、意向、意味、意蕴、意境等。

创意，即有创造性的想法、构思等，既是名词也是动词。创意是创造意识或创新意识的简称，指对现实存在事物的认知与理解基础上，所衍生出的一种新的思维意念和行为潜能。创意就是发明、创造、生发一种意念、主意、方案，核心的是原创、创新，即无中生有。“Create new meanings”，指创出新意，也指所创出的新意境。

创意有正负之分，正如“点子”可分为好点子与坏点子一样。凡是推动社会发展、人类进步的创意，因其正能量，是正向的创意，多数是好点子；相反，凡是阻碍社会发展、损害人类进步的创意，因其负能量，是负向的创意，是坏点子，譬如阴谋、损招。

创意也有大小之别，大与小是相对的，大小之间层级差别甚大。譬如，从宏观上看，宇宙的探索、世界的秩序、国家的创建、大城市管理等，都包含着宏观创意；从中观上看，国家某一方面的改革和建设、社会组织（企业、机关、学校等）的创建、中小城市管理、制度设立等，都包含着中观创意；从微观上看，小群体组织、个人活动、具体事项、小型文化作品等，都包含着微观创意。

创意还有虚拟（潜在）与现实之别。多数的创意是现实的，但也有的点子是虚拟的。请看下面关于做生意的段子——

爹对儿子说，我想给你找个媳妇。

儿子说，可我愿意自己找！

爹说，但这个女孩子是比尔·盖茨的女儿！

儿子说，要是这样，可以。

然后他爹找到比尔·盖茨，说，我给你女儿找了一个老公。

比尔盖茨说，不行，我女儿还小！

爹说，可是这个小伙子是世界银行的副总裁！

比尔·盖茨说，啊，这样，行！

最后，爹找到了世界银行的总裁，说，我给你推荐一个副总裁！

总裁说，可是我有太多副总裁了，多余了！

爹说，可是这个小伙子是比尔·盖茨的女婿！

总裁说，这样 ，行！——生意就是这样做成的。

段子是人编造的，故事中的创意是虚构的，可以博大家一乐。

汉代王充《论衡·超奇》有言："孔子得史记以作《春秋》，及其立义创意，褒贬赏诛，不复因史记者，妙思自出于胸中也。"这是中国历史文献中见到的最早的"创意"一词。王国维《人间词话》有言："美成深远之致不及欧秦，唯言情体物，穷极工巧，故不失为第一流之作者。但恨创调之才多，创意之才少耳。"郭沫若则说，文学家在自己的作品的创意和风格上，应该充分地表现出自己的个性。王国维和郭沫若主要是从文艺和文学角度提到"创意"。

"创意"是一个富有诗意的名词，更是一种源于实践的奇思妙想和灵感顿悟。创意也叫点子，创业要先有创业点子。20 世纪八九十年代，中国出了个"点子大王"何阳，当代俊杰马云、马化腾等人书写了创意与创业的辉煌篇章。

创意是现代经济生活中竞争力最为活跃的因子，同时，它在企业发展和现代营销中也占据核心地位。约翰·霍金斯在《创意经济：如何点石成金》一书中指出，全世界创意经济每天创造220亿美元，并以5%的速度递增。一些国家增长的速度更快，美国达14%，英国为12%。

创意与设计连在一起，发现和分享有趣、时尚、另类的生活。点燃生活激情，我们需要创意设计，从家具、家居到企业、工作，广告、艺术、旅游、会展、建筑……创意无处不在。创意、设计、生活，三位一体，相互融合，实现激情与梦想，人类需要无限的创意。

文化产业贵在创意，我们的时代进入了“创意为王”的时代。

说起创意，总是与创新关联在一起。前几年流行的段子，人们给予创意和创新以毫不吝啬的尊崇与褒扬：

数码技术让胶卷行业滑坡倒闭
网络邮件让信封邮票空前冷遇
电话短信让电报业务濒临绝迹
高铁动车让普通列车前景低迷
网上购物让商场对顾客更客气
快递物流让邮局地位朝不保夕
网络媒体让报纸书刊备受冲击
网上追逃让犯罪分子藏身无地
实名存款让腐败分子藏钱不易
电话购票让售票大厅不再拥挤①

二、西方几个主要的创意理论

（一）相信创意的力量——霍金斯的创意理论

约翰·霍金斯（John Hawkins），英国著名经济学家，国际创意文化产业研究专家。他于2001年出版《创意经济：如何点石成金》（*The Creative*

① 载于《广州日报》，2012年2月23日。

Economy: How People Make Money from Ideas)，首次提出创意产业概念，被称为“创意产业之父”。其代表作还有《创意生态：思考在这里是真正的职业》(*Creative Ecologies: Where Thinking is a Proper Job*) 等。霍金斯多次访问中国，在重要会议、论坛和媒体上发表演讲，提出独到见解，在北京、上海等地引起广泛影响。

什么是创意？霍金斯把创意分为两种：只和个人成就有关的创意；可以生产产品的创意。前者是人类的共同特性，见于所有社会和文化中；后者则在工业化的西方社会较为普遍。他提出创意有三个基本条件。一是个人性，即个人在场。就是说，创意需要个人观察某些表面或深层的东西，并在头脑中使之成型。二是独创性。创意可能是全新的，即“无中生有”，也可能是对已存在的东西的再造，即“赋予既有事物某种特色”。三是有意义，即必须有某样东西以一种有意义的方式展现人们的创意，哪怕只是个人的琐碎的意义。①

在霍金斯看来，创造力是生命的一项基本要素。创意是人普遍具有的才赋，是自给自足的，每个人都具有某种程度的创意，无须外界的资源就能成为有创意的人。譬如，听到音乐后，人的大脑会立即搜索记忆，查找相似的音乐以便进行分类和比较。天才之所以异于常人，不是因为他有罕见的才能，而是因为他没有常人都具有的“才赋”，即“阻断器”和“过滤器”。也就是说，创意的构成在心理上具有共同性，罕见的是运用创意的能力或者自然心理倾向。有创意的人都积极主动地竞争，他们在发挥才能时通常会展现若干可辨识的人格特征。

于是，霍金斯把创意过程分为五个层面：回顾（review），指如何做到心中有数；孵化（incubation），指让思想自行整理和筛选；梦想（dreams），即无意识的神游，是对神话、符号、魔法和故事的探索和品味；兴奋（excitement），即直觉的悸动，也是导致思之不深、算之不足之类不经意行为的动力源；现实检测（reality checks），即分析和衡量自己所在的位置，以

① ［英］约翰·霍金斯：《创意经济：如何点石成金》，洪庆福等译，上海三联书店 2006 年版，第 15、17—20 页。

回顾问题和检查所得出的答案。霍金斯认为，自我意识是创意过程中十分重要的因素，因为在创造力发挥的时刻有时会伴随着高度的意识状态，人们甚至会感受到意识的爆发。在极具创意时，人会感觉更有活力，注意力更集中，甚至达到忘我的境界，对周遭的事物浑然不知。①

霍金斯在阐述创意的同时，进一步分析了创意经济与创意产业。他把智力资本称为“闲置的点子”，创意资本则是“闲置的创造力”，认为创意经济的首要元素是大部分人在大部分时间依靠创意而非地产或资本赚取的大部分收入，其基础在于那些使用自己的想象力、梦想和幻想的人，是个体的角色，然后是个体与经济的关系。他主张，判断某个产业是否属于创意经济，其标准是看该产业是否有创意产品的金融交易，霍金斯提出了创意等式：$CE = CP \times T$，即创意经济（CE）等于创意产品的价值（CP）与交易次数（T）的乘积。②

霍金斯认为，创意产业是一种对未来的创造性规划，其产品都在知识产权的保护范围内的经济部门。他认为创意经济有 15 个核心产业，即广告、建筑、艺术、工艺品、设计、时装、电影、音乐、表演艺术（戏剧/歌剧/舞蹈/芭蕾）、出版、研发、软件、玩具和游戏（视频游戏除外）、电视和收音机、视频游戏，并对其产生及发展做出说明。创意经济的潜力无限，应该相信创意的力量。正是对创意有信心并坚持，才促成了真正的创意产业，成就了创意人才。他说，拥有创意的人开始变得比使用机器的人能量更大，在很多情况下，甚至胜过那些拥有机器的人。好莱坞电影的成功可以印证这一点：“无论创意多么简单或粗俗，好莱坞都会从中取材，从此开始梦想之旅，而不会困于一般艺术和文学关于对错的说法。”③

霍金斯在创意理论中，提出了“创意小生境”的概念，指一个适合创意

① ［英］约翰·霍金斯：《创意经济：如何点石成金》，洪庆福等译，上海三联书店 2006 年版，第 26—27 页。

② ［英］约翰·霍金斯：《创意经济：如何点石成金》，洪庆福等译，上海三联书店 2006 年版，第 7 页。

③ ［英］约翰·霍金斯：《创意经济：如何点石成金》，洪庆福等译，上海三联书店 2005 年版，第 3、174 页。

产业生产、生活和消费的生存环境。创意产业与传统产业的不同之处就是小而唯一，颠覆了以往更高、更快、更强、更大的工业经济规则。

霍金斯通过对创意经济十年的理论与实践再思考，从“多样、改变、学习与适应”为核心的生态学角度，审视创意产业领域的许多概念和命题，于2008年形成了一个涉及人文、社会与自然科学诸多领域的“创意生态”框架，提出了著名的“创意生态”成长三部曲（三原则）：人人都能创意；创意需要自由；自由需要市场。他指出，事实上创意价值似乎还未得到普通大众的认可，这种情况在发展中国家（包括中国）尤其严重，对于创意人自身来说，更需要相信创意的价值，明确自己的创意有着无穷且巨大的潜力。

（二）头脑风暴法——奥斯本的创意理论

亚力克斯·奥斯本（Alex Faickney Osborn），美国BBDO广告公司创始人，也是创造教育基金会创始人，美国著名的创意思维大师，被誉为“创造学和创造工程之父”。代表性著作《创造性想象——创造性地解决问题的原理和步骤》（*Applied Imagination: Principles and Procedures of Creative Problem Solving*）①的销量曾一度超过《圣经》。

“头脑风暴法”，又称“智力激励法”“自由思考法”“BS（Brain-Storming）法”，是奥斯本于1939年首次提出的一种创造性思维方法，其实质在于通过找到新的和异想天开的方法来解决问题。该方法又可分为两种：一是直接头脑风暴法（简称“头脑风暴法”），即专家群体尽可能激发创造性、产生尽可能多的设想以用于决策的方法；二是质疑头脑风暴法（也称“反头脑风暴法”），即对前者提出的设想和方案逐一质疑、分析其现实可能性以便于做出决策的方法。奥斯本对人的想象力大加推崇，曾言：想象力是人类能力的试金石，人类正是依靠想象力征服世界。

头脑风暴法的实施过程一般分为四个阶段：

1. 准备阶段

主持人对所选议题事先加以研究，弄清问题的实质和关键，设定将要达

---

① ［美］亚力克斯·奥斯本：《创造性想象——创造性地解决问题的原理和步骤》，王明利等译，广东人民出版社1987年版。

到的目标，然后确定参加讨论的人员、时间、地点、议程等，让各位参加者了解议题背景和外界动态，做好充分准备。

2. 创设创意氛围

在正式讨论之前，主持人首先说明议程规则，然后随便谈点有趣的话题，调节气氛，让大家的思维处于轻松活跃的状态，并要求不得批评仓促的发言，不能有怀疑的表情、动作。

3. 激发创意思维

在讨论过程中，鼓励自由发言，互相激发思考，引发新颖的意念，确保做到知无不言、言无不尽。要适当唤起参与者的竞争意识，努力挖掘新奇的想法、独到的见解。

4. 寻找创意思想

讨论告一段落，通过整理和归纳发言记录，找出富有创意的思想。通过专家评审或二次会议，对讨论中形成的创意思想加以评估，形成最佳方案。

奥斯本认为，运用头脑风暴法取得成功需要有几个前提。一是保持积极自由的氛围。头脑风暴法倡导人人畅所欲言，要求参与者必须做到：人人一律平等，禁止当场批评和评论别人的想法以及自我批评，禁止出现诸如“这根本行不通”“这是不可能的”“我提一个不成熟的看法”等语句，有话公开说，防止私下交谈。二是主持人要有技巧和节奏感。头脑风暴法对主持人素质和能力要求高，主持人要对议题背景、有关程序和方法十分了解，其作用在于激发与会者的灵感，适当引导，掌控节奏。三是参与者的资格。头脑风暴法对参与者素质，尤其是想象力和独立思维能力也有较高的要求，所有与会人员应当由不同部门、不同领域、不同性别的人组成，并定期轮换，增强竞争意识和新鲜感，以便集思广益。四是运用现代技术。譬如，借用计算机作为辅助工具，让计算机产生“随机词语”“随机图片”等，目的在于刺激人的视觉和活跃思维。①

在奥斯本看来，人类头脑的原始能力是想象力，这种上天赋予的潜能使

① 参考刘道玉：《创造思维方法训练》，武汉大学出版社 2009 年版，第 76—77 页。

人类“从动物中脱颖而出”。人的想象的潜在能力几乎是无限的，想象力和创造力造就了美国。如今的“电脑”在某种程度上可以执行吸收功能、记忆功能、推理功能。但是，它没有创造功能，也永远不可能想出点子来。

（三）创新扩散S曲线——罗杰斯的创新扩散和传播理论

弗雷特·M. 罗杰斯（Everett M. Rogers），曾任南加利福尼亚大学传播学教授、新墨西哥大学传播和新闻系主任，是当代美国最著名的传播学学者之一。1962年出版的《创新的扩散》（*Diffusion of Innovations*），考察了创新扩散的进程和各种影响因素，总结出创新事物在一个社会系统中扩散的基本规律，提出了著名的创新扩散S曲线理论。与美国的其他理论不同，罗杰斯的创新扩散理论随着农业改革创新推广而在发展中国家的大学中得到广泛传播，产生了相当大的影响。

罗杰斯认为，创新是一种被个人或其他采用单位视为新颖的观念、实践或事物；创新扩散是指一种基本社会过程，在此过程中主观感受到的关于新意义的信息被传播，某种创新的意义也得以逐渐显现。在扩散的早期，采用者很少，扩散进展速度也很慢；当采用者人数扩大到居民的10%～25%时，进展突然加快，曲线迅速上升并保持这一趋势，就是所谓的“起飞期”；在接近饱和点（saturated point）时，进展速度又会减缓。整个过程类似于一条S形的曲线。事实上，创新在社会系统中一般不会100%扩散，很多创新在社会系统中最终只能扩散到某个百分比。

罗杰斯把创新的采用者分为革新者、早期采纳者、早期追随者、晚期追随者和滞后者。创新推广过程包括获知、说服、决策、实施、确认五个阶段。在他看来，创新的扩散，就是新事物以一定的方式在社会系统的各种成员间进行传播的过程。这个复杂的过程由以下四个要素组成：

第一，创新。创新自身的特征首先决定了它被采纳的速度，而有利于创新的特征有五个：相对优势，就是指一项创新比起被它所取代的方法具有的优势；兼容性，指一项创新与现存价值观、潜在接受者的经历及个体需要的符合程度；易用性，指一项创新被理解和被使用的难易程度；可试性，在某种特定条件下一项创新能够被实验的可能性；可观察性，个体在多大程度上可以看到一项创新的结果。总之，创新若符合这些特征则会被采纳和传播得快，反之则慢。

第二，传播渠道。传播渠道指信息从一个个体传向另一个个体的手段。一项创新传播渠道是否适合与有效，必然影响到个体对其采用与否。实践证明，大众传播在传播创新的内容上是比较有效的手段，而人际关系渠道对于形成或改变个体对某项创新的决定更为有效，即人际关系的说服作用更重要。

第三，时间。创新扩散的时间因素包括创新决策过程、创新精神和创新采用速度。

第四，社会系统。创新扩散总是借助社会网络进行，社会系统的结构促进或阻碍一项创新在系统中的扩散。推广创新的最佳途径是将信息技术与人际传播相结合。

（四）熊彼特的创新理论

约瑟夫·阿洛伊斯·熊彼特（Joseph Alois Schumpeter），美籍奥地利人，20 世纪著名的经济学家。熊彼特著作等身，主要代表作有：《理论经济学的本质和概要》《经济发展理论》《经济理论与方法上的阶段》《经济周期：资本主义过程的理论、历史和统计分析》《资本主义、社会主义和民主》及其遗著《从马克思到凯恩斯十大经济学家》《经济分析史》等。熊彼特富有创建性地提出了许多具有影响力的理论与学说，而创新理论最为重要，更具深远的影响力，在此仅作简要介绍。

什么是创新呢？熊彼特在《经济发展理论》中提出，经济发展源于创新，创新是经济发展的本质规定。创新就是要建立一种新的生产函数，是要把一种从来没有过的关于生产要素和生产条件的新组合引进生产体系。因此，创新的实质是生产要素或生产条件的新组合。因而，创新是生产过程中内生的，而非从外部强加的。创新是一种“革命性”变化。他曾作过这样一个形象的比喻：不管你把多大数量的驿路马车或邮车连续相加，也决不能得到一条铁路。创新同时意味着毁灭，生产要素新组合正如铁路的建筑意味着对驿路马车的否定一样。创新必须能够创造出新的价值。先有发明，后有创新，发明是新工具或新方法的发现，而创新是新工具或新方法的应用。

在熊彼特看来，创新具有五种形式：采用一种新的产品，即消费者不熟悉的产品或某种产品的一种新特性；采用一种新的生产方法，即有关制造部门在实践中尚未通过检验的方法；开辟一个新的市场，即有关国家的相关制造部门以前不曾进入的市场，不管这个市场以前是否存在过；获得原材料或半制成品的一种新的供应来源，不论这种供应来源是否业已存在；实现一种新的产业结构，比如造成一种垄断地位（如通过“托拉斯化”），或打破一种垄断地位等。

关于创新的主体，熊彼特认为，企业发展的本质是创新，而创新的主体是企业家，只有企业家才能实现创新。企业家通过组合生产要素建立新的生产函数取代旧的生产函数，从而实现了创新和发展。因而，他确立了“创新以人为本”的思想基础，把企业家看作资本主义体系的基石。在熊彼特看来，企业家是那些把实现新的生产方式组合作为自己职能并实际履行生产手段新组合的人。这些企业家具有鲜明的特点：他们富有创造性和远见，不同于一般日常管理者和技术专家；他们善于发现并及时地利用机遇，不采用政治领导的方式；他们具有丰富的专业知识和克服困难的超强意志力；他们是理性的人，从自身角度出发而不是其他因素促使他实施新组合。

创新动力何在？熊彼特认为，创新动力主要来自两方面：一是对利润的追逐，二是企业家精神。利润是一种超出成本的余额，即一个企业收入与支出之间的差额。通过创新，企业家能够以更低的成本生产出与其竞争者相同的产品，从成本差中获得利润，因此没有创新就没有利润。但是熊彼特认为，必须强调利润具有：暂时性，而不是永久性的；非剥削性，因为利润是企业家对生产所做贡献的价值表现，恰如工资是工人“产出”的价值表现；垄断性，在新产品刚出现时价格按照垄断价格原则确定。熊彼特认为，随着物质不断充裕，利润机制对创新的影响力会逐渐减弱，企业家精神会逐渐成为实现创新的主要推动力。企业家精神主要是指企业家希望通过创新来突显自己的才能，由此证明自己的优越性，获得他人的尊重和社会的承认。

此外，熊彼特的理论中还包括创新与垄断、信贷、竞争的关系的见解。

他专门研究创新与经济周期问题，认为周期性的经济波动起因于创新过程的非连续性和非均衡性，因而创新是资本主义经济增长和发展的动力，没有创新就没有资本主义的发展。

（五）“新新媒介”——保罗·莱文森的理论

保罗·莱文森（Paul Levinson），美国媒介理论家、科幻小说家、音乐人，多才多艺，在媒介理论和科幻文学两方面成就斐然，他完美地实现了科学文化与文艺文化、精英文化与大众文化的结合，被称作“数字时代的麦克卢汉”“后麦克卢汉第一人”。其主要著作有：《数字麦克卢汉》《新新媒介》《手机：挡不住的呼唤》《思想无羁》《软利器》《真实空间：飞天梦解析》《丝绸密码》等。

莱文森在2009年提出了“新新媒介”概念。这一概念区别于以往的“旧媒介”（广播、报刊、电视等传统媒体）和“新媒介”。“新媒介”是20世纪90年代兴起的互联网、手机、数字电视等媒介，特别是互联网上可供直接使用和欣赏并能自由制作和发布信息的第一代媒介，如电子邮件、报刊的网络版、亚马逊网上书店、聊天室等。相对而言，“新新媒介”并非一种新的“新媒介”，而是一种新兴的跨越式媒体形态，即起源于20世纪末、兴盛于21世纪的互联网的第二代媒介。

这第二代媒介有哪些呢？莱文森认为，可以按照多重标准将新新媒介划分成多种类别。按新闻属性，可分为博客、掘客、维基等；按照社交媒体，可分为聚友网、优视网、推特网等；按照媒介形态，可分为文字、图片、音频和视频；按照社会功能，可分为政治媒介和娱乐媒介。此外，还可按软件功能分为一般系统和专用系统，按自主性和受控制程度划分为各种新新媒介，也略有不同。①

在莱文森看来，新新媒介的用户对新媒介有一定的控制权，可以决定何时何地获取新媒介提供的文本和视听。与旧媒介和新媒介比较，新新媒介有其自身的鲜明特点：新新媒介的消费者即生产者；生产者多是非专业者；使

① ［美］保罗·莱文森：《新新媒介》，何道宽译，复旦大学出版社2011年版，第5—7页。

用者能够凭兴趣选择新新媒介；新新媒介使每一个使用者成为制作人、出版人；新新媒介一般是免费的；新新媒介之间是相互竞争和相互促进的关系；新新媒介服务性强于新媒介；对新新媒介的控制较弱。在传播方式上，新新媒介既能实现人际传播，又能实现一对多的大众传播，是一种N对N式的传播媒介。

莱文森强调，新新媒介正在改变着我们的生活和世界。其主要表现为：

一是由于新新媒介营造的“超媒介空间”集移动性、交互性、可见性和便利性为一体，人们寻找、使用、生产知识和信息以及信息反馈的方式从根本上发生了变化。二是新新媒介扩展了软实力传播的路径。“网络”“互动”“参与”成为当今世界范围内软实力传播的重要特征，新新媒介建立起来的数字化关系网络，糅合了人际传播和群体传播两种方式，社会组织的网络形式开始取代旧的社会阶层划分。三是新新媒介环境下形成的社交网络，日益成为受众获取信息和表达意见的主要平台。

人们着重运用社交网络和电子沟通媒介进行自我身份的建构，由此带来整个社会潜在个人意识的转变。社会主体的多元互动，通过话语建构形成了新的文化和社会共同体。

三、创意与策划的基本关系

创意是人们充分发挥意识的创造性与认识的能动作用，突破固有的思维习惯和逻辑，以新的角度和方式通过思维转化来寻求新出路，强调构思创新和思维突破；策划是人们通过对市场和对象充分调研，运用先进的技术和手段分析信息、加工材料，提出解决问题的思路和方法，形成科学而又具有可操作性的文案，强调的是实施方案的科学性、可行性。

创意与策划两者的区别主要体现在两方面：

一是创意只是大脑中闪现的一个点子，而策划则是人们主动构建的一个完整系列。例如，影视明星柯受良1997年6月1日驾驶汽车成功飞越50米宽的黄河壶口瀑布，数万观众现场观看，数亿万双眼睛从电视屏幕上观看，举世惊叹。随着香港回归祖国的日期确定，“亚洲第一飞人”柯受良萌生了驾车飞越黄河的梦想和创意，经过调研、论证和反复思考，选在了著名的壶口瀑布。这个具有爱国和展现特技双重意义的创意和决定相对较为容易做出来，但是实际飞越活动的具体策划则是十分复杂而完整的过程。试飞训练、汽车选择、跑道搭建、寻求赞助、媒体宣传等，策划涉及方方面面，非常具体而系统。这期间，柯受良四处向厂家寻求赞助，但没有一家企业愿意“接招”，他变卖家产投入近300万元，窘迫中一度产生放弃飞越的念头。直到后来有关人士牵线搭桥，柯受良才与香港凤凰卫视取得联系。凤凰卫视对此创意非常感兴趣，立即投资1500万元，并积极参与系列策划，柯受良飞越黄河的计划才进入柳暗花明的境地。① 在同一个案例中，策划与创意两者的区别十分明显。

二是创意基本属于脑海中的虚的观念和想法，表现为概念和理论，而策划则是对创意具体实施的筹划运作，表现为行动的方案。例如，西安大唐芙蓉园的创意、策划和建设。西安曲江历史上曾是中国古代园林及建筑艺术的聚集地，被誉为中国古典园林的先河之一。从秦代到隋唐，历代帝王倚曲江而建园林，创造了辉煌的古代园林艺术。但是，战争的破坏、历史的风雨早已摧毁了往昔的盛景。当代人的创意和梦想是在曲江边重新设计和建造一座“芙蓉园”，再现大唐的盛况，为今天的人们提供理想的旅游、欣赏与休憩的乐园。但是这个创意首先需要设计者们加以策划和筹划。这种策划和筹划早在1996年就开始了，取名为“长安芙蓉园”，但由于种种原因未能搞好。曲江管委会2002年对项目定位和文化主题重新审定，经过为期八个月的调查论证，项该目于2003年4月全面实施，定位为中国第一个全方位展示盛唐风貌的大型皇家园林式文化主题公园，并改名为“大唐芙蓉园”。西北大学周秦汉唐历史文化研究所十几位教授组成策划团队，专家们针对项目建设中需要解决的实际问题，深入、系统地挖掘整理唐文化，策划唐文化的具体表现方式，形成了近50万字的专题策划报告，终于使大唐芙蓉园的文化内涵极大地丰富化、细节化，帮助这个大项目从虚的创意观念转化为具体的行动

① 吴粲、李林：《策划学精要》，中国人民大学出版社2009年版，第174页。

方案。①

在文化产业中，创意是内容和核心，策划是手段和方法。创意和策划的有机结合能够更好地实现文化的经济价值和社会价值。如果一个文化产品缺乏新颖的创意，再好的计划和谋略也难以赢得市场；同样，如果一个文化产品缺乏专业的策划方案、缺乏专门的设计和制作，那么再独特的创意也难以实现、难以发挥作用。因此，创意是策划的前提，也是策划的灵魂；策划是创意的保障，也是创意实现的蓝图。每一个成功的策划都建立在独特的创意基础上，都是围绕一个经典的创意而展开的系统而精心的“出谋划策”。也可以说，任何策划都是从提出创意、明确创意，到制作创意方案，再到实施创意方案的过程。我们看到，现实生活中精彩的创意不一定能得到成功的策划，但成功的策划背后必然有绝妙的创意。

可见，创意与策划两者之间，既各有侧重点、相互区别、不能相互替代，又关系密切、相辅相成，不能完全割裂开来。

第三节　文化策划与产业策划

按照不同的标准和依据，策划可以分成很多类型。参考周培玉《商务策划管理教程》与严三九、王虎《文化产业创意与策划》等，这里我们列出常见的划分，其中重点关注文化策划与产业策划。

一、策划类型划分

人们从不同的根据和标准出发，可以把策划分为众多类型。主要有：

（一）按照策划的范围划分

1. 全程策划：解决某一行业或企业总体发展的系统策划；
2. 领域策划：解决某一行业或企业某一领域的策划；
3. 专题或专项策划：解决某一行业或企业某个专题或环节的策划。

---

① 柏定国：《文化品牌学》，湖南师范大学出版社 2010 年版，第 148—149 页。

（二）按照策划的对象划分

1. 战略策划：侧重于解决某一行业或企业“做什么”的策划；

2. 战术或实施策划：侧重于解决某一行业或企业“怎么做”的策划。

（三）按照策划的社会属性划分

1. 企业策划：为某一企业经营和发展所做的策划；

2. 政府（机关）策划：为政府或机关部门总体和局部决策服务的策划；

3. 教育（学校）策划：为教育总体发展或某一学校办学服务的策划；

4. 军事（战役）策划：为军事总体布局或某一战役决策运作的策划；

5. 社会公益策划：为区域公益事业发展或某一公益活动运作的策划；

6. 公共关系策划：为某一公共关系活动运作的策划。

（四）按照策划的具体业务划分

1. 形象策划：为某一企业或事业组织的形象构建和传播运作的策划；

2. 品牌策划：为某一企业或事业组织的品牌构建和传播运作的策划；

3. 调查类策划：为主题、市场现状、可能性等方面调查运作的策划；

4. 分析判断类策划：为问题、现状、假设等方面分析运作的策划；

5. 实施营销类策划：为实施计划、方案组合、营销运作所做的策划。

（五）按照策划的性质划分

1. 开发型策划：面向未来开发的策划；

2. 处方型策划：解决已发生问题的策划；

3. 预防型策划：防止将来问题发生的策划；

4. 改善型策划：针对现状寻求改善和提高的策划。

（六）按照策划的需求划分

1. 委托性策划：上级安排或其他社会组织委托的策划；

2. 自主性策划：策划者预见性的可交易的策划，也称为先期策划。

（七）按照策划的频度划分

1. 周期性策划：如每年一度必须进行的年度计划、销售策划；

2. 重复性策划：如针对政府、社会和公众的公益性策划；

3. 一次性策划：如新闻发布会的策划。

这些类型是常见的基本分类。在这些分类中，有些存在交叉和重叠，并不矛盾。例如，第三种按照社会属性划分出企业、政府、教育等领域的策划，与前面的按照范围、对象划分，与后面的按照具体业务、性质、需求、频度等划分，都可能存在交叉和重叠。例如，同属于企业策划，可以是全程策划，也可以是领域或专题策划；可以是战略策划，也可以是战术策划；可以是处方型的、改善型的策划，也可以是预防型的、开发性的策划；可以是自主性策划，也可以是委托性策划，等等。这样看来，策划类型划分具有相对性，是比较复杂的问题。

二、文化策划

文化是人类生存与发展历史过程中的产物，体现了人对自然的认识和改造，因而文化是人类特有的存在方式、生活方式。

文化策划，是一种与许多策划相关联的综合性策划。譬如，形象策划和品牌策划，无论对企业还是对事业单位，无论对其形象和品牌构建，还是对其形象和品牌传播运作，都属于文化策划的基本范畴。由于文化概念具有丰富性，因而文化策划从形式到内容都十分丰富。仅从类型（形式）细分上看，既有企业文化策划、学校文化策划，又有机关文化策划、其他社会组织文化策划。这些文化策划既有文化构建策划，也有文化传播策划。

从内容上看，文化构建和传播的策划，基本结构大致可包括三个层次：

1. 外显层，也称为物质环境文化。主要指对象化了的物质形态、整体形象，包括显现在外的建筑物、景观、道路等；

2. 中间层，也称为制度文化或行为文化。主要指人的日常活动、业务运行、管理和营销中逐步形成的内部规章制度、管理规范等；

3. 内隐层，也称为精神文化。主要指组织内部员工认可的价值观念、目标追求、思维方式、风气风尚、人际关系、审美情操等，通常表现为精神、理念、口号、广告语等。

文化策划，既是上述这些方面的构建、设计、规划，也是这些方面的宣传、推广、传播。对于具体的企业、学校、机关及各种社会组织而言，具体策划内容应当从其特点出发有所差异，可以根据具体情况做出调整。例如，学校文化策划，视觉文化是学校理念文化的外显，也与学校的环境文化和行为文化密切相关。其内容主要是校徽、标准字、标准色等主要元素及其应用系统、标识系统、指示系统的设计。按照一般的专业化理解，学校的视觉文化包括 12 类 120 余项。

文化构建与传播的价值和功能，决定了其策划具有的重要作用和意义。以学校文化策划为例，升学和就业、经费和资源等方面的竞争日趋激烈，各级各类学校在市场经济条件下生存和发展都面临着不同程度的挑战与机遇。办规范加特色学校、育合格加特长人才，几乎成了所有学校的办学追求；质量优化和办学理念科学，才能形成优良而独具特色的学校文化，学校文化又是学校办学个性和办学水平的升华。因而，教育改革的个性化倾向和创办特色学校，也都需要自觉的、系统的文化策划。事实证明，文化策划和建设是学校发展的需要，为学校持续发展提供引领和动力。具体而言，其实践意义在于：学校文化策划为教育行动提供指南和纲领。因为“先谋后事者昌，先事后谋者亡”，谋划好了再行动，教育事业就会顺利、兴旺；学校文化策划为教学实践取得成功提供重要保证，可以使各项教育活动“运筹于帷幄之中，决胜于千里之外”；学校文化策划为广大教育工作者提供了新观念、新思路、新方法、新技术；学校文化策划可以改善管理，对资源进行优化组合，可以使各种因素和资源发挥更大的效用，增强竞争力。

一种企业文化，尤其是优秀的企业文化，需要经过专业化的策划。有了策划并加以构建和传播，就对企业的生存与发展具有明显的引领功能、规范功能，对企业全体员工具有明显的凝聚功能、激励功能、熏陶功能，对企业周围社区、人文环境产生较大的辐射功能、带动功能。用五个比喻来说就是：发动机、指南针、胶水、消毒剂、心灵鸡汤。因此，近年来商界就有经典语句：小企业看老板，中型企业看制度，大型企业看文化。华为公司总裁任正非说，世界上一切资源都可能枯竭，只有一种资源可以生生不息，那就是文化。

三、产业策划

产业策划，是另一种值得关注的策划。

“产业”一词，在《现代汉语词典》中有三层意思：土地、房屋、工厂等财产，多指私有财产；构成国民经济的行业和部门；工业生产的，指生产事业，特指工业。在英文中对应的 industry 一词，《新英汉词典》有三个意思：勤劳、勤奋；有组织的劳动、经常的工作；工业、产业、行业。

根据中英文的词义，结合经济学理论，我们就“产业”的内涵可以综合起来做出如下解读：所谓“产业”，是社会分工的产物，是社会生产力不断发展的必然结果，是具有某种同类属性的企业经济活动的集合，是介于宏观经济与微观经济之间的中观经济。鉴于此，“产业”的含义显然具有多层性，随着社会生产力水平不断提高，其内涵不断充实，外延不断扩展。

因此，基本概念含义的多层次性，决定了产业策划也是十分丰富的。如果把问题作简单的梳理，便于更清晰地把握，可以把所有产业策划划归为两大类别：一类是行业的策划，这是对同类属性的企业经济活动的集合而言；另一类是某一企业的策划，这是对一个大集合下的子要素（即个体）来说的。这两类之间属于一般与个别的关系，即共性与个性的关系。个体企业各有其个性，多个具有同类属性的企业组成一个行业。

行业策划，主要涉及行业特点、布局、结构、规模、资源、资本、人才、信息等诸多方面，对于一个国家和地区的经济社会发展具有重要意义。例如，钢铁产业发展的策划，包括钢铁业发展的一系列方针、政策、措施等，对于新中国建立后工业化时期具有重大的战略意义。今天的经济改革，面临调结构、转方式、去产能、去库存、补短板、转型升级，钢铁产业如何生存和发展，又需要新的策划。又如，在知识经济和全球化大潮中，文化产业对于一个国家和地区的经济社会发展的重要意义是不言而喻的，文化产业作为一个产业和行业需要做出系统的、科学的策划，文化产业内各个细分行业、领域和某一个文化企业，也需要做出科学的策划。例如，文化部 2003 年制定下发的《关于支持和促进文化产业发展的若干意见》，是十几年前文化部对文化产业发展的策划。国务院2009年的《文化产业振兴规划》，是建国60年来首部全国性的文化产业专项规划和宏观策划。

任何一个规模较大的、稳定的企业，无论是国有企业还是民营企业，其生存和发展都需要做策划。企业策划，主要涉及资金、技术、人才、产品、规模、营销等方面。同时，企业策划也是一种与许多策划相关联的综合性的策划，上述按照七大标准划分为约二十多种类别，几乎都与企业策划相关。企业策划，直接目的是搞好生产、经营和营销，赢得利润，追求效益最大化；根本的目的在于做大做强，走品牌化之路，提升核心竞争力；长远目标是担当社会责任，促进社会进步。

以企业文化策划为例。企业文化构建和传播的策划，基本结构大致包括三个层次：外显层即物质环境文化、中间层即制度文化或行为文化、内隐层即精神文化。企业文化主要是在企业哲学指导下的企业共同价值观念体系。在企业文化中最难解决的一对矛盾，就是企业追求的目标是“利润”还是“崇高理想”。优秀的公司追求的是务实的理想主义。企业要生存就必须有钱，就要服从利润最大化原则，但企业不能只因为钱而存在，必须有超越金钱之上的力量来支撑企业生存下去，这就是企业的核心价值观。

从文化人类学意义来说，人类的一切经济活动也都是文化活动，都内蕴着文化的因子，具有文化的意义；同时，也使文化本身从一开始就内蕴着经济的因子，具有经济的潜在因素。这从文化策划上也能看到。文化与经济的基础性关系，也说明产业策划与文化策划从来不是风马牛不相及的两件事情，下面从文化产业策划上也许看得更清楚。

第四节　文化产业策划学

文化产业策划是以创意为核心的策划，是文化策划，也是产业策划。文化产业策划在当代已经成为一门科学。在此，我们一起探讨这门科学的学术基础、与其他学科的关系，阐明其基本内涵与外延。

一、关于文化产业

当今时代，从一般意义上理解，文化企业即文化产业，人们在实际运用中对这两个概念不作更特别的区分。当然，从严谨的学术意义上说，二者也不能等同。因为前者是一个种概念，主要是从个体上使用，而后者是一个属概念，主要从类的集合（即行业）上使用；二者来源背景不同，文化企业相对于物质生产的一般企业而言，文化产业这个名词则是一个舶来品。

文化产业，这一术语产生于20世纪初，最早出现于霍克海默和阿多诺合著的《启蒙辩证法》（*Culture Industry*）一书，一般译为文化工业，也可以译作文化产业。联合国教科文组织对其的定义是：文化产业就是按照工业标准，生产、再生产、储存以及分配文化产品和服务的一系列活动。事实上，世界各国对文化产业并没有一个统一的说法，英国称为创意产业，日本称为内容产业，美国则一般只说版权产业，等等。

在中国，学术界和产业界习惯于使用“文化产业”这一称谓。这一概念在中国出现，“并不是对法兰克福学派‘文化工业’概念的简单转译”，中国传统思维的路数，使“这一概念所具有的‘望文生义’的优势十分明显”。[①] 2003年9月，文化部制定下发的《关于支持和促进文化产业发展的若干意见》，将文化产业表述为：“从事文化产品生产和提供文化服务的经营性行业。文化产业是与文化事业相对应的概念，两者都是社会主义文化建设的重要组成部分。”2004年，国家统计局对“文化及相关产业”的界定是：为社会公众提供文化娱乐产品和服务的活动，以及与这些活动有关联的活动的集合。

国家统计局2012修订后的《文化及相关产业分类》把文化产业分为两大部分、十个大类。中宣部高书生对此撰文予以阐述，强调指出：经过十余年发展，文化产业作为一个新兴产业，已经形成了门类齐全的体系。文化是

① 王育济、齐勇锋、侯样祥等：《中国文化产业学术年鉴》（1979－2002年卷）“编纂说明”，山东大学出版社2010年版；高等院校文化产业基础教材“总序”，刘玉平、王晓鹏：《文化产业文献导读》，福建人民出版社2013年版。

无形的，其传承和传播需要载体，也需要渠道和终端。① 新近公布的《文化及相关产业分类（2018）》，将原来的大类由 10 个修订为 9 个，中类由 50 个修订为 43 个，小类由 120 个修订为 146 个。

尽管世界各国从不同角度对文化产业做出了有明显差异的界说，但文化产品的精神性、娱乐性等基本特征是公认的，其本质是文化与经济的结合和融合。因而，文化产业就是具有精神性娱乐性的文化产品和服务的生产、流通、消费活动。相应地，基本上可以把文化产业划分为三大类：一是生产与销售以相对独立的物态形式呈现的文化产品的行业，如图书、报刊、影视、音像制品等；二是以劳务形式出现的文化服务行业，如戏剧舞蹈的演出、体育、娱乐、策划、咨询、经纪业等；三是向其他商品和行业提供文化附加值的行业，如装潢、装饰、形象设计、文化旅游等。

文化产业，具有高技术产业的高投入、高产出、高风险、低耗、低碳等特征。学界对文化产业的基本特征有大致相似的看法。例如，胡惠林等学者认为，现代文化生产与其他生产行为相比较，呈现出许多新特征：较高的知识、技术和智能的综合性，高度的创造性和探索性，文化和知识的再生产性，过程和结果的双重存在性等。这些特征不仅使它与所有物质生产行为相区别，而且还使它与传统文化生产行为相区别。②

文化产业兴起的内在动力，是经济的发展、社会的进步和文化消费需求的增长。马斯洛需要层次理论认为，人的需求分为生理需求、安全需求、社交需求、尊重需求和自我实现需求五个层次，人们需求满足的顺序一般由低级到高级。对食品（包括水）的需要是人最低层次的需求，对文化产品的需求是较高级的需求。对食品的需要量受生理条件的制约，增长到一定程度就会饱和，因此在这方面需求逐渐满足的情况下，百姓饮食费用开支占家庭总开支的比重随着收入水平的提高而下降，这种现象被称为“恩格尔定律”。随着经济不断发展，恩格尔系数逐步下降，文化消费需求的增长成为人类社会发展的必然趋势。

① 高书生：《我国文化产业发展的总体状况和主要特征》，《经济与管理》2015 年第 3 期。
② 胡惠林：《文化经济学》，清华大学出版社 2014 年版，第 83—85 页。

文化产业在当代中国的兴起，有其历史的和现实的必然性。科学技术革命，特别是电子信息技术的发展，是文化产业兴起的技术前提和直接推动力；商品经济的发展、市场化的运作、制度的创新，是文化产业兴起的制度保证。

十几年来，中共中央从党的十六大到十七大（特别是十七届六中全会）再到十八大和十九大，党和国家出台了一系列促进文化改革和发展的文件，把文化区分为文化事业和文化产业，一手抓公益性文化事业、一手抓经营性文化产业。十九大《报告》，明确提出新时代我国社会的主要矛盾，强调推动文化事业和文化产业发展，满足人民过上美好生活的新期待，必须提供丰富的精神食粮。

2009 年《文化产业振兴规划》出台，文化产业首次被列入国家产业振兴计划，文化体制改革激发了经营性文化产业的巨大潜力，文化生产力被空前释放，文化建设活力显著增强，中国的文化产业迎来了春天，形成了大发展、大繁荣的可喜局面。

目前，我国是全球第一大电视剧生产国，年出版图书品种、总量稳居世界第一。2017 年中国生产电影 970 部，年度总票房达到 559. 11 亿元。国家统计局数据显示，2017 年全国规模以上文化及相关产业企业营业收入 91950 亿元，同比增长 10. 8%。专家评价，中国文化产业进入了“黄金发展期”。20 多个省市区提出“文化大省”战略，北京、广东、江苏、山东等省的文化产业增加值超过千亿元，一批总资产和总收入“双百亿”的文化企业成为领军力量。即使在国际金融危机始发之时，我国的文化产业仍然增速超过国内生产总值的 8 个百分点……学者认为，中国文化出现了“发展里程碑”。

2008 年以来，国际金融危机给世界经济带来沉重打击，也对中国经济造成不可忽视的影响。在经济一片低迷中，我国文化产业却显示了较为旺盛的生命力，在保增长、扩内需、调结构、促发展中发挥着重要作用。目前在供给侧结构性改革和“一带一路”倡议实践中，文化产业正在成为中国经济发展的新引擎，成为经济发展新的增长点和国民经济支柱产业。一系列数据和资料表明，文化产业增速明显，可以预见今后十年乃至更长时间，中国文化产业将延续快速发展的良好态势。

文化产业因具有资源消耗低、技术含量高、环境污染少诸特点，并作为一种知识密集型产业与绿色朝阳产业，已经成为一种特殊的文化形态和经济形态。当前乃至今后若干年，中国的国家战略及经济社会发展，都迫切需要大力发展文化产业。

二、文化产业何以需要策划

当前中国经济发展步入新常态，文化产业既有不可多得的机遇，也面临挑战和压力。近年来，文化产业发展亮点纷呈，产业增加值年均增速超过15%，形势喜人；“两个一百年目标”、经济和社会发展大势、“人民日益增长的美好生活需要”，都对文化产业提出更高的要求和期盼。

党的十九大《报告》指出，我国经济已由高速增长转向高质量发展阶段，正处在转变发展方式、优化经济结构、转换增长动力的攻关期。建设现代化经济体系，必须深化供给侧结构性改革，把提高供给体系质量作为主攻方向，显著增强我国经济质量优势。通过形成新动能，促进我国产业迈向全球价值链中高端。

《报告》明确提出大力推动文化事业和文化产业发展。因此，我们要“健全现代文化产业体系和市场体系，创新生产经营机制，完善文化经济政策，培育新型文化业态”；“推进国际传播能力建设，讲好中国故事，展现真实、立体、全面的中国，提高国家文化软实力”。客观而辩证地看问题，反思中国文化产业进程，我们看到在蓬勃发展的同时也暴露出了诸多问题，迫切需要加强产业规划和企业策划。

第一，策划和创意是文化产业的灵魂和题中必有之义。文化产业是文化产品的生产、流通、消费活动，文化产品的精神性、娱乐性等基本特征，决定了文化产业本质上是文化与经济的结合和融合。创意和策划是其核心，犹如气韵灵动的“一根红线”联结起“文化”与“财富”。创意是一种对文化内容独具慧眼的商业选择，好似“婚前化妆”，为文化设计出一种最合适的商业“呈现方式”。我国文化企业商业模式，由原来传统主业单一模式逐渐演变为平台式、产业链式、泛娱乐式等复杂模式。在当今互联网时代，文化产业具有产业融合化、业态多元化、发展个性化、增值网络化等诸多鲜明特征。文化产业商业模式，是“文化企业适应内外部生态环境变化，顺应人们对生活品质的美好追求，整合资源和流程，为顾客创造体验价值和精神享受，实现企业价值增值和盈利回报的模式”①。

策划，恰如人的大脑和神经中枢，构成文化产业庞大机体的灵魂。由一般的文化到创意策划的飞跃，应当体现为对文化资源的辨析、选择、解读，积极培养、锻炼和完善思维能力，运用科学思维主动设想和创新，对资源开发和运用的策划，即运筹和谋划。通过创意和策划，文化也就由此开始了产业界面上的财富之舞。文化产业中的“财富”，不应被狭隘地理解为一件文化产品赚了多少钱，对一个区域和行业而言，它意味着经济水平提升；对一个国家而言，它意味着经济发展战略意义上的调整和转变。由创意策划到财富实现，应当包括把准市场需求脉搏，搭建企业运营平台，通过整合营销获得良好效益等。

第二，当前中国文化产品数量多、精品少，亟须加强顶层设计和科学策划。在政策导向和企业的努力下，经过十多年的快速发展，文化产业各领域的规模不断扩大，产品数量显著增加，但高质量的产品少，“叫好又叫座”的精品不多。这是文化产业各领域内普遍存在的现象，对此业内和学界都有大致相同的认识。比如，近年来的中国影视业，电视剧和电影产品的年产量都是全球第一，但是热播并影响大的电视剧与其产量不成比例，票房高、口碑好的电影也是少数，影视作品的出口赚取外汇数额更是羞于谈论。中国的动漫产品也是如此，2016 年产量达到 12 万分钟，比 2004 年翻了 5 番。近十年，除了《喜羊羊与灰太狼》《熊出没》《大圣归来》等几部作品在观众中留下较为深刻的印象，多数作品默默无闻，更多的是模仿日美动漫，甚至一些企业主要靠外包贴牌维持运营。缺少精品、亮点乏陈的现象，表面上看是因为浮躁心态、急功近利，实质上是其创意和策划不足。策划对于文化产业

① 潘爱玲、刘文楷、邱金龙：《困境与突破：新旧动能转换背景下文化企业商业模式创新研究》，《山东大学学报》（哲学社会科学版）2018 年第 2 期。

而言，是必不可少的；文化产品的生产需要策划，营销也需要策划。

第三，树立品牌意识，实施品牌战略，亟须精心策划。许多产业在发展初期，都是从数量和规模做起，追求经济效益。这符合基本的经济规律，无可厚非。人匆匆走过一段路后，总要回顾总结一番，并确立下一步乃至长远的目标，才能把未来的路走得更好。文化产业之路也是如此，历经十几年的快速发展和改革，既要“盘点”成绩，更要“检讨”不足，尤其要“筹划”未来。对文化产业来说，筹划未来最重要的方面就是树立品牌意识，实施品牌战略。“现代营销学之父”菲利普·科特勒博士在《营销管理》中认为，品牌是一种名称、术语、标记、符号或图案，或是它们的相互组合，用以识别某个销售者或某群销售者的产品或劳务，并使之同竞争对手的产品和劳务区别开来。品牌对文化产业具有独特的价值和意义。现代文化生产与物质生产不同，其产品（供人们消费的文化品和文化服务）具有鲜明的个性和品牌性。文化产业由自身的特征所决定，对品牌的内在追求更加强烈。日本的动漫产品已成为世界品牌，其出口盈利早已超出钢铁企业；美国动画和电影大片，比起物质产品传统名牌如可口可乐、麦当劳等，近几十年来呈现更强劲的发展势头。任何文化品牌的构建，都需要精心策划；如果没有策划，任何文化品牌的塑造和建设，都是不可想象的。无数事实表明，文化产业有无自觉策划不一样，策划是否做得好也不一样。譬如，迪士尼出品的动画电影《疯狂动物城》火速成为内地动画电影票房冠军，绝不是偶然的。鲜为人知的是，这部作品正式拍摄之前花了一年时间进行市场调研，经历五年的认真筹备和详细策划，近500位工作人员参与制作，共绘制了19.7万张草图。更为令人折服的是，为了使影片中64种动物的毛发更加逼真、形象，一个几秒的镜头就要耗费数月时间加以设计制作。

第四，文化企业需要策划，文化产业的整体布局、各领域的产业结构更需要策划。这方面也存在一些问题：例如，由于前期调查研究不足，对某些重大决策缺乏严谨的科学论证，导致某些规划空泛草率、项目设立和运作盲目，国家投资得不到应有的回报，甚至遭受严重损失。譬如，前几年全国各地旅游开发，有些地区不管自然和人文资源是否适合、客源是否具备，一哄而上，跟风建设主题公园。文化企业布局不合理、经营粗放。以动漫业为例，国家在2004年开始重视发展动漫业，一年内就批准九家动漫产业基地建设，受益者除了靠生产大量低质动画来获得国家补贴的文化企业，还包括善于利用政策利好以打造动漫产业园为概念的地产商。文化产业范围内，产业结构落后，创意类、数字类新业态较少，文化消费与需求不匹配，文化产品走出去亟须突破等。因此，我们迫切需要加强产业规划和企业策划，也迫切需要供给侧结构性改革，实现新旧动能转化，努力提质增效，从而更好地发挥文化产业对经济社会发展的促进作用。

应该看到，我国前些年文化产业发展政策多是问题导向型，往往以实践变化和实际需求推出解决方案。由于缺少前瞻性、预判性的规划和策划，随着情况不断变化，对现实反应的滞后，导致部分政策的缺失和落后。新时期，修补式、渐进式的政策道路遭遇挑战，“摸着石头过河”式的实践需要调整。正如有学者所指出的，“科学合理的整体设计规划迫在眉睫。所谓文化产业的顶层设计就是要加强对全国文化产业发展的统筹力度，把文化体制改革、文化市场建设、文化产业区域布局、文化产业人才培养等指导方针、基本内容及实施路径进行更具操作性的连接，具有高度权威和指导意义”①。

文化产业策划与一般策划相比，其特征表现在：策划主体的群体化、策划手段的现代化、策划过程的程序化、策划分析的定量化。从文化产业策划的功能上看，策划能够促进文化产业目标的实现，保证文化产业运作的实效，提高文化企业的竞争力。②

三、文化产业策划学

在前面对有关策划学、创意与策划关系、文化策划与产业策划等方面分析的基础上，面向当今文化产业发展实践，借鉴和综合学界的研究成果，我们提出一个基本概念“文化产业策划学”，即研究关于文化产业策划的一系

---

① 范周、张芃：《新时期中国文化产业发展面临的几大问题》，《北京联合大学学报》（人文社会科学版）2014年第2期。

② 严三九、王虎：《文化产业创意与策划》，复旦大学出版社2008年版，第17—19页。

列问题的科学。它是策划学，属于策划学领域中一个重要的、崭新的分支；它是文化产业学科体系中重要的组成部分，是繁花似锦的文化产业大花园中靓丽的奇葩。它的理论基础是谋划，核心是创意创新；它是文化策划与产业策划的结合与融合。

文化产业策划学是交叉学科，主要涉及经济学、管理学、思维学、哲学、运筹学、信息学、心理学、广告学、传播学、营销学、文化经济学、文化产业管理、社会调查研究、计算机技术、艺术设计、文案写作等学科和方法。这表明，文化产业策划学是建立在多学科交叉之上，不是孤立的、单一的；从事文化产业策划需要诸多理论知识武装，也需要掌握和运用诸多技能。

文化产业策划学是综合学科，是众多学科和技术的综合与融合。上述诸多学科中，经济学、管理学、思维学、哲学是基础学科，为文化产业策划提供理论基础；文化经济学、文化产业管理、社会调查研究是主干学科，为文化产业策划确立方向和主要内容；运筹学、信息学、心理学、广告学、传播学、营销学、计算机技术、艺术设计、文案写作是应用学科，为文化产业策划运作提供途径和方法。

作为综合学科，文化产业策划学不是杂乱堆积，也不是随意拼凑。《易传·系辞》将易学"范围天地而不过，曲成万物而不遗"，阐发为"形而上者谓之道，形而下者谓之器"。借用易学和中国哲学的话，我们也可以将文化产业策划学描述为"道"与"器"的融合、"道"与"术"的结合。若做到了这种结合与融合，文化产业策划学就可以达到"化而裁之"之"变"，"推而行之"之"通"，并进而成为"举而措之天下之民谓之事业"。

文化产业策划学是具有鲜明创新性的学科。对文化产业策划学来说，如果说文化是基础，那么创意和创新则是核心与灵魂。策划活动是探索的过程，每一项重要策划都不是沿袭已有路线循规蹈矩，而是在"荒原上"开拓，走前人未走过的路；策划活动结束形成的文案，是否具有价值和指导意义，集中体现为是否具有创意和创新。霍金斯的创意理论、奥斯本的头脑风暴法、熊彼特的创新理论等，都阐明了创意和创新的内涵与价值，为文化产业策划学提供了理论基石。

从学科属性上看，交叉与综合对于学科发展而言意味着出新和创新。人类发明史上许多创造是从交叉与综合得到的，科学上的新理论、新发明的产生，新的工程技术的出现，经常是在学科的边缘或交叉点上。重视交叉融合学科，将使科学本身向着更深层次和更高水平发展。例如，化学与物理学的交叉形成了物理化学和化学物理学，数学与金融学的综合出现了一门新的金融数学，教育学与社会学融合形成了新的教育社会学，生物医学工程则是综合生物学、医学和工程技术学的交叉学科，属于高新科技研究领域等。

文化产业策划学也是具有突出实践性、应用性的学科。这是由策划的本质特征与现实价值决定的。因为，策划是主观见之于客观、思想见之于行动的人类理性活动，纯粹主观的、观念的、思想的东西，可以与客观事物保持一定距离，甚至可以脱离实际，但任何一项成功的策划活动，都必须建立在主观与客观、思想与实际紧密结合的基础上。文化产业策划更是如此。因为文化产业的经济性、文化性、现实性、复杂性，要搞好其中的策划，必须将关于文化产业的理论、学术与产业、企业实践密切结合起来，否则将是纸上谈兵。

从现实价值上看，策划是为了决策而制定计划、策略的活动，其结果一般呈现为具有可操作性的实施方案。文化产业策划更是需要形成方案。一个成功的文化产业策划至少要具备三点：建立在调研基础上通过创造性思维而得到的精准筹划、科学而又合理的实施方案、周密而有效的运作行动措施。在范围广大的文化产业中，战略规划对于宏观的整个行业和领域具有重大实践价值，科学策划对于中观的区域和企业具有重要实践价值，精当策划对于微观的某一项目具有鲜明的实践价值，这是毋庸置疑的。

策划的核心，在于为文化创造、设计出一种最合适的商业模式，即“呈现方式”。商业模式的本质和核心是价值创造。“文化企业的价值创造，不仅包含价值链方向从供给到需求的单向增值，而且包括消费者需求导向下的价值循环和共创，以及价值网络内部各节点互动融合所带来的价值增值。”①

① 潘爱玲、刘文楷、邱金龙：《困境与突破：新旧动能转换背景下文化企业商业模式创新研究》，《山东大学学报》（哲学社会科学版）2018 年第 2 期。

如上所述，我们侧重于阐述文化产业策划学的基本内涵（包括学科基础、学科属性和特点、功能等）。从外延上看，由于文化产业范围广大，文化产业策划学的外延也是极其丰富和复杂的，可以说凡是存在文化产业的地方，都需要有策划的身影。可以按照不同的根据，将文化产业策划划分为多种类型。例如，从宏观、中观、微观三个层面划分。又如，按照文化产业三大类的划分法，将其分为生产与销售以相对独立的物态形式呈现的文化产品类策划、以劳务形式出现的文化服务类策划、向其他商品和行业提供文化附加值的行业策划。再如，按照第三节对策划的分类，从文化产业策划的范围、对象、性质、需求、频度等方面，具体划分类型。

不管怎样划分，但必须注意的是，划分与综合是相辅相成的。划分便于理性分析，综合便于实践运用，现实中的策划则是分析与综合的统一，不能人为地割裂开来。

文化产业策划与文化产业的关系，可以这样理解：作为整个文化产业活动之前的全盘规划与指导性策略，文化产业策划对文化产业的各个环节都有重要意义和作用。“它决定着文化产业的整体策略，指导着文化产业的主题运作、品牌形象塑造以至流通渠道的使用等方面。因此，文化产业策划与文化产业活动的实施具有最直接的指导与被指导的关系。”①

在本书中，为了便于表述，我们沿用传统的分类，将在中篇分别论述出版业策划、新闻传播策划、广告营销策划、会展与节庆策划、旅游与休闲策划、体育产业与全民健身策划；在下篇分别论述影视产品策划、动漫与游戏策划、演艺娱乐策划、网络音乐策划、手机媒体策划、文化产业众筹策划、特色小镇策划等。

① 严三九、王虎：《文化产业创意与策划》，复旦大学出版社2008年版，第16页。

第二章

文化产业调研与策划文案

文化产业策划是策划学在文化产业领域中的具体应用，是当今社会环境下文化进行产业化运作并实现自身经济价值和社会价值的重要方式。从事文化产业策划，策划者首先需要具备策划的基础和方法，并书写策划文案。这就是说，策划者对相应的对象和环境先做调查了解，然后加以分析研究，利用掌握的材料、数据和相关理论写作调研报告，进行可行性论证，最后将策划方案书面化，形成一份完备的文案。

第一节　文化产业调查方法

社会科学研究按照不同的标准可以分成不同的类型。例如，根据研究的性质，分为理论研究和应用研究，或称为基础研究和应用研究；按资料搜集方法，可以划分为定性研究和定量研究等。对于文化产业来说，既需要基础研究又需要应用研究，既需要定性研究又需要定量研究。无论哪种研究，都应当从客观事实出发。对实际情况的调查研究（简称“调研”）是文化产业策划的开始。

一、文化产业调查方法概述

21 世纪是信息时代，信息技术的迅猛发展和普及，改变了人们的生产、生活和思维方式。这意味着掌握了前沿的信息技术，就等同于掌握了第一手的资源。文化产业策划同样需要掌握信息资源。毛泽东曾精辟地指出："没有调查，没有发言权"，"调查就是解决问题"，"一切结论产生于调查情况的末尾，而不是在它的先头"。[①] 因此，通过调查和研究，收集并掌握信息，获得真实而全面的认识，是做好策划的基础。

根据不同的标准，一般可以将社会调查划分为不同的类型。比如，根据调查对象的范围，可以分为普遍调查与抽样调查；根据收集资料的方法，可以分为问卷调查和访谈调查；根据调查的目的或作用，可以分为描述性调查和解释性调查；根据社会调查的性质或应用领域，可以分为行政统计调查、生活状况调查、社会问题调查、市场调查、消费调查、民意调查等。文化产业领域的调查与一般社会调查有相似之处，可以借鉴上述方法。但也有独特之处，文化产业更加注重产业调查、市场调查、消费调查。

市场调查，即为开拓或拓展商品市场，以便更好地为企业或个人做出生产和商业策划等服务，围绕某类产品的市场占有率、潜在市场、产品广告的宣传效果等而进行了解和调查。随着市场经济逐渐普及和深入发展，目前我国市场调查呈现显著增长态势，如图书市场调查、旅游市场调查、演艺娱乐市场调查等。

消费者调查，是对消费者的消费行为进行的调查。消费行为包含消费态度、动机、购买行为、消费效果等。在现实生活中，这种调查往往针对消费者的使用习惯和态度而开展实施。例如，图书报刊购买和阅读调查、体育比赛观赏调查、电影和戏剧观看调查、音乐会欣赏调查等。

文化产业领域的调查研究内容丰富，形式多样。本节主要讲问卷法、访谈法两种调研方法。

二、问卷调查法

问卷调查法（简称"问卷调查"），是调查者围绕调查主题组织问题及答案选项，根据问卷制作的一般方法形成调研问卷，然后以问卷为工具载体

① 毛泽东：《毛泽东选集》第1卷，人民出版社1991年版，第109—110页。

收集受访者数据的一种调查方法。相比访谈、座谈等其他调查方法，问卷调查法的数据记录更为精确，调查过程更为高效，调查结果更加标准，便于分析，是现代学术研究、政企调研等最为常用的调查方法。

在文化产业调研与策划中，问卷调查法也是重要的调查方法之一。良好的问卷调查能够帮助策划者了解实际情况、评估创意能否落地、检验策划实施效果，这要求文化产业策划者了解问卷的类型及作用，明确问卷调查法的特点，清楚问卷的基本结构与内容，并掌握问卷制作的基本方法，以更好地进行策划工作。问卷的作用，就是将调查主题转化为标准化、易于受访者理解的问题，获得决策所需的便于分析的数据信息，高效完成调查目的。

（一）问卷调查的类型与原则

1. 问卷的类型

依据不同的分类标准，问卷有不同的类型。按照问卷发放途径分类，有直接式问卷和间接式问卷两种。对于前者，调查者可通过发放纸质问卷直接接触受访者，回收率高，但成本较高；对于后者，调查者通过邮寄问卷、电话访谈、网络问卷等间接方式接触受访者，成本较低。在实际调查中，不同类型可以综合起来使用。按照问卷目的分类，可以分为了解实际型问卷、态度评估型和效果复核评估型问卷。在文化产业调研的不同环节中，不同目的的问卷都有其相应的用武之地。

2. 问卷调查法的原则

问卷调查法作为众多调查方法的一种，与一般调查方法共有的原则：

（1）客观性：实事求是，从客观事实出发；

（2）科学性：调查过程符合逻辑，结果经过实证；

（3）定性与定量结合：关注事物的质，也关注事物的量；

（4）理论与实践结合：选择合适的理论指导，关注现实迫切需要解决的问题；

（5）方法多元化：调查中的思维方法、研究方法、工作方法需根据实际进行多样的选择。①

3. 问卷调查法的特点

作为一种实用工具，问卷调查又有其特殊性，区别于其他调查方法。这种方法依托问卷，有着目的性、一次性和双向性的特点：

（1）目的性：工具都是为了实现人的某种目的而被设计出来的，问卷也是为了实现调查目的，如评估潜在市场、了解占有情况等。通常为避免受访者理解混乱、统计者后期整理困难，一份问卷只能围绕一个目的展开，只有一个核心主题。

（2）一次性：问卷这一工具的使用是一次性的，需要事先准备充分，一旦调查开始就难以撤回，要求问卷设计者提前考虑影响问卷效果的各种因素。

（3）双向性：问卷是连接调查者和受访者的桥梁，不仅要实现调查者的目的，也应考虑受访者的接受情况，双向适用。

应当说明，在文化产业策划中的问卷调查法，因文化产业的特殊之处——文化性与经济性并存，需要处理好文化这一无形要素。在调查中，调查者自身需要对文化资源有良好的把握，才能明确调查的主题；对文化理念、创意核心点、文化产品价值这些非实体状态，对受访者未曾接触过或不易理解的内容，都需要格外注意，其表述务必保证受访者理解以上内容，才能获得有价值的调查结果。

（二）问卷的基本结构和内容

实际调查中的问卷千差万别，但其基本结构和内容是一致的。一般来说，一份完整的问卷由标题、说明性内容、主体内容、附加性内容四部分构成。

1. 标题

标题是对问卷主题简短准确的概括，用于让受访者对问卷目的一目了然。在实际调查中，部分调查者容易遗漏标题，或是直接将标题定为“问

① 范伟达、范冰：《社会调查研究方法》，复旦大学出版社 2014 年版，第 7—12 页。

卷”，容易让人不清楚问卷主题，对问卷没有整体性感知，导致填写问卷时摸不着头脑。标题虽字数较少，却是问卷设计中首先要做好的地方。

2．说明性内容

说明性内容，位于问卷主体之前，说明调查者、调查目的、填写方法、保密措施以及表达感谢的内容。作用在于解释清楚填写规则，获取受访者理解配合，使受访者更好地完成问卷。邮寄式问卷往往以封面信的形式承载说明性内容，一般问卷只需在问卷开始有较短的一段文字说明即可。

文化产业调查问卷中的说明性内容十分重要，应当利用这一部分解释清楚较为抽象的文化理念、文化产品特色、创意立意，若受访者无法理解这些较难感知的内容，就难以进行接下来的问卷填写。

3．主体内容

问卷的主体内容，由一系列的问题和答案选项组成。从形式上划分，有封闭式和开放式两种，前者有固定答案，受访者必须从备选答案中做出选择，因而易于填写和统计，但工作量较大，也没有自由发挥；后者不设固定答案，因而回答较为自由，但也有不易统计和数据化的缺点。从性质上划分，主要有事实性问题、态度性问题、假设性问题几种。事实性问题是要求受访者回答诸如年龄、收入、家庭情况等事实信息，态度性问题是要求受访者就某一事物做出表态，假设性问题是要求受访者回答在某一假定情形发生时会采取何种举动。调查问卷的问题一般都不是单一形式或性质的，往往围绕主题选取合适的问题与答案类型。

4．附加性内容

根据实际需要，有些问卷会在封面或结尾附上致谢语、实施记录、编码号等附加性内容。致谢语与之前的表达感谢相呼应，可以告知受访者问卷已经填写完毕，加深对其的谢意；实施记录包括调查者签字、调查时间地点等信息，有助于后期统计与复核使用。

（三）问卷的设计与制作

调查问卷设计与制作是专业性很强的工作，需要由具有较高的学术研究水平和较丰富实践经验的专业团队承担。一般程序，先将研究调查的主题明确化、概念化，再将概念转化为具有可评估维度的问题和选项，并按照规律对问题和选项进行组织、包装、检验，最终成稿。这一过程遵循一定的原则，有着明确的操作步骤，遵循这些原则，高水平发挥思维能力和创新能力，尽可能地减少各个环节的不规范性，力求使问卷更准确地反映实际，达到调研目的。

1. 问卷设计原则

（1）围绕一个中心：主题是问卷调查的中心，所有内容的设计都应与此相关，一切准备都需要围绕调查主题展开。问卷设计，首先要审视主题是否明确，主题文字提炼要求高，应当做到准确、简练、易懂。同时在具体设计中，也要经常回头看，所有问题是否从不同侧面反映主题，而不是偏离主题。

（2）运用两种视角：问卷设计，不仅需要按照逻辑理顺从主题到问题最终到问卷稿的过程，还需要从统计结果视角反推所需要的东西是否体现出来，例如，编码就是从便于后期统计的角度得出的问卷需要增加的内容；不仅需要调查者的主观视角，还需要从受访者的客观角度，分析问卷是否有遗漏、失误和不足。这两种视角是全面运用逻辑思维和逆向思维才能做到的。逆向思维是对正向思维的补充，能够极大程度地提升问卷的质量和水平。

（3）把握三个要点：问卷制作终稿完成，应力求做到内容完备充实，形式完整严谨，表达清晰恰当。一份问卷需要同时被调查者、受访者、统计者三方认可，三方中一方理解有偏差，都会对统计结果造成较大影响，因此问卷在内容、形式和表达上都要尽可能做到完备和完善。

2. 问卷制作步骤

调查问卷设计与制作的步骤，可以归纳为从明确主题到列出问题，然后拟出选项到完成问卷，再到修改测验，最后完成终稿等几个部分。

（1）从主题到问题

从主题到问题，是问卷设计制作中的第一步，也是最为重要的一步。社会研究方法领域的知名专家风笑天归纳出问卷设计与概念操作化的示意图（图2－1），认为可以把概念的操作化看作是进行问卷设计的思路、指南、依据和提纲。研究者所进行的问卷设计工作，则可以看成这种概念操作化结果的更为具体体现和在实际实施过程中的落实。

操作化　　　问卷设计

概念—维度—测量指标—具体的问题

图 2－1　操作化与问卷设计关系示意图①

依据这一过程，设计者首先需要明确本次调查的主题是什么，然后细分这一主题涉及哪些关键的概念，明确概念的内涵和外延的受限边界，再确定这些概念可以用哪种维度实现测量。这样，问卷中的问题和选项也就基本可以得出来了。

例如，设计团队关于某地的酒文化情况调查，首先要通过查阅文献等方式，了解酒文化的内涵，思考酒文化如何与该地实际的地域文化结合，可以发现酒文化主要通过下列维度来细分，即酒本身（酒的历史、品类、价格、度数等）、酒的饮用者（消费者购买力、文化水平等）、酒的生产销售（当地主要酒厂、酒的品牌与包装特色、酒水展销会等）、酒消费相关的活动（日常聚会、啤酒节）等。这些维度都可以成为问卷中的问题和选项，也是可以进行量化处理的。

接下来，便可组织文字、语言形成问卷的具体问题，这一步的目标是形成问卷的问题库。在问题的内容选择上，只要包含已经得出的关键概念即可，关系不大的概念可不予考虑；在问题的表达上，每个问题都要做到准确明晰、简短通俗、无歧义和无引导性；在问题的形式上，可设计填空、选择（单选、多选、有条件限选）、程度排序等多种形式。对于一组可用相同标准评估的问题，还可将其组合起来形成问题组；对于前后有关联的多个问题，可以设计成问题链，以便于受访者填写。以下是以某地酒文化调查为例，设计的不同形式的问题：

a.（单选）您对您生活地区的酒桌规矩了解多少？________（完全不了解/了解一点/大部分都知道/完全了解）；

b.（多选）您听说过哪些本地酒企？________（A 酒企/B 酒企/C 酒企

① 风笑天：《现代社会调查方法》（第 5 版），华中科技大学出版社 2015 年版，第 104 页。

/D 酒企）；

c.（限选）您喝酒最主要的两个场合是（仅限两个）？________（家里/酒吧/聚会/应酬/独自一人想喝就喝）；

d.（排序）请您对酒文化传播影响因素的重要性进行排序（________ > ________ > ________ > ________）（酒的历史/创新能力/本地化水平/广告投入）

e.（问题组）您认为以下酒的因素对您购买酒产品的影响程度如何？请打√

	影响较大	有点影响	没有影响
售价			
品种			
文化			

f.（问题链）您了解 A 酒厂的历史吗？________（有了解/没有了解）

选择了解，请继续回答本题，选择没有了解，请跳至下一题……

g.（填空）您对本地酒文化有何看法？________________________

可以看出，不同的问题形式有着不同的优点和适用范围，如限选可以让受访者做出更为有深度的抉择，排序能够体现不同要素的程度区别，问题组可使问卷更为简洁，问题链可拓展某一问题的深度等。

在答案选项上，问卷设计必须严谨，经得起推敲。设计者需要注意答案的穷尽和互斥，不可出现选项之间互相包含、选项没有提供所有可能情形的问题。

（2）从问题到问卷

问题库制作完成后，还不能直接交给受访者回答，因为问题库到此阶段只是调查者目的的体现，还需要从受访者和后期统计者的角度加以考虑，对所有问题进行组织和包装，才能形成一份基本合格的问卷。

从问题到问卷，设计制作团队首先需要对已有的众多问题进行数量上的筛选、逻辑上的排序，以及在此基础上的编码。

筛选，即在问卷篇幅、受访者容忍度、主题相关性等的限制下，从问题库中选择内容合适、数量适当的问题，一般对普通公众调研的问卷问题不宜过多，否则会极大影响填写率、填写完成率和真实性。

排序，即按照事物基本逻辑顺序、受访者的理解习惯，对筛选后的问题进行顺序上的组织编排，使得问题循序渐进、前后关联、没有突兀感。问卷问题一般的顺序，应当是从易到难、从熟悉到陌生、从封闭式问题到开放式问题。

编码，即给予已排序问题专门的号码体系，使其便于被后期统计软件录入和分析。良好的编码也可直接和问卷问题号、答案选项编号结合起来，起到既有利于受访者阅读，又便于统计者录入的效果。

以上步骤完成后，问卷的主体部分便可完成。除了主体部分，一份问卷还需要前面介绍的标题、主体前的说明性内容、最后的附加性内容。这三部分的撰写，要求设计制作者结合调查主题、受访者情况等调查实际，凝练地使用语言表达，保证每部分都发挥功用，使问卷成为一个完备的整体。

（3）从初稿到测验和修改

完成以上步骤，一份调查问卷初稿就诞生了。因问卷调查在操作中具有一次性的特点，调查者需要在真正实施调查前对初稿进行实际测验，找出问卷还存在的问题和不足，低成本试错以降低风险。

一般来说，测验的方法有小范围测试和专家诊断两种测验。小范围测试是在目标受访者群体中组织小规模的问卷发放填写，以获取填写结果和受访者反馈，从而找出问题数量、答案合理性、语言表达、问卷排版等方面的问题；专家诊断则是向文化产业策划、问卷设计等领域的相关专家咨询，征求其对问卷初稿的意见和建议。

根据不同的时间、资金等条件，可选择以上两种方法之一或两种兼用。无论哪种方法，都要对发现的问题做好记录和整理。问卷在投入实施前尽可能地发现初稿存在的不足，特别是明显的遗漏和失误，以便及时修改、补充、优化，力求最大可能地达到完善化程度。调查问卷修改完善后，即可定为终稿。

（四）问卷发放与调查实施

经过测验和修改完善后，问卷便可形成终稿，交付印制成品。印刷多少份，选取哪些、多少作为调查对象，问卷如何发放和填写，互联网和手机利用，怎样回收等，都是具体运用问卷进行调查实施。在这里要强调两点：

一是对象抽样。抽取一定规模并对总体有代表性的一部分对象（包括个人和单位）作为样本，是关系到整个调查成果的一项至关重要的工作。样本抽取有概率抽样和非概率抽样两种方法。无论哪种方法，抽样的基本要求在于，既能够在现有条件下（人力、物力和时间）收集到全面而真实的资料，又要注意样本选择的代表性，保证调研结果推广到总体的可靠性和准确性。

二是问卷发放、填写和回收。根据样本抽取确定调查对象，对象一旦确定原则上不允许随便替换。问卷要保证发放到每一个对象手中，人手一份。调查者最好能够组织会议，现场宣讲，说明注意事项，由调查对象当面直接真实填写。避免草率应付，或找他人代填。问卷回收有时间性和完整性要求，尽可能全部收回，防止实施环节失误，提高问卷调查的有效性。

本章后附一份完整问卷案例（山东大学“创意起杭”调研团队关于杭州居民对文化产业知识及产业园区了解情况的调查），以便读者结合实际，更好地掌握本部分内容。

三、访谈调研法

访谈调查方法与问卷调查法不同，是文化产业策划的另一种重要调研方法。调查者依据事先拟定的问题大纲，采取口头询问和交谈的方式，向被调查者了解相关情况、收集有关资料。与自填式问卷法相比，调查员和被访者的直接交流互动，贯穿资料收集过程始终，并影响着调查结果。

（一）访谈的必要性

正是由于访谈法直接交流的特征，方法灵活易于操作，往往不需要提前系统设计问卷和准备材料，也是由于单一的问卷调查有时不能对所有问题都得出切合事实情况的资料，尤其是难以获得深入细致的看法，所以访谈调研方法在实际中得以经常的、大量的应用。而且，由于被访者的文化水平、文字理解能力等方面存在不同程度的差异，对于问题较为复杂、答案主观性较强的题目，在访谈过程中，访问者可以及时对被访者的疑惑做出解释，双方直接交流可以使被访者谈出其真实看法和见解，甚至是深入的见解，从而使得调查资料的真实性、准确性和深刻性得以提高。因而，需要应用访谈调研法来进行调研。例如，某些大型文化项目，只有经过先期调研，包括通过访谈有关人士听取各方面意见，才能进入具体策划和设计阶段。

（二）访谈方法

文化产业访谈调研法可以细分。根据访谈形式自由程度，一般来说可以将访谈调研的方法划分为结构式访谈和无结构式访谈两种。

结构式访谈也称标准化访谈，就是按照统一设计的、有一定结构的访问题目所开展的访谈。访问题目就是毛泽东所讲的“事先准备”的“调查纲目”，包括“大纲”和“细目”。[①] 这种访谈的特点是：选择访谈对象的标准和方法、访问中提出的问题、提问的方式和顺序以及对访问者回答的记录方式等都是统一设计的，甚至连访问的时间、地点、周围环境等外部条件也预先确定，力求与预先设计保持基本一致。结构式访谈的优点是：访谈所得到的结果比较规整，便于整理统计和定量研究，便于对不同的回答加以对比分析。但是，这种访谈法缺乏弹性和随机性，针对性不强，难以对问题做出比较深入细致的探讨，同时不利于充分发挥访谈双方的积极性和创造性。

无结构式访谈，也称非标准化访谈，就是按照一个粗线条的访谈提纲所展开的访谈。这种访谈方法，对被访者的选择和访问中所要提问的问题有一个基本的要求，但可根据访谈时的实际情况做必要的调整，有些问题是在访问过程中边谈边形成，随时提出的。因此，在此类访谈中，无论是问题本身、提问方式，还是被调查者的回答方式等，都是不统一预设的。

除结构式访谈和非结构式访谈外，根据访谈对象的构成，可分为个体访谈和集体访谈；根据访谈双方是否直接见面，可分为直接访问和间接访问；根据访谈对象的特征，可分为一般访谈和特殊访谈等。鉴于较易于理解，在此不做详述。

（三）访谈双方的确定

任何访谈调研，都有调查员和被访者，首先需要对两者加以选择和确定。

---

① 毛泽东：《毛泽东选集》第 1 卷，人民出版社 1991 年版，第 117 页。

从调查员角度来看，选择和确定素质优秀的调查员是十分重要的，又是比较困难的。因为优秀的调查员属于稀缺资源，数量有限，也并不总是现成可用的，往往需要经过比较、选择才能确定，确定人选之后往往还要开展专题培训。现实中，一部分文化产业访谈是由策划者直接承担的，另一部分访谈则需要聘用专业的调查员来承担。不管哪种情况，调查员都是访谈的发起者、主导者、掌控者，其素质和能力往往决定着调查结果的质量和效率。因此，有人说确定了好的调查员，就等于调研成功了一半。一般而言，调查员的素质和能力，包括较高的职业道德水准、良好的学识和能力、较强的沟通交际能力等。此外，还需根据被访对象的特点，在调查员的年龄、性别、社会地位、地域文化、民族信仰等个人特征方面做出明确规定。

从被访者角度来看，选择合适的被访者，才能保证访谈获得全面真实的第一手资料。大致符合调研主题的对象，往往不是特定的一个或几个人，而是人数众多的范围和领域，可能是一个或多个群体。因此，调研主题和调查员确定后，如何分析和选择被访者，也是非常重要的。例如，某地需要投资建设一个主题公园，确定了由某设计公司做前期规划和策划，公司策划师对未来主题公园的潜在游客群需要做出访谈调研。潜在游客是不同层次的群体，可以按照距离近远划分出一、二、三级游客，也可以按照消费水平和闲暇时间划分出高、中、低端三个不同层次。这些复杂情况，访谈调研前必须充分考虑周到，也一定要兼顾。此外，被访者的选择，还要考虑到调查内容对身份和性别的要求，如调查经济、政治问题对男性来说比较合适，而调查婚姻家庭等问题则选择女性较好。

（四）访谈技巧

调查员和被访者双方确定了，就可以进入访谈调研过程。任何访谈调研，都有技巧和技能的问题，技巧直接影响着调研结果。这就要求调查员掌握一定的访谈技巧。

1. 良好铺垫，营造和谐气氛

奏乐有序曲，表演需暖场。访谈同样需要铺垫。根据约定，调查员和被访者见面后，双方互相简单介绍，彼此有大致印象。如果是有中间人介绍，或者时间紧张，访谈就需要马上正式开始，直奔主题；多数情况下，双方在相互简介时，如果调查员顺便提到一些共同的关系人或近期新闻趣事等，则易于营造和谐气氛，使双方关系融洽，为接下来的访谈做良好铺垫。

2. 初始提问，先易后难

访谈与问卷调查有所不同。因为访谈是现场交谈，双方彼此从陌生到熟悉有一个过程，被访者易产生压迫感，所以调查员一开始往往先从一般性问题开始，遵循先易后难原则，便于轻松应答。如果开头提问便是有难度、需要经过深入思考的问题，则很容易导致被访者产生紧张心理和畏难心理。即使他不当场拒绝回答，也可能会采取敷衍对策致使访谈出现大的误差。由于访谈主要是口头交流，提问时必须注意用词明确、口齿清晰、语速适中。

3. 把握要点，善于追问

调查员想了解和提问的问题可能较多，但需要围绕主题把握要点，分清主次，合理利用时间。要害性的问题，可能需要追问。追问是访谈过程中常有的情况，是对前一个问题的补充或进一步深入提问。当被访者答非所问、回答不完整或欲言又止、有所隐瞒时，调查员应当采取追问方式迫使对方纠正偏颇的应答，或者通过思考做出深入回答。这显然属于比较尖锐的交谈方式。因此，要善于追问，并注意语气语调、时机和分寸恰当。

4. 合理引导，适度掌控

访谈是一个过程，重大主题的访谈过程则更复杂一些。调查员要注意引导和调控，适度掌控现场气氛，使访谈始终在诚信与和谐的氛围下进行。当被访者思想不活跃、不健谈之时，要善于引入时尚趣事或选择新颖词语表达问题，激活对方谈兴。当被访者夸夸其谈、漫无边际、跑题甚远的时候，调查员应充分利用问题转换时刻、谈话间歇和思维暂停时刻，有礼貌但又坚决地插话，把话题重新引到正确的方向上来。上述两种情形，除了采用插话方式，引导也可以运用行为动作，如给对方端茶倒水，借机激发或打断对方话头，立即主动开启或转换一个新问题。

（五）访谈注意事项

文化产业策划访谈调研活动，若要顺利开展并富有成效，还需要注意如下事项：

一是访谈时间和地点选择要合适，避开不合适的因素。这需要调查员和被访者双方协商，一般要考虑双方方便，便于谈话和交流。时间应避开工作繁忙期和节假日，避免过于紧张，来不及思考和准备，仓促应付；地点应考虑安全和安静，交通便利，避免过于偏僻，舟车劳顿，或者过于嘈杂喧闹、干扰过多。

二是调查员要平易近人，防止高高在上、盛气凌人。一般要求是调查员具有适当的社交经验，诚恳待人，和蔼可亲，彬彬有礼；办事有条有理，富有耐心；具有较强的适应性，能和各种人相处；仪表端正，举止自然得体。防止官气十足，居高临下；或自视清高，戴着有色眼镜看人。

三是使用录音录像技术，注意隐私和保密。为了全面完整记录访谈情况，在征得被访者同意后，调查员可以使用录音录像设备，但必须注意被访者的隐私，承诺保密，不得上网或外传。

值得注意的是，文化产业访谈调研法可以细分为多种，实际中的访谈往往是标准化访谈与非标准化访谈相结合，个体访谈和集体访谈结合，直接访谈和间接访谈结合，一般访谈和特殊访谈结合等。此外，因为问卷调查法与访谈调查法二者之间各有优点和不足，因而实际中的调研方法使用，往往是这二者相辅相成。

第二节　材料整理分析与调研报告写作

上述一系列的调查活动及其材料整理和分析，都是文化产业策划的基础，也是前期工作。根据调查和分析写作调研报告，既是前期调研工作的阶段性总结，又是接下来可行性论证、形成策划文案的先导和组成部分。形象地说，调查和分析如同蓄肥孕育，调研报告的撰写则是一度花开，是实现策划目的的重要环节。

一、调查材料整理和分析

策划人和调查者，通过问卷调查和访谈等方法获得的材料，先要经过汇总、整理，然后进一步分析和解读，才能为撰写调研报告做好准备，最终服务于文化产业策划与决策。

（一）材料整理概述

在实际工作中，调查活动结束所获材料是多种形态的，主要包括文字材料、数据材料、图表和音像等。这些材料数量多，且较为复杂。文字材料含义较为全面丰富，在描述事物本身性质方面具有优势，但不易被量化处理；数据材料较为精确客观，在描述事物间关系方面具有优势，但并不能涵盖调查对象的所有方面；音像和图表材料形象直观，但需要文字解读和辅助说明。

为做出科学合理的策划，策划人和调查者需要根据材料形态的不同特点，对其进行筛选分类，将其分成可量化处理的数据和不可量化处理的材料，而后分别进行数据材料的统计分析和文字材料的定性分析。统计分析有相对成熟的数学工具和方法，借助工具，可大幅提升处理效率，最后得出可供决策参考的可视化图表；定性分析有一定的思维方法和分析方法，也要注意与定量分析相结合，根据材料灵活处理。策划人和调查者综合利用定量统计分析和定性分析，调查材料可被最大化分析和解读，形成系统策划与决策所需要的信息。

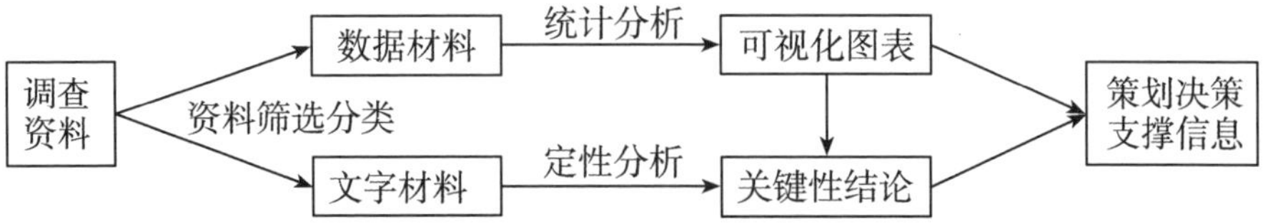

图 2－2　材料整理分析基本过程

限于篇幅和专业性，本部分对统计分析的众多数学工具和方法未做引入，仅侧重于文字表述，力求使读者初步了解统计分析的基本过程和方法。数学工具方法的具体利用，读者可参考相关社会调查著作。

（二）筛选分类

1. 初步筛选

材料整理的第一步：将材料收集汇合后初步筛选，剔除答非所问、前后不一致的错误内容。在材料数量较少时，一般人工就可分辨出这些错误；面对调查活动积累的大量材料，则可借助计算机软件进行分批处理，比如借助SPSS软件①，后面数据在录入后，可以很容易发现和前面大部分数据明显不一致的地方，如数据缺失、数据值不符合设定范围，此时便可以剔除这些错误或不规范的数据。这样，尽可能保证材料的有效性，为下一步符合规范的分析做好准备。

2. 划分类别

材料整理的第二步：按照可量化与不可量化的形态特点，将材料划分类别。材料一般由问卷调查和访谈法获得，大部分回收问卷都可以划入可量化处理的数据材料一类，也有少部分问卷内容，如不易量化处理的主观性问题，则可以放入文字材料一类；访谈调查所获得的大部分记录，属于不可量化处理应归为文字材料，但也有少部分数据化特征明显可量化处理。因此，所有材料都应尊重其本真状态，按照实事求是原则，加以灵活分类，以体现科学性，便于以最合适的方式得到分析处理。

3. 编码、录入及备份

分门别类后的材料，根据需要可以采取人工编码或者计算机编码，汇总整理。各种材料既要保证其原始本真状态不丢失，也要以便于分析处理的形态呈现，方便日后再次查阅。人工汇总处理，主要是对文字材料进行的初步整理和梳理，借助表格、条形图、扇形图等工具对数量较少、关系较为简单的数据进行处理；计算机处理，指对大量可量化的数据进行编码、录入和备份，借助计算机软件来完成繁杂的工作，可大幅提升效率和准确性，便于接下来的统计分析。

（三）统计分析

统计分析，就是通常的利用数学工具和方法，对数据材料进行定量分析。借助计算机强大的运算能力，统计分析可以高效准确地得出隐藏于数据中的共性、联系和规律，并以可视化的图表展示出来，为文化产业策划提供重要参考。统计分析一般是按照变量间的关系来展开的，变量间的关系包括

---

① SPSS（Statistical Product and Service Solutions）：是由IBM公司研发的统计分析软件，负责统计产品与服务解决方案。

单变量、双变量和多变量几种。

1．单变量统计分析

变量是同一概念下的一组数据，如包含56人年龄的数据，是计算机可以处理的基本单位及统计分析的主要对象。对单个变量性质的分析是统计分析的基础工作。一般对单变量的分析是从其集中趋势和离散趋势两方面来展开的，这两方面可反映变量中数据的共性和差异性。描述单变量集中趋势的常用数学工具是众数、中位数和平均数，描述其离散趋势的常用方法是定位、定序、定距和定比。

2．双变量关系分析

两个变量间的关系研究主要有回归分析、相关分析和交互分类三种。回归分析是研究两个变量之间确定性的单向关系，通过研究得出数学回归方程，实现知晓一变量便可推测另一对应变量的结果；相关分析是对双变量间是否相关、是否为线性相关、关系特征等的分析，借助相关系数这一数学工具，分析者可以得出两变量间关系的正负、强弱度等特征；交互分类是利用交互分类表，对定类和定序变量进行综合分类，从而描述总体的内在构成情况，比较和解释分组间关系，较为直观。

3．多变量关系分析

超过两个变量则为多变量，对其进行关系分析是统计分析中最为复杂的工作，常用方法有假设证明、引入检验因素、推导多元回归方程等，因在实际中使用较少，在此不做具体介绍。

分析统计一般的产出物为各种直观的统计图表，有助于定性分析。

（四）定性分析

定性分析是主要针对文字材料的语言逻辑分析，目的是揭示调查对象的内涵、结构、特征、成因等性质，最终形成结论。为使定性分析的结果尽可能准确，文化产业策划人和调查者需要根据材料特点，采用科学的逻辑分析方法，也应结合定量分析的成果，并合理利用计算机技术。

1．掌握和运用逻辑分析方法

现代科学在发展过程中，形成了一系列逻辑分析方法，如结构分析法、流程图示法、连续接近法、举例说明法等，这些方法在材料分析中起着重要作用。

结构分析法，是分析者“按时序把资料以叙事的形式组织起来”① 的分析法，可以理清事件的时间先后关系；流程图示法，是运用流程图，对事件因果关系进行可视化处理，使其关系清晰明了；连续接近法，是“通过不断地反复和循环的步骤，使研究者从开始时一个比较含糊的观念以及杂乱、具体的资料细节，到达一个具有概括性的综合分析的结果”②；举例说明法，是以理论为线索组织材料，并选取案例加以说明。

在实际分析中，以上方法不是抽象的，往往需要根据文字材料特点做出选择，灵活运用。策划人和调查者通过科学而严谨的思维，对调查对象的内涵、结构、特征等做出系统而深入的分析，提炼形成明确而深刻的结论。

2. 与定量分析结合，并合理利用电脑和互联网

定性分析主要是对文字材料的分析，但也包括对数据材料的处理，可以是在定量分析得出数据关系的基础上，选取恰当的理论对数据关系加以解释和解读，从而对事物之间关系做出定论。

计算机技术，在资料整理和定量分析中大量运用。在定性分析中，也能起到辅助作用。比如，运用电脑和互联网建立数据库，可以更直观、更高效地管理文字材料；运用大数据、智能语义分析技术，可以更准确客观地分析材料语义等。

在实际调研工作中，定量分析主要揭示的是事物间的数量关系，但这种关系只是研究对象的一个方面，而定性分析则能够凭借语言的丰富性，展示出事物的全貌，因此也是材料分析不可缺少的重要手段；但同时，相对于定量分析的精准量化、有明确的数学方法等特点，定性分析主要依赖于人的语言逻辑分析，可操作空间大，极易因主观因素造成不同分析者得出差异性乃至相反的结论。实际调研工作，往往综合运用以上定性分析与定量分析相结合的方法，得出较为科学合理的结论，最后着力于调研报告写作。

---

① 范伟达、范冰：《社会调查研究方法》，复旦大学出版社 2014 年版，第 347 页。

② 范伟达、范冰：《社会调查研究方法》，复旦大学出版社 2014 年版，第 345—346 页。

二、调研报告内涵与写作基本要求

文化产业策划往往是围绕某一影片制作、某一电视节目、某一动漫和游戏产品、某一 IP 开发或者某一旅游项目开辟等具体的文化产品而展开，都不可避免地要与市场、消费者、公共权力等要素互动。策划要与文化产业各要素之间产生默契——满足市场需求，赢得更多的消费者，准确掌握市场发展趋势。调查研究为策划确立主导方向。围绕策划目的展开的调研，对于策划的前期设计和后期营销，都有着重要的战略意义。一个好的文化产业策划不仅可以满足市场，更可以创造和开拓新的市场，其前期无疑是一份好的调研报告。

调研报告，是围绕特定的研究目标，以文字、图标等形式将调查活动的目的、过程、方法以及对问题展开的分析与研究结果集中呈现的应用文书。其核心是实事求是地反映和分析客观实际，一般包括调查和研究两部分。在文化产业领域，调查是根据策划需要，以明确的问题或者目标为导向制定计划，深入产业或实际的文化市场了解情况；研究是在掌握产业和市场客观实际的基础上，通过分析发现和揭示存在的问题，探讨文化产业发展的规律性和策划的意义。

对文化产业策划而言，调研报告不仅可以向策划者直观表明目标现状，而且能够提供某一文化产品的消费倾向和受众特点、某一文化项目的粘黏要素等具有导向性的参考信息，这些信息往往需要经过审慎而深入的分析才能获得。

根据性质、内容、用途、读者对象等方面，调研报告分为不同的类型。在社会学的应用研究中，调研报告一般按以下三方面划分：按调研报告的内容和范围，可分为综合性调研报告和专题性调研报告；按调研报告读者对象，可分为应用性调研报告和学术性调研报告；按调研报告的主要目的，可分为总结经验类调研报告、揭露问题类调研报告、说明情况类调研报告、推介新事物类调研报告。①

---

① 王高飞、李梅：《社会调查理论与方法（实践）》，哈尔滨工程大学出版社 2016 年版，第 317—320 页。

文化产业调研报告作为汇总产业和市场调查研究结果的应用文书和重要方式，无论在内容还是表述方面都有其特点，包括准确性、真实性、创新性、实际性、应用性、责任性。根据这些特点，调研报告应该达到以下要求：

（一）内容真实可靠

这是指内容的真实、信息来源的可靠。国家社会科学基金项目成果评估指标体系（研究报告类）中 A 级标准对“成熟程度”提出了两个二级指标：可靠性，即资料和数据准确系统，论证严密；可行性，即具有很强的适用性或操作性。一篇优秀的文化产业调研报告，也应当满足这两个条件。

真实性是调研报告最重要的特点。这已在学界形成共识，被学者们看作是各类调研报告的生命力所在。[①] 内容的真实可靠包括材料的真实与结论的客观。调研报告要做到引用和使用材料经过反复核实，确认真实性和准确性，不是道听途说，也不能笼统模糊或断章取义；在全面系统、详尽地占有资料的基础上，必须经过深入分析、认真推敲和概括，得出的结论科学且符合实际与逻辑，避免主观臆断或迎合利益或以偏概全。

（二）观点鲜明新颖

观点鲜明和有创新，包括见解的“鲜”和价值的“新”，即要求文化产业调研报告提出的观点新颖，其价值也具有较好的时效性。调查研究是为了发现问题、分析问题和解决问题，调研报告的价值就在于揭示新发现的种种现象和存在的问题，提出新的见解和思考角度，给出科学的结论，揭示新的发展规律。作为一种文化信息的载体，调查报告也应讲求时效性，所反映的是当前现实产业和市场中所迫切需要解决的问题和矛盾。实践证明，报告一旦形成，所提供信息的速度越快，其实践价值越大。

（三）问题明确直观

问题明确直观有两个层面：一是论题具有针对性，任何调查研究选题时的目的性都应十分明确，作为调研成果的呈现，文化产业调研报告根据不同

① 杜智敏：《社会调查方法与实践》，电子工业出版社 2014 年版，第 433 页。

的目的、不同的受众群体，在报告的论题及其完成后的应用上必须要具有针对性，论题明确，主题鲜明并有侧重点；二是表达方式的直观性，“文章在于高壮广厚，词正而理备”，调研报告坚持用事实说话，用图表、统计分析等如实反映实际情况，语言表述以说明叙述为主、议论为辅，特别强调精当贴切和清晰明了。

（四）逻辑清晰完整

一篇调研报告逻辑清晰完整，包括分析的逻辑性和结构的完整性，这是应用文体最基本的要求。在文化产业调研报告中，分析论证的内容占据半壁江山，逻辑性体现在：前后论点一致，不自相矛盾；论据与论点之间要观点和材料相一致；或夹叙夹议或观点统率材料或先叙材料后提观点。这样行文布篇，贯穿清晰的逻辑线索。与其他所有文体一样，调研报告有它自身的结构形式，一般包括引言、主体陈述和分析、结论和建议等，少了哪部分都会影响调研内容的完整表达。

三、调研报告的内容与结构

撰写文化产业调研报告，是一种包括选择与判断的艺术创作，写作内容由所开展的调查研究活动的内容所决定。较为规范的调研报告，通常包括四大方面内容：介绍调研活动的目的或意图；叙述和说明调研活动的具体情况，侧重于调研活动的过程，包括调查方法、范围、对象等；对所获取资料分析论证，提出有关政策性建议、解决存在问题的方式；做出全面总结，综合归纳，以供特定受众读者或有关决策机构参考借鉴。

了解调研报告的内容和结构，策划人员才能按照调研报告写作的五个步骤，即确立主题、取舍材料、拟定提纲、撰写报告、修改报告，展开具体写作。

构思基本结构是一切写作的基础，调研报告也有它自身的结构形式，一般来看，各种调研报告在结构上都可分为标题、导言、主体、结尾和附录几个部分。

（一）标题

标题即文化产业调研报告的题目，反映调研主旨，是整个报告的“灵魂之眼”。好的标题能够一下子吸引读者眼球。标题提炼基本要求是准确、简明、精彩，即标题能够贴切反映报告内容，词语高度简洁概括，让人眼前一亮。

通常使用的标题有下列四种：1. 直述式标题，即用调查对象和调查的重要问题做标题；2. 主题式标题，用一定的判断或者评价作为标题，表明观点，突出主题；3. 提问式标题，即报告的题目是一个设问句，而报告内容就是回答这个问题，以提问的方式吸引读者注意；4. 双标题式，又称复合题或多行题，由主标题和副标题组成。这四种标题，没有绝对的优劣之分，相比而言各有长处与短处，在实际撰写调研报告时根据具体情况灵活使用。

（二）导言

导言又称前言或导语，是文化产业调研报告的第一部分。一般以介绍情况、说明目的为主，起到提纲挈领的作用。好的导言能够吸引受众阅读全文，产生一定的悬念。导言通常有以下几种写法：

1. 介绍调查情况，交代调研活动的基本情况、有关背景和过程等。一般包括调研的原因和目的、对象和范围、具体时间和地点等。大型的综合性和应用性调研报告常用这种写法。

2. 直述主旨，即开门见山直接点出报告主题。多围绕“为什么”“怎么样”来阐明调研，重在说明其现实价值和理论意义。例如，《如何解决技术所产生的社会问题——以手机为例》的开头直接说明：“经过调查比较分析，对手机使用者实施舆论、教育的方法是控制手机使用行为的恰当途径。”①

3. 结论入手，单刀直入直接写明调查研究的结论。便于读者抓住核心，在主体部分展开论证。例如，山东大学文化产业管理硕士生在2017年暑期赴临沂做调查活动，撰写《特色文化产业与精准扶贫的互动发展模式调研》报告开头开门见山地写道：“发展地方特色文化产业，确实能够带动贫困人口就业，有助于实施精准扶贫。”

---

① 白欣、杨舰：《如何解决技术所产生的社会问题——以手机为例》，《技术与创新管理》2010年第1期。

4. 设下悬念，即首先提出问题，引人顿生疑窦。例如，《中国企业营销难题》大型调查报告综述之四《品牌成长之路》开头写道："众所周知，即将到来的21世纪，将是品牌营销的时代，大品牌是企业在市场竞争中最有力的武器，也是最宝贵的资产，那么一个企业怎样创建自己的大品牌呢？又怎样去经营自己的品牌呢？"① 这样，吸引读者随之带着问题展开阅读和思考。

（三）正文

正文是文化产业调研报告的主体部分，调查得来的全部材料、数据和观点，都要通过整理、分析在这一部分表现出来。报告正文的结构安排应该先后有序、主次分明，逻辑清晰、详略得当。根据组织材料的不同方式，有学者主张调研报告正文部分的结构可分为三种类型②：

1. 纵式结构，也称自然顺序结构，即按事物发生、发展的先后顺序或调查过程顺序来组织材料、叙述事实。通常，报告内容的前部分是后面部分的前提和条件，后面部分是前面部分的推进和展开，层层递进，易于体现历史和逻辑的统一。例如，对某地区旅游文化资源调研，报告可以按照历史时代依次展开，对先秦、两汉、隋唐、宋元、明清各个时期文化遗产加以梳理和叙述。

2. 横式结构，也称逻辑顺序结构或并列式结构。通常把调查到的事实材料和形成的思想观点，根据内在联系，按照对象性质和类别，分为几个并列部分详细叙述，从不同角度具体展开论述，共同说明调研的丰富内容。其优点是观点明晰、条理清楚、说服力强，但也必须注意分清主次、轻重，不以平均用力。例如，对某地区居民文化消费情况调研，因为居民可分为城镇和乡村，广义的文化消费一般包括文化消费、娱乐消费和教育消费几大类，每一大类又可细分为若干小类别，居民狭义文化消费可分为书报购买和阅

① 朱玉童、王美虎：《〈中国企业营销难题〉大型调查报告综述之四——品牌成长之路》，《销售与市场》1999年第11期。

② 耿爱生、刘海英、同春芬：《社会调查方法》，知识产权出版社2014年版，第313—314页。

读、影视观看、网络消费、手机消费等若干类，所以撰写报告应当将调研获得的资料分门别类整理，按照文化消费的逻辑层次加以展开叙述和分析。①

3. 纵横式结构，即纵式结构和横式结构结合使用的方式。在运用横式结构，按照对象的性质和类别来叙述时，其中各个方面又有发生、发展的过程，需要在其中运用纵式结构；运用纵式结构，按时间顺序交代事情的发展时，也牵涉许多方面的问题，譬如一因多果、一果多因，这就又需要穿插横式结构。纵横交错的结构，既有利于按照历史轨迹交代清楚事情的来龙去脉，又有利于按照问题的内在逻辑展开层次分明的深入论述。

无论使用哪种结构，报告正文都应当依势布局、不拘一格、勇于创新，把丰富的内容和完美得体的结构有机结合起来，揭示主题，全面而深入地反映调研所取得的各项成果，充分展现调研活动应有的意义和价值。

（四）结尾

结尾是文化产业调研报告写作“收官”，中心内容是总结调查过程和主要成果，归纳调查研究结论，并在相关阐明的基础上提出若干解决问题的思路、办法和建议，为有关部门提供参考。结尾部分的形式和长短由报告主题表达需要以及总体结构而定，常见的结尾有以下几种：

1. 归纳式结尾，结尾像归拢“线头”一样，与导言遥相呼应，总结经验，形成调研结论；2. 高潮性结尾，通过概括报告主要观点，收尾进一步深化主题，在“水到渠成”之时顺势而上，增强报告的说服力；3. 建议性结尾，根据调研所获，发现当前文化产业某领域存在的问题，提出改善和发展的具体建议，突显调研实践价值。4. 开放式结尾，展望调研对象未来发展趋势，或者启发读者进一步探讨和思考，对报告所呈现的主要问题具有一个开放性的描写。

无论采用哪种形式，结语当如撞钟，清音有余；结尾当如豹尾，扎实有力。结尾要紧扣主题、短小精悍，防止为了结构完整而画蛇添足、狗尾续貂。

① 可参考胡惠林、李康化：《文化经济学》第四章“文化消费”，书海出版社、山西人民出版社2006年版。

（五）附录

附录是调研报告的附加部分，对正文起到辅助和补充作用，正文包容不了或没有说到而要附带说明的问题、情况，可附于正文之后。文化产业调研报告附录的主要内容，一般涉及：1. 调研工具和调研内容，如问卷、量表、主要计算公式，抽样方案、重要案例、主要数据，正文中未用而能在某种程度上说明问题的图标、数表、计算程序等；2. 文献目录，如参考书籍、内部文献资料、公开资料及其他有关资料等。

第三节　文化产业策划文案

在实际工作中，文化产业策划往往不仅是一项具有指导性的规划策略，而且体现为一份具有可操作性的实施方案，彰显其突出的应用性特征。那么，这个“实施方案”的基本要素有哪些？大致的框架和格式是怎样的？写作“实施方案”应当注意些什么？本节略做讨论和说明。

一、策划文案与其基本要素

策划文案，又叫策划书、策划方案等。由于部门不一样，称谓也不相同。例如，对企业而言，叫作“企业策划书”；对于商业来说，叫作“商业策划书”等。

文化产业策划文案，是策划人在前期调研的基础上，针对文化产业某个领域或某个项目，利用现有资源和条件，运用科学而创新的方法和手段，形成具有指导性和应用性的规划策略与实施方案。作为策划者（个人或团队）为实现策划目标而提出的行动指南和实施方案，文化产业策划文案是策划活动、策划工作系统深化的结果，外化为一种文字表达形式，也是创意与创新的概念和思想转化为一种具体的、有形的、看得见的文本载体。

策划文案的类别是多种多样的，因此策划文书写作并没有一个统一固定的格式。不同的策划内容、策划对象、策划目的都各有其不同的专业性和特色需求，难以逐一详尽。文化产业领域广泛，业态新颖多样，因而文化产业策划也是复杂多样的。

从大类和共性上看，文化产业策划有共同特征，属于文化策划，也属于产业策划，准确一点说是文化 + 产业的策划。文化产业策划与其他领域策划不同，不同于政府行政管理策划、教育事业策划、军事战争策划、公益活动策划等。

关于策划书的基本内容，尤其是它们所应当具备的基本要素，目前比较公认的有两种观点。第一种观点是“5W1H”，另外一种观点是“5W3H”。前一种观点反映了策划界早期的认识，后一种观点反映了策划界对策划活动更深层次的认识。文化产业策划的基本要素，也可以大致参照这两种观点。

（一）5W1H

一个完整的策划文案，应具备的基本要素至少要有“5W1H”：

What（什么）——策划的目标、内容；

Who（谁）——策划的相关人员（策划者和消费者）；

Where（何处）——策划的场所和地点；

When（何时）——策划的时间和日程；

Why（为什么）——策划的原因和理由；

How（如何）——策划是如何运行的。

这就是以前所普遍接受的“5W1H”，即“六要素说”。①

（二）5W3H

随着策划活动的广泛开展和深入推进，策划界越来越多地关注策划活动的财务运行情况和策划的运行结果，这就使策划的要素更加细化和深入，于是就在以前“六要素”的基础上新增添了两大要素，即后面的“2H”。也就是目前流行的“5W3H”，即“八要素说”。

从结构要素上讲，一个完整的策划文案必须有5W3H②：

What（什么）——策划的目的、主题、方式；

Who（谁）——策划的主体、客体、相关人员；

---

① 陈红：《创造学与创新管理》，河南人民出版社 2014 年版，第 228 页。

② ［日］太田彩子：《销售女王秘籍》，白珍红译，印刷工业出版社 2012 年版，第 103 页。

Where（何处）——策划的实施场所；

When（何时）——策划的实施时间；

Why（为什么）——策划的假设、原因、根据、可行性；

How（如何）——策划的原理、方法和系统流程；

How（怎样）——策划的精彩性、独特性、新颖性；

How much（多少）——策划方案实施的预算（策划费另计）。

对于文化产业策划来说，后面新增的这两个要素具有特色，十分有必要。

二、策划文案的内容和结构

上述基本要素贯穿于文化产业策划文案的具体内容。按照形式结构的分解，一般来说，策划书写作的内容及结构可分为以下十个方面：

（一）封面

策划文案封面犹如人的脸，是直接面对决策者和执行者的。它不一定特别精美，但纸张要比内文的厚些，颜色要与内文有所区别。为了让审阅人和读者一目了然，封面要写明下列四点：策划文案的名称、策划人或策划机构、日期、编号。

（二）内容提要

封面后的扉页，一般是内容提要。像一本书或一篇论文一样，文化产业策划书也需要内容提要。简要向读者说明：为什么要这样策划，如此策划的可行性、必要性及其价值，主要的策划方法以及步骤，策划的阶段性，阶段性目标，实现的时间表等。文字不宜过长，务求简洁明了。

（三）目录

目录是策划文案的“菜谱”，这是策划书的写作结构。编写目录的目的是展现策划人的逻辑思路，让读者了解策划过程的全貌。如果封面引人注目，内容提要引起读者的兴趣，那么目录一定要让人了解策划书的基本结构，与菜谱有相同的作用。

（四）宗旨

宗旨犹如有机体的灵魂，像一条红线贯穿于整个策划文案。它主要包括策划的目的性、必要性、重要性及其意义，言简意赅，表达凝练。

（五）主体内容

这是策划文案的主体，核心内容是最重要的部分。这部分包括简明而有条理地概述策划的全过程，更重要的是逻辑清晰地展开策划主体，较为详尽地表明核心内容，充分展现策划的精彩性、独特性、新颖性。表述形式根据行业的不同而有所变化，但必须使第三者能清晰理解。例如，西安大唐芙蓉园的策划，除了简介项目背景和策划过程，策划文案的主体内容集中于创意元素呈现，围绕不同文化主题展现 12 个景区组成的全园景观，策划案例以独特性和精彩性给人们留下深刻的印象（见本章后附录）。

（六）预算

任何文化产业项目，无论大小，都必须有一定的人力物力和财力。项目策划活动是一项复杂的系统工作，也需要费用。因此，策划工作必须包括进行周密的预算，把各种花费控制在最小规模，以获得最多的经济效益。预算中常用的是目标估计法，最好绘出表格，按策划确定的目标（总目标或若干分目标）每项分列支出内容数目，计算出所需要的经费，计划性强，开支项目清晰。

（七）实施进度表

策划活动起讫全过程（总体和细分），在文案中拟成时间表，明确何月何日要做什么，分属于何阶段、何任务、何方式以及注意事项等。既便于管理和实施，也便于检查和反馈。进度表最好在一张纸上拟出，形成一览表。

（八）管理网络图和有关人员职位分配表

各策划人和实施者担任什么职务与职责，一旦发生权责不清或某项环节出现差错，可以一目了然，甚至马上更换。在表现形式上，图表具有简洁明了的特点。

（九）所需的物品和场地

在何时何地提供何种方式的协助，物品和场地分为必需和可能需要，两种情况都应提前考虑好。这虽不如预算资金那么困难，但也是十分必要的。策划文案中的安排一定要细致。如果因此而延误了时机，策划的效果就会大打折扣。

（十）预测与评估

预测文案实施后的经济效益，以及可能产生的社会效益，需要进行评估。此外，策划文案有时候还需复位，添加说明和相关材料。附加说明是对文案未尽事项的解释，相关资料是与策划相关的参考，都有助于人们全面清晰地理解文案。

三、写作技巧、风格和注意事项

策划文案是独特性、严谨性、可操作性三性一体的书面作品。文化产业策划文案既是文化产业策划活动的创新表现，也是策划的行动手册，更是策划鼓动的宣传手册。策划文案的好坏，直接影响着策划能否被采纳，也直接影响着实施的效果。

为了使文案能够准确而鲜明地表达策划人的构思和筹划，除了在策划中深思熟虑和细致运筹外，策划书写作还需要掌握一定技巧①，表现独特风格，注意相关事项。

（一）掌握一定技巧

1. 首先要了解策划环境

无论针对哪一种主题的策划，尤其是文化产业各个领域策划，都应该首先了解策划的制约因素，也就是先做策划前提分析。环境条件分析，目的在于弄清策划外围的有利因素和不利因素，以便在正式策划工作中趋利避害，扬长避短。这一技巧，可以使策划活动不走弯路，收到事半功倍之效。策划书写作具体可用“知己、知彼”思维图式做出分析和判断。

2. 抓住策划的核心内容

主题确定后，任何项目策划的核心内容就已经相对明确。从实质上看，文化产业策划的核心问题，是策划文案如何创新和突破的问题，具体可用“正合、奇胜”思维图式加以分析和判断，但重点是从“奇胜”方面寻求突破。

如何将核心内容写全、写深、写透，是策划书写作的关键。抓住策划的

① 可参考周培玉：《商务策划管理教程》，中国经济出版社 2008 年版，第 269 页。

核心，能起到提纲挈领、把握要害的效果。写作核心部分时，对核心问题的来龙去脉、前因后果首先应有一个明确的交代；写作着墨要重，不惜浓墨重彩，文字必须要有一定的篇幅做保证，防止蜻蜓点水式一提而过。

3. 写清解决问题的创意

策划的目标和任务，就是形成一个个解决现实问题的方案。因此，解决问题的创意和构想需要在策划书中翔实说明。解决问题的构想不是现实，而是经过努力后才能实现的目标，也就是把眼下的创意点子经过策划变成将来的现实。为此，在说明这一文化产业项目创意和策划时，必须做到有理有据，把这一创造性思维与系统性策划的逻辑论证写清楚，力求完美呈现创意元素。相关调查结果以及各结果之间的逻辑关系，原始的证明材料也应一一注明。总之，以充分的论证赢得策划需求者的信任，以独特的“撒手锏”征服决策者。

4. 重视策划枝节配合

主干固然重要，单有主干而没有枝叶，也难以成为参天大树。因此，策划文案的枝节配合也很值得重视。枝节往往是鲜活的小创意、新颖的表现形式和细节补充，它们与主干的巧妙搭配，能够使策划的精巧性大大提高。策划书往往因此而出彩。

（二）表现独特风格

文化产业策划文案要有统一的结构、体裁、格式，形式上要体现出精心设计的特征，条理明晰、逻辑分明、舒朗清新、图文并茂，力求表现出独特风格。

上面说明策划文案的内容以及掌握一定技巧，都涉及结构问题。策划书写作，从提出问题到分析问题再到解决问题，做到前后呼应，结构严谨，整体完备。从优秀策划文案水准来看，写作应具备“三个突出”：突出相对新颖的观点、论点、决策点，突出提供有显著说服力的论据，突出完整且易于决策层理解的论证过程。

文化产业策划书由几人或多人共同执笔时，必须有清晰严密的工作分解分工的执行计划，必须强调内容与形式的统一，各部分之间体裁和格式的统一，注意主干和细节的配合。文案初稿形成后，经过检查、修改、补充，制作封面，编辑目录，将各部分统一起来才能定稿。多人分工执笔形成的初稿，通稿和完善工作十分重要，有时也非常艰难和繁重。通稿和完善工作如果做不好，初稿极有可能杂乱无章，甚至是机械拼凑。那样的策划书是失败的，没有实践价值。

作为一种特殊的应用文体，策划书在语言表述上也有其特征和要求。在文体上，文化产业策划书大致相当于说明文和论说文的结合体，有描述、说明和概括，也有分析、判断、论证和预测。策划书不同于一般文学作品，不需要大篇幅形象化、夸张性、生动性虚构和摹写。策划书也不同于专业性强的学术论文，不需要过多的专业术语，不必大篇幅充斥学术文献的引用和注释，也不需要自始至终的严密推导和论证。

在语言风格上，文化产业策划文案的写作要求：一是表述准确直白，而不是模糊飘逸、拐弯抹角；二是表达简明扼要，而不是不着边际；三是表意深浅得当，而不是晦涩难懂、浅陋乏味；四是表现独特新雅，而不是庸俗雷同，毫无新意。当然，语言上的文风和格调，对写作有较高的要求，对任何人都有一定难度。

但是，作为人文和社会科学工作的基本功，任何人只要平时注意，自觉经过一定的训练和培养，语言驾驭都会成为习惯，写作的能力也会相应地提高。对于策划人来说，只要经过一定的理论学习，平时注意参加实践历练和自我训练，只要亲身从事某一项目策划，凝心聚力下足功夫，撰写出较高水平的策划文案也是可能的。文化产业策划人应该有这样的追求，应该有这样的自信。

（三）注意相关事项

文化产业策划是一项十分复杂而细致的工作。这就要求策划人在实际策划活动和策划书写作过程中注意相关事项，把握细节。

1. 文化产业策划是系统的科学策划，必须注意策划活动从外到内、从上到下各策划要素协调配合，各环节环环相扣，步骤清晰，方法明确。策划活动和策划书写作，只有注意各个要素配合、落实到每一个细节上，策划的过程和方案才尽可能地避免出现错误。

2. 在实际策划过程中，应做防范预案，预设应急措施。因为策划活动有许多不确定的因素，正如俗语所说“计划没有变化快”。因此，策划活动和策划书写作只有根据经验或成功案例提前预测，发现隐患，防微杜渐，才能尽量把出现错误的可能性控制在最小范围内，从而保证策划顺利进行，策划书达到预期目标。

3. 一个策划项目完成后，还应该有严格的检验、评估和反馈，提出提升的措施。策划活动和策划书写作，要善于发现策划中的问题，总结经验，及时更正，以保证策划实施质量，提高策划成功率。

4. 文化产业策划文案作为应用文本，具有鲜明的知识产权特征。在策划书的写作过程中，要始终注意做好保密工作。在文案定稿和公示前，所有参与者都不得对外透露，否则要被追究责任和受到处罚。

附一：问卷调查案例

杭州居民对文化产业知识及产业园区了解情况的调查

我们是山东大学文化产业管理专业的学生。这份研究问卷目的在于调查杭州居民对文化产业知识以及文化产业园区了解的程度。本问卷采用匿名的方式，您所提供的信息仅供学术研究之用，敬请放心填答。问题回答并无对错之分，只希望您能表达自己的真实情况和想法。您的热心参与将有助于本研究的顺利完成，在此致以衷心的感谢！

填写说明：请您根据你所了解到的实际情况进行选择，并将其字母标号填入题前括号内。

(　　) 1. 您的性别：

A. 男　　B. 女

(　　) 2. 您的年龄：

A. 20 岁以下　　B. 21—30 岁　　C. 31 -50 岁

D. 51—60 岁　　E. 61 岁以上

(　　) 3. 您的受教育程度：

A. 初中及以下　　B. 高中或中专　　C. 大专

D. 本科　　E. 研究生及以上

(　　) 4. 您的职业身份：

A. 机关工作人员　B. 事业单位工作人员

C. 企业工作人员　D. 个体　E. 农民

F. 学生　G. 其他

(　　) 5. 您是否关注文化产业？

A. 很关注　B. 偶尔关注　C. 不关注　D. 没听说过

(　　) 6. 您认为文化产业的定位是什么（可多选)？

A. 凡是与文化相关联的都是文化产业

B. 是一门新兴的、发展前景广阔的产业

C. 按照工业标准生产、储存以及分配文化产品和服务的一系列活动

D. 是一门界限模糊、缺乏有效规范的产业

(　　) 7. 在您看来，以下哪些属于文化产业（可多选)？

A. 生产与销售图书、报刊、影视、音像制品等行业

B. 体育　C. 娱乐（动漫）　D. 策划

E. 形象设计　F. 装饰、装潢

(　　) 8. 您了解文化创意产业是通过哪些途径（可多选)？

A. 亲朋好友　B. 传播媒体　C. 互联网

D. 老师　E. 同学　F. 其他

(　　) 9. 您是否参加过一些与文化产业有关的博览会或大型活动？

A. 经常参加　B. 偶尔参加

C. 没有参加过，但对此有一些兴趣

D. 没参加过，对此也没兴趣

亲爱的朋友，如果您对杭州市比较熟悉，或者对下面题目有兴趣的话，请再花一点时间看一看并回答下面5道题目。

(　　) 10. 您参加过哪些与杭州文化产业相关的博览会或大型活动（可多选)？

A. 中国杭州创意产业博览会　B. 创意产业高峰论坛

C. 中国国际动漫节　D. 中国电子商务文化节

E. 其他（可填写）________　F. 没有参加过该类活动

(　　) 11. 您知道“杭州十大文化创意产业园”中的哪几个（可多选)?

A. 之江文化创意园　　B. 白马湖生态创意城

C. 西湖创意谷　　D. 西湖数字娱乐产业园

E. 运河天地创意园　　F. 杭州创新创业新天地

G. 创意良渚基地　　H. 西溪创意产业园

I. 湘湖文化创意产业园　　J. 下沙大学科技园

K. 都不知道

(　　) 12. 您认为杭州文化产业存在哪些方面的问题（可多选)?

A. 产业结构不够合理　　B. 园区带动作用有待加强

C. 产业推进机制有待理顺　　D. 其他（可填写）________

(　　) 13. 您认为对于杭州市文化产业未来发展最重要的举措是什么?

A. 整体规划　　B. 人才支持

C. 政策支持　　D. 服务保障

E. 做好监管

14. 请对杭州文化产业的发展提出您宝贵的意见和建议（请填写)!

____

____

____

山东大学“创意起杭”调研团队

2013 年 7 月

附二：文化产业项目策划案例——大唐芙蓉园

大唐芙蓉园位于陕西省西安市曲江新区，从 1996 年计划时就备受关注，2005 年 4 月 11 日开园，是我国西北地区最大的文化主题公园，也是我国第一个全方位展示盛唐风貌的大型皇家园林式主题公园。该园总投资逾 13 亿元，占地 1000 亩，水面 300 亩，公园包括紫云楼、仕女馆、御宴宫、芳林苑、凤鸣九天剧院、杏园、陆羽茶社、唐市、曲江流饮等众多景点。其建设创下了多项纪录：拥有全球最大的水幕电影、全球最大的户外香化工程，是中国第一个“五感”（视觉、听觉、嗅觉、触觉、味觉）公园，是全国最大的仿唐皇家建筑群和中国园林及建筑艺术的集大成者。

一、创意背景

曲江新区位于西安市东南，以闻名中外的大雁塔和曲江皇家园林遗址为中心，规划面积15.88平方千米。区内历史文化积淀深厚，名胜古迹众多，是自然风光、人文景观、民俗风情及现代都市文化的荟萃之地，旅游资源十分丰富。曲江新区的开发建设的目标是建成集旅游、观光、休闲、度假等为一体的国家旅游度假区。

大唐芙蓉园的规划和建设从1996年就开始了。当年，陕西省和西安市落实江泽民同志对西安的题词“以科技、旅游、商贸为先导，把西安建设成社会主义外向型城市”精神，报请国务院批准，在曲江设立了西北唯一的旅游度假区——曲江旅游度假区。为了挖掘、展现西安深厚的历史文化底蕴，促进旅游开发，曲江旅游度假区在唐代曲江遗址上，策划、启动了以周秦汉唐历史文化为题材的大型主题公园，取名为“长安芙蓉园”。但由于多种原因未能建成。2002年，曲江管委会决定重新启动“长安芙蓉园”建设，对项目的定位和文化主题进行了重新审定。经过八个多月的调研论证，2003年4月，项目建设全面展开，定位为中国第一个全方位展示盛唐风貌的大型皇家园林式文化主题公园，并改名为“大唐芙蓉园”。时任西安市委书记的袁纯清在给大唐芙蓉园的批示中指出：从建园立意上，要有做百年工程的历史感，既能眼下赢利，又能传诸后世，成为当代人对后代的文化贡献，一定要一丝不苟，宁肯慢点，也要好点。

二、主要创意元素

大唐芙蓉园在建设中既强调园林与建筑的水乳交融，又考虑到旅游功能与文化传承，设计建造了独特的园林景观体系。同时，聘请西北大学周秦汉唐研究所十几位教授组成历史文化策划团队，深入、系统地挖掘整理唐文化，策划唐文化的具体表现方式。几个月后，唐史专家们针对大唐芙蓉园建设中需要解决的实际问题，形成了近50万字的专题策划报告，使大唐芙蓉园的文化内涵极大地丰富化、细节化。大唐芙蓉园承袭曲江由秦汉时的自然山水苑囿到隋唐时的写意山水园林这一发展脉络，定位为文化山水园林。按照文化山水园林的规划理念，由世界级园林大师秋山宽担纲设计、中外建筑园林大师共同铸造的12处园林景观，曲水萦环，青林重复，使芙蓉园花团锦簇，流光溢彩，可谓“一步与国际接轨，缔造国内一流园林”。园林的主要景观包括曲江流饮、银桥飞瀑、桃花坞、茱萸台、川上人家、荷港观鱼、柳岸春晓、水上码头、迎宾水景、蒹葭亭等。

全园景观共划分为12个景观区域，分别演绎12个文化主题：

1. 大门特色文化：创演盛世气概，梦回盛唐帝国。用宏大气势，震慑游客。东、西、南、北四个大门做到一门一主题、一门一特色、一门一景观。

2. 外交文化：展现当时大唐与世界各国空前的文化交流，日韩遣唐使的友好往来，及民间“商贾云集、内外通融”的商业文化氛围，将“四方珍奇，皆所积集”的繁荣景象展现在游客面前，让游客切身感受唐帝国的开明盛世之况。

3. 茶文化：三篇陆羽经，七度卢仝茶，临窗会友，细味禅茶，笑看曲江波，淡然超脱间。从世界茶文化的发展史看，无论是日本茶道、中国茶道，其起源都在唐朝。“茶道”从唐代提出后才开始了传播与发展，陆羽茶社展现的正是唐代茶道文化。

4. 仕途文化：以“杏园”为载体，将知识入景，寓学于景，通过雁塔题名、大宴杏园等历史活动展示科举文化，反映“倡学”唐代社会风尚和“学而优则仕”的唐代理想价值取向。

5. 女性文化：以仕女馆和望春楼为主要展示场所，典藏精神风貌，彰显时代风采，展现开放社会里自由女性的精神风貌和空前的地位、前卫的风尚和自由的情爱。

6. 宗教文化：通过地雕、艺术造型、实物和故事演绎等，展示儒、释、道三教在唐代的发展和融合，反映宗教文化对中华文化的巨大影响。

7. 诗歌文化：唐诗是中华文化的璀璨明珠，芙蓉园不仅在建筑、园林意境中表现唐诗，在楹联、题额、碑刻上表现朗读文化，而且塑造了“诗魂”“诗峡”和“诗表”艺术群雕，通过栩栩如生的艺术形象，使游客感受可以触摸到的唐诗文化。

8. 歌舞文化：以“风鸣九天剧院”中的主题演出——《梦回大唐》为标志，随后在全园各处景点演出，以展示唐代歌舞气象雄浑、大气昂扬的灿烂景象。

9. 帝王文化：以“紫云楼”为主要展示场所，通过展示唐代帝王风采及宫廷文化，体现盛唐气象的变换万千与帝王文化的辉煌灿烂的完美结合，使大气磅礴的时代精神与傲视古今的历史风骨得到全面展现。

10. 民间文化：以“唐市”为主要表现场所，真实演绎唐长安的市井生活和民间习俗。以古长安城贸易交易、商业活动的东市和西市为缩影，反映唐代“商贾云集、内外通融”的商业文化氛围。

11. 科技文化：通过妙趣横生、寓教于乐的娱乐设施展现唐代先进的科学技术。

12. 饮食（酒）文化主题：以“御宴宫”“芳林苑”“曲江流饮”为载体，展示唐代丰富多彩的饮食习俗与文化。

大唐芙蓉园的标志性建筑是紫云楼，高达 39 米。它再现了皇家的威严、奢华、大气、恢宏，充分体现盛唐气象的变换万千与宫廷风韵的雍容华贵，全面展现傲视古今的历史风骨与大气磅礴的时代精神，给人强烈的艺术震撼力。

总之，大唐芙蓉园以其高品质的唐风建筑园林、品位一流的综艺节目、新颖的水幕电影和水火奇观，以及成功的品牌营销手段，创造出了一个享誉世界的文化旅游品牌。其创意和策划经验，值得认真总结。①

① 柏定国：《文化品牌学》，湖南师范大学出版社 2010 年版，第 148—151 页。

第三章

文化产业策划技能培养

在文化产业策划的基本理论、方法明确之后，策划技能培养的问题就凸显出来，需要加以阐述和说明。文化产业策划技能，是指策划者在文化产业策划工作中必须掌握的一系列专业技术和能力。本章首先阐明策划技能培养的意义，并对策划技能进行分类；接下来，细致分析与说明文化产业策划技能和方法的具体培养。

第一节　培养文化产业策划技能的意义

策划技能的培养，既有文化产业的理论支撑，也是文化产业策划实践的需求。在现代社会中，文化产业策划日益重要，并对策划者能力提出了越来越高的要求，因此，文化产业策划者需要培养自身的策划技能，提升自身竞争力。

一、理论依据

文化、创意和财富，是文化产业理论界认可度较高的三大核心理念；策划者、策划目标和策划方案，则是策划学的三大基本要素。在文化产业策划中，策划者对应文化创意人才，策划目标对应策划对象和财富，策划方案对应创意蓝图和实施文案。我们可以发现，策划三要素完美结合了文化产业的特质。文化人才为实现创造财富的目标，需要具备策划技能、充分利用创意，策划者的技能如何决定了方案能否形成和精致程度。

从理论层面看，文化产业对高层次人才依赖性较强的特点，决定了策划者必须要提升自身的策划技能。文化产业是知识技术密集型产业，对人才的素质、能力依赖程度非常高。何为高层次人才？高层次人才应当具备突出的分析、计划、行动技能，文化产业从业者具备良好的创意与优良的策划技能，才算得上是与一般产业相区别的真正从业者。

创意是“人的一种创造性的、突破传统的神奇的思维活动，它将带来巨大的经济价值，它源于社会生活又促进社会发展”①。创意在文化产业中犹如“转换器”，使文化资源转化为文化产业，资源优势转化为产业优势。而创意转换器的驾驭者便是人，人驾驭创意的手段便是逐步策划及实施，把想象的东西变成文化生产力。因此，人的策划及实施能力便显得至关重要了。

策划是创意实现的蓝图，创意实现是文化变为财富的关键。策划是人们认识、分析、判断、推理、构思、预测、想象、设计、筹划的过程，是按照市场的要求对文化创意进行系统性规划和运筹。可以说，策划的好坏影响创意的成败，而影响策划的好坏的重要因素，依然是策划者对策划技能掌握的情况，策划者必须将策划技能的培养放在重要位置。

二、实践需求

培养策划技能既有理论根据，也是文化产业实践中实际情况的需求。

首先，从背景来看，文化产业大发展离不开策划。文化产业是 19 世纪前后现代工业文明的产物。在文化产业发展中，从业者通过策划促进了资源最大化利用，实现了集约化，在从业者中慢慢细分出了掌握专业策划技能的策划者，担任专门的策划职位。到了现代社会，文化产业更是离不开专业的策划。

其次，从现状来看，我们的创意与策划的结合程度还有待提高。文化产

① 张鲁君：《文化创意与策划》，福建人民出版社 2014 年版，第 5 页。

业不仅需要创意，更需要实现创意、展现创意的策划，需要通过对策划实施来实现创意的产业化。然而现实中，依然存在大量的策划者不懂创意、创意工作者难以策划的情况，导致当前我国文化产品精品、知名文化品牌少。在供给侧结构性改革的大背景下，加强策划与创意的结合，是做大做强文化产业的不二法门。

最后，从趋势来看，文化创意产业将是文化产业转型的方向。文化产业可分为传统文化产业和现代创意文化产业两大类，当前我国传统文化产业仍占较大比重，但现代创意文化产业是转型方向，而创意性文化产业更加注重人才的策划能力。而当下策划者自主创意和策划能力不足，自身没有形成在文化产业中的核心竞争优势。因此，作为主体的创意策划者，需要持续提升策划技能，以满足产业转型的需要。

第二节　文化产业策划技能分类

策划者除了具备基本的策划技能，还因所处的细分行业、生产流程、岗位级别不同，需要具有不同的具体技能。因此，文化产业策划者应根据所处实际和技能分类，来确定目前及将来需要掌握的文化产业策划技能，做拥有复合型策划技能的策划者。

一、按策划所属具体行业分类

就文化产业策划而言，根据不同标准，细分行业策划也有众多的分类方法。按照传统的文化产业分类方法，便产生了不同的细分行业策划，主要有：出版业策划、新闻传播策划、广告营销策划、会展与节庆策划、旅游与休闲策划、体育产业与全民健身策划、影视产品策划、动漫与游戏策划、演艺娱乐策划、网络音乐策划、手机媒体策划、文化产业众筹策划、特色小镇策划等。不同行业有不同的规律，不同的理论处于不同的发展阶段，需要利用不同的工具，了解各自的行情。

二、按单次策划流程分类

对于从业者而言，文化产业策划是需要具体到一次次的策划中的，每次都会有特定的背景和要求。在单次策划中，策划有一定的流程可循，一般是：调研→分析→创意→文案→行动。这一流程的五个环节都有对应的要掌握的技能，而且是每一个策划者都应掌握的技能。

调研阶段，策划者需要掌握调查研究方法和技能；分析阶段，需要了解和运用数据材料分析的技能；创意阶段，需要具备创意成型落地的技能；文案阶段，要有扎实而明晰的文笔，即掌握策划书写作方法和技能；行动阶段，需要有品牌策划、传播、管理、营销等全方位的复合技能，还要有良好的沟通和整合资源能力，以确保策划的落实和实施。

三、按文化产业生产流程分类

文化产品的生产，往往要经历“资源→产品→复制→传播”的过程，处在不同流程上的策划者，需要掌握的策划技能也不同。

在资源开发阶段的策划者，多从事创意提案策划，以文化资源为对象，需要掌握对文化资源的辨析、选择、整理、解读技能；在产品生产成型阶段的策划者，多从事文化产品的开发策划，需要掌握将创意变成产品的技术或团队领导能力；在产品批量复制阶段的策划者，需要掌握上下游资源及企业内部资源整合能力，保证产品在期限内量产；在传播阶段的策划者，多从事市场营销、品牌传播策划，面向市场与用户，需要着重掌握用户调研、市场分析、市场营销等技能。

四、按策划层级分类

在范围广大的文化产业中，我们也可以将策划分为宏观战略规划、中观科学策划和微观精细策划三个层级。宏观规划对于宏观的整个行业和领域具有重大实践价值，对策划者的宏观视野和规划能力要求较高；中观策划对于中观的区域和企业具有重要实践价值，要求策划者有对区域或企业情况整体把握的能力；微观策划对于微观的某一项目和产品具有鲜明的实践价值，要求策划者具有对细节的精准掌握能力。策划者在策划行动前明确所处层级，确保具有相应的策划技能。

第三节　文化产业策划技能培养之一

文化产业策划技能的培养，是在充分理解文化产业基本规律、文化细分行业基本情况与策划学基本原理的基础上，将理论知识和策划实战结合的过程。我们应当掌握在策划过程中对信息和知识涉猎与整理的技能、实验分析决策的技能、策划实现所需的沟通与整合资源的技能等，注重思维技能和方法的学习、锻炼与提高。

一、培育花开的土壤——在开卷中受益

策划中的开卷，是指通过专业学习、查阅文献、业余阅读等方法，有效地获取策划所需资料的一项工作。该环节在策划流程中较为靠前，属于基础性工作，决定着策划者能否具备策划视野和见识，策划能否建立在了解背景的前提下，能否发现问题和潜在的创意点，决定着策划的大方向。

开卷，并非简单地参考同行已做过的案例，借鉴已有的模板，而是有技巧的。首先，我们需要根据策划的时间条件、策划交付的成果标准，把握好本次策划开卷的广度与深度；其次，在涉猎的领域上，我们需要考察本次策划所涉及范围的理论知识、实践方法论和实践案例，避免策划专业性不强导致本次策划无法在所属领域施行；最后，为使策划下一环节——创意能够建立在有逻辑性的材料之上，以及下次策划能够重复利用，最好能够整理归纳好已阅览的资料数据，分门别类建立专业的策划信息库。

（一）掌握好涉猎的广度与深度——带着限定条件开卷

策划技能的培养是长期的过程，是在一次次的策划实践中获得的。而每一次策划，都有着特定要求，需要我们在规定的时间里拿出符合交付要求的策划案，再由策划者组织资源带项目实施。因此，策划者首先必须考虑时

间、精力分配的问题，即开卷要占多少时间，涉猎要到什么层次，达到何种广度和深度。涉猎过宽或过窄，都可能耽误创意和实施环节的进度，甚至可能导致方向跑偏。

正确而合理的开卷，首先就是要意识到本次策划的限定条件，知道本次策划是宏观战略规划、中观科学策划，还是微观精当策划，来决定开卷到什么广度与深度、开卷需要花费的时间，如果超出限度则及时纠正。

（二）从理论和实践中涉猎——学会短期获取和坚持长期学习

大部分策划都是在较为成熟的产业基础上做出的，有前人经验可循，有理论可依据，因此我们首先需要了解策划的基本章法，即文化产业理论和策划理论；其次，就涉猎的内容来看，为应对策划现实中面临的复杂多变的情况，我们需要关注当前同行总结的贴近实际的实践方法论、操作案例，关注现状和数据资料；同时，应看到，文化产业策划与一般策划不同，还需要策划者自身具备一定的文化底蕴、人文素养。这些内容的涉猎，无法突击获取，需要做长期的准备。总而言之，理论依据是“骨”，帮助我们构建策划的框架；涉猎信息是“肉”，帮助我们丰满策划的细节；汲取文化是“魂”，帮助我们增强实现策划的灵气。

1. 短期：通过搜集行业材料了解实际信息和操作方法论

具体落实到每一次策划活动时，我们可以通过搜集材料的方式，高效地了解行业情况、策划背景、项目进度等信息；还要快速有效地获取实践方法论，以懂得如何操作。在权衡好涉猎广度与深度的前提下，我们对信息的开卷，应力求全面，以保证策划起始就在正确的方向上；对方法论的开卷，应力求精准，达到一个方法解决一个问题的效果。具体方法有：搜集分析经典案例和实际数据，利用搜索引擎查找已有的类似问题的策划方案，主动向前辈高手请教实用的策划技能等。

2. 中长期：通过接受教育获取理论知识

短期涉猎信息和方法，因为能够有效解决问题、实现策划，所以大部分策划者都会使用。但策划者往往在尝到“临时抱佛脚”突击解决问题的甜头后止步，忽视对策划和文化产业理论的深度学习，这不利于策划者实现能力进阶。同时，没有接触过策划实际的学生或新手，也容易轻视理论，认为学会了使用最流行的操作工具和最新的概念就会无往而不胜，想当然地认为课堂上的理论过时了。

良好的理论是在策划实践中不断总结和更新的，能够对策划实际起到方向性的指导作用。在真正开始策划工作前，我们需要踏踏实实地通过接受高等教育、在线教育等，打牢理论功底；在参与实际策划时，应及时汲取理论知识并灵活运用；在策划工作遇到问题时，也应当立即回到书本中去查阅相关文献，及时充电。

3. 长期：以潜移默化的方式广泛汲取文化

文化产业策划与普通策划不同，既是产业策划又是文化策划，其基础是文化，往往以文化消费者或文化产业从业者为对象，生产、运作的是文化商品或服务。虽然普通的策划者也能完成一定的文化产业策划，但专业文化产业策划者最好能够将自身对文化的理解和对商品的感受自觉运用到策划中。这种运用，能够从文化的层面抓住策划对象的痛点，挖掘出文化商品的亮点。没有文化底蕴的策划者，是无法使商品有灵气、使文化消费者感受到商品的文化价值的。

为获得这种不同于普通策划者的文化底蕴，文化产业策划者要做好长时间准备，甚至是从在校受教育时起到职业生涯结束的长时间里，都要慢慢地去接触文学、历史、哲学、艺术，获取文化资本；在做一个文化产业从业者之前，先做一个合格的文化消费者，通过文化消费感悟文化的魅力与价值、消费和享用文化时的心理，潜移默化地增强自身对文化的感悟能力。

与理论学习相同，对文化感悟也因看似不能快速解决策划实际问题，常常容易被忽略，这却非常重要，文化产业策划者应做好长期文化汲取的准备。

（三）有效整理归纳——建立案例与信息库

整理归纳之所以重要，首先是因为涉猎是一个过程，最好能够通过归纳整理，形成一定的结果，如数据库、案例库，以便于策划的下一环节有所依据；其次，策划通常也是不止一次的，为了以后策划能够重复利用、策划者自身的策划能力得以螺旋式提升，策划者要及时总结开卷所得，构建策划信息库。

具体来看，我们可以分门别类，建立以下几种类型的信息库：

1. 策划案例库：包含典型案例、创新案例，也可包含高创意价值案例、高文案价值案例、高操作价值案例，乃至有警示意义的失败案例等；

2. 行业信息库：包含用户信息、产品信息、市场趋势信息、本企业和对标企业信息、图片资料等；

3. 策划知识库：包含涉猎获得的文化产业及策划的理论知识、操作技巧、知识盲点、工具、图片、视频等；

4. 数据资料库：包含文化产业各领域的权威数据、使用频率高的数据、最新数据，以及有代表性的参考资料、文献资料等。

二、赏析最美的花朵——养成良好的思维习惯

与开卷环节紧密关联的，是思维方法和技能的学习、锻炼。策划人系统学习和赏析各种思维方法方式，有意识地加强锻炼自己的思维能力，养成良好的思维习惯。这对于头脑中涌现思想火花、产生创意，十分重要，是不可或缺的。

（一）思维和思维方式

思维是人类特有的最基本最重要的意识活动。古往今来，万万千千，小到毫厘，大至宇宙，都可以融汇于人脑这方寸之间，任意地分析、归纳、综合、抽象、概括。思维活动包含着无穷的奥秘，思维有着巨大的魅力！正因为如此，恩格斯才把人类“思维着的精神”比喻为“地球上的最美的花朵”。思维之花能够绽放出绚丽夺目的光彩。她不仅有“观赏”价值，使人们赏心悦目、心旷神怡，而且还有实用价值，能够帮助人们科学认识事物，解决复杂问题，排除各种烦恼和忧愁，使人们走进自由的王国，因而是“最美的花朵”。

世界著名的物理学家劳厄（Max Felix Theodor von Laue）曾说过：“重要的不是获得知识，而是发展思维能力。教育无非是一切已学过的东西都遗忘掉的时候所剩下来的东西。”大量事实表明，个人的观察、想象、分析、判断、理解、思考、决策、创意、策划等思维技能，是否接受过系统训练，是否达到成熟，将决定个人未来的职业发展前途。因此，一个人要想在激烈的

智力竞争和市场竞争中更好地生存和发展，就必须学会更新自己僵化的头脑，改变简单的思维模式，自觉地学习科学思维方法，有意识地锻炼思维技能，养成良好的思维习惯，不断提高思维水平。

从逻辑学上说，思维方式由一系列基本观念所规定和制约，并逐步被模式化。思维方式，是指在人类社会发展的一定阶段上，主体按照自身的特定需要和目的，运用概念符号去接受、反映、理解、加工和创造客体对象及其信息，从而形成的思维活动的一定样式或模式。

概而言之，人类在认识世界和改造世界的过程中，逐渐形成了一系列科学的思维方式和方法，例如逻辑思维、类比思维、形象思维、灵感思维、逆向思维与回溯推理、假设与预测性思维等。善于运用这些方式和方法，科学地认识事物，解决和处理各种问题，显示了人类高超的思维技能。这些方式、方法和技能，值得文化产业策划人学习、掌握和运用。文化产业策划需要科学的思维方式和方法，需要较高的思维技术和思维能力。

但是，矛盾具有两面性。人类长期的认识和实践，也积累形成了一些思维上的弊端和劣根性。譬如，对待工作和任务，常用直线式思维、表面化思维；遇到新事物和接触陌生人，常用习惯性思维、经验性思维、封闭性思维；面对复杂问题，往往用简单化思维、僵化思维等。这些弊端和劣根性，表明了科学思维方式和方法的严重缺位，反映了人们思维技能的明显缺陷。对于文化产业策划人来说，应当有清醒的认识，必须注意防范，努力克服和改变。

（二）逻辑思维与类比思维

逻辑思维是基本的思维方法和能力，即根据已有的概念和判断，通过推理，环环相扣，推出新的判断和结论。逻辑思维有演绎和归纳两种方法。演绎是从一般到特殊，由前提必然得出结论的推理；归纳是从特殊到一般，从个别到普遍的逻辑推理。逻辑思维在文化产业各个领域策划中，都可以应用。如果思维严密，运用自如，一定有助于提高策划水平。尤其是在文化产业调研报告和策划文案写作中，实践证明，逻辑思维对于构建基本结构、推论主要内容是不可或缺的。

类比思维，是指将相同或相似的事物放到一起加以比较，根据已知的相同点，通过推理得出新判断的思维方法。策划者可将本项目策划和已有的策划案例进行类比，从而得出可行性的分析。在运用类比推理的过程中，需要注意避免机械类比和照搬套用的问题。例如，在主题公园设计中，策划者可以将深圳锦绣中华与美国迪士尼公园类比，后来的珠海珍珠乐园又可与深圳锦绣中华类比。两种类比，会使人看到迥然不同的效果，加深对主题公园策划的理解。

（三）形象思维与灵感思维

形象思维，即人们运用表象、直感、想象等形式，将对象的有关形象信息以及贮存在大脑里的信息加以提取、调配和运用，从而从形象上认识和把握研究对象的本质和规律。形象思维的主要特点是：形象性、非逻辑性、粗略性、想象性。由于表达的工具和手段是能为感官所感知的图形、图像、图式和形象性的符号，形象思维因而具有生动性、直观性和整体性的优点。在文化产业策划中，策划人在逻辑思维难以解决问题的情况下，灵活运用形象思维，往往可以产生意想不到的效果。在影视产品创作和策划中，形象思维运用更为普遍。

灵感思维，是人脑对于突然出现在面前的新事物、新现象、新问题及其关系的一种迅速识别、敏锐而深入的洞察，是一种宝贵的创造性思维。简而言之，灵感思维就是直接的觉察、感悟和顿悟。灵感思维与创意直接相关，是策划者必备的思维能力。策划人通过经常观赏艺术品和文学作品，可以逐步培养感悟和顿悟能力。

凡是能够打动人、感染人，在社会上流行的歌曲，一定是借助恰切的形象、图像和想象而经过运思的结果，当然也一定准确和深刻地反映了特定时代的社会心理，如歌声飘过 30 年的经典歌曲，具体有 20 世纪八九十年代《同桌的你》《小白杨》等。近年来流行的《时间都去哪儿了》，是 80 后作词人陈曦、作曲人董冬冬久思之后的灵感闪现。此歌借助优美的旋律，借助老树长新芽、枯木开花、记忆中的童年小脚丫、肉嘟嘟的小嘴巴、满脸的皱纹、眼睛花、柴米油盐、孩子哭了笑了等鲜明的形象，再配上王铮亮略带沙哑而富有感染力的嗓音，迅速传遍神州大地，唤起了人们追忆岁月、感叹时光流逝的美好情感。

（四）逆向思维与回溯思维

逆向思维是以悖逆常规想象或思维习惯，采用相反的思维线路，来实现创意和创造，主要特征是非定势性、辩证性。回溯思维则是根据事物的因果联系，回顾过去，寻找发源地或事物的根源，从事物的结果推断其原因的思维方法。两者的共同点是“反其道而行之”。

在文化产业策划中，策划人在正向思维和推理没有进展的情况下，不妨大胆尝试这两种思维方法。新闻策划中经常运用反常思维，寻找和发现常人难以想到的新鲜事例。例如，圆珠笔的改进。最早于 1938 年由匈牙利人发明、1945 年由美国人改进的圆珠笔得到了广泛应用，但一直没有解决笔芯漏油问题。日本发明家中田藤三郎打破了在笔芯上做文章的常规思维，把油墨量控制在只写 15000 个字，一下子解决了写到 20000 字会漏油的问题，被日本发明学会会长丰泽丰雄称为“真是一个绝妙的逆向思维方法”。

（五）假设与预测性思维

假设或假说，是指以一定科学原理和事实为根据，对于未知事物及其规律性的假想性的解释和发挥。纵观人类科技史，科学研究从假设开始是普遍现象。预测性思维，是指人们利用已有的知识、经验在对事物过去和现在认识的基础上，对事物的未来或未知的前景，预先做出估计、分析、推测和判断的一种思维过程。一般说来，预测性思维具有探索性、超越性、近似性、局限性。

文化产业策划，目的在于通过预先规划和筹划，为文化产品的生产、交换、流通和消费绘制理想蓝图。策划人在没有先例做参考的情形下，通过大胆的假设和预测，“摸着石头过河”，也能在一定程度上激发人的能动性，促使本不可能实现的目标得以实现。

假设与预测性思维对文化产品营销策划也有重要意义。文化商品的营销，既是必要的又是重要的。营销方案是在市场实际销售和服务之前，为使销售达到预期目标而进行的各种销售促进活动的整体性策划。这种策划在实际营销工作中所起的作用很强，能够明确方向，规避风险。例如，电影《人再囧途之泰囧》、电视剧《甄嬛传》，其营销整体性策划都是成功的案例。

上述思维方法和技能，在中国古代典籍中也有充分体现。例如，《孙子兵法》《史记》《三国志》，关于孙武的军事谋划、范蠡的经营致富策划、诸葛亮的政治军事策划等，堪称富含创意和策划的“思维秘笈”，值得深入学习和挖掘（参见本章后附录）。

第四节　文化产业策划技能培养之二

对于策划者来说，开卷读书使人受益、有助于培养优秀素质，学习思维方法、锻炼思维技能可以使人养成良好的思维习惯。对于策划技能培养来说，这些都是基础性工作，犹如培育花开的沃土。对于文化产业策划本身而言，特别需要寻求思想的火花——捕捉灵感、创意。着重于策划中“创意”这一核心要素，掌握创意形成、沟通、表达的艺术。

在文化产业中，策划是手段和方法，创意是核心和灵魂。学者孙玉才认为，“我们必须将创意作为策划中的‘先导’和过程中的‘主干’，一个策划人必须先当创意家，否则，只能流于一般的策划甚或计划。千万记住，计划、规划、点子、计谋……都不是我们所言的策划，全程的、运营式的、以创意为开端并不断再创意直至成功的策划，才是真正的策划”①。真正的策划和人们意识中的创意有所不同，它不仅是一时感性的爆发，也有理性逻辑的分析；不仅停留在独特的思考，也包含将创意点子具体化的行动；不是一味地与众不同，也可能是在熟悉和安全感中让人感到新意；不完全是天马行空，更多时候是带着约束条件，戴着镣铐起舞。

按照创意经策划成型的时间和逻辑顺序，我们把创意成型分为形成阶段、沟通阶段和表达阶段三个阶段，依次来阐释创意如何培养。

一、创意的产生

创意是如何产生的？创意技能能否学会？人们往往以为创意来源于偶然的灵感，捉摸不透，可遇不可求，常常伤透脑筋依然想不出一个好的创意点子，便认为创意是难以学会的。其实，在创意产业之父约翰·霍金斯看来，创意是人们普遍具有的才赋，是自给自足的，每个人都具有某种程度的创

① 孙玉才：《创意策划之诠释与经典案例》，山东人民出版社2010年版，第75页。

意，无须外界的资源就能成为有创意的人。创意虽难，但也可以像学其他技能一样，通过一定的方法掌握，是可后天学会、可复制的。

文化产业之所以能够存在并发展，也是因为创意这项技能像人类驾驭核能一样，虽然起初面临不稳定不可控的因素，但能够逐渐通过对其研究，形成理论成果、操作方法，将其变得可控可操作、可产业化，产生难以估量的效益。比如，我们发现在“互联网+”背景下，创意被创客们掌握，再结合资本和技术，便产生了众多充满新意与使用价值的产品，获得了市场认可。

因此，我们首先了解有关创意形成的理论方法，来搞懂创意究竟为何出现、如何出现，怎样通过实践产生创意。

（一）创意涌现的前提——掌握创意产生的原理

1. 霍金斯的创意过程五层面

霍金斯提出创意生态三原则，指出人人都能有创意，创意需要自由，自由需要市场。他将创意过程分析为五个层面：回顾、孵化、梦想、兴奋、现实检测。这一方法思路清晰，可操作性较强，创意工作者在个人创意的探索中可以运用此法指导实践。

2. 奥斯本的头脑风暴法

创意思维大师亚力克斯·奥斯本提出鼓励想象力的头脑风暴法，意图通过找到新的和异想天开的方法来解决问题，是通过群体力量产生创意的有力工具，其过程为做好准备、创建氛围、激发创意、寻找创意四个阶段。

文化产业策划与一般策划相比，策划主体更加群体化，策划手段更加现代化，策划过程更加程序化，策划分析也更加定量化。头脑风暴法十分适用于文化产业策划者在现实工作中多人协同，而非仅仅依靠个人产生创意的实际情况，有利于群体有程序、可量化地产生创意，运用场景十分广泛。

在奥斯本的头脑风暴法之外，还有综合式头脑风暴法（CBS 法与 NBS 法）、默写式头脑风暴法（635 法）、戈登法（Gordon Method）等，与奥斯本法在形式或操作方法上存在不同，策划工作者在寻求创意时也可以尝试。

3. 佐藤大的创意设计硬度原理

佐藤大是日本新生代设计师，也是 nendo 工作室创始人，创业不满五年即受邀为众多国际大牌策划创意产品和方案，获奖无数。他在创意工作中总结了工作经验。

在《用设计解决问题》一书中，他提出创意和作画类似，是由软到硬、由虚到实、由抽象到具体的过程。首先在脑海中形成灵感，然后将其形成草图，再形成画面，最终形成立体物。这一原理揭示了创意形成的一般过程。而且，这一过程可以反过来，退一步，即将看到的创意成品重新抽象化①，这就成了解构优秀作品并将蕴含其中的创意变为己用的一种方法。此外，佐藤大还总结了自己成功的创意设计经验，提出了要建立创意持续输入输出的良性循环、创造适宜创意工作的环境、将左脑逻辑思考和右脑创意思考结合等创意工作方法。

4. 赖声川的创意金字塔模型

赖声川，华文世界知名的剧场工作者之一，被《亚洲周刊》誉为亚洲剧场导演之翘楚。从 1984 年以来，他以强烈的创意吸引观众涌入剧场，带给台湾剧场新的生命，持续为中国语文剧场开拓新的领域与境界。

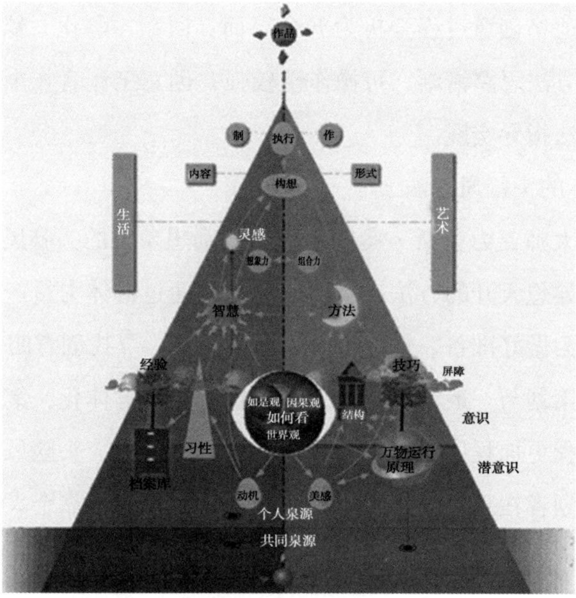

图 3－1　赖声川的创意金字塔模型②

① ［日］佐藤大：《佐藤大：用设计解决问题》，邓超译，北京时代华文书局 2016 年版，第 64 页。

② ［日］佐藤大：《佐藤大：用设计解决问题》，邓超译，北京时代华文书局 2016 年版，第 49 页。

《赖声川的创意学》已成为创意经济时代经理人、广告人必备的案头书。在书中，他否定了将创意神秘化的思想，提出了创意金字塔模型，将神秘的创意形成过程可视化。赖声川指出，创意可分为两步：通过构想激发创意和找到途径让创意成型，即创和作，也可理解为获得内容和找到形式，或者说是拥有智慧和拥有方法。在“创”（智慧）方面，需要在生活中汲取经验，形成创意档案库，需要打破标签避免惯性思维，看到事物原貌和因果，明确创意真正纯粹的动机；在“作”（方法）方面，应当建立良好的美感，平衡好创作激情与工作纪律，营造良好的环境，学会动中有静，学会包容和妥协，最终形成完整有秩序、有意义的作品。①

赖声川的创意金字塔模型，将创意形成的过程形象化、具体化，有着明确的操作方法，值得文化产业策划者学习和运用。

（二）优良策划的关键——通过实践产生创意

有关创意形成的理论众多，以上只是列举部分较有代表性、较容易掌握的理论，我们可以在这些理论的指导下开展策划实践。同时，虽然到今天，创意理论研究者和创意产业从业者们在研究与实践中，已经总结了较多的创意方法论，但创意依然是21世纪有待开发的领域，还有太多未知。已有的理论与方法论也无法确保创意一定能产生。中国古代荀子早有言：“不闻不若闻之，闻之不若见之，见之不若知之，知之不若行之。”② 大胆实践、勇于实践，才是创意产生的关键。在此，我们提出六条创意实践事项，期待引起策划人关注，并在实际中践行。

1．学会提问与质疑

因为多数创意建立在已有的条件要求、背景环境之下，而非从一张白纸开始，不少策划工作都是改善型而非原创型，所以提问与质疑更有必要。对待已有的事物，我们首先应当学会提问：已有存在是否合理？旧物能否加以改造利用？已有方案限定条件是什么？能否跳出限定……诸如此类。可以说，好的策划方案起始于质疑与提问，有了好的提问和质疑，就成功了一半。

---

① 赖声川：《赖声川的创意学》，中信出版社2006年版，第77页。

② 《荀子·儒效》。

现实中，很多策划人会在这里犯错误。比如，策展者为了在竞争中中标，会全盘接受甲方的所有要求，哪怕要求并不合理；为了节省时间，会省去调研环节，把甲方提供的现成的东西当作创意工作的真正背景；为了迎合验收方，放弃易于执行的已有方案改良版，提出全新的难验证难实施的方案。这些情况大量存在于现实之中，只是因为策划者不愿提问、不敢质疑，从一开始就迷失了方向。

2. 既打破边界也接受限制

创意策划工作不是完全天马行空的想象，而是“戴着镣铐的舞蹈”，要求创意人通过调研，明确创意工作有哪些边界，知道该接受哪些限制、打破哪些规则，做到有破也有立。

接受限制，是明确创意活动的合理边界，界定需要解决的核心问题，比如时间限定、地点限定、资源限定等。理想的状态是自觉在界限内尝试，触碰到边界不越界，自觉归位，避免无用功；打破边界，是打破不合理的限定，乃至跨界到其他领域寻找创造性的解决方案。

3. 储备灵感结合锻炼技能

创意的重要因素——灵感，不是在创意工作开始时就能产生，需要我们提前建立“灵感仓库”来储备。这种储备可以来自平时生活、学习和工作细微之处的积累，也可以来自伴随广泛的开卷涉猎而活跃的形象思维和灵感思维。

灵感一旦如泉水涌现出来，就需要通过一定的手段和技能，将其记录和具体化，以方便表达与展现。比如，通过谱曲，将脑海中的乐音形成音符旋律；通过绘画，将想象中的形象形成图画；通过建模软件，将大脑中的思路形成思维导图等。为确保这一过程能够顺达，我们要学会使用相关的现代技能工具，并进行大量练习来掌握。技能练习，方式也是多样的，既可以请教专业人士，也可以通过学校、社会和互联网的教育培训掌握，还可以在实战中锻炼。策划工作者可以根据实际，选择一种或多种方式来提升专业技能。

4. 科学思维结合创新思考

文化产业策划过程是程序化的，要求是精准化的。这意味着策划工作者需要掌握基本的理性认识方法，科学合理地运用思维方法和技能。比如，逻辑思维，明确概念，用联系、因果、辩证的方法看问题，运用类比思维、逆向思维等进行分析，避免设计上的逻辑致命错误。此外，策划者要具备科学合理的世界观、人生观、价值观，使策划工作符合基本要求，符合道德规范、法律规范、行业规范和审美规范，保证策划对社会有正面推动作用，而非负面效应甚至破坏效果。

在遵循基本思维规则的基础上，策划者还需要善于打破已有的思维定式，通过创新性的思考形成创造性的方案。如何创新思考？策划者生活在现代社会，思维往往受传统习惯束缚，也易受西方形式逻辑的影响，往往无意识地陷入其中。因此，策划者要跳出已有局限，搁置逻辑化，尝试非逻辑思维。例如，可借鉴亚马逊森林最基本的部落形态的人类意象思考、重直觉和自然启示的思考方式，可借鉴古代中国先哲整体性、变易性思维与无为、务虚的思维方式，可从后现代主义文艺作品中汲取灵感等。

5. 个人创意结合群体策划

我们处于现代化互联网信息时代，现代企业制度、团队组织形式和互联网将个体工作者联系起来，将个人智力劳动变成多人协作，以降低成本，提升效率。在此情况下，策划工作不再是一个人的事，像以往艺术家作坊式生产那样。策划的主体日益群体化，往往包含组织内多个层级、多个部门，甚至包含团队外的利益相关方。仅仅依靠个人创意，无法满足现代社会的文化生产要求。个体在提升自身创意技能的同时，还应善于运用群体智慧，相信群体力量大于个体力量。

在操作上，可以采用先进的通信设备（如在线视频、电话会议），运用多人协作的方法（如专家会议法、奥斯本头脑风暴法），鼓励合作，相互激发，有组织有程序地产生创意、促进策划工作。

6. 营造天时地利人和的环境

在现代社会中，创意策划工作由于创造价值的能力强，处于产业较顶端位置，从业者往往需要拥有良好的工作环境配套，体现天时地利人和。比如，办公区较为宽敞优雅，以绿色生态为基调，配备自由聊天吧、音乐间、健身室、休息区等，这有利于从业者的自由想象和智力创造工作。策划者应珍惜和善于运用良好环境，主动自觉地形成规律性的工作习惯。要避免在重复的事情上花太多时间，善于把有限的精力用在核心的创意上，做到“好钢用在刀刃上”。策划者还可以适当打破舒适区，到陌生环境中去尝试新事物，以激发灵感，再回到好的工作环境中加以实现。

二、创意的沟通

创意一经产生，并不意味策划就已经成型可实施。围绕创意，需要经过精心计划、系统筹划和智力活动，形成策划思路。其中的一个重要环节在于，创意需要通过沟通，通过一定形式向组织成员传达和表现，获得团队认可，并得以进一步修改、完善。

一般而言，良好的创意沟通，应当是这样的：

（一）公开说明要井然有序

在提案公开之前，首先需要确定参与提案会议的相关方人选，创意提出者要做好背景调查，了解参与者性格、喜好等信息；其次做好通知工作，告知相关方沟通主题、时间、地点以及流程。提案中，创意提出者除了要有理有据地说明策划背景、灵感来源、创意如何形成等问题，还要主导好流程，何时说明创意、何时听取意见、何时就意见进行辩解，都要有程序设定。在演示过程中，提案者要始终保持诚实、客观、公正的态度，虚心听取各方意见，必要时也需要妥协。

（二）合理设置模拟预演环节

策划人为使得创意尽可能获得认可和通过，需要预先设置模拟演练。可以假设自己是沟通的主动一方，就这个创意提出有关问题并要求对方现场作答，问题尽可能提的尖锐深刻而有的放矢，回答要看是否精准而令人满意；也可请专家来扮演沟通的主动一方，来向自己提问，然后自己根据策划做出有针对性的解答，并关注专家对解答的评价。根据这些模拟预演活动，搞好记录和总结，尽可能地发现问题，对提出的创意加以修改，进一步完善。

（三）征求意见和展开研讨

公示和预演是沟通的重要环节，具有程序化、仪式化的特征。除此之外，还需要广泛征求意见和展开研讨，这是更加灵活有效的创意沟通活动。征求意见的方式方法灵活多样：可以在行业内，也可以在系统外；可以给领导汇报，也可以面向基层群众；可以面向新入职的年轻员工，更要面向富有创意策划经验的资深员工；可以是书面正式的，也可以是随机访谈交流。开展研讨活动，则要重视专业性和学术性，一般需要邀请创意名师、策划专家和文化学者，举办专题研讨会。无论研讨会规模大小，都要明确主题，注重效果，力求与会者畅所欲言，交流真知灼见。

（四）沟通成果需要整理总结

任何创意的沟通过程，都要注意记录、整理和总结，特别要重视有真知灼见的成果。整理和总结也是自我提高的过程，对修改和提升创意策划都有重要价值。一般来说，创意提出者形成的结果有两方面作用：一是修改完善后的创意策划，用于接下来的执行和实施；二是修改情况通报书，用来告知相关方策划完善的进度，便于统一认知，达成共识。

可见，沟通和交流绝不是可有可无的，对于创意策划具有重要意义。事实表明，创意不经过沟通，就难以确定受众是否会接受该项创意，难以确定执行者是否真正了解策划的核心所在，那么在执行和传播中也往往会出问题，甚至导致整个策划失败。另外，不注意创意的沟通方式方法，也可能会导致良好的创意在漫长复杂的组织传播程序中走偏，受到外在因素干扰，甚至胎死“体制”之中。

三、创意的表达

在沟通环节，创意主要是在小范围展现，比如，在策划团队中面向工作成员、主管上司、甲方公司等。创意一旦获得通过，策划者还需要通过充分而合适的表达，形成面向公众的、可视的、可量化的策划思路，把创意表现给落实策划的人——策划方案的执行者。

一般来说，文本形式的策划书是创意和策划常见的主要载体。我们可以通过策划书，把创意的核心阐述好，把如何执行创意量化好，把验收标准制定好。

一个成功的文化产业策划至少要具备三点：建立在调研基础上通过创造性思维而得到的精准筹划、科学而又合理的实施方案、周密而有效的运作行动措施。策划书应当在内容、结构和表现形式上，有合理的设计，以实现对策划创意的表达、实施方法的解释、运作过程的具体化。

1. 在内容上，策划书一般应包含对以下核心问题的说明和回答：创意是什么，创意如何得来；策划方案是什么、如何实施，写作参与者及其分工如何安排，如何激励参与者完成方案；如何验收成果，成果能否量化，如产品策划需要有文化产品成品标准，产业园区策划需要有落成时间、配套设施完善程度规定等；是否有应急备用方案，备用方案在何种情况下生效等。

2. 在结构上，策划书可根据实际需要，包含以下版块中的全部或部分：封面，包含策划名称、起草者、实施者、实施时间等基本信息；大纲，即目录，用以呈现策划书的整体面貌；正文，包含综述、策划背景介绍、策划创意介绍、行动方案等版块；附件，包括参考资料、统计表格（如策划组成员职责表、工作进度表、实施记录表）等内容。

其中，综述是指对策划书内容极为精炼的表述，使各方能够在较短时间内了解到策划目标是什么；策划创意介绍包括创意的内容、实施步骤等，对创意内容的表达需要尽量浅显易懂、生动形象，达到让人觉得眼前一亮的效果；行动方案版块包括践行体系、行动指南、评估方案、人员分工、财务计划等。

3. 在表现形式上，策划书应尽可能易于执行者理解，操作步骤和标准易于确定，以方便实施。所以，创意策划团队应在策划书的基础上，借助PPT、实物模型、图示、视频或相似创意案例类比等形式，将文案形象化、视觉化。可以借助表格等工具量化数据、目标、操作流程，制作简易版的操作说明书，使策划书既有内容，又易于理解和实际操作。

策划书的具体写作技能的培养，是一项系统的工程。策划书撰写者需要提升逻辑思维能力，明确策划由哪些部分构成；需要锻炼文字表达能力，“文风要平易近人，要避免‘三腔’：官腔、书生腔及过分学术腔”①，将策

① 吴廷玉：《文化创意策划学》，大连理工出版社2010年版，第217页。

划中的核心——创意展现出来，将实现创意的步骤和手段清晰地呈现出来。这些能力的培养并非一朝一夕，需要策划者在策划实际中锻炼，在前人策划中汲取经验，在策划理论中充实理念、知识和方法，并及时总结提升。

4. 建立创意输入输出的良性循环。创意输入，即汲取灵感；创意输出，即产出作品。创意和策划工作，往往不是一次性的，而可能伴随从业者的整个职业生涯。旧的一次性创意策划完成，可能会引发和孕育新的创意策划。所以，策划者应当有持续创意、持续策划的意识，建立创意输入输出的良性循环，将创意的实践常态化，把策划活动从偶然变成必然，从失控变成可控。

创意输入既不能浅尝辄止，也不能一直只看不行动，要与创意输出结合，通过动手来知道自己还欠缺什么，需要输入什么。输出输入的良性循环建立后，创意策划者的眼界会越来越宽，落实能力也会越来越强，策划技能也会螺旋式上升和增长。

第五节　文化产业策划技能培养之三

在基本创意思路已形成并获得批准的前提之下，策划者便可以开始进行尝试，实施系统的具体的策划工作，争取获得成功。策划人应当有整合意识，具备统筹全局的整合能力，力求在整合中得到提升。

一、探索实践的真谛——在尝试中练成

整个策划方案的尝试，涵盖了初期的可行性分析、中期的实验与预演、实践练就和后期检验评估几大环节，每个环节都有该环节尝试需要达成的目标，也有相应的尝试方法。

（一）可行性分析

可行性分析，是指对策划进行全面周密的理性分析和探讨，以确定策划案是否可行。文化产业策划通常涉及较多的人力、物力和财力，文化创意项目的实践也具有较高的风险性，因此需要通过可行性分析来尽可能评估风

险，获得最优结果。

可行性分析的方法较多，比较常用的有：相似案例对比研究法、SWOT分析法、要素分析法等。

1. 相似案例对比研究法

相似案例对比研究法，是管理学中的一种具有探索性研究的科学分析方法，其核心是将理性认识与感性认识相结合、定性分析与定量分析相结合。策划分析在于，寻找与本次策划有着类似创意的策划活动，考察其背景和完成情况，运用类比推理来大致估算看与其相似的本项策划是否可行。

一般来说，我们可以选取多个类似的已有策划来考察。如果这些案例大多数以失败告终，那么就有必要认真审视其原因并预测本项策划是否会有同样的结果；即使多数案例已获成功，也不等于本项目必然成功，要对本项策划所有环节做出审慎的分析，对可能的结果做出预案和应对。

使用相似案例对比研究法，我们需要注意以下要点：

（1）对比的前提是之前的策划和本项策划在创意方面极其相似；

（2）对比的内容主要为策划背景、执行方案；

（3）尽可能将多个先前策划与当前策划对比，这样可以提升对比可信度。单个策划的不可控因素较多，对比往往不能说明问题，而多个策划若大部分都成功或失败，便可说明本项策划也有成功或失败的较大可能性；

（4）相似案例对比研究为定性研究，且是粗略的判断，并不能根据先前策划的成败完全保证本项策划一定成败，对比的结果只能做基本的参考。

2. SWOT 分析法

SWOT 分析法是美国旧金山大学国际管理和行为科学教授海因茨·韦里克（Heinz Weihrich）提出来的一种系统分析方法，又称为 SWOT 矩阵。这是通过对研究对象的内外部条件进行梳理，明确对象的优势（Strengths）、劣势（Weaknesses）、机会（Opportunities）、威胁（Threats），为决策做支撑。这种分析方法在中国又被直观地称为“优劣机威分析”，使用较为广泛，常用于项目分析、企业战略决策等。策划案的可行性分析也可以运用。

SWOT 分析法，不仅可以通过建立直观的模型，得出可行性结论，指出策划是否可行，而且还能得出指导性的结论，使策划趋利避害，发扬优势，把握机会，避开劣势，降低威胁。

与此相关，20 世纪 80 年代初迈克尔·波特提出“五力分析”，即供应商的议价能力、购买者的议价能力、新进入者的威胁、替代品的威胁、同业竞争者的竞争程度。此法也可借鉴、运用于策划案分析。

3. 要素分析法

要素分析法又称因素分析法。研究者把反映事物性质、状态、特点的一组变量简化为少数几个反映出事物内在联系的、决定本质特征的因素，通过分析总变动中各个因素的影响程度进而做出判断。

策划分析在于，综合考虑策划涉及的创意、社会、经济、政策、法律、财务、技术等要素，以对策划案可行性做出综合评估。要素分析是一种常用的分析方法，策划者通过分析这些要素，全面了解策划的各类条件是否充足，可以对策划是否可行做出较为精确的判断。此法在使用中需要注意：

（1）尽可能通过量化的手段，实现可量化的评估；

（2）要素分析法可以与 SWOT 分析法结合使用，以便更直观地呈现要素中哪些是优势，哪些是劣势，哪里有机会，哪里存在威胁。

（3）要素分析法也可以与相似案例对比研究法结合使用，对两个以上的案例通过对照对比，既看到它们之间的相似点，又要特别重视差异点。

在可行性分析实践中，策划者可以兼用以上介绍的几种方法，尽可能将策划项目的背景、面临的情况直观地呈现出来，然后判断是否可行，获得策划执行方面的指导。

（二）实验与预演

策划实验与预演，指在可行性分析后、正式实施策划方案前，策划者以较小的代价试错，通过模拟实施环境控制变量，进行参照对比，分析结果成败，得出策划实施的实战性建议。在策划分析中，可行性分析更多是从理论方面进行的，实验与预演则更侧重实战检验，两者可以结合使用。实验与预演也有较多的方法可供选择，比如变量控制法、对比分析法、建模分析法、等级扩散法等。

变量控制法是从物理学和生物学中移植过来的，被广泛地运用在各种科学探索和实验中。基本原理就是把多因素问题变成多个单因素问题，只改变其中的某一个因素，从而研究此因素对事物的影响，以此分别加以研究，最后综合解决问题。建模分析法则是重要的数学研究方法，现在已经推广应用到经济、管理、社会研究的许多领域，基本原理就是通过对输入和输出的系统相关函数之间关系的具体分析，建立直观的数学模型。

这些方法也可以运用在策划的实验与预演中。例如，在新广告语的受众接受度测试中，可以先从一个小城市测试，再扩散到多个同类城市或某些大城市，这就是运用了等级扩散法。这些方法目前已有较多的操作说明，比较容易掌握。在具体使用中，关键点是在保证试验效果的同时，控制好成本，以较小的代价实现对策划案实施可行度的精准判断。

（三）在实践中提升策划能力

策划方案本身已经可行性分析被证明为科学合理，又通过了实验预演，在此情况下，周密有效的运作行动措施，则是确保策划案实施之重点。

1. 确定合适的执行总架构

明确策划执行的主体——组织的秩序，进而确定每个成员的职责与定位，是正式实践的第一步。通常我们可以选择快速反应、机动灵活的扁平化小组式结构，也可以采取传统的汇报——执行的层级式组织架构，还可以采用结果主导的负责人监督外包团队的雇主雇员结构。

执行总架构确定之后，各个执行者可根据策划方案与自身实际和喜好，明确定位。策划者本身也可根据实际情况选择不同的角色：一是总揽大局者，站在全局高度和视野把握方向，及时对执行者的行动方向进行纠偏，或对策划方案加以完善，保证策划总体正常实施，而不过分干涉执行细节；二是策划执行者，融入执行的某一个具体工作中，通常这一具体工作也是策划最核心、最关键的部分，意义重大，需要策划者全力参与。

2. 抓好策划的大方向与关键环节

总架构制定好之后，执行者各司其职，策划者便可从具体琐碎的执行工作中适当解放出来，但策划者的解放不是放松，而是有更重要的任务要做。

策划者此时不管是作为总揽大局者，还是策划核心工作的执行者，都要抓好策划案的大方向与关键环节。为保证方向正确、运行良好，策划者需要抓住核心的问题、人物、环节与指标，通过控制枝干与阀门来掌控全局。比如，遇到困难无法推进时，通过回想初衷这一核心问题指导前行；遇到管理混乱的问题，重点关注子项目负责人这一关键人物，而非次级的所有执行者；检验某一环节完成情况时，通过核心指标来衡量，即使有部分非核心指标不达标，只要核心指标达标了，也可通过验收等。

3. 用心关注策划的细节

在确保把握策划大方向和关键的前提下，策划者应用心关注实施的小细节。策划人到执行一线，了解执行细节，既能听取一线执行者和受众的反馈，还能起到鼓舞和示范带头作用，做好保障，有助于策划案细节实施完善。

确定总架构、把握大方向和关注细节这三步，可以减少很多问题，基本保证策划案实施的正常开展。但策划案践行过程往往难以一帆风顺，可能会遇到种种问题。为了应对各种突发情况，策划者需要灵活转换视角，统筹兼顾多方需求；需要善于运用技术手段减少时间浪费；需要掌握决断能力，出现问题及时止损，发现机会敢于扑上去；还可以充分整合组织外的社会资源，就遇到的难题向前辈请教，也可以利用外包团队弥补自身团队的不足，高效地解决问题。

（四）检验评估

策划方案执行完毕，并不意味着实施就已经彻底完成，还需要对策划活动的落实情况进行评估，检验结果，以确定策划是否实现目标。评估检验之所以重要，首先，因为对策划活动来说，它能够确认策划是否成功，检验创意是否可行；其次，它能让策划者从本项策划中总结经验、汲取教训。即使本项策划失败了，策划者通过碰壁、复盘、回顾，自身的策划技能也会有所增长。实践出真知，磨炼长才干。通过多次的“策划—检验—策划”的过程，策划者的技能和水平会有显著提升。

策划活动类型众多，对成果的评估检验可以根据具体类型，灵活选择检验的方法。常用的有结果量化评估、受众访谈反馈评估、第三方专家机构评估方法等。这些方法包括定性分析评估和定量分析检验，现实中往往需要二者的兼顾和结合。策划者在评估时需要注意评估的客观性、全面性、科学性和可操作性，综合使用各种评估方法。不仅听取策划发起者（客户）的意见，也听取第三方验收机构的意见；需要注意评估的全面性，不仅考虑策划案短期经济效果，也检测策划案中长期社会效益；需要将量化数据和感性体验结合起来，从多维度评估策划；对各项指标和因素的检测力求科学、准确，确实反映本质问题；所有的检测评估方法和手段要具有可行性，便于操作、易于操作，而不是纯观赏的“花瓶”，不是“花拳绣腿”。

二、统筹全局的能力——在整合中提升

文化产业策划是一项综合性、创新性、持续性的活动，涉及内外部因素多，活动周期长，对策划者综合素质和技能要求高，从开卷到创意，再到形成策划、执行策划整个过程中，需要策划者具备统筹全局的整合能力。在整个策划活动中，既要关注策划本身的内容，即策划的内涵，包括调研、创意、策划文案撰写等流程，也要关注策划的相关条件，即策划的外延，如资本、技术实现、版权法律保护、风险、传播等要素。总之，策划者应当有整合意识，内部整合要素和流程，外部整合资源和条件，构建良好的策划系统和策划执行生态。

（一）关注和整合策划的内涵与外延

策划活动是一项有着严格界限的活动，在特定的时间限定中做什么和不做什么，重点做什么和非重点做什么，都需要注意。策划的全局性整合是在承认这种边界存在的前提下进行的。

策划内涵，是策划的主体内容，包括策划活动的全部内部要素和整个流程，从开卷到调研、创意，再到文案撰写和检验、评估等环节。这些是策划的主要构成部分，是策划者在工作中必然面临和必须解决的问题。在实际策划活动中，策划者有时容易忽略重点或陷入迷茫，没有将重心放在这些内容上，偏离了主体，纠结于其他末节的问题，容易导致失败。而适时地回归到

内涵之上，有助于把握住策划的关键。

策划内涵的整合，包括既要关注开卷、创意、评估等关键环节，也包括整个流程顺畅进行的连贯性和执行力。从时间、资源、人力、物力等角度确保整个策划活动的进展。策划者本人可以并非是创意的提出者，也可以并非是策划书的撰写者，其完全可以整合团队力量，将具体环节交由专业人员来完成。

策划外延的整合，即关注和整合策划活动所处的外部条件，如资本、政策、市场、风险、传播等，为我所用，积极创造一个有利于策划实现的优良的外部环境。一个良好的策划，需要考虑到外部各种条件，并且要关注环境的变化，妥善应对各种变化，从而及时调整策划，修正其中过时的部分。策划者万万不可脱离实际，主观制订计划。忽略环境条件完成的策划作品难以落地，策划照搬照抄、没有根据环境做变通，也容易“水土不服”。

（二）整合资源、优化流程、再造组织以保证策划实现

策划实现，依赖于策划方案本身的品质和内外部各种因素和条件。一个优秀的策划者，能够意识到策划实施不仅需要主观上努力，也需要客观条件配合与协调，所以需要围绕策划整合资源、优化流程、再造组织，追求策划实施内外的最大效益。

1．整合资源

整合资源，是在把握策划的内涵和外延之后，将内外部各种资源效用最大化的活动。资源在得到整合之后，便于被后续的流程处理和组织利用。没有将资源效用放在首位的整合，是无意义的整合，无法取得“1＋1＞2”的效果。

策划者在识别了用户、信息、人力、技术等资源后，可围绕效用，根据实际情况开展整合活动。比如，在时间有限无法获取足够的目标市场用户时，可以付出一定代价，整合其他非同业务但市场用户高度重叠的企业的用户资源；在本组织目前没有足够技术实力做创意开发、培养技术人员又会错过时机且无法预料收益时，可以整合外部的技术资源，采取技术外包的方案等。在策划的不同阶段，策划者都可以积极调动整个组织的人力资源保障工作进

展，而不是将活动的参与者局限于策划小组。比如，在创意阶段，可以在整个组织内公开征集创意，也就是“借脑”；在执行阶段，可以根据需要向上级申请更多人力，抽调其他部门人员参与策划实施，以提高效率，这就是不求所有、唯求所用。总之，整合资源，就是根据实际需要灵活进行内外部资源的调配，实现资源的合理利用，争取效用最大化。

2. 优化流程

优化流程，即围绕策划目标，通过改革原有适于上传下达但不适于快速行动的、按职能划分的垂直型流程，或借助现代管理系统重建适于接受反馈、快速迭代、人性化的流程架构，提高策划运作流程的效率。流程优化，可以最大限度地减少损耗、降低成本、提升质量。

在流程优化方法上，策划者需要先对现有流程进行分析，并与既定策划目标对照，找出其中不适合目标实现的问题，再根据成本、难度等因素加以判断，决定是小幅度优化流程还是完全重造流程。小幅度优化流程，只需针对问题点进行人员或制度的微调，或者引入效率更高的技术（如 ERP[①] 办公系统、云办公[②]软件）即可实现；完全重造流程，则需要拿出彻底变革重整的魄力，以目标为导向倒推解决方案，重构资源、人力、制度和思想等流程中的“硬件”和“软件”。流程优化的效果也应可检验评估，以便于进一步优化调整。

3. 再造组织

组织，是一个策划活动依存的内部条件，其具体形态可为公司、团体、部门、小组等。文化产业策划中的组织再造，就是利用策划的契机，用执行策划中形成的新组织秩序、运作模式，替换掉旧的、不适应新业务要求的组织秩序和模式，以解决原有组织中存在的效率低下、沟通不畅等问题。对原

---

① ERP：企业资源计划（Enterprise Resource Planning）的简称，是指建立在信息技术基础上，集信息技术与先进管理思想于一身，以系统化的管理思想，为企业决策层和员工提供决策手段的管理平台。

② 云办公：是指在云平台上，所有的办公设备、办公咨询策划服务商、设备制造商、行业协会、管理机构、行业媒体、法律结构等，都集中于云，整合成资源池，各个资源相互展示和互动，按需交流，达成意向，从而降低成本，提高效率。

本就难以执行策划的组织来说，再造组织是顺利实施策划的前提；对力求改变的组织来说，策划能打破原有格局，带来新活力，重新凝聚力量，又是组织再造的良好机会。一个能够完成策划的策划者是一个合格的策划者，而一个能利用策划契机推动组织变革的策划者则是优秀的整合型策划者。

再造组织的基本思路，是从组织的人力、结构、文化、信息、传播入手，将传统的金字塔形组织再造成扁平化组织，将集中化的巨型组织再造为分散化组织，将封闭的组织再造成开放式组织等。策划在这种再造过程中起着催化剂的作用。传统自上而下的变革难于完全落地，自下而上的变革也往往缺乏规划，良好的策划活动则可以避免这些问题。因为策划在实施过程中能够打破层级和信息壁垒，整合各种力量，促进组织交流，真正实现再造。

利用策划活动实现组织再造并无定法，策划实施和组织再造也是相辅相成、互相促进，关键在于策划者是否具有变革的魄力、整合的决心、良好的全局规划和节奏掌控。文化产业成功实现策划，是策划者的使命。策划实现的契机，推动旧组织改革甚至再造，则是策划者更高的追求。信息化时代的策划者，应当有这种整合与变革的勇气和智慧，在诸多策划实践中不懈追求，致力于创新，有所突破。

附录一：

《孙子兵法·始计》：将听吾计，用之必胜，留之；将不听吾计，用之必败，去之。

夫未战而庙算胜者，得算多也；未战而庙算不胜者，得算少也。多算胜，少算不胜，而况于无算乎！吾以此观之，胜负见矣。

《孙子兵法·谋攻》：孙子曰：“夫用兵之法，全国为上，破国次之；全军为上，破军次之；全旅为上，破旅次之；全卒为上，破卒次之；全伍为上，破伍次之。是故百战百胜，非善之善者也；不战而屈人之兵，善之善者也。”

故上兵伐谋，其次伐交，其次伐兵，其下攻城。攻城之法为不得已。修橹轒辒，具器械，三月而后成，距堙，又三月而后已。将不胜其忿而蚁附之，杀士三分之一而城不拔者，此攻之灾也。

故善用兵者，屈人之兵而非战也，拔人之城而非攻也，毁人之国而非久也，必以全争于天下。故兵不顿而利可全，此谋攻之法也。

附录二：

《史记》卷一百二十九《货殖列传·第六十九》：昔者越王勾践困于会稽之上，乃用范蠡、计然。计然曰："知斗则修备，时用则知物，二者形则万货之情可得而观已。……夫粜二十病农，九十病末。末病则财不出，农病则草不辟矣。上不过八十，下不减三十，则农末俱利，平粜齐物，关市不乏，治国之道也。精著之理，务完物，无息币。以物相贸易，腐败而食之货勿留，无敢居贵。论其有余不足，则知贵贱。贵上极则反贱，贱下极则反贵。贵出如粪土，贱取如珠玉。财币欲其行如流水。"修之十年，国富，厚赂战士，士赴矢石，如渴得饮，遂报疆吴，观兵中国，称号"五霸"。

附录三：

《三国志》卷三十五《蜀书五·诸葛亮传》：由是先主遂诣亮，凡三往，乃见。因屏人曰："汉室倾颓，奸臣窃命，主上蒙尘。孤不度德量力，欲信大义于天下，而智术浅短，遂用猖蹶，至于今日。然志犹未已，君谓计将安出？"亮答曰："自董卓已来，豪杰并起，跨州连郡者不可胜数。曹操比于袁绍，则名微而众寡，然操遂能克绍，以弱为强者，非惟天时，抑亦人谋也。今操已拥百万之众，挟天子而令诸侯，此诚不可与争锋。孙权据有江东，已历三世，国险而民附，贤能为之用，此可以为援而不可图也。荆州北据汉、沔，利尽南海，东连吴会，西通巴、蜀，此用武之国，而其主不能守，此殆天所以资将军，将军岂有意乎？益州险塞，沃野千里，天府之土，高祖因之以成帝业。刘璋暗弱，张鲁在北，民殷国富而不知存恤，智能之士思得明君。将军既帝室之胄，信义著于四海，总揽英雄，思贤如渴，若跨有荆、益，保其岩阻，西和诸戎，南抚夷越，外结好孙权，内修政理；天下有变，则命一上将将荆州之军以向宛、洛，将军身率益州之众出于秦川，百姓孰敢不箪食壶浆以迎将军者乎？诚如是，则霸业可成，汉室可兴矣。"

中　篇

第四章

非“策”无以成书

——出版业策划

出版活动历史久远。伴随着文字的创制，人类出版活动随之萌生，并经历了手工传抄时期、手工印刷时期、机械印刷时期和电子出版时期。中国的春秋战国时期将连编而成的竹简叫“简策”，因而成编古书为策，如著名的古籍《战国策》。随着出版活动规模壮大与经济体制变革，出版产业日益成为现代文化产业的重要组成部分。作为一国意识形态和价值观念的重要载体，出版产业担负着传播知识、文化、思想和价值观的重任。在当代中国发展出版产业，对于繁荣经济，丰富人民精神文化生活，构建社会主义和谐社会，增强民族文化自信，提高国际竞争力，都具有重要意义。策划和创意，是当前出版业提升与发展的不二法宝，非“策”无以成书。本章直面我国当前出版业策划面临的问题，阐明出版业策划的内涵、核心和流程，选取有代表性的案例加以分析，并提出笔者的思考，助力于出版产业发展和提升。

第一节　出版业与出版策划

文字的出现推动了出版活动的兴起，我国古代就有了出版活动，此后经历了漫长的发展才形成今天的出版。新中国成立后相当长的一段时间里，出版社一直作为事业单位而存在。随着改革开放，特别是市场经济体制的确立，经过改制和变革，中国出版事业转型为出版产业，成为文化产业的重要组成部分。

一、出版内涵与出版物的特点

“出版”这一概念最早出现在日本，因在木板印刷时代使用“板木”，故称之为“出板”，并于19世纪引入中国。创办于1833年的中文月刊《东西洋考每月统计传》最早使用“出版”一词。

罗紫初等先生认为：“所谓出版，就是将经过加工提炼的知识信息产品，通过某种生产方式大量复制在一定的物质载体上，并进行广泛传播的过程。”① 易图强先生在其编著的《出版学概论》一书中说：“所谓出版，是指有关专门机构、专业人士对已有的原始作品（可以是文字、图像、声音等），进行创意、选择、加工达到优化之后，通过印刷或非印刷的方式，大量复制在一定的物质载体上，向公众广泛传播的社会活动。”②

每一个时期出版定义都有其时代特色，随着时间发展，出版的内涵更加丰富，人们对出版的认识也逐渐加深。但归根结底，出版必须具备编辑、复制和发行三大要素。编辑是策划、组织、监审、选择、加工作品，使之得以向公众传播的活动，是出版的前提和基础。复制是将出版物以各种方式制作成一份或多份与其信息相同的物件的活动。发行是出版方借助营销策略将出版物售卖给消费者的活动，是出版的根本目的所在。

出版物是指将知识信息进行编辑、加工和复制，借助某一物质载体进行传播的产品。目前我国主要的出版物类型有：图书、报纸、期刊、音像制品、电子出版物以及数字出版物。其特点主要有：

（一）加工编辑性

只有出版单位或编辑经过选择、整理、归纳、加工、编辑的信息材料才能进入出版领域，使之便于受众接受，满足受众需求，适合广泛传播。对于

① 罗紫初、汪林中、宋少华：《出版发行学基础》，山西经济出版社2000年版，绪论第5页。
② 易图强：《出版学概论》，湖南师范大学出版社2008年版，第6页。

原始作品的二次创作是出版物发行的前提和必要条件。

（二）信息传播性

出版以传播知识和信息为目的，信息传播性是出版物的本质属性。正是有了传播知识、信息这一动机，出版活动才得以兴起和发展。通过图书、报纸、期刊、音像制品等出版物载体，知识和信息被送达给消费者，促使各个时期的历史文化被保存下来，并传承至今。

（三）成批复制性

随着科学技术的进步，复制性这一特点越发凸显。从造纸术、印刷术再到数字技术，每一次的技术革新都使得出版规模和影响力日益扩大。出版活动中主要的复制方式有印刷、翻录、光盘压制、集成电路卡制作、网络下载等。① 只有经过成批复制的出版物才能够向公众大面积传播。

（四）知识密集性

出版属于精神文化生产，图书、报刊、音像制品等都是精神文化内容的载体。出版产业十分注重内容为王，消费者实际购买的是通过各种载体所表现出来的知识信息、情感思想和价值观念。

二、关于出版业策划

在计划经济时期，出版业策划并未得到应有的重视。出版企业作为文化产业，面向市场自负盈亏，有意识地加以策划，才开始凸显其必要性。

有些学者认为，出版业策划就是选题策划，这是狭义上的出版业策划。李道平先生认为："出版策划就是对整个出版行为进行的事前谋划。"② 这已经是广义上的出版业策划。周善先生指出，出版业策划已经发展成为一门独立的学科——出版策划学，即"以出版学和策划学的基本理论和原理为基础，综合运用各种策划工具和手段，对出版物从定位到选题再到行销进行全程策划，并研究成功策划规律的科学"③。罗紫初先生这样描述出版策划：

① 汪启明：《出版通论》，四川大学出版社 2008 年版，第 4 页。

② 李道平：《略论出版策划》，《中国出版》1997 年第 7 期。

③ 周善：《论出版策划学的学科架构》，《经济与社会发展》2007 年第 7 期。

“所谓出版策划，是指策划者通过广泛收集与出版企业发展相关的信息来谋划、确定发展目标，并围绕这一目标的实现，对能产生最佳效果的行动方案进行设计，以此为科学决策提供依据的创造性思维活动。”①

随着时间推进和实践发展，出版业策划在出版学和策划学两个学科的交融下渐成体系。综合以上观点，我们可以这样界定出版业策划，即在出版学和策划学理论指导下，为完成既定出版目标，发挥出版人员的主动性和创造性，不断探索和发现新内容、新形式，为出版对象制定全面、科学、有效策划方案的活动。

可见，出版业策划是一项创新性活动，要以出版市场为导向。它既具有创新独特性、市场导向性，也有全局规划性与先期预见性。对一个出版企业来说，出版业策划是必不可少的，有了系统完善的策划，出版活动才能有的放矢地进行。出版业策划的价值和意义在于：

（一）降低出版风险，提高双项效益

出版业策划建立在市场调研的基础上，对竞争对手的分析研究是必不可少的，这就有利于出版企业权衡利弊，做出最优的策划方案。例如，在选题策划上，出版市场的调研可以帮助出版企业过滤掉一些重复和同质化的选题，避免出版资源浪费，降低出版风险。有效的营销策划可以实现对出版物的大面积宣传与推广，从而刺激销量，提升企业经济效益。同时，优秀的出版业策划可以为社会提供优质的精神文化产品，丰富人民群众的精神文化生活，创造良好的社会效益。

（二）明确发展方向，塑造出版品牌

优良的出版策划活动有助于出版企业明确目标，规划自身发展方向，提升核心竞争力，打造独特的品牌优势。例如，近几年崛起的中信出版社，兼顾专业化与大众化，成功策划运营了一系列财经类畅销书，《长尾理论》《激荡三十年：中国企业 1978—2008》《免费》等，赢得了市场和口碑，成为此类图书出版中的翘楚。

① 罗紫初：《编辑出版学导论》，湖南大学出版社 2008 年版，第 145 页。

（三）优化出版产业链，提升出版水平

出版业策划贯穿整个出版产业链，对于一本图书的出版策划来说，选题、制作和营销三个环节相辅相成，这样的策划活动可以有效把握市场需求，优化资源配置，提升出版效率，有利于出版活动有计划、有条理地开展，进而打造畅销书。而畅销书是图书出版市场产业化、市场化的重要象征，出版企业运作畅销书的多少也体现着自身的出版水平。

三、出版业策划中存在的问题

中国出版产业在当今发展成绩显著，特别是出版物的数量、种类，出版业规模和效率，都是前所未有的，发展成绩有目共睹。但是从出版物质量和影响力来看，与建设文化强国的要求、世界出版强国相比，差距也是十分明显的。出版业策划也存在种种问题。

（一）选题雷同，优质内容缺乏

选题策划是出版业策划的重中之重，是决定出版物质量和水平的关键因素。尽管中国出版市场在量上取得了极大的提升，但是出版质量堪忧。据统计，全国有90%左右的出版社都在做少儿出版，竞争不可谓不激烈，同质化现象也已成为一大痼疾。在当下的少儿图书市场上，《西游记》等名著作品的少儿改编版就有百种以上，其中绝大多数内容相似，并无新意可言。这不仅困扰着消费者的选择，还损失了大量的出版资源，损害了出版业的行业生态。这些问题都与出版业选题策划直接相关。事实上，不仅仅是少儿出版策划，整个出版业策划中都存在着重复出版、原创力低、内容空洞的问题。有的出版企业贪图眼前利益，看到某一题材的图书大火，罔顾低水平的内容质量就盲目跟风出版。这类图书往往千篇一律，内容大同小异，图书风格十分相似。这样的行为必然会导致出版资源的浪费和出版市场创造力的衰竭。

（二）一味逐利，企业形象策划薄弱

出版业策划不仅仅包括一个具体出版物的策划，还包括出版企业的品牌策划。一个优质出版品牌的形成需要众多质量过硬、经久不衰的出版物做支撑。事实上，许多消费者在选择出版物时十分看重出版方的品牌，优质的出版方更具号召力和说服力。而当下有些出版业策划将目光囿于短期回报，没有考虑到出版企业的可持续发展，致使跟风出版现象频出。在大量同质化的作品面前，消费者不免产生审美疲劳，从而导致同类题材作品遇冷。在这种动机驱动下的出版企业难以掌握主动权，人云亦云不能突出自身特色，长此以往有损企业形象，不利于优质品牌的塑造，在当下激烈的市场竞争中迟早会被淘汰。

（三）人才匮乏，专业策划人员缺位

在当今的互联网时代，出版业出现了一些新特点，消费者需求和口味发生了新变化。然而，仍有一些出版策划人员的思维尚未适应“互联网 + 出版”的变化，停留在传统的出版思维中，致使出版企业难以实现新发展，逐渐被市场淘汰。我国高校虽然陆续开设了出版业策划的相关专业，但课程单一，学科体系尚不完善，出版业策划的从业资格认定体系尚未完全建立。大部分出版策划人员仍要靠自己摸索、积累经验，没有接受过系统的专业培训，高素质的复合型人才缺口很大，严重制约了出版业的策划水平。

（四）盗版严重，版权意识淡薄

2011 年 3 月贾平凹、韩寒、慕容雪村等多名作家联名发表公开信，抗议百度公司的侵权行为。法院于 2012 年 9 月判定百度公司承担相应侵权责任，其旗下的百度文库未经作者许可，将作品上传至网络，允许网友在线浏览和下载，侵犯了作者的著作权。由于数字出版近几年才兴起，政策法规还不尽完善，盗版现象丛生，侵权行为时有发生，扰乱了正常的市场秩序，严重损害了出版商和作者的合法权益，打击了创作者的积极性。在版权保护上，不仅法律政策、市场监管上还存在漏洞，出版人员也经常忽视，在策划时并未予以足够重视，导致侵权行为发生时造成了严重的损失。

（五）技术冲击，传统出版策划滞后

随着网络技术、电子技术的迅速发展，传统出版日渐式微，线下实体书店纷纷倒闭，报纸行业规模连年下降，杂志陆续停刊，传统唱片业衰落，人们尤其是年轻读者逐渐习惯数字化的阅读方式，传统出版业面临着前所未有的冲击，有人甚至预言：无纸化时代正在到来，数字出版正在快速崛起。在这一背景下，图书、报刊等传统出版物策划面临着前所未有的发展困境，如何重新占领市场，如何适应新技术冲击，成为摆在传统出版物策划面前的一道难题。

第二节　出版业策划的内涵、核心与流程

出版业策划涉及多个环节，包含众多方面，将一个简单的概念或一部作品策划、制作成一系列优秀的出版产品，需要策划团队对出版内涵、核心，加以理论的全面认知与把控。这是一项科学的创新性工作，也是周密细致的活动。

一、出版业策划的内涵

出版业策划的内涵丰富，范围广阔。根据策划对象的不同，我们将出版策划分为出版企业形象策划和出版项目策划。

（一）出版企业形象策划

出版企业形象策划是对企业宗旨、出版理念、经营策略等价值准则和文化观念进行策划的过程，是长期的战略性的策划。从企业内部来说，其主要策划内容包含员工管理、办公环境、企业标识等环境与视觉设计；从企业外部来说，出版企业形象策划是指运用公关策略，对企业所参加的社会和公益活动做策划，主要包含企业的参观展览、庆典活动、公益活动等。做好出版企业形象策划，有利于出版企业树立良好的形象，扩大知名度和美誉度，增加消费者对出版企业的信赖和好感，从而帮助企业实现自身的发展目标，达成经济效益和社会效益的统一。

（二）出版项目策划

出版项目策划是企业常规性基础性的策划活动。正如美国著名出版家贝利所言："出版社并不因它的经营管理才能出名，而是因它所出版的书出

名。”① 一个出版企业是由一个个具体的出版项目推动发展的，每一个出版项目策划都不容忽视。根据出版物的类别，与之相对应地，出版项目策划包括图书出版策划、报纸出版策划、期刊出版策划、音像制品出版策划、电子出版物出版策划以及数字出版策划。其中，图书出版策划是指在出版学和策划学的指导下，从选题、制作到营销等环节对出版物进行系统化的策划，从而塑造出版企业品牌形象的策划活动，这也是最为常见的一种出版项目策划。

二、出版业策划的核心内容

出版业项目策划是出版业策划的核心内容。当提及出版业策划，一般情况下我们谈论的都是出版项目策划。本节将以较为成熟的图书出版策划为例，从选题、制作和营销三大部分介绍出版项目策划的具体内容。

（一）选题策划

选题策划，是指编辑人员在已有的选题出版信息的基础上，运用科学的方法对市场和读者信息进行分析，预测和把握出版趋势，从大量可选择的选题方案中对比论证确定新选题的过程。它主要包括主题、作者、出版意图、基本内容、框架结构、读者群体、写作要求等方面。如今的出版市场早已由“卖方市场”转变为“买方市场”，读者需求的了解与开发成为选题环节需要考虑的重要问题。

选题策划作为出版策划的首要环节，是文化产业“内容为王”的本质要求，是决定出版物成败的根本性因素，也是明确出版企业定位、走品牌化之路的重要一步。因此，选题策划应综合考虑多方面因素，包括政治经济环境、市场竞争环境、市场需求情况、作者信息等，力求具有前瞻性、创新性、可行性，做到“人无我有，人有我优”。“使用与满足”理论从受众的心理需求和心理动机角度出发，结合社会学和心理学相关知识，对人们使用媒介以得到满足的行为进行了解释，提出了受众接受媒介的社会原因和心理

① 转引自黄光虹：《出版社的品牌建设》，《出版科学》2006 年第 5 期。

动机。① 基于这一理论，出版业策划在选题上需要对社会心理和社会需求有精准的分析和预测，将视野瞄准题材洼地，填补市场空白，暗合受众心理，方能达到事半功倍的效果。例如，《明朝那些事儿》打破了传统的历史读物普遍内容严肃、生硬枯燥、艰涩难懂的一贯风格，用幽默风趣、通俗易懂的语言对历史进行娱乐化和个性化的解读，满足了广大普通读者的读史需求，在同质化的历史类图书市场上另辟蹊径，并大获成功。

（二）制作策划

制作策划，是指对出版物形式总体设计的策划。就图书出版物制作来说，制作内容主要包括书名、装帧设计、内部版式设计、印刷等。书名要独特有新意，给人印象深刻；装帧设计指版式、封面、开本、护封、环衬、装订样式等，给读者呈现良好的视觉效果；内部版式设计指字体字号、图文排版等；印刷要根据出版物的性质和需求决定印刷质量和数量。

出版物的制作策划要从出版物内容和目标受众出发，配合与之相契合的总体设计，兼具实用性和艺术性，不落窠臼，体现个性。例如，儿童读物的装帧设计一般色彩鲜明、趣味性强，能够吸引儿童的注意力，内部选用耐磨损、边角柔和的纸张，以增加书籍使用寿命，防止儿童意外刮伤，等等。

加拿大莫塞克出版社社长霍华德·阿斯特先生认为：“60%的人进入书店时清楚地知道自己要购买的目标，另外40%是冲动消费者，他们可能在书店中购买图书，这统统取决于图书对他的吸引力。”② 有实验数据表明：一个美国人可能只用8秒钟来扫描封面。可以说，“8秒钟”可以决定一本图书的生死，在“8秒钟”里，这40%的消费者就是策划者要争取的人。在没有购买目标的情况下，消费者首先接触到的就是一本书的书名和封面，有兴趣之后他才会去做进一步的深入了解。制作策划的意义就在于通过书名和封面等外观设计抓住消费者眼球，引发好奇心，促使他们深入了解和购买。

---

① 曹钦、原辰辰：《“使用与满足”理论文献综述》，《东南传播》2013年第12期。

② 《中外出版界人士聚首“对外出版选题策划会”（2）》，人民网，2006年9月8日，http://media.people.com.cn/GB/4796872.html。

（三）营销策划

营销策划，是指出版企业运用各种营销策略，如媒体宣传、渠道拓展等方式，使消费者知晓出版物并实施购买行为的策划活动。在出版物层出不穷眼花缭乱的今天是“酒香也怕巷子深”，因而有针对性、计划性的营销策划是不可或缺的。其中，应用最为广泛的是美国营销学者杰罗姆·麦卡锡提出的以产品为中心的4P营销策略，即产品（Product）、价格（Price）、渠道（Place）、促销（Promotion）。随后，美国营销学家菲利普·科特勒考虑到外部环境等因素，在4P营销理论的基础上增加了公共关系（Public Relationship）和政治权力（Political Power），产生了6P营销理论。1990年，美国营销学家罗伯特·劳朋特提出了以消费者为核心的4C营销理论，即消费者（Consumer）、成本（Cost）、便利（Convenience）和沟通（Communication）。

1992年，美国西北大学教授唐·舒尔茨和海蒂·舒尔茨提出整合营销传播理论，简称“IMC”（Integrated Marketing Communication）。其大意是，以消费者为核心，整合各种形式的营销传播手段，使其相互配合、相互促进，从而达到最佳的传播效果。该理论强调了要从消费者需求出发，把营销活动认识为传播沟通；强调要把多种传播手段整合运用，以达到传播效果最大化。① 在泛娱乐生态②如火如荼发展的今天，产业链间的融合令各行各业发生深度联系，对出版业策划来说则需要融入泛娱乐产业链，借力其他业态，通过行业间的联动实现效益的最大化。此外，还有事件营销、饥饿营销、体验营销、情感营销、口碑营销、社交营销等多种方式。其中，社交营销正在广泛地被应用到出版策划中。2015年绘本图书《秘密花园》风靡社交网络，明星、各种大V纷纷晒出自己的填色作品，带动了人们以分享为动力的自发传播，这场走红于社交网络的营销行动助推该书成为2015年度的畅销书。

出版理论随着时代变化和市场更迭，营销策划既要对出版物市场和消费者进行调查分析，又要熟悉并灵活运用各种营销策略，明确定位，以消费者

① 舒咏平：《出版发行中的整合营销传播》，《编辑之友》2002年第6期。

② 泛娱乐生态：以IP（知识产权）为核心，游戏、文学、动漫、影视、音乐等娱乐业态交互协同发展的一种新型生态。

为中心，根据出版物自身特点进行策划活动。

综合以上分析，选题、制作和营销在出版业策划中相辅相成，缺一不可。四川文轩中盘的江华荣总经理曾说："图书形态决定其生死，图书内容决定其寿命。"① 这句话强调了策划的两个重点，那就是选题和制作。从短期看，恰到好处的制作包装决定了一本书能否进入消费者视线。从长期看，优质的选题内容决定了一本书能够在市场上走得长远。此外，营销策略的精准得当则是"锦上添花"，是彻底引爆市场的助燃剂。

三、出版业策划流程

无论是出版企业形象策划还是出版项目策划，都需遵循常规的策划流程。一般来说有以下几点：

（一）市场调查研究

市场调查研究为出版业策划活动提供了充分而有效的信息，可以提高策划的针对性和可行性。出版企业可以采用访谈、问卷、实际观察等其他技术手段，进行资料搜集。一方面，要对企业自身的发展情况进行梳理，掌握人力、物力、财力这些出版生产要素资源，以便合理科学地进行资源分配；另一方面，要对企业外部环境进行调研，政治、经济、社会、文化等与出版活动有关的信息都要全面了解，细致分析消费者群体和竞争对手群体。

对于出版业策划而言，大数据研究是市场调查行之有效的方法。在阅读类 APP、图书类电商平台、社交媒体上存在着大量有价值的数据信息，消费者的阅读偏好、购买行为、评价反馈等都为策划活动提供了有益参考；出版社、第三方机构等权威官方则掌握着出版市场印刷、销售和发行的大量数据。② 这些具有利用价值的数据就是"大数据"③。通过对数据的收集、挖掘和建模，出版业策划的科学性、严谨性得到显著提升。

---

① 张婵云：《图书策划要全方位》，《科技传播》2014 年第 21 期。

② 刘宏、欧强、郭丽娟：《互联网时代，再论出版社如何进行整合营销》，《出版广角》2016 年第 15 期。

③ 孙伟：《大数据时代图书版本数字化的思考与实践》，《科技与出版》2014 年第 10 期。

（二）确定策划目标

前面已经提到，出版业策划内容丰富，包括对企业的形象策划和企业的项目策划。在企业的项目策划中又涉及图书、报纸、期刊等多种出版物的策划。具体到出版物又会有种类繁多的类型和主题。如果没有一个明确的策划目标，我们就难以有针对性地做出具体的策划内容。因此，出版企业应在市场调查的基础上确定策划目标，以便有的放矢地进行后续工作。

美国营销学家菲利浦·科特勒在市场细分概念的基础上提出了 STP 理论，其中 S 代表市场细分（Segmentation），T 代表目标市场选择（Targeting），P 代表市场定位（Positioning）。该理论是指企业根据市场细分，选定目标市场，并对产品或服务进行市场定位。就图书市场而言，读者群可按照年龄、学历、性别、偏好分为不同群体；就种类而言，图书可分为政治、经济、军事、哲学、文学、艺术、历史等若干大类，在每一大类下又细分为多项小类。将读者群与图书类型相匹配的过程就是出版业策划对于 STP 理论的具体实践。

（三）策划方案落地

经过前期的市场调查和目标定位，策划活动的成果终于得以呈现。这时策划人员需要发挥创造性，整合前期的市场调查资料，围绕策划目标，运用延伸式、扩展式、联想式、逆向式、幻想式等创新思维，打破常规，提出新观点、新方法，完善诸多细节，制作出多个策划方案，从目标实现、实际操作和最终收益的角度进行对比论证，确定最优方案。最终形成的策划方案，即出版策划书，多以文字形式呈现，与一般策划书类似，内容包括主题、背景、目的和意义、行动方案、费用预算、效果评估、附件。其中，行动方案是策划书的核心和主体，是整个策划书的价值所在。在撰写策划书时，要做到主题明确、思路清晰、内容具体、语言简洁、表达生动，展现创新特色和策划亮点。

以上是策划的基本流程，但在具体实践中，面对瞬息万变的市场环境，策划方案需要根据现实变化而不断修改完善，同时在策划方案实施后还需要关注方案的实施情况，并对方案进行适当调整。

第三节　中外典型案例分析

在阐明了出版业策划的理论基础和流程后，本节选取了四个不同类型的出版案例，力求从创意和策划角度加以具体分析。

一、《岛上书店》：全流程策划成就黑马之作

《岛上书店》是美国青年作家加布瑞埃拉·泽文所著，讲述了一家书店老板由人生陷入僵局到重燃生活希望的感人故事，2014 年 4 月甫一出版，就以不可阻挡之势风靡美英日法等 30 国，创下了出版史上全球化最快的畅销纪录。在拿到该书的中文版权后，出版方读客图书在选题、制作和营销三个策划环节上精雕细琢，最终使该书在国内畅销。

（一）调查先行，选题精准

罗紫初先生曾说："文化追求与市场意识，是新时期出版人应具备的两大基本素质。"① 其中，市场意识是指出版工作者所具有的自觉反映与出版物市场相关的各种要素存在的心理机能。可以说，《岛上书店》是一本极具市场意识的图书。据了解，作为一本"三无小说"（无同名电影、无名气作家、无名人推荐），《岛上书店》之所以一夜爆红，精准的市场调查功不可没。出版方读客图书对近几年的外国小说畅销榜上的图书销量和包装风格进行分析后发现，在名人著作和固守畅销书榜图书中脱颖而出的黑马作品，都传达了温暖、坚韧、生命力旺盛等精神。在大数据支持的调研下，出版方在市场上寻找具备这些特质的文本，最终选定了真挚感人、治愈人心的《岛上书店》。

（二）制作精良，文案亮眼

读客图书的策划团队在图书制作上同样费尽心思，力图打动读者，为读者提供最佳的视觉与阅读体验。在书名上，原版图书的名称为 *THE STORIED*

---

① 罗紫初：《论出版人的文化追求与市场意识》，《出版科学》2008 年第 5 期。

LIFE OF A. J. FIKRY，经过策划团队的反复讨论，最终定下了“岛上书店”这一名称，简洁有力，契合主题。在腰封上策划方罗列了该书的成就，强大的背书增强了图书的可读性。在封面文案上，策划人员更是在每一个字上反复打磨仔细推敲，推测读者的不同反应，才有了这句治愈心灵的经典——“每个人的生命中，都有最艰难的那一年，将人生变得美好而辽阔”，令千千万万的读者产生了共鸣，可谓是“点睛之笔”（见图 4 –1）。在图书内文上，策划人员反复调试行间距，也给读者带来了良好的阅读体验。

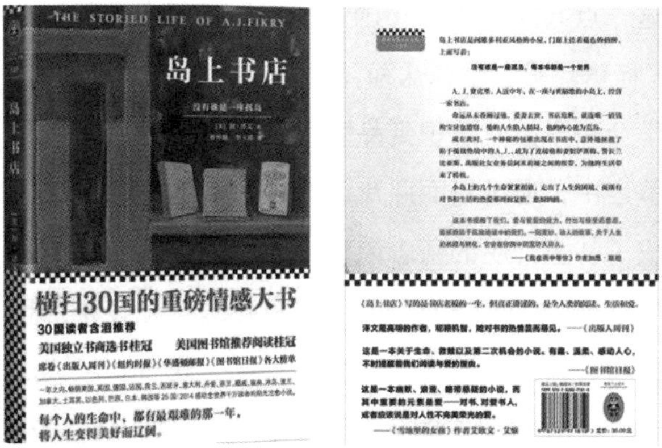

图 4 –1 《岛上书店》的腰封，文案成为“点睛之笔”

（三）打造卖点，广铺渠道

“每个人的生命中，都有最艰难的那一年，将人生变得美好而辽阔”，围绕这一主题，团队在微信、微博、豆瓣等社交平台上策划了“最艰难的一年”故事征集活动，得到广大读者的响应，这些故事也引爆了微信平台，给身处逆境正在奋斗的人们带来了慰藉，这也成为该书的主要卖点。在软实力的铺垫下，策划方还不忘增强硬实力，广铺渠道，在网络平台、实体书店和电子书平台上发力，把这一卖点辐射到了更多人群。在这些平台上，策划方都争取到了最佳的推荐资源，增加了图书的曝光率，尤其是电子书与纸质书的联动，大大拓展了图书的销售渠道，一举促成了该书的畅销。

二、《国家地理》：品牌策略特色经营

《国家地理》杂志于 1888 年由美国非营利科学教育组织国家地理学会创

办，在全世界拥有数以千万的读者，始终占据美国期刊排行榜前列，是世界期刊出版物中的翘楚。发行审计局的《国家地理》综合媒体报告显示，《国家地理》杂志总体品牌多种版本的审计数据（包含印刷发行量和电子发行量）为3090万，总体包括主要版本印刷版发行量、电子版本、应用程序、社交媒体、网站和Newsletter，以及国际、全球和旅行者版本，是美国排名第七的出版物。经过一百多年的发展，它的魅力依旧不减，这是因为它不仅做好每一期杂志，而且还实施了周密的品牌战略策划，杂志制作、内容选题、渠道推广这三点共同构建了《国家地理》的经典品牌。

（一）品牌标识鲜明，增强认知记忆

国家地理学会一开始就意识到品牌形象的重要性，并将品牌意识渗透在杂志制作的细节当中，通过封面照片、醒目的黄色边框和“国家地理”文字元素，共同构成了特色鲜明的杂志风格，强烈的视觉效果增强了消费者的认知记忆和品牌好感度，尤其是简单明了的黄色边框，在繁杂琐碎、缺乏个性的杂志中脱颖而出，给人以激情、权威、科学、庄重、经典之感，在一百多年的发展过程中已经成为杂志的标志性特征。同时，杂志采用铜版纸印刷，制作精良，保证了照片的高质量，塑造了厚重、大气的品牌风格。正是这样的差异设计使其与市面上的同类杂志区分开来，强化了消费者的品牌认知，给消费者以深刻的印象（见图4－2）。

图4－2　《国家地理》杂志标志性的黄色边框

（二）选题权威专业，文章见解深刻

该杂志选用的都是精美绝伦、色彩斑斓的图片，有很强的视觉效果，震撼人心的同时给人以美的享受，十分具有收藏价值。其中，高质量的地图更是为美国政府所用，科学性和严谨性可见一斑。《国家地理》不仅仅是一本地理学杂志，而且包罗万象，信息量大，用深刻的文字揭示着人、自然和社会三者之间的关系，发人深省。这一切都归功于出众的摄影师、记者，尤其是杂志编辑团队的高水平策划，严苛的高品质追求保证了杂志的质量，才造就了它经久不衰的百年辉煌。

（三）海外输出版权，拓展发行渠道

《国家地理》杂志在深耕美国本土市场的同时，还积极实施海外战略，使用30多种语言进行出版发行，不断开拓海外营销渠道，发行数量迅速提高，杂志逐渐为世界人民所熟知。此外，在品牌海外扩张时该杂志还因地制宜地拓展销售渠道，逐渐形成了订户订阅、网点零售等立体化、全方位的销售网络。

三、《读卖新闻》：整合营销成就世界第一报

《读卖新闻》于1874年11月2日创刊，是日本的一家全国性报纸。经过合并改革，《读卖新闻》逐渐发展成具有一定规模的综合性报业集团，位居日本五大全国性综合报纸之首，是名副其实的日本第一大报，曾被“世界吉尼斯纪录大全”列为全世界发行量第一的日报。在创刊之初，它就将目标读者定位为一般的普通民众，内容贴合读者生活，探讨民生问题，文字通俗易懂，可读性较强。在新媒体崛起、传统媒体日渐衰微的今天，各个国家的报纸业都呈现出哀鸿遍野的惨淡景象，然而《读卖新闻》却能“独善其身”，逆流而上，2014年的发行量达到969万份，雄踞全球报纸发行量榜首。究其原因，这与它创新独特的营销策划有很大关系。

《读卖新闻》经营政策部部长三浦光男认为，《读卖新闻》之所以能够长盛不衰，创造全球发行量最大的纪录，最主要是因为《读卖新闻》拥有庞大而完善的营销体系。在营销策划上，《读卖新闻》创建了“多地印刷投

递”“分送到户”的发行渠道，构建了庞大严密稳定的销售网络。全国范围内拥有约 8500 家的专卖店和 10 万名报纸销售人员，99% 的报纸都可以直接配送到读者家中。为了对专卖店业务进行管理和指导，报社成立了销售局。销售局主要分为外勤和内勤两个部门，外勤部门需要定期走访负责地区的专卖店，进行经营指导，与年轻送报员进行沟通交流，提高送报员的忠诚度。可以说，外勤部门对推动报纸的发行量具有不可替代的作用。

同时，因棒球运动十分受日本民众欢迎，报社专门创建了职业棒球队巨人俱乐部。通过连篇累牍地对棒球赛事的报道，报社培养了一大批巨人棒球迷，几乎占到日本棒球迷的一半。在这一基础上，报社将紧俏的巨人棒球赛门票与报纸的发行促销进行捆绑，门票成了开辟新读者的礼品。随着 1965 年巨人俱乐部取得棒球职业赛九连冠，报纸的发行量以每年 24.5 万份的增长速度不断扩张，1973 年发行量就达到了 628 万份。北京师范大学新闻传播学院执行院长喻国明教授谈到报业突围整合力问题时，提出战略资源整合力包括“它介质”和“它行业”两个层面。①《读卖新闻》便是在巨人俱乐部这种“它介质”形态中实现了延伸发展。这种整合营销策略为报纸赢得了更多的订户，促进了报纸发行量的提升。

总的来说，《读卖新闻》在营销策划上可谓深谋远虑，在布局庞大销售网络的基础上，创新地使用整合营销传播策略，通过成立巨人俱乐部达到对报纸的宣传和发行，实现了新媒体时代下报纸的突围，值得我们学习和借鉴。

四、盛大文学：版权价值的多元化开发

盛大文学成立于 2008 年，占据我国 72% 的原创文学市场，是国内最大的网络文学平台。盛大文学旗下包括起点中文网、红袖添香、小说阅读网、榕树下、言情小说吧、潇湘书院六大原创文学网站以及天方听书网、悦读网、晋江文学城（50% 股权），曾获得“中国数字出版产业十大领军品牌”

---

① 喻国明：《报业突围路径：整合力》，《中华新闻报》2007 年 2 月 7 日。

"第五届全国民营书业评选数字出版奖"和"2010中国版权产业最具影响力企业"等多项荣誉。受益于网络平台，言情、仙侠、奇幻、玄幻、盗墓、历史等各种题材百花齐放，满足了读者多样化的阅读需求，越来越多受到读者喜爱的作家不断涌现，推动了网络作家群体的形成，如我吃西红柿、唐家三少、天蚕土豆、猫腻等。2015年，盛大文学与腾讯文学合并成立阅文集团，标志着目前全球最大的正版中文电子图书馆诞生，成为腾讯"泛娱乐"战略的重要阵地。

盛大文学的CEO侯小强曾说："盛大文学不是一家文学网站，而是一家彻头彻尾的版权公司。"① 其版权开发策划主要体现在多样的出版渠道和多元的版权分销中。

（一）线上线下双渠道协同运作

在出版渠道上，盛大文学拥有线上网络出版和线下实体出版两种渠道。在线上网络出版上，签约作者将作品发布在可以免费阅读的公共阅读区，点击量到达一定数量后则进入VIP区，这个区域的内容需要读者付费方可阅读。盛大文学还推出了自己的运营主体平台"云中书城"，提供数字图书、数字报刊等多样化的数字产品。在移动终端上，盛大文学推出的Bambook电子书阅读器，丰富了读者的移动阅读体验。在线下实体出版上，盛大文学成功策划出版了《鬼吹灯》《盗墓笔记》等多部畅销书。这种"线上+线下"出版策划活动体现出传统出版与数字出版的融合，两者相辅相成，发挥了协同效应。

（二）版权的多业态开发

在版权分销上，文学作品可以进行影视改编、游戏改编和漫画改编，以版权为核心在多种业态之间的转换令文学作品的价值进行了最大限度地发挥，实现了"一次写作，多次开发"，如天下霸唱的著名网络小说《鬼吹灯》被开发成电影、网游、话剧等多种业态，版权价值被深度挖掘。这是盛大文学出版策划的一大特色，也将成为泛娱乐趋势下出版业策划的一大趋势。

---

① 侯小强：《盛大文学CEO侯小强：近几年将做好版权生产和分销》，每日经济新闻，2010年1月6日，http://finance.ifeng.com/news/corporate/20100106/1669356.shtml。

原新闻出版总署署长柳斌杰曾指出："版权是一种巨大的财富资源。"①盛大文学的版权开发策划打破了传统出版策划中对于版权价值的禁锢，实现了版权的多元化开发，激发出版权蕴藏的巨大价值，开辟了数字出版策划的新方向。

第四节　趋势与建议

面对日益庞大的出版市场，我国出版业必须进行全方位的规范和策划，建立既有强烈民族性，又有高度国际性的品牌形象。要实现这样的目标，就必须有针对性地解决发展中存在的问题。

一、出版业策划提升建议

（一）着眼全局策划，打造经典品牌

出版业策划要用全局的视野规划每一个环节。在出版业项目策划上，选题方面要注重创新，具备"看点"，宁缺毋滥。要么开辟新选题，填补市场空白；要么精益求精，在同类出版物中做到最优，制作上要从出版物内容出发进行策划，特色鲜明，突出醒目，契合出版企业的品牌调性。营销上运用多种营销手段扩大图书知名度，打造独特"卖点"，拓展销售渠道。在出版企业的形象策划上，要将品牌理念渗透到出版业策划的各个环节中，兼顾经济效益和社会效益，塑造有特色的出版风格。例如，中华书局精于整理出版历史著作和哲学典籍，在大家心目中形成了严谨认真、一丝不苟的出版风格。三联书店以出版高品位的人文科学和社会科学的著译图书为特色，季羡林先生将其出版风格总结为：清新、庄重、认真、求实。② 读者群体兼具平民化和精英化，出版物强烈的人文情怀深入人心。在"我们提供知识，以应对变化的世界"这一理念下，中信出版社出版了《长尾理论》《激荡三十年：中国企业 1978—2008》《基业长青》《免费》等一系列具有市场影响力的书籍，从而奠定了商业畅销书的出版地位。总而言之，品牌的打造要求出版人用长远

---

① 柳斌杰：《版权创造财富》，《成都纺织高等专科学校学报》2009 年第 1 期。

② 王世襄等：《我与三联》，上海三联书店 2008 年版，第 7 页。

的眼光看待出版业策划，对每一环节精益求精，严格把控出版质量，认真对待每一次策划活动。

（二）做好市场调查，制定科学规划

市场调查贯穿出版策划的始终。在策划前期，市场调查主要包括企业自身发展情况、出版业的政策法规、国内外经济环境、竞争对手信息、同类出版物的市场表现、消费者偏好、目标受众的购买力、销售渠道信息、市场发展趋势等，是基于整个出版大环境的考量。为得到真实有效的信息，市场调查要拓展广度、加强深度，这样才能为出版策划提供依据和目标，提高出版策划的针对性和可行性。在将出版物推向市场后，市场调查还在继续，出版企业要实时监控出版物的市场反应，收集销售商和消费者反馈，并灵活做出市场应变。

（三）加强人才培养，提升策划能力

出版业策划中，策划人才处于中心地位，策划人员贯穿整个流程，其水平高低关乎整个策划方案的成败。出版策划人才需要具备较高的文化修养和较强的社会责任感，遵守国家政策法规，具有一定的创新能力、语言文字能力、沟通表达能力和市场分析能力。随着泛娱乐产业的发展，越来越多的出版物被改编成影视作品，反过来又带动了出版物的热销。因而，策划人员不仅要熟谙出版业运作规律，还需要对影视、游戏、音乐、动漫等多种文化产业业态有所研究，灵活地进行策划开发。

（四）遵守法律法规，强化版权保护

出版业属于知识密集型行业，版权资源将越来越成为出版企业的核心竞争力与生命力。一方面，出版业策划要在相关政策法规的指导下进行，提高出版策划人员的自觉性和自律性，共同营造健康有序的出版市场；另一方面，在对出版物进行出版策划时，出版企业要做好版权保护工作，维护自身的合法权益。从国家角度来说，要进一步完善出版业版权保护的法律法规，尤其是新兴数字出版领域，大力打击侵权盗版行为，为企业创造更为健康的市场环境。近年来 IP 出版成为新趋势，流行文化、粉丝经济与媒介融合出

现热潮，在这种形势下强化版权保护具有重要价值和意义。①

（五）善用网络技术，丰富策划内涵

近两年来，在互联网的冲击下，传统出版业日渐式微，纷纷谋求转型，“互联网 + 出版业”势在必行。柳斌杰署长曾强调：“传统出版要积极运用新技术开拓新平台和新渠道，与数字出版融合发展，把好的内容推送给读者。”在出版业的策划过程中，要灵活运用互联网的平台、资源、技术优势，学习互联网思维，推动传统出版与数字出版的融合发展，帮助出版企业寻找最佳方案。例如，大数据技术在挖掘潜在消费市场，制定精准营销策划，提升出版企业决策水平上发挥了革命性的作用。在营销策划方面，借助各类垂直类应用、社交平台进行宣传，发挥名人效应，借力粉丝经济，起到了很好的营销效果。

二、出版业策划发展趋势

近几年来，随着信息存储处理技术、通信技术、网络技术的迅速发展和广泛应用，出版产业发生了革命性的变革，数字化渗透在出版产业链各环节中，出版技术不断革新，出版载体突破纸质限制，磁、光、电等介质成为声音、图像等信息的载体，受众能够通过计算机或其他智能终端设备读取、消费。在这一背景下，人们的阅读习惯正在悄然发生变化，尤其是以 80 后和 90 后为主的年轻一代倾向于通过手机等移动智能终端获取信息，纸质阅读风光不再，数字出版逐渐兴起。

2010 年新闻出版总署发布的《关于加快我国数字出版产业发展的若干意见》将数字出版定义为：“数字出版是指利用数字技术进行内容编辑加工，并通过网络传播数字内容产品的一种新型出版方式，其主要特征为内容生产数字化、管理过程数字化、产品形态数字化和传播渠道网络化。目前数字出版产品形态主要包括电子图书、数字报纸、数字期刊、网络原创文学、网络教育出版物、网络地图、数字音乐、网络动漫、网络游戏、数据库出版物、

① 陈守湖：《IP 出版的考察——流行文化、粉丝经济与媒介融合》，《理论探索》2016 年第 4 期。

手机出版物（彩信、彩铃、手机报纸、手机期刊、手机小说、手机游戏）等。”此后，“十三五”规划明确提出“加快发展网络视听、移动多媒体、数字出版、动漫游戏等新兴产业”，这也是“数字出版”首次列入国家五年规划纲要。这是行业的发展，也是时代的要求。正如传媒巨头鲁帕特·默多克所言：“无论对于公司还是整个国家来说，低估这场媒体革命将带来的影响或是小觑发展中科技破旧立新的力量都将是困难且危险的。”①

随着数字出版规模的日益壮大，传统出版的生存空间受到挤压，传统出版与数字出版的融合发展将成为一大趋势，移动互联网将成为新的发展蓝海。柳斌杰署长指出：“数字化和网络化是当前中国出版业的发展方向，中国出版业正经历着由传统出版向数字出版的战略转型。”② 除此之外，出版产业的跨界融合逐渐兴起，出版业与影视业、科技等其他行业的合作日益加深，出版产业链条得以延伸。从全球知名咨询公司 Lumina Datamatics 发布的《2018 年十大出版趋势预测》可以看出，自动化、有声读物、定位订阅、定制内容等关键词都被列入出版的重要趋势，其中以数字出版 + 科技的跨界融合为突破口，可打造个性化定制、全景式体验的阅读环境，为读者提供五维立体的出版作品。

出版产业要完成转型变革，很大程度上取决于策划实践。十九大《报告》中提出要“坚定文化自信，推动社会主义文化繁荣兴盛”，要完成这一使命，就必须重视出版业策划，做好出版业策划，创新出版业策划，只有这样才能推动出版业的繁荣发展，更好地“构筑中国精神、中国价值、中国力量，为人民提供精神指引！”

① 转引自国晓沁：《社会化媒体的舆论引导规范和责任》，《新闻世界》2014 年第 12 期。

② 柳斌志：《数学出版总值料首次超过纸质出版产值》，中国新闻网，2009 年 10 月 14 日，http://www.chinanews.com/cj/news/2009/10-14/1911031.srtml。

第五章

策划让新闻更出彩

——新闻传播策划

近十年来，互联网以前所未有的速度迅速发展，催生了以微博、新闻客户端、手机自媒体为代表的新媒体。新闻传播当下已进入融媒体时代。新闻要想在融媒体时代重新夺回传播的主动权，必须加强新闻创新策划。新闻贵在出“新”，策划让新闻更出彩。本章在直面挑战与机遇之后，着重阐明新闻传播策划的相关理论要点，选取案例加以分析，并提出思考。

第一节　新闻传播策划面临的挑战与机遇

新闻传播从传统媒体到新媒体，一路走来，而今迈入融媒体时代。新闻传媒业与其策划面临着诸多挑战，当然也有机遇，套用一句熟语叫作“机遇和挑战并存”。问题在于，策划者对此要有清醒的认识和具体的应对措施。

一、从传统媒体到新媒体和融媒体

“媒体”是指传播信息的介质，通俗地说，就是宣传的载体或平台，能为信息的传播提供平台。“媒体”一词来自拉丁语“medium”，原意是“两者之间的”“不偏不倚的”。从拉丁文到英文，这个词的用法有不下十几种，主要包括“媒介”“媒体”“手段”“方法”等。

在中文里，“媒介”一词最早出现于五代时期的古籍《旧唐书·张行成传》：“观古今用人，必因媒介。”在这里，媒介是指使双方发生关系的人或事物。在现代汉语中，人们对媒体和媒介两个概念的使用上并无本质差别。

纵观传媒业发展史，媒介技术革新与整个传媒产业变动之间有着密不可分的关系。1450 年，古登堡发明了手摇活字印刷机，代表着近代媒介更新的重大突破。印刷技术革新为媒介面向大众提供了条件，拉开了媒体大众化和现代化的序幕。先是报纸、杂志问世并广泛使用；随着声波尤其是无线电技术的产生，广播业兴起；伴随图像信息技术的进步，电视业诞生并广受喜爱。广播与电视从问世以来，就与新闻传播结下了不解之缘，以至于后来往往被合称为“广电业”。这些都是传播信息的介质或载体。这些媒体使人与人、人与事物之间的关系越来越密切，人类进入了传媒时代。

传媒是什么呢？按照加拿大传播学家马歇尔·麦克卢汉的理解，媒介即万物，万物皆媒介。这种见解得到广泛认可。因为，所有媒介都可以与人体发生某种联系，如石斧是手的延伸，车轮是脚的延伸，衣服是皮肤的延伸，报纸和书籍是眼的延伸，广播是耳的延伸等。

报纸、杂志、广播、电话、电视等媒体，给人类社会带来广泛而深入的影响，对社会生产和生活引起的变化前所未有。人类在媒介技术领域革新的脚步从来没有停歇。在现代社会中，电脑、手机和互联网作为新媒体应运而生，上述诸多媒体被称作传统媒体。

相对传统媒体而言，新媒体是报刊、广播、电视等传统媒体之后发展起来的新的媒体形态。这种传播形态和媒体形态，利用数字、网络、移动几种技术，通过互联网、无线通信网、卫星等渠道以及电脑、手机、数字电视机等终端，向用户提供信息和娱乐服务。用户凭借新媒体可以实现双向选择和沟通。著名学者熊澄宇认为，新媒体是一个相对的概念，也是一个时间的概念，还是个发展的概念，它永远不会终结在固定的媒体形态上。①

① 熊澄宇：《新媒体与移动通讯》，《广告大观》2006 年第 5 期。

毫无疑问，手机媒体，尤其是智能手机，是新媒体集合中耀眼的一员。以小巧的手机终端为主要载体的手机媒体是一种“带着体温的媒体”，它具有的与受众形影不离的高便携性和移动性是其他媒体不可比拟的优势。美国媒介专家保罗·莱文森认为，手机对媒体使用习惯的变革，将人们从固定的屏幕前和封闭的室内解放出来，进入一个天地空间与现代科技结合在一起的世界。无线移动的无限双向交流潜力，使手机成为信息传播最方便的媒介。①

新媒体具备了传统媒体无法比拟的真实性和交互性，这种由现代数字技术推进的媒介融合，也使传统媒体面临严峻挑战，传媒变革已成必然趋势。麦克卢汉在《理解媒介——论人的延伸》中曾提出“媒介即是信息”，认为“媒介对信息、知识、内容有强烈的反作用，它是积极的、能动的、对讯息有重大的影响，它决定着信息的清晰度和结构方式”②。麦克卢汉这个论断的意义，在融媒体时代到来之时，人们的体会更加深刻。

“媒介融合”概念，最早于20世纪80年代由西方学者提出。他们认为，媒介融合是视频的、音频的、印刷的、互动性的数字媒体。经过多角度研究，他们解读出策略融合、结构融合、新闻表达融合、信息采集融合等含义。中国资深媒体人栾轶玫对融媒体做出界定和阐发，认为“融媒体”或“融媒介”涵盖了“全媒体”的题中应有之义。③

所谓“融媒体”，我们可以做如下阐明：在以互联网和信息技术为基础和推动下，报纸、杂志、广播、电视、手机、网络在内的媒体形态，通过相互激发，边界逐渐消融、不断融合，实现将相关资源和要素融合到一个平台上共享和集中处理，从而生产出各种形式和内容的新型媒体。

媒体融合发展，是当今世界传媒业面临的一个大潮流，强势来袭，势不可挡。中国的传媒业也不可避免地被裹挟其中。2014年，中央全面深化改革领导小组审议通过了《关于推动传统媒体和新兴媒体融合发展的指导意见》，

---

① ［美］保罗·莱文森：《手机：挡不住的呼唤》，何道宽译，中国人民大学出版社2004年版，第33—54页。

② ［加］马歇尔·麦克卢汉：《理解媒介——论人的延伸》，何道宽译，商务印书馆2000年版，中译本第一版序第1页。

③ 栾轶玫：《建议用“融媒体”代替“全媒体”》，《新闻论坛》2015年第1期。

媒体融合发展上升为国家战略。这一年也被喻为“中国媒体融合元年”。2015年至今，我国媒体融合正实践“深入转型、深度融合、深层变革”的自觉追求，呈现深刻、多元、立体的新特征——从“传统媒体+”到“互联网+”的思维转换、从平台融合到传播融合的战略布局、从“简单相加”到“深度相融”的经营探索。可见，我国的媒体融合已经进入改革和创新的深水区，已经全面进入了融媒体时代。

融媒体的本质，“指各种媒体形态的边界逐渐消融，多功能复合型媒体逐渐占据优势的过程和趋势。它不是单纯媒体形态的融合，更是一种全方位、深层次的融合”①。

融媒体时代，新闻传播的基本单位从“机构”变为“个人”，互联网从根本上改变了传播生态。② 碎片化阅读逐渐成为当下网民的生活习惯，以各类新闻APP为代表的新媒介推送和新闻传播的速度比以往更快，网民通过现场直播看见的即是正在发生的。匿名使得网民可以大胆发表想法和观点，全民讨论能够使得一个新闻事实迅速成为新闻热点。新媒体拥有巨大的技术优势，对传统新闻媒体传播造成了非常大的冲击。

二、我国当前新闻传播与策划面临的挑战

融媒体时代，我国新闻传播与策划中存在的挑战大体可概括为以下几点：

（一）观念和体制陈旧，技术落后，人才缺失

首先，在传统媒体一统天下的时代，传统的新闻传媒业形成了一种“媒体本位”和权威的逻辑，广大媒体人的观念和思维受其逻辑支配，观念落后与体制保守紧密结合在一起。在此环境下，新闻传播策划一定程度上失去了推动内容进步的动力。其次，由于技术落后，新闻的采集、编辑和发布、播出等各环节，都有极大的局限性。新闻APP作为提升新闻传播策划效果的重要环节，相当大的程度上都是外包定制，相应的程序开发技术、产品研发、

① 李良荣、周宽玮：《媒体融合：老套路和新探索》，《新闻记者》2014年第8期。

② 喻国明、潘佳宝：《“互联网+”环境下中国传媒经济的涅槃与重生——2015年中国传媒经济研究的主题与焦点》，《国际新闻界》2016年第1期。

用户体验、产品运营与维护都处于较为初级的水平。

管理行政化、新闻节目区域化、管理分散化等长期存在的体制弊端使得新闻传播策划同样难以适应融媒体时代的发展需要。在融媒体时代，新闻无论运营思维、话语形态还是采访方式都发生了新的变化，对专业技能人才也提出了更高的要求，现有从业者难以适应新形势，新闻传播策划人才长期处于比较缺乏的状态。同时，以新媒体为代表的互联网企业在工作环境以及薪资报酬方面都具有更大的优势，不仅吸引了大量的策划和技术人才，许多传统媒体新闻从业人员也纷纷“跳槽”和“下海”。

（二）新闻报道策划认识不清，能力不足，问题不少

根据查阅和梳理相关文献，结合一定的实践体会，笔者发现我国新闻传播策划中存在的问题不少，有的属于思想认识不清，有的则属于能力不足。例如，主观臆断，自主策划新闻、制造新闻，违反新闻传播策划的根本法则；小题大做，策划目的不明确，选题缺乏分量和厚度，难以引起受众共鸣；虎头蛇尾，对新闻传播策划的可行性认识不充分，对报道时机把握、报道难度的估计以及思想准备、物资条件等方面缺乏系统周密的考虑，导致策划陷入有头无尾、不了了之或半途而废的尴尬境地；顾此失彼，策划缺乏科学性，只注重前期内容策划，而忽视后期形式策划，或只注重战役性策划，而忽视经常性策划；趋同从众，一味地照抄照搬或延续传统的做法，缺乏策划的独创性和新鲜感等。

可见，在实践中，策划者要注意：不能不顾实际情况，什么都策划。策划不是“万能钥匙”，它只能是客观的、重点的策划。策划要量力而行，量材而行，避免“过度策划”“新闻炒作”。新闻传播策划要把握好“度”，当前不少策划都带有舆论监督的性质，而这种“监督”也确实使不少社会问题得到了解决，但这并不意味着策划者就是“包青天”，媒体就是“公堂”，媒体该做的只是报道客观事实，引起有关部门注意，不能过多加入主观成分或是参与解决问题。

（三）传播效果削弱，创收下滑，盈利模式滞后

融媒体时代，传统新闻机构提供的信息不再具有垄断性和稀缺性，传播

效果自然大打折扣。一方面，信息通过网络和手机不断被交换，使得众多网友进入同一时空，而新闻媒体做出的新闻传播策划往往会出现明显延迟，使得新闻报道与受众期待形成明显错位，新闻时效性大打折扣。另一方面，网络作为开放空间，网络言论鱼龙混杂使得新闻的传播效用变得更加复杂，新闻媒体公信力下降。

随着数字广告的发展，报纸发行量遭遇“断崖式”下滑，电视收视率下降，广告商的目标也随之调整。根据央视市场研究（CTR）发布的广告监测数据，2016 年中国整体广告市场同比下降 0.6%，其中传统媒体广告投放额同比下降 6.0%。而艾瑞咨询发布的 2016 年度中国网络广告数据显示，截至 2016 年底，中国网络广告市场规模已达 2910.7 亿元，同比增长 39%。新媒体广告业务瓜分着传统新闻机构的盈利资源，导致其不得不在运营模式和盈利模式上重新寻求突破口。

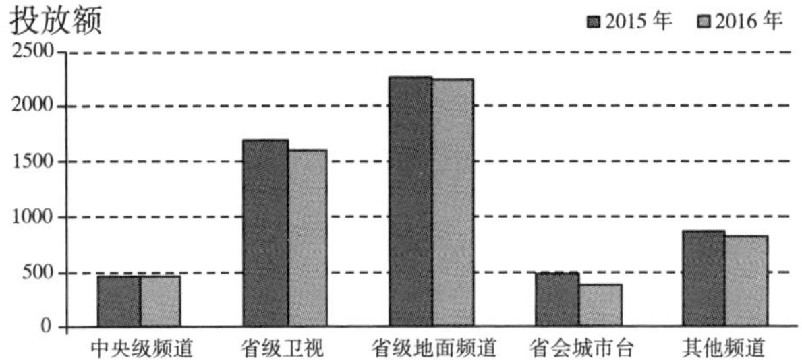

图 5－1　2015、2016 年全国各类频道广告投放额（单位：亿元）①

三、融媒体时代新闻传播与策划的新机遇

事物往往具有两面性。融媒体时代，新闻传播与策划同样面临诸多机遇。

（一）新技术带来新体验

移动互联网时代，不断迭代的智能手机和 4G 网络的覆盖让直播不再是电视台的专利；虚拟现实技术（VR）和增强现实技术（AR）的运用让舞台

① 央视市场研究（CTR）媒介智讯。

更加美轮美奂；4K高清、8K高清的现场实况直播，让观众仿佛身临其境；消费级无人机的运用，不一样的视角给受众带来了不一样的体验。未来，这些前沿的科技将会在新闻领域得到全面应用，也必将给媒体带来技术的革命。

（二）“中央厨房”渐成标配

近两年来，多家传统新闻媒体的“中央厨房”相继上线，相关单位也纷纷把建设“中央厨房”付诸行动，如广州日报集团“中央编辑部”、成都传媒集团“数字采编中心”、中央电视台“融媒体编辑部”、津云“中央厨房”、西安广播电视台“中央厨房”、湖北广电集团“长江云”、大象融媒体集团“新闻岛”、山东广播电视台“中央厨房”等，另外还有20多家省市媒体已经在规划建设“中央厨房”。

（三）新媒体传播渠道成熟

人民网研究院发布的《2016年中国媒体融合传播指数报告》显示：2016年电视台自有APP数量增多，排名前30位的电视台中创办率为67%，各家电视台APP在十大安卓APP市场的平均下载量超过了4285万次，其中湖南电视台下载总量超过5亿次，中央电视台下载总量超过1.6亿次。① 自办APP已经成为电视新闻内容传播的重要手段和渠道。

（四）跨界融合

技术的进步将原来不同介质的传统媒体实现了相互连接，甚至社交、电商等看似风马牛不相及的元素也与传统媒体实现了融合。技术的进步加快自身边界的消融，跨界融合为媒体创造了更多发展的可能。比如，浙江广播电视集团与新浪正式达成战略合作，北京卫视和阿里巴巴正式签署“台网联盟”战略合作协议，湖南卫视和浙江卫视已经通过“天猫晚会”实现了与电商平台的跨界合作。

（五）社交元素融入

传统新闻融入社交元素，是融媒体时代新闻传播策划未来的大趋势。新

① 中国媒体融合传播指数报告，http://chuansong.me/n/14356505485402016。

闻融合社交元素后，通过社交平台与受众实时互动能够产生大量的新鲜内容，这些内容可以反作用于新闻传播策划，又能引领社交话题的再延续。社交元素的融入，可以让新闻传播策划者沉淀积累以前几乎无法掌握的用户大数据，从而促进新闻的个性化生产，提高新闻的媒介价值，增强受众的粘性。同时，对用户大数据的分析，能够帮助广告主更加精准的投放广告，也可以与电商合作开展场景销售。

第二节　新闻传播策划理论要点

挑战与机遇共存，表明新闻传播领域的策划不是可有可无的，而是十分必要和重要的。在基本弄清几个相关概念含义的基础上，在这里我们先要阐明新闻传播策划的特征与意义，然后讨论策划的原则、层次与分类，再具体说明策划的环节和流程，最后将新闻传播策划的重点简要归纳。

一、新闻、传播学与策划内涵

新闻，也叫消息，是指通过报纸、电台、广播、电视台等媒体渠道或平台传播信息的一种称谓，也是记录社会、传播信息、反映时代的一种文体。作为一个基本概念，新闻有狭义与广义之分，新闻学有专门研究。

传播学于20世纪三四十年代产生于美国，经过六七十年的发展，如今已经成为西方国家最具影响力和发展潜力的学科之一。传播学和其他社会科学学科有着密切的联系，处于多种学科的交叉，各种社会学科的理论又往往成为传播学理论的一部分。但是，传播有它自身的理论，是其他社会科学所不能代替的。经过不断发展，传播学形成了许多经典的理论，如议程设置理论、沉默的螺旋、枪弹论、人际传播理论、组织传播理论、大众传播理论、把关人理论、知识沟理论、麦克卢汉的媒介理论等，传播学对此都有专门研究。

新闻传播策划的基本内涵，可以作如下界定：新闻主体按照一定的目的和原则，对事物和信息客体的报道思想、报道程序、报道手段、报道角度、报道时机等做出全面、细致、周密、合理的计划和安排，最大限度地反映新闻的社会价值，揭示其思想内涵和本质特征，增强报道的吸引力和感染力，推出受众喜爱的新闻精品，在传播过程中扩大媒体的社会影响力，从而发挥正确的舆论导向作用。

新闻传播策划有狭义与广义之分。狭义的新闻传播策划，指新闻报道策划，即新闻编辑通过对新闻资源的开发与配置，实现最佳传播效果的创造性活动。主要内容包括：选题决策、报道方案设计、在报道实施过程中接受反馈并修正设计方案。在广义上，新闻传播策划除具上述含义外，还包括新闻媒体策划，即对“受众对象、媒介功能、编辑方针、管理模式、经营战略等的整体宏观策划”①。

一般来说，先有新闻事实，后有报道策划。新闻传播策划建立在新闻事实的基础上，事实是客观存在的，在尊重事实的前提下，将报道的主要内容和流程进行合理设计，再通过深入细致的采访调查揭示新闻事件的真实本质；同时，还要对新闻报道的选题、报道方式、反映角度等环节进行精心策划，其意义在于最有效地运作和配置现有的新闻资源，最大限度地发挥新闻报道的社会功能，取得最佳社会效益。

与此相反，“策划新闻”，即百姓所理解的制造新闻，建立在别有用心策划“新闻事实”的基础上，事实是人为制造的，丧失了其客观性、真实性，违背了新闻报道的规律，是对新闻事件的一种造假行为，严重违背了新闻原则中的真实性原则，只是为了达到包括炒作等目的在内的宣传效果。

二、新闻传播策划的特征与意义

（一）特征

1. 客观真实性

客观真实性是新闻的根本原则，它要求新闻报道必须以客观的态度，真实地反映客观事物的本来面目。这也是新闻传播策划最本质的特征。新闻节

① 汪家驷：《论新闻策划》，《当代传播》2008 年第 4 期。

目策划是关于报道选题、采访方式和技巧的策划，而不是新闻事实的策划，策划人可以最大限度地拓展自己的思维活动空间和实践活动空间，但是绝对不能扭曲事实和虚构新闻，不能脱离新闻事实本身进行策划。

2. 科学合理性

指新闻传播策划前必须认真调查研究，设计方案、进行可行性论证，在几种方案中选择最佳的方案，予以科学实施、合理实施。新闻传播策划的创新性就是标新立异，但是标新立异不是随意的，而必须要有科学根据。

3. 创意创新性

新闻传播策划的创意性和创新性，指的是在制定新闻报道方案、新闻选题、新闻采访、节目编辑制作和发布播放诸环节，善于谋划，运用创新思维，富有独到的新颖性、独特的创意性。

4. 操作可行性

策划应有操作可行性，指新闻传播策划方案必须符合客观实际，是新闻主体能力完全可以达到的。在策划过程中，应对报道实施所需要的内部、外部诸多条件进行科学的调研、预测、分析和判断，力求使策划的目标和方案既超前、先进，又具体、现实，切实可行。

5. 普遍性和典型性

策划的目的是提高新闻报道的质量和水平，扩大其影响，这就要求新闻传播策划具有普遍性。越是具有普遍性的东西其针对性越强，也就越具有指导意义。新闻传播策划既要从普遍性的事实着眼，又要从普遍性的事件中选择带典型性的事件，从典型性的事实入手。既有普遍性又有典型性的新闻报道，才能产生最大化的传播效果，这也是新闻传播策划的意义所在。

6. 群体性与系统性

任何一项新闻传播策划都不能只是个人行动，而应该是群体合作参与的结果。这既是指策划本身的群体参与、群体认可，也指实施策划需要媒介内外多方面的配合与支持。策划和实施都是一项完整的、系统的工程，涉及多个领域、多个部门，是一个系统工程，是“多兵种的联合作战”，需要一定的组织机构和运行制度来保证。

（二）意义

理论和实践都表明，策划对于推进新闻传播具有十分重要的意义和作用。

第一，能够充分发挥新闻人和报道者的主观能动性。主观能动性是人作为主体，在认识和改造世界中体现出来的主观见之于客观的主动性和能动性。新闻传播策划有明确的目标和行动方案，是依据报道者对新闻事件和活动的理解与参与，形成一定的报道思路，是人的主观能动性作用于客观事实的一种社会实践。

第二，有利于发掘新闻价值，满足受众需要。新闻传播策划往往集中了新闻工作者的集体智慧，不仅可以敏锐地看到眼前发生的事实，而且可以回忆过去所发生的历史，找到过去和现在之间的联系，也可以科学地预测未来，对未来发展趋势有所瞻望。这些都有助于及时而准确地把握发掘新闻价值。

第三，有利于强化报道创新，提高传播效应。在传媒产业化运作过程中，新闻竞争的加剧、受众水平的提高，使新闻报道的创新变得更加迫切。从某种意义来说，新闻传播策划正是新闻工作者为了适应这种日益凸显的创新要求才出现的。

第四，能够更好地发挥新闻媒体的舆论引导、舆论监督作用。对于重大新闻事件或矛盾纠结问题，通过策划能够扩大报道的影响，把社会舆论的注意力聚焦到报道事件上，起到舆论的宣传、引导、监督作用，从而取得很好的社会效应和新闻效应。

实践证明，同样是报道一件新闻事实，有无新闻传播策划和怎样进行策划，新闻报道的效果是不同的。无论哪一种新闻体裁，只要有强烈的策划意识、娴熟的策划手段、高超的策划水平，都可以创造出新闻精品。

三、新闻传播策划的原则、层次与分类

（一）基本原则

1．导向性原则

任何新闻传播策划都要以正确的舆论导向为首要原则，要营造积极的有

利于改革开放和社会稳定的舆论态势，新闻工作者必须时刻保持政治头脑清醒，掌握国家方针政策，了解实际情况与人民需求。新闻工作者唯有全面掌握时代背景和形势发展，新闻报道才能更加鲜明，正确引导舆论导向。

2. 时新性原则

新闻传播策划要求具有创新意识，对于违背客观事实的传统思想、陈旧观念和做法要坚决摒弃，而去努力寻找客观事物的新现象、新规律、新联系，并以此对事件展开评价，找出新颖之处和独特性质，达到不同凡响、一鸣惊人的效果。

3. 时宜性原则

新闻传播策划还要把握度，注意火候，必须抓住最佳时机。时宜性既包括对事件发展过程规律要“先知先觉”，也包括新闻传播策划者的政治敏锐性、大局意识以及新闻认知度等。

4. 超前性原则

凡事预则立，不预则废，新闻策划更是如此。策划是对未来活动的规划，即围绕正在萌芽的新闻热点，提前进行研究。因此，策划具有超前性、预判性，也叫前瞻性。

（二）层次与类型

新闻传播策划具有层次性。如果把新闻传播策划理解为新闻媒体运作策划，则可以分为以下三个层次：一是对媒体运作方针的策划，包括媒体风格、目标受众群、组织人事职责等大的规划；二是宣传和传播具体单个节目、栏目的策划；三是对某一重大题材或问题的报道策划，其中又分长期、中期、短期三类，是对报道的整体战略、战术方案、运作方式方法的策划。

按照不同标准，可以将新闻传播策划划分为不同类别。根据新闻传播策划主体的不同，分为新闻主体自己的策划、新闻主体和被报道客体共同合作的策划、被报道客体自己的策划三类。按照新闻传播策划客体的不同，分为突发事件策划、专题报道策划、节假日纪念日报道策划、会议报道策划、评论策划、新闻摄影策划、典型报道策划等。还有一种分类，新闻传播策划大体上可以分为战略性、战役性和战术性三种类型。战略性策划是由新闻采访部门或整个新闻媒介甚至多个新闻媒介经过反复酝酿进行的大规模、长时间的新闻报道策划。战役性报道策划是由某一新闻媒介就某一新闻事实所进行的统一的报道计划，在一定时间内和方向上有明确要求，运用各种新闻报道手段进行新闻报道的策划。战术性报道策划又叫单篇报道策划，是新闻报道者就某一单独的新闻事实所进行的战术性策划。

随着客观事物变化，新闻传播实践也处在变化过程中。因而，新闻传播策划的分层和分类也不是一成不变的，它必须随着实践的变化而不断变化发展。

四、新闻传播策划的环节和流程

新闻传播策划是一项复杂的系统工程，也是一个综合性很强的创造过程，因而对新闻传播策划者和策划本身都有很高的要求。针对各种不同媒体的新闻传播策划，可以大致概括新闻传播策划的主要环节和一般程序。

（一）确定策划主题

主题应力求创新，贴近目标读者，是民生关注的热点。一是确定报道题材。也就是我们通常所说的新闻选题，是指报道对象的确定。衡量报道题材的难度关系到新闻价值，在题材选择阶段，找到一条好的新闻报道题材，那么这条新闻就成功了一半。二是确定报道主题。见解深刻、思路新颖的报道主题是新闻报道得以成功的基础。好的新闻主题从哪里来呢？只能从实践中来，从大量的调查研究中得来。三是选择报道典型。由事而发，点化主题，主题性新闻成功的关键是选择典型事实，由事实本身去阐述思想主题。

（二）制定策划方案

策划方案要同时制定多个，以备不时之需，并且方案要经过择优、评估等程序，选出一个最佳方案。一是选择报道角度。角度选择的恰当与否，在一定程度上决定着新闻的成功与否。角度选择最佳，可以变平庸为新鲜，变枯燥为生动，变肤浅为深刻，化腐朽为神奇。二是选择报道形式。新闻传播策划是一种创造性的精神劳动，大胆的构想、独特的创意，是新闻传播策划的重要元素。独具创意的形式可以使新闻传播策划上锦上添花，在竞争中胜出，超越同行和他人。

（三）做好准备工作

准备工作涉及方方面面，大型策划千头万绪，包括相关资料查阅、信息的采集、人员选择、经费筹集、设备的配置等。不管涉及多少方面，都要通盘考虑，缜密安排，当然也要抓住重点和主线。

（四）操作实施阶段

在实施阶段，最重要的是运用能力、发挥水平，切实搞好操作，也要不断地根据实际情况调整新闻传播方案、计划和进程。最后，是做好新闻传播策划的反馈工作，新闻传播过程结束后要进行信息反馈，总结不足，积累新闻传播策划的经验。

五、新闻传播策划的重点把握

（一）出新意，破俗套，跳出常规报道圈子

新闻传播策划的第一大重点，就是要出新意：一要视角新，选取最佳方位进行报道；二要内容新，寻找最佳亮点展现主题；三要手法新，使出非同凡响的招数体现形式美、风格活；四要语言新，以最精炼朴实鲜活的文字构建和塑造所报道新闻事件的动态"美感图案"。只有抓住"四新"，报道才能打动人心，获得好的效果。例如，北京广播电视总台与《中国青年报》合作线上直播平台"北京时间"，2016 年 9 月 3 至 5 日对 G20 杭州峰会报道，在策划上既有视角和内容创新，也有手法和渠道创新。①

（二）寻亮点，选切口，展现独家报道特色

在进行新闻传播策划的过程中，首先必须下气力花真功搜寻出该事件该活动的亮点，根据亮点，结合媒体自身的优势，选准报道切入口，打造出耀眼夺目、先声夺人的精彩版面、画面和节目，紧扣受众心理，赢得受众好感。寻找亮点和切入口，一般要有全局视野，但更应从细微处着手，做到以小见大，不可贪大求全，面面俱到，否则事倍功半。

① 喻国明：《打造新型主流媒体价值范式与影响力的关键——以北京广播电视台线上直播平台"北京时间"G20 杭州峰会报道为例》，《新闻与写作》2016 年第 10 期。

（三）抓点子，争主动，抢占同类报道先机

创意是点子，策划则是将点子串联起来，落到实处。新闻传播策划抓点子，争主动就是要整合优化素材，挖掘主题，拓展思路，确立中心，独开先河，不搞人云亦云的泛泛报道。在新闻传播策划中，谁抓准了金点子，抢占了先机，其报道就会先声夺人，独胜一筹。

第三节　精选案例评析

无论从哪种层次和类型上看，中外新闻传播领域媒体人和策划人做出的精品案例不胜枚举。下面我们从近年来的公开报道中选出几个案例，着力分析其中的策划亮点，以加深对策划要点的理解和思考。

一、《中国人的一天》——中国国际广播电台策划

新闻再现：中国国际广播电台采制的广播系列报道《中国人的一天》，是针对海外受众的对外传播节目，每期选择一位普通中国人，按时间顺序记录他（她）一天的典型生活内容。每周推出一期，每期 5 至 8 分钟。节目播出后，在海外听众中引起很大反响，并获得 2010 年度中国新闻奖。

简要评析：该报道严格遵循对外传播的规律，将一个个普通中国人的日常生活状态，通过丰富的音响展示给海外受众，让他们通过这些普通人的言行了解当代中国的生活百态、社会进步。这种新闻淡化了报道的宣传意味，让海外受众易于接受。策划之初，该新闻就重视采访对象的广泛性、代表性和独特性，有上海的教师、西藏的喇嘛、青海的牧民、海岛上的军人、北京的快递员、绍兴的三轮车夫、延安的果农、80 后摄影师、乐器店店主、餐厅老板等。策划试图完整勾勒中国人日常生活图景，同时又平添了故事性，给听众一丝陌生感、趣味性。报道创造性地采用了类似纪录片的方式，按照时间顺序记录采访对象一天的日常生活。大量使用现场录制的音响，每期节目音响约占一半以上。记者的解说以客观冷静的叙述为主，很少有主观的带感情色彩的议论和抒情。音响除了说明、解释等作用外，在报道中更多地起转

场的作用。这种报道方式，让受众觉得更真实、更客观。

二、“寻美”大型公益新闻活动——《光明日报》策划

新闻再现：《光明日报》于2011年6月17日始策划并启动了“寻美”大型公益新闻报道活动。广泛寻找、深入挖掘，宣传一批具有优秀专业素质、优良个人品德的乡村教师。活动每年6至9月以互联网为平台，投票选出年度“最美乡村教师”。由于人物群像典型化，宣传力度大，“寻美”新闻策划活动取得了极好的社会效果，目前已连续举办六届。

简要评析：“寻美”新闻活动取得巨大成功，离不开精心的新闻传播策划。

首先，在“寻美”新闻策划活动启动时，《光明日报》在报纸上开设了主题专栏，人物通讯以每篇2000字以上的篇幅予以重点报道。《光明日报》整合资源，利用多种手段宣传，引导报纸、广播、电视、网络媒体等多媒体联动，形成强势报道。中央电视台与《光明日报》联合拍摄乡村教师节目素材50000分钟，《新闻联播》《新闻直播间》《朝闻天下》《讲述》《共同关注》等电视栏目，与《光明日报》形成联动，共播发相关报道百余篇，为活动的持续开展打开局面。

其次，活动刚开始，光明网也配合主题策划宣传开设了网络专栏，网络与电视媒体相得益彰。每年6至9月份通过网上票选产生10名“最美乡村教师”和若干名“特别关注乡村教师”，并在每年的教师节前夕举行“寻美”颁奖典礼，通过电视与互联网两个平台，每年吸引9000余万名观众。此外，《光明日报》开设“最美乡村教师”官方微博，微博信息覆盖人数超过5000万。由此可见，媒体运用多媒体多平台整合联动，可提质增量，加强传播效果。

“寻美”活动由于策划及时、报道深入、关注对象等具有极高的社会意义，同时报道角度多样、持续，注重打造品牌等，引发了广泛的社会共鸣，将原有较为单一的新闻素材有效重组、聚合发力，大大提升了新闻价值。

三、“太空新旅，天宫授课”——直播特别节目策划

新闻再现：2013 年 6 月 20 日，中央电视台推出了太空授课直播特别节目，全程直播了神舟十号航天员太空授课全过程，王亚平等三位中国航天员在距离地球 300 多公里外的太空，向“地球观众”讲授了一堂奇幻的物理课。此次直播设有四个直播点：中国人民大学附属中学、航天城、浙江春晖中学、江西阳明学校。在直播太空课堂中，王老师与三个地面课堂的学生进行即时画面切换，生动地呈现了小球、陀螺、水球等多个项目的太空授课内容，以及收看太空授课的孩子们的听讲情况与反馈。

简要评析：这是我国首次在航天任务中设置“太空授课”环节，也是我国距离最遥远、授课难度最大的科普授课活动。新闻题材的重大性、新颖性可见一斑。为了此次直播报道，策划过程长达半年之久，经过精心的课堂地点选择、内容设计、数十次的提前演练、应急预案的制定，最终才完美呈现了航天员老师们精彩绝伦的物理课。天地对话的直播让观众无不激动万分，深感震撼。节目播出时引起了一股收视热潮，在央视微博、微信等平台同步推出的内容迅速达到数千次转发与评论，受到网友的热捧。

四、《铁纪 · 铁流》——《辽宁日报》大型新闻策划

新闻再现：2016 年是中国共产党建党九十五周年暨红军长征胜利八十周年。为纪念这两大重要历史节点，《辽宁日报》热点新闻策划部经过长达半年的论证、调研和采访，报道团队足迹遍布全国 19 个省（区、市），于 2016 年 7 月至 8 月推出了大型新闻报道《铁纪 · 铁流》。该新闻共 80 块专版，60 余万字，分为五个主题。报道在社会上引起强烈反响，《铁纪 · 铁流》在辽宁省档案馆公开展出，成为推进“两学一做”学习教育的学习读本。该大型主题报道与内容策划已结集出版，并被中国三大干部学院收藏。

简要评析：中共五大会址纪念馆研究馆员鲁明认为：“报道写得生动，非常好，比一般的党史宣传耐读。”遵义会议研究专家费侃如表示：“从大东北到大西南，一份地方党报敢于做这种全局性的大课题，有勇气，不简单。”

《光明日报》驻辽宁记者站站长毕玉才评价说："把党史拆分成讲党的制度建设的生动事例，而不是单纯写一个部门，很有深度。报道团队一路风尘，用脚步的丈量告诉读者，中国共产党发展至今一直靠严明的纪律和制度。视野广，脉络清晰，有勇气有魄力。"《河南日报》新媒体中心主任庞向辉评价其"有厚度、有广度、更有深度"。

该项策划创新角度，在全国媒体中率先以"纪律"为主题，通过回溯党纪党规的形成、演变将党在28年革命斗争历程中的纪律建设的重大举措与重要事件进行了全景式呈现，表述准确，观点鲜明。尤其值得一提的是，该策划报道在强化互动性、推进媒体融合、丰富版面设计等方面做出了有益尝试。例如，为了吸引更大范围人群的关注，在平面媒体推出报道时，报纸上的版面同时配有二维码，扫码即可直接看视频、听音频；同时，"两微一端"推出了幕后采访花絮、采访记者创作谈等，满足了受众对采访报道更多的心理需求。该策划报道对党规党纪的发展脉络进行系统的梳理和全面报道，这在目前全国众多媒体中尚属首次，也填补了该学术研究领域的空白，具有极高的新闻价值与学术价值。这些尝试，也为同类题材的大型新闻策划积累了经验。

五、"纸馅包子"——新闻策划的反面教材

新闻再现：2007年6月中旬，北京电视台生活频道《透明度》栏目组临时员工訾某，化名"胡月"，先后两次找到北京朝阳区太阳宫乡十字口村13号院，对暂住在这里经营早点的卫某等人说，自己要为工地的民工购买早点，要求卫某等人帮他做包子。訾某自带了从市场上购买的肉馅、面粉和纸箱，并授意卫某等人将纸箱经水浸泡后掺入肉馅，制成包子。訾某用其自带的家用DV机拍摄了制作过程，随后忽悠其编辑，用欺诈手段获得播出。节目播出后，社会反映强烈。几乎国内所有的电视台、网站、纸质媒体都对此进行了转载和报道，美国、日本等国外媒体也进行了相关报道，一时间舆论哗然。最终，报道的始作俑者訾某因犯损害商品声誉罪，被一审判处有期徒刑一年，并处罚金1000元。

简要评析：中国人民大学教授陈力丹认为，"纸馅包子事件"是一起以

社会真实为基础的“传媒假事件”，这种社会真实都是人为策划和制造的。“传媒的职责是报道传媒以外客观发生的事实，不能自己制造事实同时又报道这个事实，这种行为即‘传媒假事件’，有悖新闻职业道德，假新闻更要完全禁止。”① “纸馅包子事件”就是典型的新闻造假。它通过先制造线索，然后找一帮人“演绎”场景再现，硬生生地将新闻“制造”出来。不管是新闻策划还是新闻造假，两者目的性是一样的，就是对受众的主观引导，但为了实现目的，两者对客观规律的态度却是截然不同的，新闻策划尊重客观规律，注重新闻的真实性，并在报道过程中尽力向受众披露事实的原貌。而新闻造假则不同，它已经不再受限于新闻事实本身，从一开始就主观杜撰，胡编乱造，移花接木，欺骗受众。

六、东南亚渔奴——美联社一次精心的新闻传播策划

新闻再现：2016 年 4 月，美联社记者 Esther Htusan、Martha Mendoza 和 Robin McDowell 获得年度普利策公共服务奖。新闻作品包括七篇长篇调查和两则视频。美联社 4 名女记者通过深入采访报道，揭露了东南亚海鲜食品业中的奴役现象，解救了 2000 多名被囚禁、被虐待奴役了几年乃至几十年的非法移民，唤醒美国和欧洲各国政府开始考虑相关立法。虽然 2013 年末就有零星报道显示，东南亚的海鲜业存在各种虐待甚至奴役工人的现象，但一直没引起国际社会的重视。美联社 4 个女记者看到了这个问题，决定深入东南亚调查此事。她们从美国本土一路跟踪追查到印度尼西亚一个几乎与世隔绝的岛上。在那里，她们发现了一大批像奴隶一样被囚禁的劳工。这些劳工大多来自缅甸，有的被黑心中介诱骗来，有的甚至是被直接绑架来。这些渔奴每天几班轮流倒，全年无休，一不听话就会惨遭毒打，经常有人被虐待至死。四名女记者花了一年多的时间，冒着生命危险，收集掌握了各种证据，包括照片、视频等。为了确保渔奴们的人身安全，美联社制作完报道后，并没有立刻发表，而是直接联系了国际移民组织和泰国、印尼等各国政府前往

① 陈力丹、周俊：《“纸馅包子”新闻是一起传媒假事件》，《学习时报》2007 年 8 月 21 日。

解救。报道公之于世后，一石激起千层浪，促使美国和欧洲各国政府对此事重新立法，推动了整个渔业及相关行业的一系列改革。该报道获得了“新闻界的诺贝尔奖”。

简要评析：首先，好的新闻报道，每一篇都应该是一个有深度的引人入胜的故事。这样的故事，往往轻则改变一两个或者一群普通人的生存境遇和命运，重则可能改变一个国家的历史和轨迹。由七篇长篇调查和两则视频组成的美联社这项报道，无疑向大众讲述了一个深刻的故事，这个故事拯救了2000多人的命运，改变了世界的一个角落。同时，这组新闻报道，也为新闻学、传播学、策划学提供了一个鲜活的样本“教材”。轰动一时的报道，无疑是一次精心的新闻传播策划。从选题的舆论导向和社会影响力，到用一年多年时间大量调查和采访，从事件本身到新闻报道本身，媒体人始终保持着深刻的人文关怀和独特的人性视角。最后，在报道作品的制作和呈现上，综合而巧妙地运用了多种新闻材料，文字、图片、视频相得益彰，使得这组报道全面而饱满，独特而具权威性和说服力。如果没有精心的策划、记者冒着生命危险的执着，这组报道或许难见于世。

第四节　融媒体时代新闻传播策划的思考

在融媒体时代，新闻传播业必须积极进行体制机制创新，勇于改革旧的管理体制和运行机制，不断完善组织架构，深入推进生产模式、服务模式、组织模式、人才结构以及管理机制等各个方面的全面转型。除了千方百计吸引人才外，更要通过各种培训学习，培养、提升内部员工“全媒体”能力，造就运用多种技术工具的“全媒体”型新闻传播策划人才。在这样的基础和前提下，搞好新闻传播策划，还需要从以下几方面入手。

（一）思维的模式转变和能力提升

融媒体时代，广大媒体人必须转变传统媒体时代的“媒体本位”观念，真正把新闻受众当作用户看待，把新闻内容当作产品来生产和运营。新闻传播业要坚持新闻生产的专业性，为受众提供专业化的优质新闻内容，只有权威的专业的新闻才能保障新闻的权威性和公信力。这也是新闻传播策划必须坚持的理念。这就要求新闻传播策划人和从业者树立跨媒体意识和融媒体意识，培养和运用创新思维能力，充分利用手机媒体，将互联网思维运用到新闻传播策划的每一个环节。正如中国传媒大学范周教授所言，互联网时代到来，互联网催生"文化产业 +"模式、催生"传统产业 + "模式，这就需要新闻传播和整个文化产业都要强化互联网思维。① 从科学策划和精心策划开始，充分考虑受众多元化和个性化的需求，生产出定位精准、个性鲜明的新闻产品。

（二）新闻生产流程改善和再造

新闻生产流程改善和再造，要着力于下列几点：一是建立一个统一的评估机制，对来源于多种渠道多种媒介的内容先统一汇集到评估机制中加以评估，判断内容的价值和使用方向后，分发给不同需求的生产部门。二是在内容的生产阶段，要打破以往的新闻生产的封闭模式，改变生产思路，坚持新闻生产的专业化与个性化并行。生产新闻内容时既要把好质量关，又要注重个性。基于大数据的分析后，把受众的需求融入新闻生产过程。三是在内容的分发阶段，坚持一次生产、多种形式、多元传播，从而实现全媒体和全方位传播。四是建立一个反馈机制，通过用户大数据的分析，把用户反馈的零碎信息整理成有价值的参考建议，然后反作用于新闻内容的再生产过程。

（三）技术与内容双轮驱动

内容为王，是文化产业的不二法宝。但形式、平台和技术也不容忽视。对新闻传播业来说，"内容是根本，是核心竞争力；而技术是决定内容生产方式、表现形式和传播渠道的关键因素"②。融媒体时代，媒体策划人对内容与技术的关系也应当有全新的认识，在技术与内容之间寻求一个平衡点，是新闻传播策划过程中无法回避的问题。媒体的融合发展，也从过去简单地强调"内容为王"，进入内容与技术两轮驱动新阶段，在新闻策划和生产中

---

① 范周、张芃：《新时期中国文化产业发展面临的几大问题》，《北京联合大学学报》（人文社会科学版）2014 年第 2 期。

② 杨振武：《把互联网的基因注入媒体》，《新闻战线》2015 年第 11 期。

自觉把握二者平衡。

（四）加强内容创新和监管

碎片化信息的当代，在强调技术引领和驱动的同时，坚持“内容为王”仍然不过时。人们对于权威的高品质的新闻产品需求日益增加，优质权威的内容仍然是核心竞争力。创新是内容生产的不竭动力。融媒体时代只有通过不断创新，才能生产出符合时代要求的内容。内容创新，首先，要视野开阔，多看看传媒发达的国家的新闻策划，学习和借鉴他们的新观念、方法和能力。其次，抛开自己头脑中固有的僵化观念，大胆想象，小心求证，精心策划。同时，内容的监管也不可忽视，综合运用法律的手段、行政的手段和经济的手段，维护创新性产品的权益，打击知识产权的侵权和盗版行为。

（五）实施品牌战略，塑造精品

著名营销大师布鲁克曾说，“最高级的营销不是建立庞大的营销网络，而是利用品牌符号，把无形的营销网络铺建到社会公众心里，把产品输送到消费者心里”①，实施品牌战略，加强品牌营销，是满足市场需求的重要途径。

新闻传媒业实施品牌化战略，一是明确自身定位。在融媒体时代，注意力经济是生存的王道。但贴近观众不代表要一味迎合，只有突出新闻报道的特色，注重质量，用观点和内容去吸引人，才能在受众中形成口碑。二是通过策划创建自己的品牌，塑造精品。党的十九大《报告》提出的人民日益增长的美好生活需要和发展不平衡不充分之间的矛盾，在新闻传播领域突出的体现，就是当今中国大众对高品质的传媒平台和产品需求日益增长，而现实中各种媒体提供给受众的高质量产品偏少、不能满足要求。传媒业根本上要靠高质量的品牌立足和取胜。搞好策划、创建品牌、塑造精品，是党和国家近年来大力推进供给侧结构性改革对新闻传播业提出的必然要求。三是要塑造形象，从新闻的包装上下功夫。在宣传片、标题、包装以及特效上，通过精心设计，融入更多设计元素，塑造有辨识度的形象，让受众在新闻媒体中

① 转引自邵明华：《媒介融合背景下我国影视文化消费的趋势与对策》，《现代传播》2014 年第 5 期。

能够轻松区分。但这也应把握好度，切忌对新闻进行过度的形象包装，中国国际广播电台《中国人的一天》策划给人们以很好的启示。四是搞好跨界营销。新闻生产流程再造要求新闻内容的多元化传播，这就要求在实施品牌战略时要将评价引入多渠道传播效果。通过跨界营销的方式，将新闻节目的理念、品牌、新闻主持人向外输出，使得新闻传播不仅墙内开花墙内香，更要墙内开花墙外香。

（六）保障公信力，提高传播力

党的十九大高度重视文化传播手段建设和创新，《报告》中明确提出要“提高新闻舆论传播力、引导力、影响力、公信力”。传播力决定影响力，公信力就是生命力。新闻的公信力来源于信息发布的权威性，要在信息繁杂的融媒体时代保障和巩固传统媒体的公信力，提高传播力，应当遵循和贯彻以下原则：

1. 第一时间

时间就是生命，这句话仍适用于所有新闻传播策划。新闻的一大特点就是及时性，衡量新闻价值的标准在于事件的重大程度和时效性。对于突发事件和社会热点事件来说，时间就代表了新闻报道的价值，谁能越早将新闻公之于众，谁就掌握了报道的主动权和核心价值。

2. 第一现场

新媒体发展，尤其是手机媒体更新换代，让信息传播形式变得越来越多样化。对一个新闻事件，如今的受众早已不满足于有料可读，更喜欢眼见为实，追求一种身临其境的参与感。新闻传播的第一要务，就是通过现场的声音、画面以及场景，报道最新最真实的新闻，为受众呈现第一现场。只有如此才能最大程度弱化受众和现场之间的距离感，给受众带来最切身的感受。

3. 信息完整

客观、公正、完整地把新闻事件信息传达给受众，报道最全面真实的事实，是新闻的职责所在，也是新闻导向力和影响力的基本要求。

4. 重视直播

直播是新闻传播的最大魅力所在。随着社交媒体特别是网络平台出现，原本只有通过专业人员和设备才能实现的直播，如今只需要一台手机一个软件就能轻易实现。技术进步降低了直播的门槛，也激发了受众的需求。与万事皆可直播的网络不同，新闻直播在内容选择上要求更高，要以增强与受众的互动性为目标，借助直播平台的社交属性，充分发挥新闻主持人的名人身份优势与意见领袖效应，真正将受众作为用户纳入新闻生产过程与内容产品中，打造真正的社交型互动，力求赢得最大魅力。

第六章

美酒飘香誉漫天

——广告业策划

广告活动历史悠久，作为一种重要的信息交流形式，它在人类社会发展进程中扮演着不可或缺的角色。在中国，虽然自古以来就有俗语“酒香不怕巷子深”，但这句话在广告繁兴的现代大打折扣，甚至出现颠覆，越来越多的人认可“酒香也怕巷子深”。在当代，广告的作用越来越显明，策划对于广告业来说越来越重要。策划和创意，已然成为撬动广告产业的“支点”。策划+广告，“酒香”溢出“巷子”飘满全城，美酒飘香歌声飞，美酒飘香誉漫天。然而，随着广告业市场的饱和，盲目从众与求异日益严重，梳理和整顿广告业策划活动迫在眉睫。

第一节　广告业与其策划存在的问题

在策划概念被引入广告业之前，广告主要是用来促进产品销售的。广告策划对于企业和社会发展都至关重要，那些优秀的广告策划作品甚至被写进教科书，成为后来者学习和效仿的经典。对概念内涵的简要梳理，便于我们较为全面和深入地理解广告本质。从文化产业和策划学角度审视，便于我们发现我国广告业策划中存在的问题。

一、关于广告业与广告策划

广告一词源于拉丁文的“advertere”，意思是使人注意。14 世纪到 15 世纪中后叶，英语中有了“advertise”，其含义为某人注意到某事，后演变为引起别人注意，通知别人某件事。约翰·肯尼迪说“广告是印在纸上的推销术”，第一次明确提出广告的营销属性。1812 年，世界第一家专业的广告公司在伦敦开业。

在汉语中，“advertising”在较早时期大多被翻译为“告白”“告帖”等。《申报》曾使用“告白”求售广告版面。我国最早出版的广告学研究专著——《广告须知》是由甘永龙于 1918 年出版的。在早期就着手研究广告学理论的学者还有新闻界的戈公振。20 世纪初，中国学者就开始了对广告概念的探讨。例如，新闻学专家徐宝璜在《新闻学》中说：“广告者，乃有力之商业媒介……又广告者，人事之媒介也。”① 20 世纪 80 年代以来，我国广告学理论经历了许多重大问题的探索与研究。例如，关于广告本质问题的研究，有学者明确指出，广告实际上做的是三件事：传播一种信息；提供一种服务；宣传一种信念。②

广告类型划分是个复杂的问题，迄今尚无统一标准。通常情况下，广告学研究领域，根据制作目的可以将广告分为两大类：以营利为目的而制作的商业广告，不以营利为目的而是为了获得社会效益而制作的非商业广告。常见的商业广告又可以根据广告的诉求对象、诉求地区、诉求目的、诉求方式以及传播媒介来进行细致划分。而非商业广告主要包括以下三大类：公益广告、政治广告以及以个体名义发布的启事、声明等个人广告。

在现代社会，广告成为产业，在国外和国内都得到了迅速发展。改革开放近 40 年来，伴随着消费市场结构的不断升级，中国广告业经历了恢复期、

① 徐宝璜：《新闻学》，中国人民大学出版社，1994 年版，第 85 页。

② 陈培爱：《20 世纪中国广告学理论的发展》，《厦门大学学报》（哲学社会科学版）1999 年第 4 期。

成长期、猛进期，逐步走向成熟期。广告是国家经济变化的“晴雨表”。概而言之，广告的重要价值和作用在于可以助推消费、激活市场，是行业及区域经济的起爆器。广告是创意产业的龙头，是媒体的经营支柱和核心业务。从“一则广告救活一个企业”到“一系列广告催生一个产业”。广告是社会沟通的桥梁，也是品牌“走出去”的强力支撑。广告是一种营销手段，其营销属性决定了它必然是促销活动中的一环，营销的目的既是广告的出发点又是终极目标。

广告策划是策划人根据广告主的营销策略，依据广告活动自身的规律进行的前瞻性规划设计。英国广告专家斯坦利·波利坦在20世纪60年代率先将“策划”引入广告领域，从此广告策划的概念被广泛应用，相应地以创意策划为主的广告经营管理体系得以建立。广告策划的出现，标志着现代广告活动走向科学与规范。20世纪80年代中期，我国广告界将广告的经营理念定位为“以创意为中心，以策划为主导，为客户提供全面服务”。狭义的广告策划指的是单一的广告活动策划，而广义的广告策划指的是大规模、连续性强的成系列的、为达到同一目的而对其广告活动进行的总体策划。①

在为广告主开发广告方案时，策划人必须从识别目标市场和购买者动机开始，然后可以做出五个主要决策，即广告“5M”：任务（Mission），即广告目标；资金（Money），即广告支出的钱以及如何在不同媒体类型之间进行分配；信息（Message），即发送的信息；媒体（Media），即使用的媒体，测量（Measurement），即如何评估结果。② 只有这五个环节精心策划，才能保证最终获得理想的广告效果。

二、我国广告业策划存在的问题

随着改革开放和市场经济的发展，中国广告业快速发展，取得了前所未有的成绩。然而，为抢夺客户、占领市场，在愈发激烈的市场竞争中，广告

① 余艳波：《广告策划》，武汉大学出版社2009年版，第3页。

② ［美］菲利普·科特勒、凯文·莱恩·凯勒：《营销管理》，王永贵等译，中国人民大学出版社2012年版，第544页。

策划花样百出，以至于剑走偏锋，也暴露出一系列问题，不仅严重损害了广告主的利益，还扰乱了健康的市场秩序。

（一）虚假广告，法律意识淡薄

由相声演员郭德纲2007年代言的“藏秘排油茶”广告因涉嫌虚假宣传被立案调查；成龙2010年代言的两款霸王洗发液被国家食品药品监督局定性为虚假宣传；2014年“全国销量领先的红罐凉茶改名加多宝”“中国每卖10罐凉茶7罐加多宝”等广告语构成不正当竞争虚假宣传；2016年的“魏则西事件”，敲响了互联网搜索引擎涉嫌虚假医疗信息推广的警钟；郎平2017年代言的莎普爱思涉嫌违反《广告法》……近些年来，我国广告策划领域虚假广告层出不穷，一方面是因为相关部门监督不严，执法不力；另一方面折射出广告策划从业者法律意识淡薄，为了商业利益不惜铤而走险，为广告主进行虚假宣传，严重侵犯了消费者的合法权益。

（二）抄袭盛行，策划能力差

目前，广告公司发展良莠不齐，某些公司不具有特定的营业资质，专业化水平低。很多二三线城市的广告公司由于自身不具备独立的广告策划能力，加之职业道德水平不高，为了追求经济利益，一味迎合广告主而不进行市场调研，完全依靠经验和客户提供的资料闭门造车。撰写的广告策划书也是在应付客户，敷衍了事，甚至对其他相对成熟的广告策划案例模式“依葫芦画瓢”。久而久之，优秀的广告策划作品由于需要投入较高的成本而被市场舍弃，出现“劣币驱逐良币”的现象，反过来又加剧了广告策划领域抄袭的恶习，这对整个广告产业的健康发展是十分不利的。

截至2017年12月，我国网民规模已达7.72亿，普及率达到55.8%，超过全球平均水平（51.7%）4.1个百分点，超过亚洲平均水平（46.7%）9.1个百分点。[①] 新媒体环境下，广告形式日新月异，给监管带来各种难题，网络平台如微博、微信属于版权保护与监管的盲区，一方面，原创作者维权难，抄袭者违法成本几乎为零；另一方面，受众的举报、抵制热情不高，往

① 第41次《中国互联网络发展状况统计报告》，中国互联网络信息中心网站，http://www.cnnic.cn/hlwfzyj/hlwxzbg/hlwtjbg/201803/t20180305_70249.html。

往只关心内容，却很少关注来源。

（三）过分创意，过犹不及

创意是广告策划的核心，直接决定了广告水准的高低和广告效果的成败。而广告创意是否得当，不仅直接影响到广告效果，还关系到品牌的社会美誉度和社会责任感等深层次方面。过分的、毫无节制的强调广告创意的中心地位，推崇创意至上论，将创意与市场调研、受众分析、传播推介割裂开来，就是与广告策划营销产品的终极目标背道而驰。例如，2017 年 11 月绝味鸭脖“广告门事件”。其网络宣传文案媚俗，充满性暗示，引起强烈的社会负面评论。长沙市工商局对广告主和广告经营者分别处以 60 万元罚款。虽然绝味鸭脖官方公众号期间的推送每篇达 10 万 +，传播效果应该说不错，但由于缺乏基本的社会责任感，受到舆论广泛批判，品牌美誉度大打折扣。

（四）公益广告进步明显，但仍有差距

我国公益广告起步较晚，但发展速度很快，公益广告内容质量和创意水平显著提升，但与西方国家相比尚有较大差距。一方面资金来源比较单一，以政府补贴、广告商资助和企业短期投入为主。但目前政府投入不足、企业投入不稳定，导致公益广告资金体系不健全、不稳定。另一方面公益广告创意水平仍需提升，主要存在以下问题：内容上，政治色彩浓厚，不接地气；思路上，制作呆板、文字生硬，基本采用纪实手法，创意不足，持续影响力不高；艺术上，大部分都是站在道德的制高点，以理论说教的姿态进行直接宣传，不能深入人心。① 再者，公益广告获得商家赞助后，制作质量和策划立意有所改善，但又不得不让位于赞助商的诉求，如在公益广告中体现赞助企业的名称、标志或企业口号等，造成公益广告的“四不像”。

第二节　广告策划原则及流程

广告活动的主体是广告主、广告代理公司、广告媒介公司以及广告交易

① 曾玉成：《我国公益广告发展的现状、问题与对策》，《传媒广角》2017 年第 2 期。

制度。无论是单一的广告活动策划还是连续的总体策划，广告策划都应当恪守基本原则。在这些原则的指导下，广告策划经历了前期创意阶段、策划实施阶段和广告传播阶段，每一阶段都有策划方法可循。

一、广告策划的原则

（一）整体性原则

广告策划是一个包含前期调查、创意激发、中期策划、创意展现、后期实施以及广告效果反馈的完整过程，要有内在的逻辑性和连贯性，缺少任何环节都不足以算是广告策划。早期与广告相关的资源都是零散的，早期的广告以强销为主，即单纯依靠广告达到促销目的，缺乏系统的前期调研与整体性策划，直到20世纪50年代后期才有所改观。广告活动需要依靠整合后的广告资源，才可以形成1 +1 >2 的协同效应。

广告策划体系也具有整体性的特征。它由广告策划的主体、对象、依据、方法以及效果等元素共同构成，各要素缺一不可，相辅相成。如果不从整体效益出发进行策划，势必导致广告的最终效果不佳；如选择媒介失误，会导致信息无法及时准确地传达给目标消费者；广告创意太抽象导致受众不知所云等。“一着不慎满盘皆输”，最能体现广告策划的整体性原则。

（二）创新性原则

创新是策划的灵魂。广告策划是根据广告主的要求，对策划对象展开的一系列具有创造性的设计与包装后进行的个性化展示。威廉·伯恩巴克提出，广告策划要具有“原创性”原则。首先，这是对广告活动的构思与设计。在此过程中，策划人员要面对很多不确定性因素，如何从这些无序但又具有一定关联性的资源要素中做到“穿针引线”，就需要策划人员的创新能力；其次，面对不同广告主时，其具体的广告策划对象不同，这就需要广告策划人员能够把新对象的特点及其目标消费者的行为特征创新性地结合到一起，设计出一套令人耳目一新的方案；再次，互联网时代信息爆炸性增长，消费者有限的精力被无限分散。因此，策划活动要充分考虑广告内容是否能引起目标消费者的注意，广告的传播平台是否选择正确，会不会准确传递给目标消费者，因为最终反馈的广告效果都与这些有关。所以，广告策划者应充分发挥创新能力和想象力，利用已有的广告资源加以策划设计，在预算有限的情况下通过有效的传播形式获得最优的传播效果。

（三）目标导向性原则

广告活动是为营销活动服务的。广告营销大师大卫·奥格威指出，广告策划过程中要始终坚持“获取销售成效”的目标导向性。

广告的目的性极强，无论什么广告，其目标一定是为了提升产品知名度、提高销售业绩、塑造良好的企业形象、改变消费者传统认知。广告策划者根据广告主的目的构思广告，制定广告策略以达到主要目的。广告策划不仅要以总体为目标导向，也对广告策划的每一个环节都有明确目标，这样才不会顾此失彼。策划前的市场调查要有目的性，广告策划需要将创意与广告的目标结合，广告传播媒介的选择更要考虑目标消费者的媒介使用习惯。这些都充分表明广告策划的目标导向性十分突出。

（四）可行性原则

广告策划在实施之前一定要充分考虑广告的可行性，包括策划目标的可行性、策划实施的可行性以及广告效益的可行性。策划方案实施的可行性需要提前考虑，广告策划对于广告主而言是一种促成营销目的的方案，对企业则是一种逐利行为，需要通过广告投入来获得相应的经济效益与社会效益。而企业评估广告是否具有可行性的标准就是看广告投入与效益是否对等。因此，广告策划要严格遵循可行性原则。

二、广告策划的一般流程

广告策划需要遵循既定的流程。按照时间顺序，策划活动一般可分为前期创意阶段、策划实施阶段和广告传播阶段。在每一阶段，都值得深入思考和把握。

（一）前期创意阶段

1. 准确把握广告的诉求点

利益诉求点指的是广告策划中突出表达的希望广告受众能够接受并被打动的重点内容。一则成功的广告一定有一个明确的利益诉求点，这个诉求点就是广告的目标。对企业而言，不同时期的广告目标不同，随着企业的发展而变化。在广告策划前期的创意阶段，如何倾听好广告主的利益诉求点，准确把握住广告目标，显得尤为重要。

2. 策划选题

策划选题是根据广告目标来选择的广告主题。广告的主题就是广告主意欲传达给消费者的产品或服务信息。策划选题要有所侧重，根据产品的性质差异、市场需求以及目标消费者的购买心理来精心策划，主要有三种方式：根据产品的性质差异选择广告主题；根据消费者的购买心理选择广告主题；以产品品牌或公司形象为广告主题。

3. 市场调研分析

做好广告策划的基础是要有大量的相关信息与资料，而获取途径就是市场调研。广告的市场调研是围绕着广告活动目标而进行的市场调查研究活动，需要根据既定的调研程序与方法，有计划和目的地搜集与广告策划有关的信息，分析目标消费者的信息，备选广告媒介的信息、产品及企业信息等。市场调研工作大致有五个步骤：确定调查目标，制定调查方案，展开实地调查，整理分析调查资料，撰写调查报告。当前比较主流的市场调研方法有文献调查法、实地调查法和抽样调查法三种。

4. 创意的思想方法

广告策划离不开创意，因为创意是广告策划的灵魂。广告大师威廉·伯恩巴克曾说："一位化学家不必花费太多就可以用化学物质堆砌成人体，但它还不是真正的人，他还没有被赋予生命力；同样，一个广告如果没有创意就不能称为广告，只有创意才赋予广告以精神和生命力。"① 创意来源于人的创造性思维，取决于人的智慧。广告创意人才要求具有对事物特殊的敏感性，善于观察，教育背景良好，强烈的好奇心和良好的抗压能力。同时，在进行创意策划时，要注意新颖独特，立足真实，富有情感，简明且有内涵。在实际的广告策划过程中，创意策划的思想方法有很多种，常见的可以归结为以下四种：

① 转引自白云华、才新：《广告策划》，北京交通大学出版社2009年版，第100页。

（1）灵感顿悟法

大卫·奥格威曾这样描述灵感："创造过程要求的不只是理性。大多数情况下独创的构思甚至无法用文字来表达，是不可言传的。它是'一种意念，受制于直觉，受潜意识启发，经过不断地探索和实验所产生的'。大多数生意人都不能做独创性思考，因为他们不能摆脱理性的桎梏，全心全意的想象力被束缚住了。"① 广告策划人需要抓住策划过程中的每一次灵感的火花，涌出"神来之笔"，使得策划方案有出人意料的奇效。

（2）组合联想法

詹姆斯·韦伯扬曾在《产生创意的方法》一书中提到：创意是旧元素的新组合。他说，广告上的创意，就是把广告的产品与消费者特殊的标识，以及人生与世界各种事物的一般知识重新组合起来。以策划主题为出发点，通过联想形成新创意，这就是组合联想法的要义所在。

（3）移植模仿法

这是将某一领域已经深入人心的事物、做法、经验等移植到另一领域的创意策划方法。这种方式虽然缺乏一定的创新性，但是在移植过程中也需要策划，尤其是间接移植，不仅是学习过程，更重要的是创造过程。广告策划人要对两个事物进行类比推理，找到其相似性才能套用之前成功的模式。这种方法的巧妙运用比较保险，在没有更好的创意方法时，不妨借鉴经典的广告创意为我所用，或许也会大获成功。

（4）逆向思维法

当常规的创意思维方法都无济于事时，可以试着从相反的角度去考虑问题，寻找创意（参见第三章第三节）。在运用逆向思维方法进行策划时，需要确定常规表达方式，再去找出最具有代表性的对立面加以展示，通过一个急转直下的创意表现方式来衔接对立面与常规表达方式，广告结尾点名真实意图，达到出人意料的广告效果。

---

① ［美］大卫·奥格威：《一个广告人的自白》，林桦译，中国物价出版社2003年版，第32页。

（二）策划实施阶段

在广告策划中，策划人应针对购买者动机和目标市场，在广告中体现出“5M”。

1. 广告文案的创作

广告文案是广告中的语言和文字部分，但又不只是语言文字的简单排列组合，而是通过组织语言文字向消费者传达广告主的意图。文案在不同的媒体广告作品中存在的形式也不同：印刷型广告中以印刷文字为主，张贴的海报或者路牌则主要是书写文字，电子型广告则有语言和音像。创作者将产品最具价值的信息以有效的、极具吸引力的方式运用语言符号表达出来的过程，就是广告文案的创作。大卫·奥格威认为，广告佳作是不引起公众注意就把产品推销掉的作品，它应该把广告诉求对象的注意力引向产品。诉求对象说的不是“多妙的广告啊!”，而是“我从来没有听说过这种产品，我一定要买它来试试”①。一般情况下，广告文案包括标题、正文、广告语和附文四部分。

标题是广告文案最重要的内容，是对整个广告策划创意性的集中体现，对吸引受众注意力具有重要作用。大卫·奥格威指出，65%的人只注意广告标题。这说明广告标题的重要性。好的广告标题能够提供关注度，诱导受众阅读广告正文，传递广告信息，促发购物冲动，导致实际购买行为发生。常见的广告标题表现形式有新闻式、判断式、提问式、号召性、祈求式、情感式以及悬念式等。

正文是指在广告文案主体部分的语言文字。正文需要向受众交代广告宣传的产品或服务的特点、用途甚至价格等，用以解释说明广告标题，对目标消费者进行细节展示，是目标消费者通过广告加深对产品的认知与理解，并产生消费欲望甚至购买行为。广告正文的表达方式有五种：记叙体、描写体、论说体、说明体、文艺体。

广告语又叫广告口号，是为了加强消费者对企业形象或产品印象的认知，在广告中长期反复使用的一两句辨识度很高的语句。广告语的语言要易

① ［美］大卫·奥格威：《一个广告人的自白》，林桦译，中国物价出版社2003年版，第79页。

于理解、便于记忆，同时与产品特点紧密结合，突出产品的个性，尽量简练富有创意。常见的广告语类型有：写实型、抒情型、趣味型、议论型等。

广告附文是用于广告正文之后向受众传达企业名称、地址、购买产品或接受服务的方法的附加性文字，是对正文的有效补充。当广告的其他三部分已经足够促使消费者产生购买欲望时，那么消费者就需要以最简单最直接的方式获取产品的购买信息，这时广告附文就可以形成一股推力，加速消费者购买行为的发生。广告附文的特点主要有三个：附加性、正确性与号召性。

2. 广告策划书的撰写

广告文案的载体——广告策划书，是广告主进行沟通交流的直接文本。其撰写是整个广告策划活动的最后一环，这一环节尤为重要，是广告策划活动的重要实务部分，每一位广告策划人都应该掌握这一技能。

广告策划书的格式灵活，其内容主要涵盖以下六个部分。鉴于本书第二章已经从文化产业策划文案一般意义上做了归纳，在此仅作简要说明。

（1）封面。通常包含策划书名称、广告主和策划公司名称、编号、日期等信息。

（2）内容摘要。主要是对整个策划活动进行简明的概括，包括策划的目标、策略、预期投入和效果等，便于读者对策划书整体把握。

（3）目录。

（4）正文。正文中要涉及前言、市场分析、广告策略、实施计划、预期效果等内容。其中，广告策略是广告策划书的核心部分，是策划人对整个广告方案策划的集中构思，要重点阐述广告诉求、覆盖区域、广告投放时机以及媒介选择等几大战略性要素。

（5）广告预期投入。

（6）附录。

广告策划书在撰写过程中除了文案功底扎实外，还要讲求一定的技巧性，要令人心生向往并信服。优秀的广告策划书内容要易于理解，外观要简洁美观，能让对方感受到策划人的文字表达能力和版面设计能力，同时策划的策略性也要具有科学性和可行性，让对方感受到策划人的专业性，可以辅助以图表、影音多媒体材料等加以展示。

（三）广告传播阶段

广告策划最终需要媒介来传递给受众。在广告界曾流行着这样一句名言：成功的广告就是在合适的时间内向合适的人发送合适的广告。可见，在广告营销传播阶段，选择合适的媒介是十分重要的，媒介表现形式在某种程度上决定广告策划的表达方式。策划过程中制定的媒介策略是针对广告创意及广告预算等方面对广告承载媒介进行选择的结果。在制定媒介策略时要预先对媒介评估，一般情况下需要针对策划方案对媒介的受众类型、覆盖面（潜在市场）、权威性、到达率、广告成本及传播效应等因素加以考量。

1. 投放平台的选择

不同的媒介类型在到达率、影响力、成本等方面拥有各自的优势和劣势，策划人在进行选择时还要考虑目标受众的媒介使用习惯、广告产品类型特点以及广告预算等因素。

表 6－1　主要媒介类型介绍①

媒介	优势	劣势
报纸	灵活、及时，本地市场覆盖好，接受度广，可信度高	保存期短，印刷质量差，传阅者少
杂志	在地理和人口统计方面有高度的选择性，可信、权威，印刷质量高，保存时间长，传阅者多	广告购买的提前期长，存在一定的发行浪费
广播	大众化，在地理和人口统计方面有高度的选择性，成本低	只有声音展示，比电视获得的注意少，费率结构不标准，曝光时间短
电视	结合图像、声音和动作，感染力强，吸引高度注意，达到程度高	绝对成本低，干扰大，曝光时间短，较低的受众选择性
户外	灵活，高度的重复曝光，成本低，竞争小	受众选择性有限，创意受限
宣传手册	灵活，控制全面，能使信息戏剧化	过量的操作可能导致成本失控
互联网广告	高度选择性，互动可能性，相对低成本	干扰越来越多
手机短信	灵活，在地理和人口统计方面有高度的选择性，高度的曝光，成本低	创意受限，曝光时间短，易导致用户反感

① ［美］菲利普·科特勒、凯文·莱恩·凯勒：《营销管理》，王永贵等译，中国人民大学出版社2012年版，第552页。

2．广告效果的评估

广告策划案拟定完毕，不能立刻投入使用。策划人员需要对广告效果评估与反馈，针对可能存在的问题进行修改，保证在现实运用时将不利因素的影响降到最低。因为评估可以在最大程度上确定广告的有效性和受众接受的限度，同时也能预估广告媒介是否能够被目标受众接触，判断其接收的信息是否准确，是否与广告表达的主题一致，以及能否诱导消费者产生购买行为。

评估广告效果，主要是对广告的标题、文字、配图以及排版等工作进行考量，也包括策划案的创意设计是否能够被消费者理解、有无歧义，还要评估广告选择的媒介传播时机与效果，广告预算是否合理，如何才能节省经费支出等。确定了实际评估问题后，通过收集相关资料数据，在调查分析的基础上撰写评估报告，并提出相关改进意见与建议。

第三节　典型案例评析

广告策划看似虚无缥缈，实则有章可循。在优秀的策划下诞生了许多令人印象深刻、耳目一新的广告文案。本节将从传统媒体、新旧媒体融合和新媒体领域中选取三个典型案例，借此挖掘其在不同阶段中的策划亮点。

一、传统媒体商业广告案例：“脑白金”广告

1997 年巨人集团轰然倒闭，史玉柱经过一年的摸索就带给消费者一款全新的保健产品——“脑白金”。2002 年“史氏广告语”开始频繁在我们耳边响起。史玉柱曾说：“除了生产，我们最大的支出是广告。”事实也正如此，只要一打开电视，铺天盖地的脑白金密集式广告轮番轰炸成为那几年的一道电视奇观，也促使“脑白金”变得家喻户晓。

首先，广告语简单直白，直击“痛点”。送礼时，对礼品选来选去，不知道送什么妥当。那风靡大江南北的广告语——“今年过节不收礼呀，不收礼呀不收礼，不收礼呀不收礼，收礼还收脑白金，脑白金。脑白金，年轻

态，健康品。”广告语恰好提示了消费者，送礼就送脑白金。因为这样的广告每个人听几次都能朗朗上口，传播效率极高，即使是路边的小孩子被问到收礼只收什么的时候，他们也会毫不迟疑地回答“收礼只收脑白金”，可见脑白金广告深入人心。在要品牌还是要销量，要美誉度还是要效益的选择上，史玉柱操作脑白金的方式大获成功。虽然这种广告语后来也被禁，但脑白金已经通过多年的广告宣传，一跃成为中国第一保健品牌，而且能保持长盛不衰。

图6-1 脑白金历年广告宣传图片

其次，广告展示的信息简洁明快。对广告语句分析可以发现，其中包含了：产品的功能——年轻态，产品的用途——保健和礼品（送礼）。这样的广告语让人很容易理解脑白金的产品定位，并且传达的信息简明突出，极易传播。加之，电视广告是通过一段动画来加以表现，细心的人们会发现每隔一段时间，那对跳着舞蹈的老头老太太都会换新的服装和造型，有效地降低了受众的反感。虽然在脑白金广告开播十多年来，始终伴随着不断的骂声，但在骂声的伴随下也让更多消费者知道了“脑白金”这个品牌，无形中品牌知名度得到了提升，产品的销量也一直高居中国保健品市场的前列。在总结为什么俗广告能取得好成绩时，正如史玉柱所说：“不管消费者喜不喜欢这个广告，你首先要做到的是要给人留下深刻的印象。能记住好的广告最好，但是当我们没有这个能力，我们就让观众记住坏的广告。观众看电视时很讨厌这个广告，但买的时候却不见得，消费者站在柜台前，面对那么多保健品，他们的选择基本上是下意识的，就是那些他们印象深刻的。”①

“史氏广告”让城市观众难以接受。但这些符合地县级消费者观念的“俗”广告，恰恰以消费者的认知为基础，深刻地打动并影响着消费者，并进入农村消费者头脑中，产生了巨大的市场效应。这样一个“俗广告”却为脑白金带来了销售的奇迹。

最后，借助纸媒公信力，营造产品权威感。脑白金在印刷品方面也投入巨大的广告费。脑白金始终都在刻意打造它的“美国身份”，希望借此增加产品的可信度，进入中高端保健品市场。为了更有效地借用报纸本身的媒介公信力，史玉柱要求纸质印刷品的软文字体、字号要与报纸一致，不能加“食宣”字样，加“专题报道”“环球知识”“热点透视”等字样的报花，让消费者认为是新闻报道的一部分，而不是广告。

中国广告教育研究会会长、厦门大学新闻传播系陈培爱教授认为，保健品广告为的就是促销，当人们对它的广告语耳熟能详之后，往往会在人与人之间造成一定的影响力，从而对消费产生影响。脑白金舍得花钱，以量取胜，以频繁的露面和全国范围的大规模投放，收到了良好的效果，销量节节攀升。②

二、新旧媒体融合商业广告案例：vivo 手机广告

2015 年 5 月 13 日，《人民日报》的 9 版、11 版、13 版和 16 版整整 4 个

① 李亮：《史玉柱的 10 大广告法则》，《销售与市场》2008 年第 12 期。

② 李媛、查本恩：《脑白金广告烦归烦效果才是硬道理》，《中国经营报》2002 年 7 月 26 日。

版面刊登了vivo手机广告，其中9、11、13版3个版面，只在版面中部印了一个小小的二维码，右上角印有一个vivo的logo，而其他地方皆为空白，被业界称为“无字天窗广告”。而在第16版却略有不同，用大号字体印着一句广告语：“再美的文字赞美这部手机都是苍白的。”另一方面，vivo也早有准备，5月13日早晨，vivo智能手机官方微博就发布了一张全部为白色的照片，并配有一段难以理解的符号，随后，vivo自称这是“摩斯密码”，已被聪明的网友破译，即“《人民日报》有惊喜”。用手机对着报纸上的二维码

图6－2　vivo在《人民日报》投放的整版广告截图

扫一扫，会进入vivo的H5宣传页面“什么是手品之美”。这种刊登广告的方式令一向严肃庄重的《人民日报》顿生萌意。原来这是为了宣传5月14日发布的vivo X5Pro新款手机，vivo买下了《人民日报》4个版面的广告。这是《人民日报》作为中国知名度最高的传统平面主流媒体与移动互联网新媒体结合所进行的第一次广告营销活动。

传统媒体的广告如何能够在社交媒体上引爆？这本身就是学问，有点类似事件营销的炒作，营销的关键在于要产生UGC（User Generated Content），

即大量用户参与生成新的内容。尽量不要打组合拳，而是一击致命。现在的传播环境，热点事件几乎是一天一个，很少有人或事能够连续两天甚至更久地吸引用户的大量关注。所以，包括传统广告投放在内的所有传播策略，最好是集中所有资源的脉冲式传播，而不是今天打一棍子，后天再来一鞭，这个特性尤其体现在微博平台。

在一字千金的传统平面媒体上，广告主恨不得把想表达的都写满版面，而 vivo 则反其道而行之，这样言简意赅的创意在营销为王的时代着实让人眼前一亮。互联网时代下平媒纸媒与网媒整合，好的创意不失为一个好的突破口。这类吸引人眼球的广告尽管有着出位之嫌，但广告主屡试不爽。不可否认，vivo 手机这次的广告策划创意十足，成功吊起了消费者的好奇心，是一次出色的广告策划实战案例。

传统媒体拥抱互联网早已不是新鲜事，从纸媒传播到互联网传播的过渡只有一张照片的距离。细究 vivo 天窗广告的传播过程，我们不难发现，它的走红是在纸媒的内容被转发到社交媒体广泛传播并引起了话题与争议之后。在此过程中，网络仅是内容的搬运工，这种传播体现了介质的差异化，相较于自产自销的社交媒体自制产物而言，报纸尤其是《人民日报》上面的广告更加具有说服力。不过，也有不少人在为 vivo 表示担心，“我身边的人几乎没有人看《人民日报》的”，而且“看《人民日报》的人会买 vivo 手机吗?”

其实，在“二次传播”被广告界已经讨论了多年的背景下，如今优秀的广告创意已经不再只追求一次传播的最大化，而是更注重二次传播的效应。就消费者的反应来看，vivo 在《人民日报》上的广告引起各界关注，已经成功地进入了二次传播之中。广告策划本身需要以创意为核心，围绕创意点在广告文案、媒介选择、投放广告的时机以及形式上进行策划，vivo 手机在《人民日报》上的天窗广告案例充分告诉我们，性价比高的媒介策划选择和话题性强的表现形式才会给广告策划加分。vivo 手机广告造成的轰动效应成功吸引了一大批受众，扩大了品牌知名度，直接提升了产品的实际销售量。

三、新媒体商业广告案例：杜蕾斯雨夜鞋套事件

杜蕾斯（Durex）是世界著名安全套生产商，在世界 150 多个国家均有

销售，并在40多个市场中占据领导地位。进入中国市场后，由于文化差异与法律规定等方面的原因，杜蕾斯很难进行大范围的广告宣传。2011年6月23日下午，北京的一场瓢泼大雨却打开了杜蕾斯广告的创意魔盒。此时正值下班时间，不期而至的大雨给人们带来了诸多不便。相继有人在微博发布北京各地的雨势情况，并一直更新。北京杜蕾斯公司的职员灵机一动，想到将杜蕾斯套在鞋子外面防水，拍照后晒到微博上，迅速引起大量网友关注和转发。微博一小时热门榜中，杜蕾斯的话题以1000多条的成绩排名第一并在此后三天转发超过9万条，由此制造了著名的“杜蕾斯雨夜鞋套事件”。这是新浪微博第一次非明星事件、非天灾人祸、非转发就发财，却是原创的品牌推广登顶一周转发热门榜第一名。

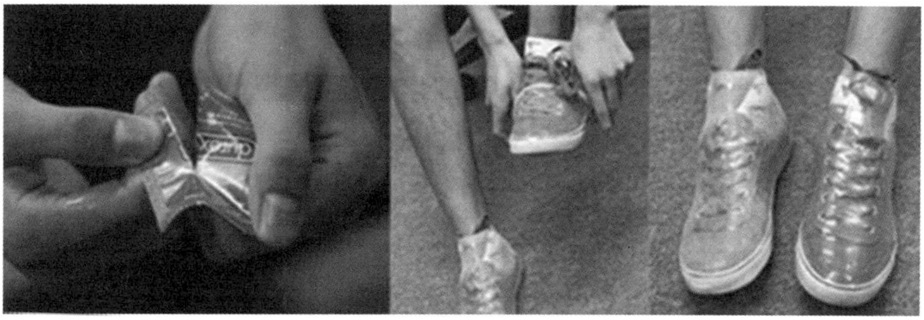

图6-3　杜蕾斯雨夜鞋套

当年，“杜蕾斯雨夜鞋套事件”荣获中国艾菲数字营销奖金奖，这一经典案例也开启了杜蕾斯微博营销的潘多拉盒子，一发不可收拾。尝到微博传播的甜头，杜蕾斯官方微博此后总能借助热点事件，筛选可能与品牌有契合的关键词，抓准时机，创造有趣的内容，一次次推出吸引大众眼球的案例，其把握热点之准、反应之快、创意之巧妙，令人拍案叫绝。

借助微博这个新媒体平台，发挥其在速度、广度、深度上的传播优势，并有效利用新奇独特的创意，杜蕾斯公司成功为其产品量身定制了一次又一次免费广告。国家广告研究院院长丁俊杰教授认为：“目前的中国已经迈入移动互联网时代，在新媒体发展上不论是技术还是行业实践层面都渐有引领世界之势，堪称业界典范与话题制造者的杜蕾斯微博已成为EPR领域的经典教科书。”[1] 总结“杜蕾斯雨夜鞋套事件”的广告策划始末，许多成功经验值得其他企业学习。

定位精准、凸显个性。有趣、个性、有品位、爱玩而不放纵、幽默而不低俗，是杜蕾斯微博的自我定位。其微博内容据此确立了语言风格和人物设定。在当今时代，任何人都可以通过新媒体参与到广告策划的过程中，从而达成对产品、品牌的塑造和影响。杜蕾斯微博通过引导意见领袖，促使更多的参与者大量转载其微博并引发热议，形成热点事件。

团队专业、内容为王。杜蕾斯官方微博创建于 2011 年 1 月 1 日，截至 2018 年 2 月其粉丝数量已达 257 万人。其成功离不开专业的团队运营和良好的内容构建。微博团队每天都要专门讨论当下热点话题或事件，据此确定主题。微博内容 80% 以上为原创，且每一条发布 5 天之后都会统计其评论数和转发数，月底进行深入分析。考虑到微博 140 字表达的局限性，杜蕾斯微博还极力运用内涵图片增加文字的趣味性。热点信息、内容编排以及粉丝互动的有效运作，使杜蕾斯发布的微博内容每每能够吸引大量用户关注。[2]

严守底线、张弛有度。我们还应注意到，杜蕾斯广告并不是任何热点都会蹭，而是有所为有所不为，很好地把握了广告创意的尺度，绝不越过红线一步。运营公司博圣云峰 CEO 马向群说：“不要藐视公众的道德观和认知。内容好，创意好，你讲的话就有道理，别人才会关注你。不谈政治，不涉及宗教，不攻击竞争对手，不承诺自己做不好的事。做完这几条，基本上你能做错的地儿就很少了。”[3]

第四节　新趋向与思考

策划活动需要根据时代变化而推陈出新。当下的广告业瞬息万变，尤其是在互联网的渗透下，广告业正在经历一场声势浩大的变革。相应地，广告

---

① 丁俊杰：《论“中国元素”》，《中国广告》2017 年第 6 期。
② 吕琦：《浅析互联网时代下企业的创意传播》，《西部广播电视》2017 年第 2 期。
③ 梁潇：《浅析杜蕾斯官微的运营之道》，《视听》2015 年第 10 期。

策划也在紧追时代步伐，捕捉新趋向。

一、全球广告市场的变革

《实力传播2016广告市场预测报告》显示：过去5年里中国互联网广告支出一直快速增长。2015年互联网广告支出超过电视支出，到2017年，互联网广告支出将达到广告总支出的50%。预计未来3年电视广告增长将低于1%。

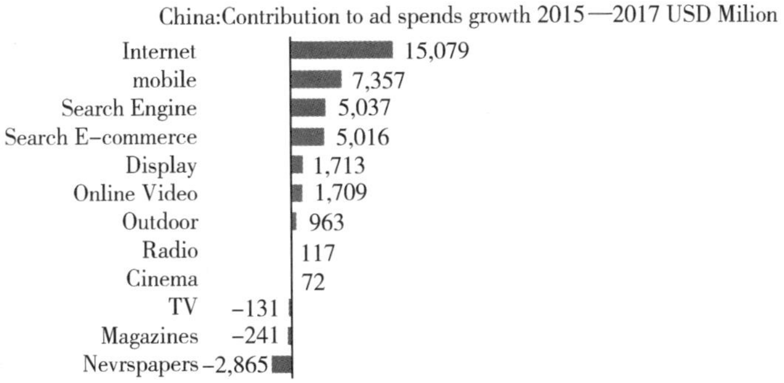

图6-4　中国2015—2017年对广告支出增长的贡献（百万美元）①

在全球范围内，2017年互联网在中、美、英、印、日等12大主要市场，成为其最大的广告媒介。实力传播全球CEO Steve King表示："互联网正快速成长为最主流的广告平台，以现在的发展趋势，其份额预计将在2020年超过电视媒体。然而，这里所指的电视只是传统的电视机平台。随着消费者在手提电脑、平板电脑和智能手机上看在线视频的时长迅速增长，广告主也将自己的广告预算转移到线上。互联网设备、新广告技术的普及将为广告主带来更多的机遇和消费者沟通，向消费者学习，广告投放也将变得比以往任何时候都更加高效。"② 在这种情况下，虽然以报纸、广播、电视等传统媒体为主的广告形式依然存在，但应用价值必然下降，新的媒体要求与之相应的广告策划创意形态。

① 实力传播：《实力传播2016广告市场预测报告》。

② 实力传播：《2015年Q2全球广告市场预测报告》。

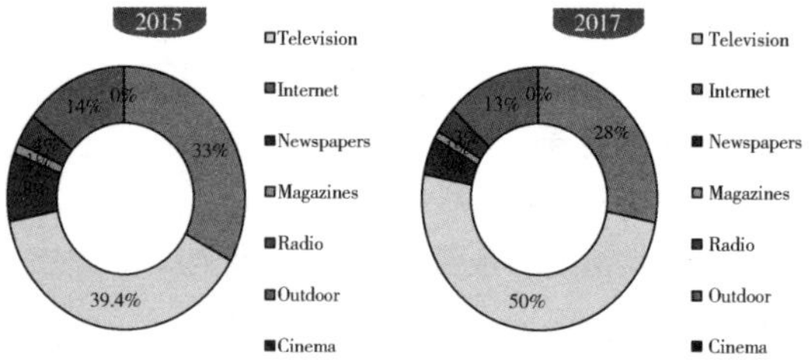

图 6 –5 全球广告支出不同媒体类别占比（%）

二、新媒体语境下的广告策划新趋势

全球的广告市场正在悄然发生变革，网络平台正逐渐成为广告业的主战场，那么在以网络媒体为主导的新媒体语境下，广告策划深受影响，在策划模式、传播向度、受众地位和广告投放上呈现出新的发展趋势。

（一）策划模式的改变

传统的广告操作模式是一个线性发展的过程，广告策划处于广告工作流程的下游。随着新媒体发展、新技术普及和市场竞争激烈，传统的线性流程广告策划模式已经不适应新的广告创意要求，全面转化为以策划为中心，整合所有广告工作流程、全过程策划的复合型模式才是大势所趋。“创意至上”成为业界新标准，广告策划人需要全程参与到广告的前期调研、广告创意、文案创作、传播推介的过程中。

（二）传播向度的改变

传统理论强调的是如何将信息有效地从广告主传递给消费者，是单向度的传播。在新媒体语境下，单向的创意显然不能更好地吸引消费者，双向互动是新媒体传播的显著特征。平台的开放性、平民化，使得新媒体环境下广告策划者更愿意吸引消费者参与到创意过程中。传播的目标不仅是简单地点击或交互，而是要进一步激发消费者的参与和关注，广告从业者从议题控制者蜕变为议题设立者，并通过信息控制，确保信息的内容向着有利于广告主的方向发展。

（三）受众地位的改变

在传统媒体时代，受众只是单方面的消费者，他们在消费媒体上的内容，同时也会消费商品。按照“生产消费者”理论，在新媒体时代，受众已经从信息的纯粹接受者变为参与者。受众既是信息的生产者、消费者，也是发布者。任何人都可以通过新媒体参与到广告策划的过程中，从而达成对产品、品牌的塑造和影响。

（四）投放精度的改变

新媒体环境下，信息爆炸性扩张，没有任何一种媒体能够全面覆盖所有受众，“大众”消解为分众和小众。相较于传统媒体广告投放的不确定性，新媒体可以很容易地通过大数据手段掌握用户的使用偏好，建立用户喜好数据库，记录用户信息，通过精准定位进行广告投送和信息反馈，极大提高广告的转化率，降低广告主的投放费用。

三、广告策划未来发展建议

（一）制度层面

1. 顺应行业发展，健全法律体系

新《广告法》2015 年 9 月 1 日开始施行，我国初步实现了新媒体广告有法可依。但新《广告法》是将互联网与传统大众媒体等同看待的，而不是以新媒体特性为立法依据，仍有其局限性。建议在新《广告法》的基础上，补充制定针对新媒体广告的实施细则，细化、具体化法律条文，使其更具针对性与可操作性。①

2. 建立自律机制，强化行业自律

行业自律是政府监管的重要补充。随着新媒体的蓬勃发展，中国广告协会主持制定了两部重要的互联网广告行业自律标准：2014 年出台《中国互联网定向广告用户信息保护行业框架标准》；2015 年出台《中国移动互联网广告标准》。我国要借鉴欧美发达国家的先进管理经验，让广告行业内部的相关组织对广告进行自我审查与自我约束，逐步建立对广告策划公司的信用评价体系，促进广告行业形成自律机制。互联广告策划人要积极提升自身法律意识，增强法律观念。同时，还要完善广告监督管理体制，充分发挥“工

① 余人、高乔：《新〈广告法〉中互联网广告规定的更新与局限》，《经营观察》2016 年第 3 期。

商监管、部门配合、行业自律、社会监督”广告监管模式的优势，突出重点，全面覆盖。对广告策划者的监管工作要从广告策划的源头开始，积极建立备案机制。

3. 完善制度，推动公益广告发展

第一，完善公益广告管理制度。2016 年 2 月，国家工商总局发布《公益广告促进和管理暂行办法》，《办法》施行以来，形成了稳定的公益广告制播模式，社会反响良好。第二，建立公益广告资金保障体系。资金充足是公益广告健康发展的根本前提。一方面，政府部门要加大资金支持力度，设立专项资金，做到专款专用。另一方面，企业应是公益广告的资金主体，要鼓励企业参与公益广告创作，探索公益广告与品牌营销的契合点，以达到社会效益和经济效益的双赢局面。①

（二）人才层面

1. 加强广告从业人员的培训

针对现有广告策划领域从业人员整体创意策划能力不足的情况，我国广告行业协会应该与相关专业高校联手打造一系列专业性强、应用性好的专门培训工作。通过理论指导实践，在创意构思的方法上提供激发创意的好方法，在策划布局广告活动的过程中提高全局意识和整体观念。同时，针对广告公司规模的不同，进行差异化培训，为不同公司策划员工提供广告投放平台的选择策略指导，培训在职广告策划人员的大数据分析及运用能力，以便更好地为广告客户提供周到精准的服务。

2. 培养广告策划专业人才

坚持以市场为导向的广告人才队伍建设，高校的广告策划教学应适应社会需要进行改革与设计，积极打造真正意义上以广告策划为核心的产学研相结合的培养模式，给学生贯彻产学研结合的培养理念，让学生能够第一时间接触到最前沿的广告策划学理论，及时更新广告案例，并积极推动学生到实际工作中锻炼，在实际工作中解决问题，提升技能。

---

① 曾玉成：《我国公益广告发展的现状、问题与对策》，《传媒广角》2017 年第 2 期。

（三）企业层面

我国广告产业呈现专业化和规模化的发展趋向，产业集中度日趋提高。2016年发布的《广告业发展“十三五”规划》指出：到“十三五”末期，我国将建成年广告经营额突破千亿元的广告产业园区，建设5个以上年经营额超百亿元、10个以上年经营额超50亿元的广告产业园区。认定国家广告产业园区30个，各类广告产业园区和广告产业集聚区的广告经营额占当地广告经营额比重在40%以上，形成以国家广告产业园区骨干、区域广告产业园区为补充的广告业集聚区框架，辐射和带动广告业集约化发展。以创意为主的大型传统广告公司应全面实施网络化、数字化，通过并购或重组的形式适应数字传播环境带来的挑战。传统小型广告公司也应主动投身移动互联网，培育自身业务特长，以灵活、高效的服务特色稳固市场地位，并不断发展壮大。①

① 申帅芝：《数字传播背景下广告产业竞争力影响因素研究》，《社科纵横》2017年第8期。

第七章

策展办会彰新意

——会展业策划

在经济全球化不断加深的当下，会展业已经成为一种新的经济观念和消费增长点，是一个城市经济发展的“必争之地”。策划在会展业中占据着非常重要的地位，它关系着会展的定位、主题、流程、营销、宣传等各个方面，一场会展成功与否几乎一半都取决于是否有一个好的策划方案。本章将针对当前会展策划中的几个重点问题展开分析和论述。

第一节　会展业与会展策划

正是由于直接的经济拉动力，近十几年来，会展业成为城市经济发展中争相“开拓”的新领域。但大部分城市在不断扩大会展规模的同时，却没有完整、科学的策划以及后续的项目运作和支撑，产生了众多问题，影响着行业的持续发展。

一、会展、会展产业与会展策划

“会展”这一概念，从字面上理解，即会议和展览的统称。在欧洲，会展即为此意，被称为 C&E（Convention and Exposition）或者 M&E（Meeting

and Exposition）。美国学者认定会展业 MICE 定义，其中 M（Meeting）泛指各类会议（以中小型会议居多）；I（Incentive）指各种促进和激励社会、经济、文化发展的活动，包括奖励旅游、节事活动；C（Convention）特指大会，如国际组织、党派团体、协会机构的年会、代表大会；E（Exhibition）是指各类展览、展示活动。

英国伦敦 1851 年举办的万国工业展览会，是人类历史上第一次世界性质的大规模会展活动，拉开了现代会展的“大幕”。德国莱比锡在 1894 年举办第一届国际样品博览会，以全新的展览方式和宣传手段实现商品交易，获得了广泛好评。“二战”结束后，会展业发展重现生机。米兰博览会、莱比锡博览会、巴黎博览会再回历史舞台，奠定了世界三大会展品牌的地位。

中国现代会展业雏形开始于 20 世纪初，国人曾多次以政府或个人的形式出国参与国际展会。新中国成立后的 30 年间，我国会展活动在计划经济体制下，大多以宣传展示为目的而举办，诸如全国农业成就展览会、上海工业展览会等。真正意义上的现代会展起步于改革开放时期，经济迅速发展催生和激发了会展业的空前需求，20 世纪 90 年代以来会展业每年以 20% 以上的速度增长。会展产业以展览为手段、以贸易成交和销售为主要目的，增强了展览的商业性、专业性和影响力，从而使中国展览业开始与现代国际展览业接轨。[①] 21 世纪初，中国成功加入 WTO，会展业借着经济的开放实现了飞跃性的发展，实现了量与质的稳步提升。

会展产业是包括会议、展览、节事活动等在内的新兴服务行业。作为文化产业的较新业态之一，会展业对一个城市的相关产业与整个国民经济发展有着强大的拉动作用，并且常常与时代经济热点密不可分，因而被称为城市经济的“发动机”、世界经济的“晴雨表”。

依据不同的划分标准，会展可以分为多种不同类型。根据定义来划分，可以分为两类——展览和会议。作为一定时间一定地点产品、服务或者人才高度集聚的活动，会展业特性鲜明，具有集中规模性、巨大经济效益和催发

① 中国会展研究中心：《改革开放 30 年中国会展业发展的回顾与展望》，中国国际贸易促进委员会网站，http://. eepit. org/Contents/Channel_1071/2008/1212/144914/eontent_144914. html。

的广泛社会效益的效益双重性、经济收益的产业关联性的特点。

20 世纪 90 年代至 21 世纪初期，在我国现代会展业高歌猛进中还兴起了一门新学问——策划学。策划学地地道道起源于中国并发展于中国，与改革开放大背景、与由计划经济转向市场经济带来的自由竞争密切相关。因为相同的时代背景下而生并相伴而长，策划学与会展业好似同一个家庭中的俩“好兄弟”，命中有缘分。这段历史告诉人们一个事实：一方面是包括会展业在内的企业和经济转型发展，有力地催生着以创意和智慧为核心的策划学；另一方面是新生的以创意为核心的策划学，同时也以独特的方式积极为会展业在内的企业和行业出谋划策。就会展业和策划学二者关系而言，会展业迫切需要策划，策划学确实能够助力于和服务于会展。

美国著名学者纽曼认为，策划是一种程序，在本质上是一种运用脑力的理性行为，是计划并经过设计后的行动路线。日本著名的策划师星野匡则更直白地说，策划就是从虚构出发，然后创造事实，加上正当理由，而且要光明正大地去做。会展恰恰是无中生有，是人的一种主动创造；这种创造是运用脑力的理性行为，表现为一定程序。

作为在固定空间区域内聚集多人进行的定期或不定期的社会活动，会展的方方面面都需要策划，无论是宏观的还是微观的。策划对于会展，不是需要不需要的问题，而是策划是否科学、是否系统、是否精准的问题，这直接关系到会展的成效和成果。人们通常把会展划分为展览和会议两类，那么会展策划也相应地主要分为展览策划和会议策划。

二、会展业策划中存在的问题

如果以成熟的会展业为参照，从文化产业策划学角度审视，会发现中国当前的会展业因为还相对“年轻”，以及种种复杂情况，会展业策划中尚存在不少问题，值得重视。

（一）策划定位模糊，主题同质化现象严重

会展定位是策展方对展会在参展企业和观众心目中形成的鲜明而又独特的形象的预期。会展主题则是展会理念的凝练表达。每一个会展项目都应该

先找到自己的定位，根据自己的定位选取具有自身特色的主题。但从当前我国实际来看，会展业在做策划时并未充分意识到这个问题，导致大部分会展活动存在着定位模糊和主题同质化问题。

定位模糊造成会展缺乏鲜明的特色和竞争力。会展可做的内容很多，但当前大部分会展缺乏一个明确的市场定位。由于前期市场调查不够等原因，策展方对展会所具有的特征、优势及其所能带给参展商和观众的利益不明确，所以不能清楚准确地帮助展会找到定位，从而造成展会缺乏特有标签，弱化了展会竞争力。

由于展会审批渠道多，即使相同主题的展会也能够获得办展的权利，这就造成中国的会展主题存在着严重的同质化现象。据不完全统计，2017 年北京办展 280 次，以文化艺术为主题的达到 8 个。上海共办展 508 次，以体育休闲为主题的就达到了 11 个，其中同时以“艺术博览会”为展会名称的就达到 4 个。① 相比之下，德国虽然每年举办很多会展，却能够平衡其展览主题，使其避免发生冲突。同质化的主题使得展会流于平庸，也给参展商造成了困扰，严重影响到整个会展业的形象和生命力，导致会展业陷入泛滥而不精的迷途。

（二）策划中缺乏市场意识

会展业作为市场中的热点话题，必须紧随市场风向。因此，每一个会展项目的策划都应该置于市场竞争中，在市场分析的基础上、以市场的发展趋势为导向进行整体策划。但遗憾的是，当前会展业策划中明显缺乏这种市场竞争意识。

我国的会展业自诞生之初就为政府所主导，因此会展的项目策划多依赖于政府。这种意识驱使策划者在少量市场调研和分析的基础上做出了忽视市场需求的会展方案。比如，当前中国实行的是多级政府和行业主管部门审批制度，所以策划者在进行主题选择时更习惯于考虑哪些项目会被审核通过，而不是考虑当前市场上最需要的或者最热门的项目是什么，缺乏对市场反应

① E 展网，http：//m. eshow365. com。

的敏感度。

（三）行政化和形式主义现象严重

会展业的发达程度和一个城市的经济发展程度相匹配，因此吸引了很多城市纷纷加入办展行列。但过度追求经济效益，导致其策划中忽略了对会展的全面认知，一味地“为展而展”，或者单纯为了完成政府部门的会展项目指标。这种在策划过程中盲目迎合政府条件和要求的做法，使得策划带有浓厚的行政和形式主义色彩。

行政化和形式主义下的策划仅追求策展数量，为达到政府要求，策划者很容易将会展的功能及作用局限在单一的展示或者会议举办上，从而忽略发挥会展对城市文化、政治、形象等各方面的作用。策划者在项目策划过程中只注重场馆建设、展台等硬件设施，忽略文化内涵及品牌的策划需求，造成了会展场馆盲目建设、多数展馆属于低水平重复建设、建成展馆的使用率不足30%等恶果①。

（四）缺乏系统性策划

一场具有较高水平的会展必定是展前规划完整、展中有序公平、展后服务周到的，这三个方面缺乏任何一点，就是不完整且不具备竞争力的。当前会展策划的重点倾向于展前设计规划以及展中流程安排，但是对于展后服务、接洽等方面的策划，重视程度明显较弱。比如，大部分会展策划都会忽略或很少注重对目标顾客反馈信息的收集，以及对会展知名度的打造等，导致会展“后续影响输出”乏力。

另外，会展策划的系统性还体现在策划的各要素以及各子项目之间的统一性上。一场会展可能有多个分会场或者多个活动项目，各个子项目之间应当是各有特色且相互关联的。然而，当前策展过分注重各个项目的独立性，缺乏系统的规划。

可以说，几乎所有的会展都要经历前期策划的过程，但为什么只有少部分会展被人记住？由此可见，策划不是一份简单的流程规划图，而是要精心

---

① 魏景飞：《我国会展业发展现状及对策研究》，《东岳论丛》2010年第4期。

细致周全地进行布局谋划。从项目定位、主题选择、场馆搭建和布置、受众确定直到会后服务、信息反馈等，每一个要素及环节都需要精心打磨和反复推敲。

第二节　会展业策划的基本内容

会展业与旅游业相似，具有与其他行业关联性强、影响力大等特点。因此，一个成功的会展业策划一定是系统而科学的策划，需要考虑各个方面和多种因素，主要有会展定位、主题、内容、形式、营销、传播等。

一、定位与主题策划

在会展项目的策划中，定位与主题是项目产品是否能够找到适合自己的市场并占据一定位置的重要前提。一个清晰有效的会展定位能够帮助会展产品及服务准确定位市场，一个新颖独特的策展主题能够迅速吸引受众目光，并最终达成合作，形成消费。因此，会展的定位与主题策划需要根据自身的特点、市场需求、消费者预期，同时还要突出差异性、独特性和创新性。

（一）差异化的定位原则

20 世纪 70 年代早期，美国著名营销专家艾・里斯与杰克・特劳特提出了定位理论，认为定位就是给产品在预期消费者心中确定合理而深刻的位置。在他们合作出版的《定位》一书中明确指出，一个好的定位要求你能够在预期客户的头脑里独树一帜，而企业在预期客户头脑中占有的这个一席之地不仅包括企业的长处和短处，还包括其竞争对手的优点和弱点。①

在这个信息爆炸、会展遍地开花的时代，某一会展项目想要快速准确地在目标受众心中确立一个自己的位置，就必须遵循差异化的定位原则，使其具备独特的“核心竞争力”，即能够使其产品或服务拥有强于竞争对手的差异化优势。如果没有一个区别于其他同类项目的“核心点”，再好的会展项

① ［美］艾・里斯、杰克・特劳特：《定位》，王恩冕、于少蔚译，中国财政经济出版社 2002 年版，第 3、29 页。

目也会被淹没在一片信息的汪洋中，难以直达目标受众。

在实际会展定位策划中，首先需要对本项目与同类产品加以对比分析，确定“我们的竞争对手是谁，竞争对手的价值是什么”，在与竞争对手的价值对比中凸显自身的竞争优势，利用差异化优势明确定位，使会展的“核心竞争力”清晰明确，扬长避短，从而准确快速地抓住目标受众的眼球，最终在参展商和展会观众的心中形成独特的品牌形象定位。

（二）市场化的定位要求

对于策划定位而言，确定目标受众群体，是非常重要的。特劳特曾说，定位是你对消费者做的事情，而不是对产品做的事情。对目标受众的定位选择不应该凭空而来，更不应该源于政府需要，而应立足于对整个市场环境的调研和分析。任何脱离市场定位的会展就像“无源之水”，终究会被市场竞争所遗弃。

市场是竞争的市场，定位是市场的定位，而会展的定位是否具有可行价值，也取决于该项目对市场而言是否需要。因此，会展策划也需要坚持市场化的定位要求，以市场为导向，选择会展行业中较少涉及但在消费市场中有需求的经济热点，进而确定会展的方向定位。同时，在市场化观念指导下形成的定位，可以看作是对有某种具体需求的参展商以及参展观众的选择，有利于将会展项目的定位快速直接地植入他们的心中。

（三）创意化的主题设计

创意是策划的灵魂。一项策划如果没有创意主题，则是不完整的。如果说定位是为了帮助会展寻找一个在目标受众心中的预期位置，那么主题策划的目的就是将这个预期定位直观有效地表达出来，并传达给受众群体。会展想要在众多项目中脱颖而出并被受众一下子记住，其会展策划就必须有一个极富创意的主题。

英国约翰·霍金斯在《创意经济：如何点石成金》中提出了创意的三个基本条件：一是个人性，即个人在场，创意需要个人观察某些表面或深层的东西，并在头脑中使之成型；二是独创性，创意可能是全新的，也可能是对已存在东西的再造，即“赋予既有事物某种特色”；三是有意义，即必须有某样东西以一种有意义的方式展现人们的创意，哪怕只是个人的琐碎的意义。①

会展策划的主题设计也同样需要具备三个要素。首先，会展主题凝练要以人为本。像艺术一样，来源于生活又高于生活才是创意的最高境界。比如，2010年上海世博会的主题“城市，让生活更美好”，所传达出的追求美好生活的精神，就能够吸引受众的目光。其次，会展主题的提炼要有独创性，即该会展主题要有自己鲜明的特色。大卫·奥格威在其USP理论中提到，在市场竞争中“要向消费者诉说一个独特的销售主张”，只有这样才能将自己与同类会展主题区别开来。最后，这个创意的主题必须是有效的。对于会展而言，这个主题创意一定是在其定位的基础上提出的，不能脱离会展的实际情况进行主题创意设计。

二、会展内容策划

会展内容策划，是会展主体内容的具体策划。它包括整个会展的各个方面，如会展的流程、组织方的筹备、参展商的选择、展览品的确定、展台的布局和建设、人财物等资源的调度、场馆安全、展后的服务与反馈、会展的品牌建设等。会展内容策划，不仅关系着一场会展是否能够顺利进行，还关系着这个会展项目是否能够多次举办，并形成持久的生命力。

（一）整体性原则

如上所言，会展是各要素以及各子项目之间相互配合、协同运作的成果，从这一角度看，整体性是会展内容策划的基础。会展的内容策划是对整个会展实际情况的“预演”。它要求策划者视野开阔，涉及会展中的方方面面，遗漏任何一个方面都可能影响会展的成功举办。因此，会展要求策划者具备大局观和整体性思维，在策划中把握会展的系统性。

这个整体性主要体现在两个方面。从横向来看，会展各个内容的策划都必须围绕会展的主题这一核心理念。例如，在确定展览内容时，要在突出各

---

① ［英］约翰·霍金斯：《创意经济：如何点石成金》，洪庆福等译，上海三联书店2006年版，第15、17—20页。

子项目"个性"的同时，兼顾其整体内容的"共性"，"共性"体现主题。从纵向来看，整体性原则要求会展内容策划的项目必须是完整的，从展前准备到展中调度以及展后服务，都必须有明确而翔实的筹划和安排。

（二）震撼力原则

"震撼力原则"是威廉·伯恩巴克在其ROI理论中针对广告策划提出的。他认为，"广告没有震撼性，就不会给消费者留下深刻印象"，这种震撼力能够使产品引起受众注意并在其心灵深处产生振动。拥有震撼力的内容能够使会展快速靠近受众，与目标群体产生沟通，留下深刻的第一印象。

对会展内容策划而言，这种震撼力可以体现在某一人性化设计上，如会展中的导览图设计考虑不同人群的需求；也可以体现在某一独有的规划上，如通过使用与目标受众相关的元素拉近与参展商、观展人之间的距离等。这些内容策划的种种细节，都能够给会展参与者带来极佳体验。

策划要达到震撼力的效果，需要策划者通过各种方法开阔思维，不能固守僵化的模式。其中，采取头脑风暴法展开思维是一个比较好的方法。在奥斯本看来，人类头脑的原始能力是想象力，这种上天所赋予的潜能使得人类"从动物中脱颖而出"。因此，策划者应当充分运用想象力和各种思维能力，以新奇独特和异想天开的方法，来设计具有震撼效果的最佳方案。

（三）专业化原则

专业化原则要求会展策划中的内容更加细化、范围更加精准，在资源一定的情况下，做好某一个领域下某一方面的会展规划，注重质量而非数量。经济越不发达的国家，展览的综合性倾向越重；反之，经济越发达的国家，展览的贸易和消费性质分得越清。纵览会展业发达的国家，专业化是会展业发展的必然趋势。在欧美国家的会展业中，专业化的会展影响力越来越大，曾一度享有盛誉的综合性展会影响力日益式微。比如，在服装领域，会展主题从服装展到棉麻服装展，再到棉麻服装的材料展，就是越来越专业化的表现。因此，会展内容的选择与策划上也需要遵循专业化的原则，力求将某一个具有价值的主题做得丰富而精细。

三、会展形式策划

展会除了在内容上有着种种的划分之外，在形式上也有着天差地别的不同，其中主要体现在展位形象、展览方式以及展览的规模、时间、地点等方面。随着会展业如火如荼地发展，展商以及观展人对会展的需求也愈发多样化。

（一）展位形象特色化

展位形象不仅是会展的重要组成部分，代表了会展品质和形象追求，它对于参展商而言也是非常重要的。因此，展位形象不仅要与会展定位相适应，也要和参展商需求相匹配，在保证整体性前提下，根据参展商及其参展作品特色，具体进行展台的设置以及展馆规划。

展位形象策划是一个由意象变成具象的过程。佐藤大在《用设计解决问题》中提出，创意和作画类似，是由软到硬、由虚到实、由抽象到具体的过程。也就是说，灵感首先在脑海中，然后将其形成草图，再形成画面，最终形成立体物。① 展位形象的策划，同样也是在这样的创意过程中产生的。

（二）会展方式多样化

一般来说，会展是在专用场馆举办的，最简单的分类就是室内场馆和室外场馆。在几个地方轮流举办的展览会，被称作巡回展。其中，比较特殊的是流动展，即利用飞机、轮船、火车、汽车作为展场的展览会。其实，在进行会展方式设计的时候，策划者可以跳出传统的思维独辟蹊径。比如，在杭州国际博览中心举办的新的电动车 J20 品牌发布会中，其展出的方式就做了一番创新设计——打造联合活动空间，将会议厅与序厅共同举行展会活动，形成了近 2500 平方米的联合活动区域，这一创意给参加发布会的来宾带来了前所未有的新鲜体验。

这些分类都属于线下举办的会展方式。随着互联网以及各类社交媒体、直播等新媒介发展，线上会展也将逐渐成为不可或缺的重要方式。美国媒介理论家保罗·莱文森（Paul Levinson）强调，新新媒介正在改变着我们的生

① ［日］佐藤大：《佐藤大：用设计解决问题》，邓超译，北京时代华文书局 2016 年版，第 64 页。

活和世界。由于新新媒介营造的“超媒介空间”集移动性、交互性、可见性和便利性为一体，人们寻找、使用、生产知识和信息以及信息反馈方式，都从根本上发生了变化。① 当会展的方式由单一的线下展览变成将线上直播与线下展示相结合的时候，会大大增加会展的价值。

（三）会展的规模和时间

从规模上分，会展有国际、国家、地区、地方展，以及行业展和单个公司的独家展。不同规模的展览有不同的特色和优势。欧美会展业发达国家的成功经验证明，规模化、专业化和国际化是会展业发展的大趋势。

展会从时间上划分，标准比较多，一般分为定期和不定期两类。定期的有一年四次、一年两次、一年一次、两年一次等，不定期展则是视需要而定长期和短期。长期展可以是三个月、半年，甚至常设，短期展是一般不超过一个月。在发达国家，专业展览会一般是三天。在英国，一年一次的展览会占展览会总数的四分之三。展览日期受财务预算、订货以及节假日的影响，也有着旺季、淡季之分。根据英国展览业协会的调查，3 至 6 月及 9 至 10 月是举办展览会的旺季；12 至 1 月以及 7 至 8 月为举办展览会的淡季。因此，会展的时间筹划，不仅应该结合会展定位和主题，还需要综合考量是否在该时间段有同类主题等方方面面的因素。

四、会展营销传播策划

（一）会展营销核心——注重品牌的力量

美国品牌价值协会主席莱利·莱特曾提出，未来的营销是品牌互争长短的竞争，这表现在商界和投资者将认清品牌才是公司最宝贵的资产，拥有市场比拥有工厂更重要。而拥有市场的唯一办法，就是拥有占市场主导地位的品牌。会展业营销策划中，品牌的价值同样如此。不论是德国的法兰克福书展还是中国的深圳文化博览会，都是靠成功的品牌策划，才得以在营销上取得很好的市场反馈。

---

① ［美］保罗·莱文森：《新新媒介》，何道宽译，复旦大学出版社 2011 年版，第 5—7 页。

会展营销是让目标群体及更多的客体产生对会展主体的认知，其目的在于刺激相关客体参与到会展中，并形成对会展的积极反映和反馈，如利用品牌进行的特殊事件营销等。对于参展商而言，品牌就是会展质量和水平的保证。由于成本等原因，任何一家公司和企业都不可能贸然参加一个没有品牌和知名度的会展。所以，对于举办方而言，会展的营销策划就是要经营好会展品牌，让品牌为会展说话，让品牌成为会展的形象代表。

（二）会展传播的重点——整合资源、提高效率

会展传播的最高境界是成为某一特定人群的“精神领袖”，即策划者在研究社会大众心理、时尚生活方式、时代发展趋势的基础上，设定一套清晰的价值观念和恰当的呈现方式，并通过会展传播来推广、鉴定、维护某种生活方式，从而产生巨大的产业带动效应，使会展品牌成为影响观念、制造风尚、引领风骚、形成社会热点的符号与表征力量。①

会展策划者开展传播策划的活动，就是整合各类传播资源的过程。一方面，在信息化时代下，大家越来越依赖互联网，并将其作为信息的主要获取来源。如果在网上搜索不到该会展的相关信息，则会给受众带来不可靠、知名度低等心理暗示，进而影响会展的质量以及品牌的营销。因此，提高传播效率、优化搜索结果，是传播策划的一大重点。另一方面，自媒体平台在会展传播推广中的作用愈加重要。会展强大的资源凝合力，让微博、微信等自媒体与传统媒体结合互补，发挥出巨大的传播价值。② 拓展传播途径、利用自媒体平台，能够促进会展传播的资源整合。

第三节　策划案例分析

上面阐述了会展业策划中的主题定位策划、内容策划、形式策划和营销传播策划，下面将通过几个经典案例来加以剖析，一场会展是如何通过上述策划而蜕变并升华为经典品牌的。

① 黄慧：《整合营销传播背景下的会展策划》，《媒体时代》2010 年第 9 期。

② 李莉文：《会展整合营销传播手段分析》，《科技视界》2013 年第 19 期。

一、法兰克福书展

（一）简要概览

法兰克福书展（Frankfurt Book Fair）是德国举办的国际性图书展览，1949年由德国书业协会创办，每年10月第一个星期三至第二个星期一在法兰克福举行，为期六天。其展览宗旨是：允许世界上任何出版公司展出任何图书。书展的主要功能是推进版权贸易。数据显示，在该书展上达成的版权交易占世界全年版权交易总量的75%以上。每年，100多个国家、7000多家出版商和书商、30多万个新品种参加法兰克福书展，这也是中国图书出版界对外输出版权的主要平台。如今法兰克福书展已成为世界上最大和最重要的图书贸易中心，是世界书业界的盛会，也被誉为“世界文化的风向标”。

（二）亮点呈现

1．与时俱进的内容和多种多样的形式

法兰克福书展的定位是“一个关于内容的博览会”，遵循着“内容为王”的原则，其展览内容呈现着与时俱进的特色，形式表现多种多样。

该书展内容策划，能够跟随时代发展有意识地增加展览品内容和种类。“法兰克福国际书展已经不再是过去单纯的图书展览，它更强调一种内容的展览。这种内容或者称之为主题可以由多种不同的载体和形式来承载”①，它不会被知识的形式所禁锢，而是做到以书籍文化为核心。不仅展览传统的纸质图书，还包括现代出版物，如有声图书、电子书、光盘、网络系统、地图、日历、杂志、电影等，图书行业使用的各种软件以及其他图书衍生品，如玩具、书包等。

法兰克福书展的形式也是多种多样的，如图书推介、演讲、朗诵会、作家座谈会、颁奖典礼、评比（竞赛）、签署仪式、各种论坛等。作为“世界图书文化的风向标”，法兰克福国际书展不断地适应国际社会变化，关注出版业发展的热点问题，并在展览中组织各种专业化的论坛活动，以全球出版

① 毛小红：《浅析法兰克福国际书展的成功之道》，《中国出版》2009年第20期。

业相关问题为主题，为行业提供良好的讨论空间，交流探讨出版行业的新趋势和新挑战。例如，2016 法兰克福书展首次开辟了图书与艺术设计的跨界空间（The Arts +），并首次颁发“全球插画奖（Global Illustration Award）”①，全球范围影响甚广，获得广泛好评。

2. 展会氛围营造与版权交易服务

法兰克福书展策划十分注重展会的氛围塑造。复旦大学出版社社长贺圣遂对该书展的环境做出这样的评价：“我一向认为书展是一种文化活动，法兰克福书展正体现了这一文化特性……我很欣赏展会内外浓郁的文化氛围，未进展场，你就会看到一排排旧书摊，进场之前人们可以随意翻阅。展场外的旧书与展场内的现代图书相映成趣，营造出一种独特的书业气氛，使人感到书永远是人与人之间情感交流的桥梁，是人类精神永恒的需要。”② 法兰克福书展对展场环境的设计和布置保持了书籍的圣洁稳重，为观展大众提供了良好的氛围。

同时，每年来此观展的人中都会有大批出版机构的版权负责人，他们前来洽谈、购买国外版或翻译版版权，还有大批文学代理人寻找海外出版公司。可见，法兰克福书展不仅是展示图书的盛会，还是洽谈版权交易、洽谈合作出版业务的良好平台。它十分注意对版权的尊重，所以在版权交易上做了许多策划以保证图书版权的有效交易。比如，书展特别开辟了版权经理人的交易空间，交易者需提前约好要见的国际出版人，在有限时间内达成版权交易。为了加强服务，在展厅安排上，依其功能及性质，区分了很多不同的工作区和协调中心，如电子媒体中心、德国书商中心、国际书商及图书馆员中心、图书馆论坛区及新闻中心等。这些策划和设计都大大提高了法兰克福书展版权成交率。

3. “主宾国”的特色化设计

法兰克福书展最大的特色，是它每年一换的“主宾国”。为了提升书展

① 施庆华：《法兰克福书展丨世界最大图书博览会是怎样经营的?》，《澎湃新闻》2016 年 10 月 17 日。

② 曹巍：《你说我说法兰克福国际书展》，《大学出版》2003 年第 4 期。

的社会和文化形象，在卖书之余卖“情怀”。法兰克福书展自1976年开始，设立两年一次具有前瞻性和批判性的“重点主题”，邀请相关的作家前往与读者和各国出版界互动，后来发展为书展上的“主宾国”设计。在书展上，主宾国可以充分展示本国的出版物、对本国知名作家进行宣传，扩大本国图书版权贸易，这吸引了很多国家出版界和文化界争相前往。其中，中国在2009年担任主宾国后的两年间，在这一国际最大书展上达成了超过2000项的版权输出。

在加入这个策划设计之后，每年的主宾国都成为法兰克福书展上的一大亮点。主宾国借助法兰克福书展提供的机会，大量展示本国出版物，提升自身在世界图书交易市场上的国际地位；主宾国的图书公司也被吸引前来参展，试图拓展图书销售版图，扩大国际影响力；这一举措也成为法兰克福书展成功的国际化策划战略，实现了主宾国、图书公司和策展方的共赢。

二、深圳文博会

（一）简要概览

中国（深圳）国际文化产业博览交易会（简称“深圳文博会”），是我国目前唯一一个国家级、国际化、综合性文化产业博览交易会，每年5月在深圳举行。自2004年创办以来，深圳文博会的品牌辐射范围不断扩大，国内外客商参展热情越来越高，展出精品越来越多，成交金额越来越大，对推动文化大发展大繁荣的作用不断凸显，已经成为展示文化改革发展成果、促进中外文化交流合作的亮丽名片。与此同时，深圳文博会进一步总结经验、提高水平，致力于引领文化改革创新、加快文化产业发展，力求为推动文化产品和服务走出去、增强中华文化国际影响力竞争力做出更大贡献。

（二）亮点呈现

1. 综合性、国际化的展会定位

近年来，除了深圳外，全国还有很多城市开始举办文化产业博览会，但是不论知名度还是影响力都不如深圳文博会。而深圳文博会之所以举办得如此成功，首先要归功于其定位的准确性。文化产业是一个相对较新的概念，其内容涵盖非常广泛，英国大卫·赫斯蒙德夫在《文化产业》中用了三个词来形容文化产业及其生产的文本，其中一个就是“复杂的”①。举办文化产业的博览会首先要在“复杂性”中对定位进行准确把握，才能保证其后的策划和运作中有的放矢。

深圳文博会在举办之初定位为一个“综合性、国际化”的文化产业博览会，这就给后续的策划和实施确定了一个“总纲领”，明确了文博会的根本方向。一方面，综合性的展会定位使深圳文博会更具有存在的价值以及对受众的吸引力。每届深圳文博会的展出内容几乎都涉及当年文化产业的各个方面。除每年的一个主会场之外，还设有60多个分会场，依据不同的展出内容选址布展，从而保证其综合性的追求。也正是因为深圳文博会的高综合性，使之确立了中国文化产业界“风向标”的重要地位，成为中国最具综合性的文化产业博览会。另一方面，国际化的定位使深圳文博会的国际化程度日益攀升，如2017年第十三届深圳文博会一共吸引了来自40个国家的117家海外机构参展，同时也邀请了99个国家和地区的约20000名海外展商前来参会采购。深圳文博会在提升其国际化水平的同时也成为中国向世界展示文化的重要桥梁。

2. 专业化的展会内容

深圳文博会每届的展览内容都坚持专业化的原则，而且随着展览次数的增加，文博会的专业化水平也在不断提高。文化产业涉及范围广，有其核心圈层、外部圈层以及相关圈层之分。文博会内容策划有意识地重点突出版权交易、创意设计、非遗产业化等文化产业核心层，使会展层次分明。同时，文博会对待参展商也以专业化的理念和眼光，有意识地择选更有代表性、更有分量的企业，展览的项目也多是产业化程度高、生产链完整、市场前景好的文化产品。②

① ［英］大卫·赫斯蒙德夫：《文化产业》，张菲娜译，周蔚华校，中国人民大学出版社2007年版，第4页。

② 张军：《文化会展业：从平台到品牌的建构——以深圳文博会为例》，《开放导报》2012年第6期。

展览内容的专业化还体现在对精品项目的打造上。每年的深圳文博会都策划有各种精品项目展会，这些展会紧扣时代主题，抓住文化产业发展前沿，吸引着世界各地的文化企业和商家前来参展，提升了深圳文博会的品牌影响力。比如，2017 年的第十三届深圳文博会就抓住国家的“一带一路”倡议和“大众创业、万众创新”战略，设立“一带一路·国际馆”，并且在策划中突出“文化 +”的理念，设立了“文化科技馆”“文化消费·时尚文化馆”等具有文化跨界融合特性的展馆项目，在体现会展专业化的同时也突出了其无限的创意和活力。①

3. 贯彻“交易为王”的办展原则

文化产业博览会的重要价值不仅在于对产品进行集中展览，更在于在资源丰富、种类齐全、规模宏大的产品基础上发展文化贸易。深圳文博会在策展中就深刻意识到这一点，在办展的过程中贯彻“交易为王”的原则，着眼于提升文化产品市场化程度，不断强化招商引资和投融资功能，突出项目强化交易，把重点文化产业项目和特色优质文化产品不断推向市场。

例如，在第九届深圳文博会中，主办方在策划参展商和展出项目时，就重点选择了那些市场前景好、产业化程度高、能够促成交易的产品参展，遵循“贸易扬帆，文化远航”这一主线，推动促使优秀文化项目与海内外资本实现有效对接。② 这使深圳文博会在文化交流的基础功能之上，更兼具文化贸易的属性，充分释放市场化的魅力，增强了文博会的商业吸引力。

三、青岛啤酒节

（一）简要概览

青岛啤酒节始创于 1991 年，最初是由青岛啤酒厂主办，后由青岛市人民政府组建专门的机构主办。该活动是以啤酒为媒介，融旅游休闲、文化娱

---

① 陈金海、杨世国：《深圳文博会：文化创新联通中外》，《人民日报》（海外版）2017 年 5 月 18 日。

② 吕绍刚：《深圳文博会：文化贸易的主战场》，人民网，2013 年 5 月 16 日，http://news.cntv.cn/2013/05/16/ARTI1368692571777773.shtml。

乐、经贸展示于一体的大型节庆活动。每年8月的第二个周末在青岛开幕，为期16天，是国内规模最大的酒类狂欢活动，历届都有数十个国家和地区及众多国内的啤酒厂家参加，并且吸引了数百万游客前来参观，在国内外具有较广泛的知名度和影响力，被誉为“亚洲最大的啤酒盛会”。如今，青岛啤酒节成功跻身世界最具影响力的啤酒盛会之列。青岛啤酒作为每年活动最重要的参展企业和销量最大的啤酒供应商，也吸引了全球各地的消费者慕名前来参会与体验，成为彰显青岛城市个性优势与魅力的盛大节日。

（二）亮点呈现

青岛啤酒节的成功因素有很多，但是其中最为重要的是策划者对其定位的把握、内容的创新以及品牌的营销。

1. 始于本土、走向国际

青岛啤酒节在业界被专家誉为“国内现代节庆活动的典范”，因其“鲜明的主题诉求、浓郁的国际色彩和特有的狂欢气质”① 而吸引了大量的参与者。其定位秉持着本土化与国际化相结合的原则，使之具有强大的原动力和生命力。一方面，青岛啤酒节扎根于青岛，是依托于青岛啤酒而创立的一项节庆活动，它与青岛啤酒以及青岛这个城市相辅相成，本土化是青岛啤酒节不可丢失的属性。2003年，时任青岛市重大节庆办公室主任的荣学证说：“青岛啤酒节的正式定位是‘市民狂欢节’，以还节于民、以人为本。”青岛啤酒节在策划中将本土化作为定位的前提和基础，并在这个定位的基础上，紧紧围绕“市民节”“狂欢节”的文化内涵，致力于办成老百姓踊跃参与的啤酒盛会，为此积累了广泛的市民基础。

另一方面，青岛啤酒节还是拥有浓郁的国际色彩的城市节庆，其定位在本土化的基础上还注重国际化元素和市场。虽然“发源”于青岛啤酒，但它并没有拘泥于青岛啤酒之中，反而博采众长，吸引和聚集世界上各个国家的啤酒厂商，为游客提供更多品类的啤酒。在节庆期间，来自美国、德国、法国、丹麦、日本、韩国等十几个国家和地区的著名啤酒厂商，纷纷带来各自

① 兰世秋、胡勇、黄光红：《最新经典旅游创意案例集》，重庆大学出版社2011年版，第39页。

的酒品，并以不同的方式和活动聚集人气。① 除此之外，“青岛与世界干杯”的主题也像一张邀请函一样，吸引了世界各地的人们参与其中。青岛啤酒节策划着眼于国际格局，为世界各地的啤酒商提供一个活跃的展览氛围，将其打造成国内外游客以及啤酒厂商热烈推崇的东方最大的啤酒盛会，这使其具有了更加广泛的市场，注入更加强大的生命力。

2. 多元化、整体化的节庆理念

青岛啤酒节每年的活动策划，都体现着多元化的理念。自 1997 年第七届起，啤酒节改由国家六个部门与青岛市政府共同主办。在办展方面，它开始与国外展商进行合作，举办国际啤酒饮料及酿造技术博览会。这次多元化的尝试进一步加强了青岛与德国、韩国等啤酒厂家及相关企业的合作，拓展了青岛啤酒节经贸洽谈与交流的功能。其中，节庆引进了原汁原味的德国、韩国啤酒及与酒文化相关的艺术表演形式，这与本土的饮酒文化大赛等活动一起，成为颇具特色的内容，为消费者提供了多姿多彩的享受与体验。在宣传营销方面，青岛啤酒节也在不断寻求多元化合作，扩大影响范围，提升知名程度。比如，2005 年的第十五届啤酒节，就是首次由台湾的东森电视台和中国山东卫视合作，将开幕典礼向亚洲、欧美等地区进行同步连线转播，同时亦与新浪网合作进行网上视频直播。

青岛啤酒节能够成为“中国十大节庆”之一，不仅因为它是一场啤酒的盛宴，更因为它是一次激情的嘉年华，其策划源于啤酒却不局限于啤酒，从娱乐、体验、旅游等各个方面，以整体化的理念打造这场激情的狂欢节。历届青岛啤酒节的策划中不仅包括与酒有关的各类项目，还包括各种娱乐设施和精彩演出，如开幕式和闭幕式的文艺晚会、艺术巡游、文体娱乐、饮酒大赛、旅游休闲、经贸展览等，以及各种啤酒嘉年华的娱乐设施。同时，崂山区也依靠青岛啤酒节，因地制宜地推出了各种“体验式旅游”②。因此，整体化的节庆策划理念，使青岛啤酒节不仅能够成为喜欢酒、爱饮酒人士的聚

---

① 张宪春：《啤酒节给青岛带来了什么》，《中华工商时报》2003 年 8 月 21 日。

② 兰世秋、胡勇、黄光红：《最新经典旅游创意案例集》，重庆大学出版社 2011 年版，第 39 页。

会，更是喜欢娱乐、享受激情狂欢者的盛大狂欢。

3．品牌理念的传递与回归

青岛啤酒节既是可以复制的节庆活动，又是不可复制的感觉与体验，这深刻地体现在其品牌理念的策划中。节庆与啤酒相辅相成。炎炎盛夏，在啤酒魅力吸引下，会展和节庆的品牌形象也十分注重“激情、欢聚、畅饮”的理念。为了将这种理念传递至全国各地，让更多的人体验到节庆中激情和快乐的元素，青岛啤酒公司将节庆文化在全国各地复制，于每年 5 至 9 月集中在全国 50 多个城市和地区陆续开展形式各异的啤酒节庆活动，目前已经覆盖全国 21 个省市。青岛啤酒节并未拘泥于传统营销中的品牌打造形式，以这种传递理念的方式打造了自身的品牌形象，不断扩大其影响力和吸引力。

同时，青岛啤酒节还与城市形象塑造密切相关，又是不可复制的。因为本土化是青岛啤酒节的特色属性，它与这座城市相互交融，在人们心中的形象也是共生共长的。中国奥委会名誉主席何振梁曾十分贴切地说：“青岛啤酒因青岛而得名，青岛因青岛啤酒而扬名四海。”① 这也是为什么要感受真正的青岛啤酒节就一定要去青岛的原因。在品牌理念营销过程中，会展和节庆不仅注重将激情的理念传递出去，更致力于把青岛啤酒节、青岛啤酒以及青岛三者的形象凝聚在一起，“名城、名酒的结合，印证了一个企业和一座城市的光荣与梦想”②，共同演绎着激情与狂欢的盛典。

此外，举办时间也是青岛啤酒节策划中的一大重点。啤酒节选择在炎热的夏天，这与清凉的啤酒形成鲜明的对比。在大家都被夏日的热浪所烦恼的时候举办清凉的啤酒节，使之成为广大消费者消暑度假的一大选择。

第四节　趋势与建议

近年来，随着经济全球化、互联网、数字化、新媒体等的发展，会展行

---

① 兰世秋、胡勇、黄光红：《最新经典旅游创意案例集》，重庆大学出版社 2011 年版，第 41 页。

② 兰世秋、胡勇、黄光红：《最新经典旅游创意案例集》，重庆大学出版社 2011 年版，第 41 页。

业出现了一些新的发展态势，专业化和国际化趋势日益明显。改革开放活水来，策展办会彰新意。相应地，会展业策划也需要因势而变、因时而动，紧跟前沿，开创新时期的策划理论和方法。

一、会展业发展趋势

会展业对于城市经济有着极大的带动作用，所以各地政府越来越关注会展行业的动向和趋势，并把促进会展业的发展作为转变政府职能的重要手段。无论是“政府主导、企业主体、市民参与”还是“政府搭台、企业唱戏、社会受益”，都表现出中国会展业的巨大发展空间。其中，从中国的会展业发展来看，当前会展业的发展主要呈现出以下几个态势：

第一，一体化会展成为常态。从目前的大型国际会展活动来看，单独的展览或者会议形式明显趋于两者的结合与融合发展，呈现会中有展、展中有会的新态势。

第二，科技驱动焕发新活力。现代科技发展为会展或者节庆提供了更多的发展空间，从内容和形式上都有了改变和突破。比如，现在的人工智能技术、智慧城市等科技的应用，为会展和节庆活动提供了更为便捷、优质的服务内容。

第三，体验化程度加深。单独的“看展”时代已逐渐难以满足受众和观众的需求，不论是在主题设计、产品展示还是会展服务上，受众越来越渴望融入会展，并从中获得体验。因此，优化观展体验已经成为会展和节庆未来发展的重要趋势。

第四，“互联网 +”结合趋势明显。随着现代互联网科技的兴盛，会展业可以利用互联网技术不断创新内容形式、优化管理、加强营销等。互联网集合的庞大数据内容，极大提高了会展策划的市场调研效率；在线办展成为新型展览模式；互联网带动新媒体发展，提升了会展及节庆活动的宣传效率；互联网金融、互联网法律、互联网电商等为会展及节庆活动的组织筹办提供了更大的便利。

二、会展业策划提升建议

会展策划就是在准确把握其发展态势的基础上，对会展业和展会项目全面的规划、周密的筹划。一般来说，会展策划最重要的是要解决“是什么”“为什么”“谁来做”“怎么做”四个问题。“是什么”指策划的定位和主题要清晰准确，一个好的定位能够帮助会展迅速进入市场空间；“为什么”则是举办会展的目的，虽然会展对一个城市经济拉动作用非常显著，但是不能“为展而展”，使会展丧失活力；“谁来做”就是确定会展相关主体，参照国外优秀办展经验，不断完善的会展协会等相关组织对于会展业发展作用巨大；“怎么做”则是会展整体过程策划必须要做到全面、专业而富有创意，这样才能做出被市场和受众认可的会展。

这四个问题的解决，应该坚持“创意化、专业化、规模化、国际化、市场化”等原则。创意是能够让会展大绽异彩的源泉，无论是凝练主题还是策划内容，都需要有创意思维，保证会展的创新性。专业化、规模化和国际化是会展策划的方向，只有策划专业化水平高才能保证会展质量，规模化的内容和国际化定位才能使会展更具价值。随着业态逐渐成熟，会展经营运作应克服行政化弊端，采取市场化模式，以市场化方式办展，推动行业健康有序持久发展。

贯彻以上几个原则，应注意以下几点：

（一）强化前期调研

成功的内容策划，建立在前期对市场行情、业态现状和消费者心理开展周密的调查研究基础之上。一是建立起会展行业数据库。该数据库需要包含全面而最新的行业发展相关统计数据，如会展行业最新政策信息、全国乃至世界举办的会展类型及数目、会展策划类公司相关信息、各类型参展商、行业协会、观众预估及覆盖等内容。二是利用新型调查手段，借助互联网、大数据、云计算等技术和平台，强化信息和数据的广度、深度、准确度、时效性等，如网络调查问卷、大数据消费习惯统计、社交媒介传播等形式。

（二）增强特色意识

主题雷同、内容相似的会展容易使受众产生审美疲劳而失去参展和观展兴趣，具有个性的特色化主题才能迅速吸引受众眼球，占领市场。首先，遵循差异化战略，寻找鲜有涉及的领域作为主题，向受众传达一个独特的、引领发展的会展理念。其次，在与竞争对手的对比中，考虑以求异的思维确定自身与其他类似会展的不同之处，在差异中加以会展策划。最后，会展往往与其所在的城市有着千丝万缕的联系，从会展所在城市的特色中提取自身个性。

（三）注重品牌打造

纵观世界上经济发达的国家，几乎都拥有自己的品牌展会和会展名城。品牌化是增强会展业国际竞争力的必由之路。会展品牌的策划大致需要从三个方面来考虑。第一，品牌文化内涵。一个好的品牌一定是有内涵的，而不是流于形式的“空花瓶”，会展悠久深厚的历史底蕴和文化内涵都能够使会展更具影响力。第二，会展品牌符号化。由于国际化传播的文化差异，内容的直接传递可能会产生“文化折扣”，而会展品牌的形象和符号就变得尤为重要。第三，品牌传播和营销。会展的品牌形象需要通过传播和营销才能到达目标受众，整合传播和营销方法，才能让品牌发挥其应有价值和作用。

（四）利用政策红利

策展方需要在政策指导下开展策划活动。一是掌握会展行业的最新政策和规划。宏观上，要及时跟进国家层面的各项规章制度和法律法规，如2015年出台的《国务院关于进一步促进展览业改革发展的若干意见》，确立了展览业管理体系和工作机制，推动会展行业逐渐向专业化、国家化的方向发展。微观上，策划人员需要了解与会展相关行业中行业标准、知识产权保护、节能降耗等方面出台的政策。二是灵活运用政策，尤其是金融政策。会展行业作为现代服务业、文化产业的重要内容，可以享受税收优惠、资金扶持等众多优惠。三是广泛关注最新的会展信息。例如2015年，China Joy官方改变Showgirl的服装要求，正是响应国家有关对严控大尺度着装、禁止传播淫秽和低俗内容的政策。

（五）培养策划人才

会展策划离不开富有创造力的人才。一方面，鼓励高校对会展策划专业人才的培养。会展专业作为一门新型专业已经被众多高校纳入培养体系。会展策划人才属于复合型人才，课程体系建设需囊括经济学、管理学、思维学、广告与艺术设计等诸多学科。另一方面，大力扶持专业会展策划公司。纵观欧美会展业发展，专业策划公司已经成为品牌会展活动策划的质量保证，如法兰克福国际展览公司、德国杜塞尔多夫展览公司、米兰国际展览公司等。

（六）建立评估机制

首先，建立起对会展策划自评及他评机制。自评要针对办展过程中会展管理、实施流程、财务支持等具体方面进行考虑。他评要选择合理的检查和调研样本，包括参展者、观众、利益群体等，对会展组织问题、会展预期效果等进行评估。其次，政府相关部门或者行业协会需要建立起对会展策划的审核、淘汰机制。对于新的展会，策划者需要将立项策划提交审核备案。相关机构根据区域会展行业发展规划、会展策划质量等考量来确定是否可以办展。

（七）加强区域合作

在会展策划中，还应当考虑区域及周边的经济、文化、政治环境与旅游业发展、基础设施建设等内容，来确定该地举办会展的可行性。因此，会展可以联合周边省市合作策划，合理扩大其影响范围，或根据策划主题统筹国内外同类会展，达成良好的竞争合作关系。综合类的会展活动可以同时在几个区域以不同的分会场举办，如案例中提到的青岛啤酒节将啤酒文化在全国各地复制并陆续开展多种多样的节庆活动。

第八章

积跬步至千里

——旅游与休闲业策划

旅游业已成为世界发展最快、规模最大的产业之一，也是我国当前新旧动能转换过程中促进经济转型的重要产业。对于旅游与休闲业而言，如何正确发挥文化在产业发展中的促进作用，实施科学而有效的策划，是未来行业发展的关键。中国古代哲人早有言："图难于其易，为大于其细"；"千里之行，始于足下"；"不积跬步，无以至千里"。① 旅游业就是"大事"，做大做强也是"难事"，要从眼前做起，从细处和易处做起。科学而精准的策划，可以帮助这个大行业和众多企业"始于足下"，"积跬步" 而 "至千里"，终成大业。本章将主要探讨旅游策划的相关内容，兼论休闲业策划。

第一节 旅游休闲业与其策划存在的问题

旅游与休闲业是人类社会发展到一定阶段的产物。改革开放后，凭借优良的自然禀赋和人文资源优势，借力政府政策红利，中国旅游休闲产业迅猛

① "图难于其易，为大于其细"出自《道德经·第六十三章》；"千里之行，始于足下"出自《道德经·第六十四章》；"不积跬步，无以至千里"出自《荀子·劝学》。

发展，已成为国民经济支柱型产业。从文化产业与策划学角度审视，我国旅游休闲业与其策划存在一定的问题。

一、关于旅游与休闲业

休闲是人类最古老的梦想之一，常常被看作是自由的本质。亚里士多德认为休闲是一种艺术或者学习。事实上，起源于古法语“leisir”的休闲（leisure）在希腊语中被称作“scole”，是英语单词学校（school）的来源。从这个角度来看，代表了自由和精神（或智慧）启蒙机会的休闲，被看作是工作之外的时间和活动，是闲置时间的非生产性使用。香港理工大学酒店及旅游业管理学院的 McKercher 教授在回顾了“休闲”这一概念的历史演进之后发现：尽管学术界关于休闲的定义并不统一，但在定义休闲时都涉及了时间（time）、活动（activity）和认知（perception）。休闲还被看作是一种精神活动，强调休闲者感受到的自由（perceived freedom）。娱乐则是休闲的一个子集，发生在休闲过程当中。

旅游起源于休闲和娱乐，被看作是娱乐的一种特殊方式。旅游业（tourism）的起源还包括希腊语中用来描述圆圈的工具，这反映了旅游的一个基本特征：返回“家乡”或者出发地。但随着社会的发展，据统计，目前关于旅游的定义超过了 100 种。比如，世界旅游组织从统计学的角度定义旅游，认为旅游是指人们为了休闲而非赚钱，前往不常居住的地方逗留超过 24 个小时但连续不超过 1 年。从经济学的角度看，旅游业是指为国内外旅客提供交通、住宿、娱乐、事物等相关服务，它涉及旅游的所有目的，包括娱乐和商业等。

从行业范围方面看，旅游业与休闲业是局部与整体的关系。休闲业不仅包含广义上的旅游业，还囊括了为提供消费产品和服务的所有旅游相关产业机构或组织，而旅游休闲业是休闲产业的重要组成部分。从行业特征方面看，旅游业与休闲业有着行业共性，主要特性是综合性、自主性、享受性等。

根据中国国家统计局发布的《文化及相关产业分类（2012）》，文化休闲娱乐服务，作为一种文化产品的生产，包括景区游览服务和娱乐休闲服务。从这个角度看，旅游与休闲业是文化产业的一个重要类别。随着社会的发展，旅游业已经步入全域旅游时代。旅游与休闲由一种“有限的富人活动”转化为“人人享有的权利”。2017 年全球旅游人数超过 13.2 亿人次。[①]据世界旅游组织预测，2030 年全球旅游人数将达到 18 亿。与此同时，如何满足人们日益增长的旅游休闲需求与不平衡不充分的旅游休闲产业发展之间的矛盾成为亟待解决的问题。

我国鬼斧神工的自然风光、建筑遗迹和五千年的历史文化积淀，为旅游与休闲业的发展提供了丰富多元的资源。“历史文化资源的丰富是中国文化产业的最大特点和最大的优势所在，这已经成为我们山东大学师生有关文化产业的共识之一”[②]，“玉不琢不成器”，如果这些资源得不到科学而合理地利用，那么它们就会被湮没在历史的长河中，也就无法满足人们日益增长的旅游与休闲需求，无法解决人民日益增长的旅游休闲需求与不平衡不充分的旅游休闲产业发展之间的矛盾。

旅游与休闲业策划应运而生，是对旅游休闲资源及目标市场情况进行系统性的科学分析基础上，通过整合与创意，设计出可以满足市场需求的可行性方案。需求热带动了产业热，又共同催生和推进着策划发展。旅游与休闲业策划涉及该领域企业经营的各个方面。在宏观上，科学策划可以指导并促进旅游与休闲产业发展。微观上，创新旅游与休闲策划，可以改善企业经营状态，提高企业竞争力，在激烈的竞争环境中占有一席之地。

二、旅游休闲业策划存在的问题

自 20 世纪 90 年代以来，随着策划学兴起和旅游业快速发展，创意和策划在中国旅游与休闲业中越来越受重视，对产业的作用越来越重要。但冷

---

① UNWTO,2017 International Tourism Results:the highest in seven years,2018 – 1 – 15,http://media.unwto.org/press – release/2018 – 01 – 15/2017 – international – tourism – results – highest – seven – years.

② 王育济：“高等院校文化产业基础教材”总序，见刘玉平、王晓鹏：《文化产业文献导读》，福建人民出版社 2013 年版。

观当下，旅游与休闲业与其策划也存在不少问题，应当引起业界和学界重视。

（一）行业标准问题

旅游与休闲业标准是一个重要的问题，策划也要依规画矩。首先，从业人员资质良莠不齐。目前，旅游休闲业策划的准入门槛较低，策划市场鱼龙混杂，策划人员整体素质偏低，大部分缺乏专业知识，并未接受过专业教育和培训，甚至从来没有做过策划活动。这将导致很多策划方案缺乏科学性，脱离实际。从策划机构层面来说，其队伍规模相对较小，专业人员缺乏，行业本身也没有形成体系；其次，行业评审标准不严，在旅游行业评审时，评审专家与项目策划人员往往有人情关系，很少提出建设性的意见，致使很多策划方案的评审都是走过场、流于形式①，甚至有些“业主”出于对政绩、工期等的考量，也会主动要求评审专家高抬贵手②。调研发现，这些情况在实际中确实存在，在某些地区甚至较为普遍。

（二）内容策划问题

1. 定位不准

定位是旅游休闲业策划的关键一步，定位不准后续的策划设计会使策划目标南辕北辙。首先，定位同质化，几乎所有的旅游度假项目都将自己定位为休闲旅游度假目的地。尽管这种定位看起来符合大众的旅游与休闲需求，但这种毫无特色的定位显得十分空洞且平庸，也无法捕获个性化市场，对游客的吸引力很小。其次，很多目的地的形象定位与其产品不符，有些项目在进行策划时夸大吹嘘产品内容，旅游产品名不副实。例如，杭州有家饭店虽以智慧酒店闻名，但很多科技早已落伍，并无智慧可言。业内人士和旅客慕名前往后表示大失所望，认为该饭店没有智慧科技。最后，客观定位能力不足，主要表现为没有足够的创意策划能力对当地特色进行挖掘塑造和产业转化，以至于旅游地定位盲目跟着市场和潮流走。

---

① 任津雨：《探析旅游策划中存在的问题及对策》，《大众文艺》2013 年第 2 期。

② 戴庞海：《旅游策划创新中存在的问题及对策探讨》，《河南工程学院学报》（社会科学版）2009 年第 2 期。

2. 资源利用不合理

文化是旅游与休闲产业的灵魂，对旅游文化资源进行梳理与合理的利用是旅游休闲业策划的实质所在。资源利用不合理主要表现为：首先，资源挖掘不深入。很多旅游与休闲策划项目急于求成，缺乏对当地文化的深入分析，导致策划方案徒有其表，没有文化内涵，无异于隔靴搔痒。其次，地产化禁锢资源活力。打着文化创意产业园、旅游特色小镇的幌子，实际大搞房地产的项目屡见不鲜。国家发改委等部门在《关于规范推进特色小镇和特色小城镇建设的若干意见》指出，要“准确把握特色小镇内涵”，“不能把特色小镇当成筐、什么都往里装，不能盲目把产业园区、旅游景区、体育基地、美丽乡村、田园综合体以及行政建制镇戴上特色小镇‘帽子’”。第三，资本裹挟资源，盲目开发。旅游策划项目打着“文化搭台，经济唱戏”“发展才是保护”的旗号，盲目进行策划开发的例子屡见不鲜，策划目的过分功利化，忽视了对当地自然与文化资源的保护。更有甚者把不能直接进行产业化开发的资源也纳入旅游策划中，最终造成了资源的糟蹋滥用，加剧了资源的浪费。

3. 创意和策划缺位

身处创意制胜的时代，作为文化创意产业重要板块，旅游与休闲业的发展离不开点石成金的创意和严谨缜密的策划，这也是在全域旅游时代进行旅游供给侧结构性改革的重要根据。一方面，创意与策划的能力不足，旅游与休闲策划方案千篇一律，“拿来主义”大行其道。无锡太湖国家旅游度假区的形象标识被指责抄袭法国 SOREC 赛马公司的 logo；江苏“常熟沙家浜·虞山尚湖旅游区”的妖怪村，则被起诉抄袭台湾南投县的妖怪村。抄袭和复制不仅存在于机构之间，同一家策划机构把同一个策划方案修改目的地的名字后，就套用到另一个项目的“模板共用”，亦屡见不鲜。另一方面，是创意策划的勇气不足，对“第一口螃蟹”望而却步，江西婺源的油菜花火了，各地在开展旅游策划时，都搞油菜地；乌镇火了，各地又都进行古镇旅游策划，以跟随其后的方式来规避策划的风险和成本。旅游与休闲业策划存在的问题，还有缺乏可行性分析、不按策划程序和原则办事、缺乏系统性等。不同类型的旅游策划项目，存在的问题也不尽相同，如乡村旅游策划存在“城市化”乡村旅游项目的问题。在进行策划时，要针对具体的项目进行具体的分析，在遵循基本策划程序的基础上，融入创意，策划出好的项目。为解决上述问题，下面将进一步厘清旅游与休闲业策划的核心内容和程序。

第二节　旅游与休闲业策划的内容与要点

任何科学策划都不是空穴来风，旅游与休闲策划也并不是凭空臆想的，而是基于一定的理论基础做出的科学策划和精细策划。其核心内容、基本原则是策划应把握的重点。

一、策划的内容

旅游与休闲业策划涵盖范围非常广，种类多样，内容丰富，然而学术界和业界尚未对其内容形成统一的标准或模式。有的学者从产品形象定位、策划策略、策划空间布局、活动及项目策划等几个方面来阐述策划方案①。也有学者从开发条件分析、开发现状与存在的问题、开发优势、开发思路与策略四个方面阐述了旅游策划。② 但总体来说，旅游与休闲业策划的要素应当围绕形象、产品和营销展开。

（一）形象策划

目的地形象可以说是旅游休闲业策划中的“旗帜”。它的好坏，直接关系到游客对目的地的看法和印象，或者说关系到目的地在群众心中的知名度和美誉度。目的地的形象策划应当包括创意的标识、能讲故事的宣传语、有代表性的特色产品，以及运营服务带给游客的直接感受。比如，“七彩云南”“好客山东”这样简洁的宣传语就能给受众非常直观的旅游地第一印象，其产生是一个深入挖掘旅游地特色、市场调查、差异化定位后再经过创意加工

① 陈红宇：《新常态下的乡村旅游策划研究》，《城市地理》2017 年第 10 期。

② 陈思琪：《民族地区特色旅游策划分析——以绵虒大禹故里为例》，《赤子》2016 年第 12 期。

的策划过程，并不是凭空想象。再比如，桂林因其境内独特的山水风光，千百年来被赞为“桂林山水甲天下”；香港凭其旅游购物方面的优势打造出“购物天堂”。

（二）产品策划

产品的范围比较广，一般泛指可供旅客使用、消费的产品，包括线路设计、设施（休憩桌椅、厕所等）、服务、活动、观光景点等。好的产品是吸引游客，提高游客满意度的核心。譬如，旅游线路策划要尽力将旅游地最精华的部分和能够盈利的部分有机结合，让游客在感受身心放松的同时实现产业目标；旅游衍生品更是用创意点石成金的产物，策划要提炼衍生品所包含的旅游地特色形象元素，创意设计使其能够吸引消费者；旅游活动策划，在特殊日子根据旅游地特色打造活动，创造新的旅游博睛点。景点的创意再造也是产品策划的一部分，如长白山景区因为“一厕一风景”的特色，被评为“厕所革命十大典型景区”，只要有好的策划，厕所也能变成风景。

（三）营销策划

策划人员围绕目的地的形象和产品，针对目标客户群体设计、制定的营销行动方案。在这个注意力经济时代，“酒香也怕巷子深”，没有好的营销就没有受众关注，再好的产品也会被在寂寂无闻中逐渐式微。相反，好的营销策划方案，能够吸引眼球从而激发大众消费欲，吸引游客前来。近几年来，随着科技的发展，旅游微电影旅游、电视/电影植入、“旅游 + VR”、“旅游 + 直播”等媒介营销、整合营销手段迅速崛起，把旅游与休闲业的营销策划推向了一个新的高度。比如，微电影《爱，在四川》播出后，广受好评，吸引了一大批游客到四川旅游；很多人也因为喜欢《爸爸去哪儿 2》而到杭州千岛湖旅游；杭州西溪悦榕庄和三亚鸟巢度假村则因为电影《非诚勿扰》而爆红。

二、策划的特点

旅游与休闲产业的策划除了具有策划的一般特征，还因其行业自身的发展规律而有与其他行业策划不同的特点。

（一）需求的服务性

旅游与休闲产业是服务性行业，满足消费者需求是其本质属性，这就要求策划必须坚持以消费者需求为中心，需求的服务性是其基本特征。旅游服务既包括高效率满足消费者食、住、行、游、购、娱等需求而提供的解决种种问题的功能性服务，如旅游产品的安全性、文化性；也包括消费者在与服务人员的交往过程中获得的心理服务，如服务的周到、热情和便利。综合了解旅游与休闲产业提供的不同服务类型，准确把握作为独立个体的消费者不同层次的多样化需求，是旅游与休闲业策划的前提和条件。

（二）竞争的谋略性

旅游与休闲业的竞争主要是服务和内容的竞争，以无形产品和价值内涵为主。市场变化万千，要在激烈的竞争中立于不败之地，就必须不拘一格。在策划中注重谋略运用是为了创造制胜条件而最大限度综合利用精神力量和物质力量实现预期目的与效果，可以有效规避市场的盲目性，把握变化的市场需求，既要考虑当前利益也要考虑长远利益，既要考虑局部利益也要考虑整体利益，多方面缜密谋划。以中国为代表的东方国家，其旅游与休闲业策划具有浓郁的东方风韵，讲究策划的谋略形式与内涵；而在以美欧为代表的西方国家，其策划以技术见长，谋略性也是贯穿始终的思想精髓。

（三）发展的可持续性

旅游与休闲业的发展以保护人类文化遗产和生态环境为前提，所以，发展的可持续性是旅游与休闲业策划的重要要求，其内涵主要包括科学的资源观与策划的公平性、协调性、全局性。旅游与休闲资源丰富多彩，自然风景、历史文物、社会民俗、现代科技，都是全人类的共同财富，不同人群、不同民族、不同国家和地区都拥有平等享受的权利，公平性使人类共同承担保护人类文明的责任，有利于旅游与休闲业的可持续发展。与此同时，该产业涉及的行业门类众多，关系复杂，因此，在进行策划时，要充分协调好不同行业间的关系，协调好旅游与休闲产业和社会大环境之间的关系，协调好眼前利益和长远利益，使旅游与休闲业的发展具有可持续性。

（四）目标的效益性

旅游与休闲业策划的效益性原则，是指策划企业、组织或个人在策划过程中，设法以较小的付出与投入，产生尽可能好的效果和收益，这是旅游与休闲业策划的出发点和归宿，包括经济效益和社会效益两方面。经济效益涉及物力、财力、人力投入，以期数倍、数十倍的产出，经济效益好的企业，拥有更广阔的发展前景。但对于该领域策划而言，不能仅以经济效益为导向，还需兼顾社会效益，如果某些策划惠及全民，宣传公益，使消费者在体验的过程中经历文化熏陶，提高思想收获，即使没有取得不错的经济收益，也不失为有亮点的优秀策划。

（五）思维的创造性

旅游与休闲业策划不是简单的形象塑造和公式化的程序设计，而是创造性思维和策划活动的叠加。所有的策划都需要以资源为基础，由创造开始，经过人脑构想生发主题，进而衍生出具体的行动计划和方案，创造和创意贯穿策划始终，如旅游与休闲资源文化内涵的挖掘，产品系列化、层次化、高品位化的设计、开发与衍生，市场营销渠道和客源市场的优化和再拓展，旅游品牌价值的塑造与提升，这些都需要打破常规，出奇制胜①。离开创造性思维的旅游与休闲业策划，只会带来人云亦云的设计和同质化的开发，难以取得预期收益。

三、策划的理论要点

（一）理论基础

从文献梳理来看，目前被用来指导旅游策划的理论主要有旅游需求层次理论、旅游行为理论、旅游地形象感知理论、旅游体验理论、整合理论和系统理论、区域分析理论和区位理论、文化生态学理论和文化人类学理论等。这些理论相互配合，在不同的策划内容方面起作用，共同指导旅游与休闲业策划（图 8－1）。

① 夏小莉：《文化创意旅游产业发展研究：基于产业价值链的视角》，《中国集体经济》2009 年第 33 期。

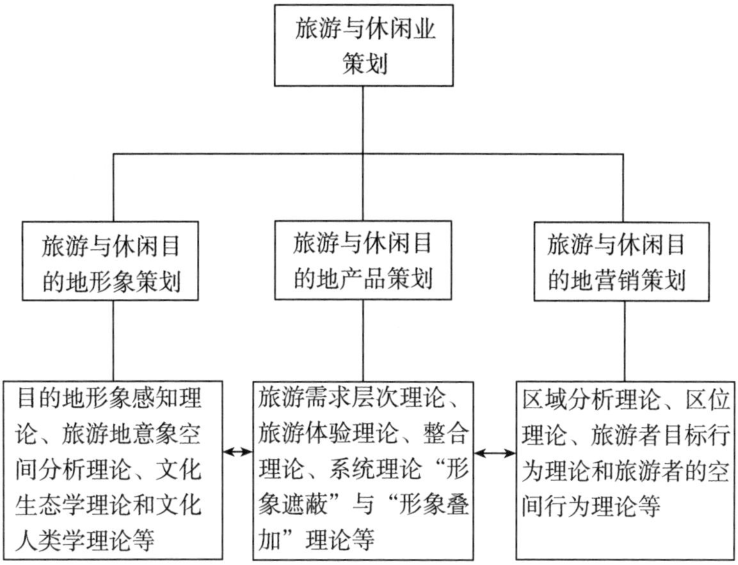

图 8－1　旅游与休闲业策划内容及其理论基础（自制）

如图所示，目的地形象感知理论指导目的地形象策划，旅游地形象感知理论既包括对目的地的位置或空间尺度的认知，也认为游客对目的地的认识水平会随着距离目的地的距离的增加而降低。与此相关的理论，还有旅游地意象空间分析理论，即由于旅游地环境对旅游者的影响而使旅游者产生对旅游地环境直接或间接的经验认识空间。在旅游地形象感知的研究基础上，结合旅游地感觉形象设计和旅游地形象传播的空间策略理论，可以优化旅游策划。“形象遮蔽”与“形象叠加”理论则在指导旅游与休闲产品策划方面有着重要作用，可以帮助分析旅游与休闲资源，区分哪些资源对其他旅游资源产生了遮蔽效应，哪些资源由于差异化可以实现叠加效应。江苏无锡灵山大佛景区，就将是宗教故事、科技、和自然资源进行了巧妙的整合，使其重新焕发了生机。

区域分析理论和区位理论可用于了解目的地的区位优势与劣势，从而看清进行旅游休闲策划的区位条件，结合旅游需求层次理论和旅游者行为的相关理论可以帮助策划者准确把握市场需求，设计出符合客户需求的产品。比如，古北水镇选址古北口这个地方就是由其地理环境和区位交通条件决定的。旅游者目标行为理论和旅游者的空间行为理论就可以作为指导旅游与休闲业策划的基础，通过了解内外环境和旅游休闲体验目标之间通过体验需求、动机和行为反复相互作用来了解和预测游客的体验行为。通过旅游空间行为理论则可以更好地透过旅游决策行为解释游客在地域上进行旅游休闲活动的过程。这些问题的发现有助于通过策划与规划优化调整目的地。

总之，旅游策划需要综合运用多学科的知识。一个好的旅游策划，除了需要专业的旅游与休闲学的相关知识外，也离不开运筹学、市场学、美学、人类学、地理学、生态学等学科知识的支持。

（二）主要原则

旅游休闲业策划并不是天马行空、随心所欲，除了基本理论指导外，还需要遵循一定的原则。关于旅游与休闲业策划的原则，学术界和业界并没有统一的标准。有的学者认为旅游策划需要遵循市场导向原则、客观现实性原则、整体性原则、特色化原则和群体意识原则。[①] 也有学者认为旅游策划还需要遵循意义生产原理、需求导向原理、体验塑造原理、创意核心原理和信息依赖原理。通过对有关文献总结归纳，笔者认为开展策划活动，应遵循以下原则：

1. 创意核心原则

在创意经济时代，“点石成金”或“脱颖而出”的关键是创意。一个好的具有吸引力的旅游与休闲业策划离不开创意，那些因循守旧的策划必然不具备吸引力。国家战略推动、业主单位诉求、旅游业发展规律影响、旅游消费市场驱动、编制单位保持竞争力的需要等都使旅游与休闲业策划对创意的依赖性不断增强，不再只是简单地维持程序正确。旅游策划的创新创意主要体现在规划框架体系、规划理念、旅游要素、规划导向和重点、规划技术方法、规划交叉与融合等六方面。[②] 创意将资源进行创造性挖掘和利用，提出与众不同的规划理念，利用 VR、新媒体等新兴技术办法，整合全新的旅游要素或者将原有旅游要素进行全新整合与再造，创意带来的首创性和特色性

---

① 任津雨：《探析旅游策划中存在的问题及对策》，《大众文艺》2013 年第 2 期。

② 冯立新、任劲劲：《2000 年以来中国旅游规划创新热点研究》，《云南地理环境研究》2017 年第 1 期。

能极大地满足消费者对于新奇事物和新鲜体验的追求，对旅游与休闲产业产生巨大的增值效益。

2. 文化优先原则

研究表明，文化是刺激人们产生旅游与休闲行为的重要动机。旅游者不仅希望可以欣赏美丽的自然风光，也期待能够了解当地的风俗文化。文化内涵是旅游与休闲业持续优质发展的根本保障，在策划中占据举足轻重的关键位置。旅游与休闲业策划围绕当地特色文化资源展开才会是一个操作性强和吸引力强的策划。我国的文化资源种类繁多，多数自然资源和人文资源都具有较高的利用价值和可开发性。《彝山·彝韵》民族风情演艺，讲述的是彝族的历史文化，诚如村民所说“我们唱的跳的都是祖先传下来的、从小喜欢唱的跳的东西”。“畲乡之窗”景区则将当地的非物质文化遗产——畲族婚俗加以策划，形成了独特的畲族特殊婚礼体验活动。北京方家胡同 46 号院为胡同里的旧厂房注入了文化创意元素，将传统文化遗产与产业资源有机结合起来。这些在挖掘当地特色文化的基础上而成的策划项目，避免了各地众多项目简单复制和雷同，也避免了出现“文化杂乱聚集地”。

3. 可持续发展原则

旅游与休闲业策划应当遵循可持续发展原则，即旅游与休闲业发展，要以保证不损害后代为满足其需要而开发为前提。任何旅游与休闲业项目策划，都要把当前利益与长远利益结合起来，考虑目的地的承载量，既可以满足当代人的需求，又能不损害后代人的利益。为了保护敦煌莫高窟，自 2014 年起，景区硬性规定单日游览参观人数控制在 6000 人次。与此类似的还有拉萨的布达拉宫、北京的故宫等景点。旅游策划要严格遵守国家旅游局于 2015 年颁布的《景区最大承载量核定导则》。这不仅可以实现当代与后代的共赢，又可以实现经济效益和环境效益的统一，“必须树立和践行绿水青山就是金山银山的理念，坚持节约资源和保护环境的基本国策，像对待生命一样对待生态环境”（《十九大报告》）。张家界正在推进以“绿色”为底色的全域旅游；龙泉山城市森林公园则要打造一个城市中央大型生态休闲公园和全景山地休闲旅游目的地。CNN 评出的排名台湾十大最美民宿第一的树也

ChooArt Villa，是一栋追求人与自然永续共生的生态建筑，宾客可以在山林之中享受生态之旅。资源开发的可持续性和旅游与休闲业发展的可持续性是呈正相关的，也是新时代中国特色社会主义建设的内在要求。

4. 体验塑造原则

在体验经济时代，顾客的体验也越来越受到重视，甚至成为获取竞争优势的关键，这就要求旅游策划坚持以人为本，准确把握游客需求，重视游客体验的打造和创新。《雪乡的雪再白也掩盖不掉纯黑的人心！别再去雪乡了!》的文章在网上引起轩然大波，东北雪乡的宰客“黑”不是因为“东北人黑”，而是因为没有将“人（游客）”放在“心上”。旅游休闲业策划的明确目的，就是要为游客创造客制化的体验，满足和创造游客旅游体验的需求。施密特从消费者的感官、情感、思考、行动、关联等阐释了体验营销的五个重要方面。① 杭州的宋城主题公园、常州中华恐龙园、上海迪士尼乐园等，都注重游客的客制化体验，将游客体验纳入策划的各个环节。位于垦丁船帆石景点对面的船帆石 866 Villa，被称为难得一见的顶级客制化的精品。

不同类型的旅游策划有不同的侧重点，在遵循上述四个原则的基础上还要根据实际情况做出具体合理的调整。比如，乡村旅游策划，则考虑生态原始原则和反规划原则。非物质文化遗产开发利用策划则应在“保护为主，抢救第一，合理利用，传承发展”十六字方针指导下，以保护非物质文化遗产的原真性、完整性、多样性、濒危遗产优先保护为基本出发点。

四、策划的程序

关于策划的程序，一般要做市场需求和竞争的环境调研分析，也要确定策划目标，并拟订备选方案（包括确定指导思想、拟写策划书等），还要筛选并实施策划方案以及对方案进行评估和改进。有学者则认为旅游业策划的程序包括调查前期市场，分析资源和当地的自然、经济和文化条件，明确市场定位，提炼主题，设计体验线索和场景，营造体验氛围，设计活动和体验

---

① SCHMITT B. Experiential marketing: How to get customers to sense, feel, think, act, and relate to your company and brands. New York: Free Press, 1999.

过程以及宣传营销。① 另有学者认为策划活动包括概念挖掘、主题开发、时空运筹、推销说服四个阶段。这些看法都有其原则和道理，各有其侧重点。

文化产业策划通行的一般性流程，在本书第二、三章已有涉及。虽然旅游休闲业包含类型多样的具体形态，但较大项目的策划流程大同小异，初步总结，笔者认为旅游休闲业策划一般有以下几个步骤：前期市场调查，调查评估资源和策划地基本情况，确定主题和市场定位，设计旅游与休闲产品，制定营销策略，撰写和修改策划方案，项目推广传播，评估评价、效果反馈等。

第三节　他山之石，可以攻玉：精选案例分析

在介绍了旅游与休闲业策划的理论基础、原理和原则基础上，本节选取了三个不同类型的案例进行深入分析，进一步阐释旅游休闲业策划的实际操作内容。

一、旅游小镇“黑马”：古水北镇

古北水镇位于北京市密云区，坐落在世界文化遗产——司马台长城脚下。古北水镇2015年被国际旅游度假目的地创新发展论坛评为“最具文化创意旅游度假区”。该镇2016年的游客接待量为245万人次，实现旅游收入7.35亿，开业仅两年就达到了“同门”乌镇6年后的规模。2017年接待300万游客，实现营收10个亿。② 相关专家称赞古北水镇为业内普遍认可的成功度假小镇代表之一。

顺应需求，开拓市场。顺应和满足市场需求是旅游与休闲业策划成功的关键因素之一，旅游与休闲业策划应从游客的需求出发，设计出满足游客需求的产品。乌镇景区、古北水镇景区总规划师陈向宏认为，中国的旅游已经

① 杜道志：《体验式旅游下的武侠文化资源开发研究》，华中科技大学出版社2010年版。

② 北京古北水镇旅游有限公司：《古北水镇》，2017年12月28日，http://www.wtown.com/index.php/Index/index。

在从“旅游是‘风景’”到“旅游是‘生活’”进行转变。后者的核心是“提供异地的生活方式”①。城市休憩人群的异地生活方式就是乡村的生活方式。虽然北京有着巨大的旅游休闲需求，但是北京郊区的旅游休闲服务质量远远低于城市的生活质量，缺乏高品质的旅游休闲度假景区。陈向宏在踏访了长城周边乃至北京周边的所有古镇之后，确立了在司马台附近开发一个以“长城观光、北方水乡”为核心内容的旅游休闲度假景区的目标，并依照旅游生活十大关键词进行了业内产品的策划与开发，最终取得了巨大的成功。与日常生活场景结合，古北水镇推出了适合情侣的旅游产品“一生所爱”，度过舒适浪漫时光的小镇之旅；适合独自游玩的旅游产品“遇见真我”，游客可以慢下来，邂逅另一个自己；还有适合与家人（父母、孩子）或朋友一起旅游的产品。针对中国传统的节日，古北水镇还策划并推出了长城庙会闹新春、过大年和聚团圆等活动。这些与生活息息相关的旅游产品，是古北水镇取得成功的重要因素之一。2016 年十一期间，古北水镇更是出现了万人夜游盛况，景区不得不采取限流措施。

特色挖掘，文化融合。北京长城历史文化底蕴深厚，闻名天下，但北方的旅游产品往往因为缺乏“水”元素而不够灵动，甚至乏善可陈，大大逊色于南方景点。北方人们到南方才能领略水镇之美。古北水镇景区将当地特色最大化挖掘，将长城与水文化创新结合，形成了叠加效应，吸引了大批游客前往。北京游客在家门口、北方游客就近，便可以欣赏水镇之美，南方游客则可以在水韵环境中领略长城的雄伟气势与丰厚文化，南北交融，碰撞出吸引大众的火花。此外，古北水镇还对温泉资源和令人惊叹的冷泉进行了开发策划，两泉对峙、相映成趣，不仅形成了奇特的景观，更是被开发策划成了各具特色的旅游休闲产品。比如，适合与家人、朋友一起泡的御大池子温泉城、自助泡足的望京街温泉池、高端日式风格的御舍温泉精品酒店、北方四合院风格的温泉度假民宿八旗客栈。登爬长城，闲逛水镇，赏一赏美景，泡一泡温泉，成了古北水镇游玩的一大特色。由此，古北水镇亦被称作“长城

① 《古北水镇开业三年何以成为“黑马”？“包工头”陈向宏十个关键词解密！》，楚北网，2017 年 11 月 30 日，http://news.ifeng.com/a/20171130/53736350_0.shtml。

脚下的温泉小镇。”

二、最值得去的“洋家乐”：浙江德清莫干山

莫干山，位于浙江省德清县，在全国首先提出了“洋家乐”概念，被《纽约时报》以 NO. 18 评选为全球最值得一去的 45 个地方之一。莫干山的盛名，除却其得天独厚的自然风光以外，更是因为莫干山有名的民宿。2016 年，杭州 G20 峰会期间，各国记者纷纷慕名前来对其进行报道，更加吸引大众。莫干山民宿的成功离不开独特的创意与策划。

新兴概念，差异定位。在全国各地都在发展农家乐的时候，浙江德清县独辟蹊径，首先提出了“洋家乐”这个全新的概念。不同于成名于几十年前的农家乐，“洋家乐”大力推崇没有景点的健康休闲旅游。游客到德清是为了亲近自然，而不是为了参观某一个景点。德清没有策划推出像杭州西湖一样的景点，而是强调人与自然和谐共处的健康旅游。顾名思义，“洋家乐”的目标客户群是外国游客和国内高端白领，而不是周边的普通城市居民。这种定位，使得德清从激烈的农家乐竞争中跳出来，开辟了新的旅游消费市场，取得了巨大的成功，吸引着众多国内高端白领和外国游客慕名前往。“洋家乐”这种强调低碳休闲环保的绿色理念得到了越来越多人的认可，投资者来自南非、法国等十多个国家。

差异发展，形象叠加。近年来，我国的民宿数量呈非理性增长，很多民宿亏损严重。德清莫干山民宿的成功除了其独特的定位以外，也离不开其推出差异化特色产品，形成了叠加效应。这些“洋家乐”民宿虽然有着共同的理念，但休闲旅游产品并不雷同化，其策划各具特色。比如，南非人高天成开办的裸心谷倡导“心向自然，返璞归真”，其产品设计主题是远离喧嚣、接触自然。游客可以在裸心谷体验骑马、采茶、钓鱼、绘画、越野等一系列活动，并能享受无边泳池、露天剧场、夯土小屋、山顶别墅等设施。其设计强调与自然环境融为一体，如露天剧场的观众席就是顺应原本梯田而成。得益于优秀创意，裸心谷曾被 CNN 评为“中国最好的 9 大观景酒店”之一，是绿色可持续发展、奢华与优质服务度假村的最佳代名词。莫干山颐园倡导

自然而又自由的生活，其中的山中土菜备受客人好评。法国人司徒夫的法国山居，被誉为莫干山上最浪漫的民宿，拥有一个超过 20 个品种逾 12000 株的玫瑰园。除此美景外，以新鲜玫瑰花装饰的住房和走廊也让客人心情舒畅。客人退房时都会收到一小束玫瑰花。可见，莫干山民宿既遵循“洋家乐”理念，又在每一间民宿的设计上个性鲜明、色彩纷呈。这种特色和创意，既体现为精准的形象定位，又融入每一个细节和每一项活动中，于细微处见功夫。

三、全球增速第一：华强方特文化科技主题公园

中国华强方特文化科技主题乐园有四大主题：华强方特欢乐世界、方特梦幻王国、方特东方神画和方特水上乐园。每个主题下面，又根据自身特色形成了不同的子题，如方特欢乐世界又分为东方梦幻乐园和亚洲科幻神奇。芜湖方特 2007 年开业，自此华强方特以每年开业 2 个乐园的速度扩展。截至 2017 年 5 月，华强方特在全国运营的乐园多达 23 座。面对上海迪士尼乐园等众多竞争对手，华强方特仍然杀出重围，取得了不俗的成绩。《2016 年全球主题公园和博物馆报告》显示，华强方特的接待量排名全球第五，其增长率高达 37%，增幅连续两年位列世界第一。其中，郑州方特和亚洲方特上榜亚太地区主题乐园 TOP20 的榜单。华强方特的策划亮点可从以下管窥：

跨界融合，IP + 科技。华强方特与其投资制作的动漫产品《熊出没》进行了创造性的跨界融合，利用动漫人物形象（熊大、熊二和光头强）拍摄主题乐园宣传片，并设计推出相关的衍生产品。华强方特善于利用科技打造自己的特色，方特欢乐世界凭借着国际一流的科技被誉为“东方梦幻乐园”“亚洲科幻神奇”；方特梦幻王国则以高科技手段全新演绎古老中华文化。此外，华强方特与真人秀综艺节目“奔跑吧兄弟”也进行了跨界合作。“奔跑吧”系列在全国各地的华强方特录制，依靠其强大的观众群体，使更多的人认识了华强方特。捆绑式传播营销，刺激观众萌发前往华强方特游玩的动机。

定位精准，政府支持。多年来，中国的主题公园呈井喷式增长，截至

2016 年全国已建成的主题公园多达约 3300 家。与数量快速增长不同，大多数主题公园面临亏损的问题。前瞻产业研究院的报告显示，中国仅有 30% 的主题公园实现盈亏平衡或盈利。作为国内少有的特色主题乐园成功典型，华强方特的成功离不开其精准的定位。即使面临上海迪士尼等国际品牌带来的强大压力，华强方特绕开与上海迪士尼的竞争，而特意选址在一二线城市周边的城市，旨在弥补城市周边主题公园游的空白。诚如华强方特内部人士所说："其实从方特主题公园的选址及产品品质上我们可以看出其并没有想与这类国际品牌形成竞争，市场足够大，华强文化想做的是迪士尼做不了的……郑州可能每年最多有 10 万人去迪士尼，并且不能天天去，分布于各地的方特主题公园给城市人口的周边游提供了便利。"① 此外，政府的补贴，也是华强方特成功的重要原因之一。据不完全统计，短短两年多，政府对华强方特的补贴超过了 50 亿人民币。

第四节　取其精华：几点思考和建议

上述案例都是近年来旅游与休闲业策划较有代表性的，从不同侧面给我们启发，值得借鉴。针对第一节总结发现的目前业内策划存在的问题，本节在回顾文献和借鉴成功案例经验基础上，提出如下思考和建议：

（一）培养高素质专业人才，严把策划资质认证

一个好的旅游与休闲业策划，背后必然是高素质的策划人员。正如学者任津雨所指出，影响旅游与休闲业策划质量的根本因素是策划人才的素质高低。高校、政府与业界应该通力合作，培养有创意高素质的专业策划人才。此外，国家应该尽快出台相关政策，进一步完善"中国旅游策划师"的相关认证工作。为旅游与休闲业策划制定一个行业标准，进行统一的管理，保证旅游与休闲业策划科学有序地进行。同时，要建立健全并严格执行评审制度，实施追责制，杜绝评审就是"走过场"的现象。未来，旅游与休闲业应

① 《6 年换来三板巨无霸华强文化 30 座主题公园的逻辑》，2016 年 1 月 7 日，https://baijia.baidu.com/s?old_id=288717。

当根据2017年国家旅游局印发的《“十三五”旅游人才发展规划纲要》，积极推进对旅游规划、旅游营销等专业技术人才的培养与开发，着重提升策划人员的理论水平和策划能力，争取做到“人人皆可成才、人人尽展其才”。

（二）实施差异化竞争战略

竞争战略之父迈克尔·波特在《竞争战略》中指出，差异化竞争是指提供一些全行业范围内独具特色的服务或产品。① 旅游与休闲产品差异化有利于提高整个旅游市场的品牌效应。在实施差异化战略时，并不是一味地寻求特立独行，而是要在深度了解自身及周边条件，调查了解旅游与休闲资源和市场需求的基础上，进行创意的差异化产品设计和策划。德清莫干山的“洋家乐”与方特都是实施差异化战略成功的例子。开展旅游休闲业策划，策划者一定要基于自身资源的特色进行产品策划设计，而不是照抄照搬其他成功旅游休闲产品。唯有这样，企业才能在全国各地都在搞旅游与休闲度假目的地和项目的大形势下，走出自己的路子，形成自己的特色，在激烈竞争的市场中占得一席之地。

（三）保持源源不断的创意

任何旅游与休闲产品都会衰老，人们并不喜欢一成不变的东西。唯有不断创新，才能使旅游与休闲产品保持持续吸引力。深圳多彩旅游策划顾问公司总裁卜春斌指出：“旅游产业发展是以旅游者不断变化的需求（即旅游市场）为中心，通过资源创新、主题创新、项目创新、体验创新等，进行资源配置、产品开发、运营管理以及相关配套建设的创意活动。创意就是旅游产业发展的核心密码。创意首先体现在资源的创新上。资源有限，创意无穷……创意体现在旅游产品的创新上……创意让旅游项目与众不同，使项目之间区别化、差异化，从而构建了旅游产业强大的生命力和竞争力。”② 内容的创新可能只能带来一时的轰动效应，很多新潮项目也有可能在时代的发展迭代中黯然失色，失去对大众的吸引力，因此不断推陈出新是旅游与休闲

---

① ［美］迈克尔·波特：《竞争战略》，陈小悦译，华夏出版社2005年版。

② 徐万佳：《旅游策划要走高品质之路——对话深圳多彩旅游策划顾问公司总裁卜春斌》，《中国旅游报》2010年10月10日。

业策划永葆生命力的关键。近年来，创新呈现出加速发展趋势，香港迪士尼乐园就不断推出新的项目，以保持对游客的吸引力。香港迪士尼乐园于2017年初推出了“钢铁侠主题乐园”，吸引了一大批钢铁侠迷。香港立法委财委会同年5月又通过了香港迪士尼的扩建计划，预计将要开幕的以《海洋奇缘》为主题的大型帐篷舞台，围绕神盾局、蚁人、复仇者联盟等主题进一步扩建漫威主题区，并扩建了睡美人城堡。

（四）科技创新，因时制宜

国家旅游局、中国科学院2017年联合发布“首批中国十大科技旅游基地”，旨在推动“旅游+科技”的产业融合。在2018年全国旅游工作会议上，国家旅游局局长李金早在主题报告中明确指出，坚持走科技创新发展之路是优质旅游的“发展动力”，要推动开发“华游”（全国全域旅游全息信息系统）和“世游”（全球旅游全息信息系统）。目前人工智能（AI）、虚拟现实技术（VR）、物联网、大数据等已经成为旅游休闲业追逐的新方向。未来的旅游与休闲业策划灵活运用高新科技融合发展是不言自明的，如利用移动出行等技术解决游客的出行问题，在线预订APP、百度地图、导游APP等；利用大数据分析客户的个性化需求，为每一个顾客提供客制化服务；利用VR技术，帮助客人在线选房、选择目的地甚至解决景区人流量过多问题。学者张金山曾表示，VR技术有助于丰富主题公园的项目类型，增加游客的体验度。新科技为策划者和顾客带来极大的便利，提高了效率和满意度。3D全息投影餐厅、雅高集团的智慧客房、古水北镇的智能APP等都是将科技融入旅游与休闲项目带来全新游客体验的例子。但同时，根据罗杰斯（Rogers）的创意扩散理论（参考本书第一章），利用科技进行旅游与休闲策划，应考虑游客对科技的接受程度，根据创新事物不同的发展阶段来采取不同的传播手段。目前学术界对游客科技体验及其接受度的理论和应用研究都较为成熟，今后的业内策划可以部分研究成为作为策划制定的参考项以提高策划的可行性和科学性。

（五）跨界合作，IP导向

跨界合作已经成为一种市场趋势，“得IP者得天下”似乎成了很多行业的共识。未来旅游与休闲业策划也要重视跨界合作和IP，即“知识产权”。一方面，策划工作不要局限于旅游与休闲各自的领域，要与自带流量的IP进行跨界合作。这种合作方式可以减少人力、物力、财力，对项目营销起着事半功倍的作用。比如，亚朵酒店与吴晓波合作的亚朵吴酒店，就自动吸引了一大批吴晓波的粉丝入住；康师傅与上海迪士尼乐园的跨界营销实现客户共享，品牌增益，最终实现双赢。中国旅游协会休闲度假分会秘书长魏小安曾经说过，“具有感染力的IP酒店，更能给客户以沉浸式体验”。另一方面，旅游与休闲业在进行项目策划时也要考虑打造自己的IP，形成自己的粉丝群，如方特打造的《熊出没》动画品牌等。总之，如何实现与其他领域的跨界合作，树立品牌意识，利用IP实现旅游与休闲业的价值链高端占有，是今旅游与休闲业要考虑的主要问题之一。

第九章

“谋”定而后“动”

——体育产业策划

体育活动历史久远，作为一种产业兴起于近代西方，在当今世界影响广泛，消费市场巨大。中国体育产业在当代应运而生，逐渐发展起来。与此相关的全民健身运动蓬勃发展。本章在文化产业和策划学视野下，围绕体育产业策划展开讨论，兼论全民健身运动。先“谋”而后“动”，“谋”定而后“动”。策划的目的，在助力于我国体育产业提升和持续发展。

第一节　体育产业与其策划存在的问题

伴随着改革开放的深入推进和市场经济体制的确立，在国际体育产业发展影响下，中国体育产业于当代兴起，目前正处于蓬勃发展阶段。管理层、行业内和学界既要看到其成绩和进步，积极支持，又要面对存在的问题，开展理性研讨。

一、中国体育产业兴起和发展

世界性的体育产业兴起于近代西方，英国的俱乐部体制和美国的联盟体制是全球体育产业的基本模式。北美、欧洲、日本、韩国等国家和地区的体育产业较有代表性，体育产业中的现代企业制度也日臻完善，中介作用突出，产业链延长，成为复合型产业。其中，美国的职业体育产业、健身娱乐业，意大利的足球产业，日本和德国的体育用品业，瑞士以冰雪项目为主的体育旅游业闻名世界。

改革开放初期，在市场经济的带动下，中国体育产业开始起步，经历了体育产业政策的准备和起步阶段（1978—1992 年）、体育产业政策的探索和实践阶段（1992—1997 年）、体育产业政策的明确、发展、见效阶段（1997 年至今）。① 伴随着体育产业政策的不断制定和出台，我国体育产业政策体系也逐渐形成。近年来，我国出台和颁布了一系列行业政策法规对体育产业进行规范和引导，促进了体育产业的发展，逐渐由体育事业走向体育产业，开始了由体育大国向体育强国迈进。

目前，中国体育产业起步较晚，全民健身计划实施时间短，体育产业的主导产业是健身娱乐业和体育竞赛表演业。现在还有许多不足，如全民健身政策法规进程中立法的层次低，全民健身公共服务短缺且不均衡，现有的公益性健身场地、设施开放供不应求，媒体对全民健身的理念、方法、力度等宣传不到位，广大民众缺乏科学的体育锻炼意识等问题。

全民健身与体育产业的发展之间存在着相互依存、相互促进的互动关系。体育产业的发展为全民健身提供物质保障和服务依凭，能够影响全民健身的开展水平；全民健身为体育产业的发展提供动力并对其规模与速度产生重要影响。

国家统计局和国家体育总局于 2008 年共同界定了体育及相关产业的概念，指出体育产业是指为社会公众提供体育服务和产品的活动，以及与这些活动有关联的活动的集合；2010 年《关于加快发展体育产业的指导意见》首次从国家层面明确了体育的产业地位；2014 年国务院《关于加快发展体育产业促进体育消费的若干意见》将体育产业上升为“国家战略”，并指出到 2025 年基本建立布局合理、功能完善、门类齐全的体育产业体系。

---

① 鲍明晓：《体育产业——新的经济增长点》，人民体育出版社 2000 年版，第 38—40 页。

二、体育产业策划存在的问题

通俗地说，体育产业策划，就是为体育产业出谋划策。由于之前一直受计划经济的影响，我国体育产业市场化程度不高，体育策划尤其是商业和产业策划方面，跟发达国家比较存在明显的差距。体育业策划的问题主要体现在以下几个方面：

（一）产权关系不明，策划不透明

中国体育管理体制中竞技体育实行举国体制，协会与管理中心两块牌子一班人马。在体育赛事的产权、运动员职业化、赛事转播权、场馆运营等方面产权关系不明，目前还难以将体育完全推向市场，实行全面的商业化运作。在这样的现状下，相关体育领域策划基本也由政府包办，策划存在严重的不透明现象，群众只能通过政府采取的一系列措施猜测策划的内容。

（二）产业链视角下，策划不全面

我国体育产业的策划多注重以体育用品为主的衍生品业，却忽视了上游赛事与中游媒体的策划，这就导致了体育用品、服装制造和销售的占比近80%，而包含赛事运营、体育媒体、健身休闲、场馆服务等在内的体育服务业的占比则长期处于相对低迷的状态。策划者也忽视了赛后资源的可持续利用，如设施场馆的经营管理、其他体育文化衍生品的开发、体育产业与其他产业的融合发展等。在全民健身方面，大多数活动由民间自发组织，以健康养生为主要目的，没有形成完整的产业链，难以调动各方利益主体的积极性。

（三）缺乏创意，策划水平不高

我国体育产业起步较晚，发展速度较快，策划和管理人才跟不上产业发展速度，策划和管理缺乏高素质、实用型的人才。这直接影响策划水平，导致体育赛事和全民健身活动中出现以下不良现象：重数量、轻质量，创意不高、盲目模仿，忽略区域差异和地方特色等，在各类统计中大多强调体育健身活动的次数、数量等，忽视体育质量的提升。比如，由于近几年马拉松运动在全世界范围内兴起，我国举办马拉松赛事也呈现“井喷”态势，2016

年1月中国马拉松年会公布，2015年马拉松及相关赛事已涵盖4个直辖市和全国23个省份的79个城市，较上年增加34个城市。全国已有84%的省份拥有一场或多场马拉松及相关赛事。然而，我国的城市马拉松发展模式并不完善，大多数城市的比赛并不正规且流于形式，知名的马拉松城市也只有为数不多的几个。

第二节　体育产业策划理论要点

通常来说，体育产业包括本体产业、外围产业和中介产业等。本体产业是整个体育产业的核心，主要包括竞技产业、表演业和健身娱乐业；外围产业包括体育的服装商、用品商、器材商、旅游商、博彩商、建筑商等；中介产业包括体育的广告商、赞助商和保险业等。

体育产业策划，是指策划人通过对体育市场的调查和系统分析，利用已经掌握的有关资料及手段，运用独特的思维和创意，科学地策划体育产业项目，提前分析和判断体育活动开展顺利程度及其效果，合理有效地推动体育活动的进程，目的在于促进体育产业能够更好地发展，刺激并满足广大群众对体育文化和资源的需求，带动群众对体育及其周边产业的消费。目前，我国体育产业策划主要集中在体育竞赛表演业和健身娱乐业方面。

一、体育的竞赛与表演业策划

（一）策划的特点

1. 职业化

从当今体育发展的趋势来看，各项目的职业化是必然趋势。欧洲和南美洲的足球、美国的篮球、澳大利亚的网球等职业化水平都比较高。当然，这与项目本身的吸引力、本国广泛的群众基础和权威性的行业组织管理是分不开的。所以，竞技与表演业的策划要体现一定的职业化和竞技性，满足人们对“奋斗”“自强不息”“团结合作”等正能量的需求。策划得当，一场体育赛事也可以讲好一个故事，发挥独特的社会作用。

2. 商业化

体育产业策划的一个最重要的目的，就是使产业主体和策划主体更好地得到实际利益。商业化不仅是适应经济、社会发展的需要，也是奥林匹克运动自我发展的需要。自从 1984 年洛杉矶奥运会开创了奥运会盈利的先河，商业化的气息渗入体育产业，主要包括个人体育消费和商务体育消费。

3. 社会化

体育产业已经渗透进人们的日常生活，正在变成社会时尚和潮流，从而获得了电视、广播、报纸、互联网等大众媒体的青睐，成为社会热议的话题。体育产业策划得好，不仅可以树立自身良好的形象，还能获得群众的广泛关注，扩大社会影响力，吸引更多投入而形成良性循环。

（二）策划的价值和意义

在经济价值方面，发达国家的体育产业已经成为该国支柱性产业，成功的策划活动可以激发各类体育组织和团队的名称、标志、声誉等无形资产的商业价值，并带动相关产业发展。例如，足球与世界杯在全球市场火热，促使皇家马德里巨星 C 罗以 7180 万英镑的总收入排名福布斯运动员 2017 年收入榜第一，除了自身的薪资外，其余很大一部分来自商业广告代言行业。

在社会效益方面，好的体育产业策划可以产生更多的正能量，不仅能够改善人们的身体素质、心理素质和精神面貌，大型体育赛事的举办（如奥运会）还可以促进科技的转化，推动城市文明，实现一个城市的现代化。

在政治效益方面，体育以其特有的方式促进世界和平与发展。成功的体育产业策划作为一种文化，在世界各国受重视程度高，是民间文化交流的重要手段之一，不仅促进了国家内部社会大众和谐，也促进了国家之间的关系正常发展。例如，中美之间家喻户晓的“乒乓外交”就助推了中美两国之间关系的正常化。

（三）策划的一般流程

体育产业由体育事业逐步发展而来，其策划市场化程度较低。目前，体育竞赛与表演业策划主要集中在体育的赛事策划、品牌策划、无形资产交易策划等。

1. 体育赛事策划

一个体育赛事的成功举办离不开赛事开始前一系列的精细策划。优秀的赛事策划是吸引赞助商和媒体关注的关键点，也是吸引观众的卖点。体育赛事的策划主要分为赛前的赛事规划、组织运营管理，赛中的赞助、市场推广、财务管理、利益相关者管理、风险管理和赛后的评估、衍生品开发等方面。

如下图所示：

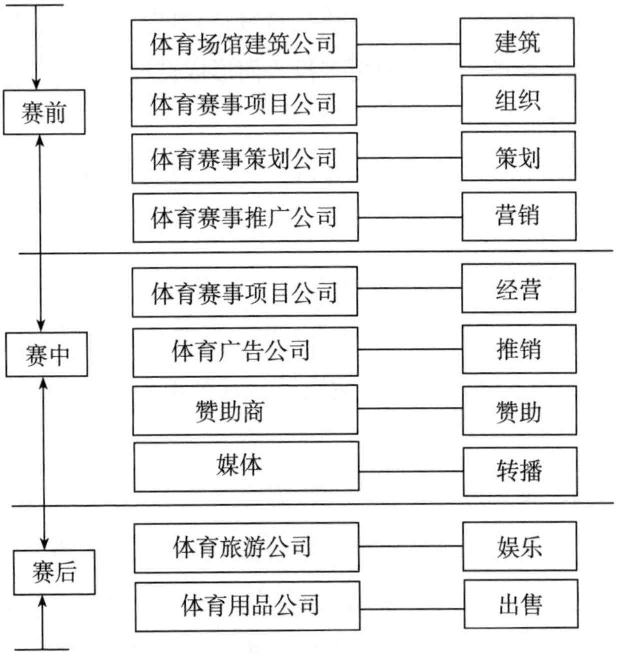

图 9－1 体育赛事策划流程①

由上图可知，针对比赛不同时段需要有不同的赛事策划，其主要策划流程是：

(1) 赛前，主要针对体育场馆建设、赛事具体事务、赛事营销推广进行的策划。体育场馆的建设策划包括场馆的地点、功能、设计、后续利用等各

① 黄水英：《体育产业价值链及盈利模式研究》，中国地质大学，硕士学位论文，2009年。

个方面；体育赛事策划和营销推广，主要需要体育赛事推广代理公司，策划推广新赛事、代表队及赛事主办者经营电视转播权、门票、赞助及特许权等权益，为客户开发市场，进行公共关系、宣传、接待、策划等运作。

（2）赛中，主要是针对赞助、无形体育资产（如冠名权、转播权等）进行策划。这里重点介绍赞助，无形体育资产策划后面有详细介绍。赛事组织公司需要与各运动员或运动队的经纪人、赛事赞助商、广告赞助商、体育比赛场地、媒体转播者、竞赛组委会和裁判公司等做好洽谈和联系，并就赛事时间地点和转播时段等协商一致，如此比赛才能顺利进行。在赞助方面，主要是由相应的中介公司——体育经纪人来沟通赞助双方，其相关策划和市场运作手段关系到体育赞助的成败。

（3）赛后，根据比赛营销推广产生的效应，可就体育旅游、体育品牌等衍生品方面进行策划，明星运动员的明星效应能带来不可限量的品牌效应，在这一基础上商业运作的空间大大拓展。例如，李宁品牌就是基于李宁在体操上的个人卓越成就产生的明星效应，从而形成了无形资产的积累。

2．体育品牌策划

策划是品牌综合差异的体现。这种差异体现在各个方面，包括市场、营销、拓展、公共关系等，所以策划是每个企业必须要做的功课。体育品牌策划是基于体育产品的属性来制定品牌、设计、生产、营销等一系列运作方式的计划，是增强体育产品有序、可控地应对目标市场的优选方略，其根本目的是使体育企业达到预期利润的最大化。① 体育品牌主要分为体育赛事品牌、运动员品牌、体育用品类品牌等，其方式主要体现在广告策划方面，这是体育品牌广告效果实现的蓝图和说明书。实施流程主要是广告计划的制定，媒体的选择，广告方案的执行和广告效果的评估，应包括市场调研与分析、广告策略、广告表现与投放策略、广告预算与效果评估。②

体育品牌策划离不开体育精神的支撑。不同于其他广告策划，不管是体

① 李国岳：《论体育品牌策划的原则和方略》，《吉林体育学院学报》2006 年第 1 期。

② 王雷、王伟、赵怡君：《体育品牌广告创意与策划》，天津大学出版社 2014 年版，第 107—112 页。

育赛事还是体育用品类品牌策划，都离不开体育精神的支撑。而体育精神主要集中在“阳光”“奋斗”“勇敢”“果断”“坚韧不拔”“团结合作”等正能量词汇方面，传递的不只是体育精神，更是一种人生信念，如耐克品牌的“Just Do It”、阿迪达斯的“Nothing Is Impossible”、安踏的“永不止步”等宣传语。

体育品牌策划要偏重于营销推广策划。营销推广策划理论主要有：以产品策略为基础的4P理论、以消费者为导向的4C理论、使企业和消费者和谐发展的4R理论。① 在这些理论的基础上，还应加强广告双方的交流和沟通，注重商业化与公共效益相结合，兼顾创新性和变通性，使品牌策划方略与体育企业的核心竞争力相契合。以代言人选择为例，体育品牌代言人大多选择某一体育行业内顶尖的明星，如科比、姚明、梅西、贝克汉姆等；即使体育品牌为了拓宽产品领域而走时尚路线，其代言人的选择也要有一定的针对性，需选择和体育品牌形象相近的明星，如耐克选择张钧甯，阿迪达斯选择彭于晏做代言人，将营销推广的经济效益与社会效益结合在一起，既增加了营销力量，又宣传了品牌的核心理念。

3. 体育无形资产交易策划

原国家体委在1995年制定的《体育产业发展纲要》中，正式对体育无形资产进行表述。此后，学者们纷纷对其含义加以界定，大致认为：体育无形资产是体育领域中与体育关联度高的、不具有实物形态而以某种特有权利或知识形态存在的经济资源，并在不确定的时间内能够为其所有者与合法经营者带来经济收益。

首先，体育无形资产交易策划最核心的要素是明确交易对象，也就是要明确交易的是体育无形资产中的哪一种。具体来说，体育无形资产应包括：(1) 体育竞赛表演活动的举办权和经营权，包括冠名权、冠杯权、广告发布权和媒体转播权，竞赛表演的名称、会徽、吉祥物等标志的特许使用权和经

---

① 4P理论，指产品（Product）、价格（Price）、渠道（Place）、促销（Promotion）。4C理论，指顾客（Customer）、成本（Cost）、方便（Convenience）、沟通（Communication）。4R理论，指关联（Relativity）、反应（Reaction）、关系（Relation）和回报（Retribution）。

营权等；(2) 体育组织、体育团队的名称、标志的专有权、特许使用权和经营权；(3) 体育专利的申请权和实施权；(4) 体育专有技术的发明权、使用权、转让权和其他体育科技成果权；(5) 体育场馆、设备的租赁权、土地使用权；(6) 体育彩票的发行权、专营权和销售权；(7) 职业体育名人的广告权、代理权等。① 这些要素也是消费者进行商务体育消费的主要内容。策划者应针对以上体育无形资产要素制定策划方案，并与相应的媒体、机构、公司建立相应的联系。例如，可以围绕大众媒体进行电视竞赛转播权的经营策划；围绕资产的利用开展赞助权的经营策划；围绕体育纪念的公益形象，开展体育标志产品的经营策划、体育博彩业经营策划等。②

其次，体育无形资产交易策划需要考虑交易平台的选择。针对无形资产的流转、评估等问题，可交给产权交易所下相应的体育产业资源交易平台，如北京产权交易所与北京华奥星空科技发展有限公司联合创建运营的体育产业资源交易平台、山东省体育局和山东产权交易中心合作搭建的山东体育产业资源交易平台等。交易平台的权威性和广泛性，是体育无形资产交易能够顺利进行的重要保障。

二、全民健身活动策划

由于体育产业在中国起步较晚、商业化程度较低，所以健身运动目前主要表现在全民健身领域，以此展开的策划集中在全民健身活动的策划。全民健身活动策划，是指为了广大人民群众增强体质、丰富文化生活而开展的策划，针对大众在闲暇时间广泛参与的、与身体活动有关且具有娱乐色彩的一系列体育活动。

（一）全民健身策划的意义

第一，策划好全民健身活动，可以提高广大群众的身体素质，通过健康美、形态美的文化陶冶，促进社会主义精神文明建设。

第二，策划好全民健身活动，可以促进社会公共体育基础设施建设，进

① 鲍明晓：《关于体育无形资产的几个理论问题》,《北京体育大学学报》1998 年第 4 期。
② 连桂红：《体育无形资产的基本特征及经营之道》,《山东体育学院学报》1999 年第 2 期。

一步培育和发展体育市场，同时促进相关体育产业的发展，拉动内需，引导消费，增加就业。

第三，对全民健身活动的策划，可以使体育活动得到更好地开展和普及，能够很好地拉近城市、乡镇、农村间的距离，协调和平衡学校体育、群众体育、农村体育的关系，促进体育的全面与和谐发展。①

第四，策划好全民健身活动，可以把我国传统的民族体育活动融入全民健身活动中，推进民族传统体育的发展。

最后，策划好全民健身活动，还有利于群众体育与竞技体育协同共进，实现我国体育事业两条腿走路的目标，进而跨进体育强国行列。

（二）全民健身策划的原则

1. 健身主体的广泛性

全民健身活动的主体为社会全体成员，不同年龄、性别、爱好、职业的人，都能在众多健身项目中找到自己的位置。针对全民健身这一活动，在策划过程中要体现群众参与的可行性、广泛性、普及性，力求使较多的人们受益，避免因门槛过高而阻碍群众的广泛参与。

2. 内容的多样性与独特性

全民健身活动的内容和项目十分丰富，既有田径、球类、游泳等现代体育项目，也有武术、太极拳、气功等传统民间健身项目，还有少数民族地区特有的民族项目。针对这一情况，策划者应当具体问题具体分析，根据不同的主体策划不同的健身活动。同时，策划应更加具有灵活性，尊重地域之间的特色和差异，因地制宜，策划出当地群众喜闻乐见的体育活动。

3. 效益的双重性

全民健身活动具有经济和社会双重效益。因而，策划全民健身活动也要兼顾经济效益和社会效益，既要使群众身心愉悦，倡导良好的社会风尚，又要注重实效、考虑经济效益。

---

① 谢庆芝：《论全民健身的社会学价值及可持续发展策略》，《青年文学家》2012 年第 24 期。

4．活动的可持续性

全民健身活动能否广泛开展、深入人心，关键是策划能否释放出活动本身应有的生命力、吸引力，因而要扎根群众生活，注意策划的深入和持久，使健身活动具有可持续性，发挥出持久的影响力。

（三）全民健身策划的核心要素

1．组织主体、赞助主体、健身主体

全民健身活动有别于一般的产品或商品，现阶段主要属于公共体育服务的范畴。因而，其组织主体主要凭借政府的重视和支持，也包括体育企业的技术、财力和设备赞助。全民健身活动的主体，是策划者需要考虑的重中之重，我们要根据不同的健身活动细分不同的受众和健身对象。2016 年国务院印发的《全民健身计划（2016—2020 年）》将健身对象分为少数民族、青少年、老年人、残疾人、职工、部队军人等，在此基础上，我们还可以考虑经济收入、人口年龄、特殊疾病、职业分类、人群偏好等方面，使划分更加全面细致。

2．休闲体育资源

从资源学看，开展休闲体育活动所要依托的资源都可以成为休闲体育资源。这不仅指体育设施、场地及相关服务等社会型资源，也指生态旅游风景区等自然型资源，还包括城市开放空间（广场、公园、绿地）等混合型资源。在策划全民健身活动时，我们必须充分考虑当地的文化、旅游、基础设施等特色资源现状，将资源整体优势转化为全民健身活动品牌建设基础，合理配置并高效利用，使得体育资源更好地为全民健身活动服务，也能更好地发挥体育资源的功能，实现其价值。

3．品牌化建设

全民健身策划要考虑到该活动的长远发展、可持续性发展，因而全民健身活动的品牌化建设需被提上日程。全民健身活动品牌，是指某项全民健身活动所拥有的独特的名称、标志或符号，该活动在策划、实施过程和取得效果中所体现的区别于其他全民健身活动的价值、文化、效益等特点，及其被社会所接受和认可的一种综合评价和价值认可。① 因此，策划者需要挖掘传统、结合实际、突显地方特色，致力于打造较高知名度、美誉度和持久度的健身品牌，使其具有较大规模和较强辐射性。

4. 整体产业价值链

全民健身活动有社会和经济双重效益。从产业视角看，其经济效益应该得到策划者的足够重视。全民健身活动的产业链一般包括上游的体育器械制造商、体育用品提供商、体育场所建筑公司、项目策划公司等，中游包括媒体公司、经纪公司、培训公司、赞助公司等，下游包括体育旅游公司、体育纪念品公司、体育用品公司等。策划者应着眼于整体，与各公司、机构达成协议，保证策划的全面性、系统性和有效性。

（四）全民健身策划的一般流程

针对以上核心要素，我们以体育旅游方面的策划为例，简要说明一下全民健身策划的一般流程。

随着体育产业和旅游业的快速发展，二者的融合性发展逐渐成为热潮。而针对体育旅游的策划主要是对体育旅游资源开发和利用的策划。体育旅游的发展取决于体育旅游资源的丰富程度，它决定了体育旅游开发价值的大小。

体育旅游开发策划是对体育旅游规划的创新，资源开发策划由体育旅游地形象策划、产品策划、市场策划三大部分构成，三大部分在策划过程中相互联系，相互证明，构成体育旅游资源开发策划的有机整体。② 体育旅游分为观赏型、参与型、文化体验型，针对不同类型的体育旅游，其策划在空间布局上需考虑自然环境、文化氛围基础及功能选型、游线设计、经营运作等要素，注意局部和整体的关系，形成主辅配合的结构，下图是体育旅游资源策划的基本支撑要素。

---

① 徐晓敏、郝海亭：《我国全民健身活动品牌建设研究》，《安徽体育科技》2013 年第 6 期。

② 周琥：《体育旅游资源开发策划探析》，《体育与科学》2007 年第 2 期。

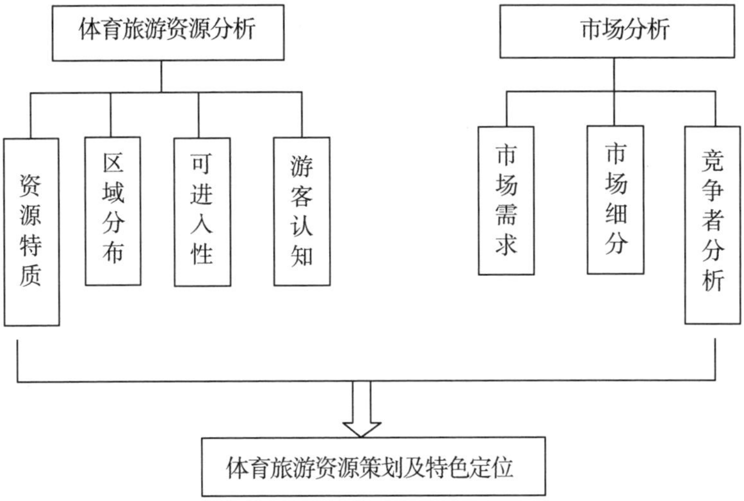

图9－2　体育旅游资源策划的基本支撑要素①

体育旅游资源策划发掘当地资源的独特性，并与市场需求相结合，要注意以下两点：1. 策划体育资源要素，需要对当地各类资源要素进行整合，并注重中国传统特色体育旅游资源，发展体育节事旅游，开发专项体育旅游产品；2. 在对体育旅游资源开发的同时，需要注意对当地环境的保护。

第三节　中外典型案例分析

良好的策划既有理论上的高度，又有实践上的可行性。前文从理论上论述了体育产业策划的原则、要素与流程，下面将视野放在现实案例上，笔者选取了体育产业策划中的成功案例进行分析。它们各有特色，可以让我们对策划理论有更直观地了解。

一、基于大数据的“NIKE＋”数字营销策划

国家体育总局体科所研究员李东健认为，未来体育与科技的融合发展将是产业升级的新增长点。NIKE 的数字化营销策划，就是体育与互联网科技

① 周琥：《体育旅游资源开发策划探析》，《体育与科学》2007 年第 2 期。

融合的典型案例。耐克公司是当今全球年营业额和营业利润排名第一的体育用品品牌。在互联网时代，耐克不再只是一个传统的运动品牌公司，2006年开始，耐克建立“NIKE +”网上运动社区①，更深入、更直接地掌握消费者的数据，准确把握他们的需求，为数字营销策划提供大数据分析，NIKE的重大营销活动都会策划加入“NIKE +”社区的力量。

例如，耐克在Facebook上面创建了拍卖APP。NIKE把旗下的鞋款拿出来，供用户在上面出价竞拍。这个“价钱”是要你用自己在“NIKE +”上积累的运动公里数来折合的，也就是说，你想要用更多的钱来竞拍，就赶紧去跑步吧。这种数字营销策划引爆了“NIKE +”社区，点燃了运动者的跑步热潮，同时，也使耐克更多的体育用品被需要，并有更多的运动数据产生并上传到“NIKE +”社区，为下一步的设计和营销策划做准备。通过对“NIKE +”数据研究，耐克发现在其社交运动网上更多是19岁左右的跑者，他们自己组成年轻的跑团，对速度的追求是其主要目标，所以在耐克今年新一季跑鞋产品的营销策划中，主打卖点是“跑得更快”，并发布NIKE WOMEN战略，策划一系列女性线下零售体验创新款。

我们可以看出，耐克的数字营销策划是在大数据的基础上进行的，即通过对用户行为的分析，以更了解用户的需求，同时改变了以往商家和消费者单向沟通的模式，加强消费者粘性。

由于这些互联网平台上的用户之间时时交流分享体验，不断带入新客户，他们创造和传播品牌忠诚度的同时，还带动了销售业绩。跑者上传的数字，成为耐克产品设计和数字营销策划的重要依据，它能通过对用户跑步信息的收集帮助NIKE找到用户、了解用户，从而更加精准地开展营销活动，耐克也成为真正意义上的“运动者的好伙伴”；从提供专业的服装、鞋，到帮助运动者制定计划、监督实施、效果反馈、专业指导，再到帮助运动者和

① “NIKE +”社区既是一个收录运动者步速、距离等一系列跑步数据的大数据库，又是一个可以同朋友分享自己的运动经验并得到一些专业建议的社交平台、专业指导平台。其开发的支持多种系统下载的NIKE + GPS和NIKE + Training的APP，NIKE + SportWatch GPS的设备和针对专门领域的NIKE + Basketball等都有追踪、记录和分享的功能。

其他同伴建立沟通联系，耐克成为全职的“专业伙伴”，这种基于全方位大数据的策划分析，才是耐克通过数字营销超越同行的关键所在。

二、NBA 在中国的本土化策划

美国职业篮球联赛（National Basketball Association），简称“NBA”，于1946 年 6 月 6 日在纽约成立，是由北美 30 支队伍组成的男子职业篮球联盟，是美国第一大职业篮球赛事，其中产生了迈克尔·乔丹、威尔特·张伯伦、阿伦·艾弗森、科比·布莱恩特、特雷西·麦格雷迪、勒布朗·詹姆斯等篮球巨星。如今，中国作为 NBA 最大的海外市场，每年为 NBA 创造最多的海外收入，NBA 对中国市场的策划与拓展是非常成功的。

在转播权策划方面，NBA 从 20 世纪 80 年代为 CCTV 免费提供比赛录像带和卫星转播信号来培育中国市场，到加强与其他媒体合作，扩大自身影响力。随着中国市场的壮大和受众的激增，NBA 开始收取电视转播费用，并抽取广告收益分成。2015 年，腾讯视频以近乎 30 亿人民币的天价买下了 NBA 的网络直播权。

在区域性策划方面，为了吸引中国观众的眼球，NBA 策划团队不断从中国引入本地球员，王治郅、姚明、易建联、林书豪等相继加入，点燃了 NBA 在中国的热潮；同时，在本土化方面 NBA 还采取了相应策略，NBA 比赛进入中国之初，“原装”的 NBA 队员和啦啦队拉近了与中国球迷的距离，随后又在大篷车活动、NBA Store（NBA 授权产品专卖店）、赛场中加入中国元素，更接地气儿地走进中国消费者的日常生活，深入拓展中国市场。

不难看出，NBA 在策划拓展中国市场方面，采取了从“免费”到“高额收费”，从保持自身特色到融入本土化的逐渐渗透策略，不仅赚取了大把的钞票，还全方位深入中国市场，拉拢了中国球迷的心。

三、泰山国际登山节的“以节养节”策划

泰山国际登山节是泰安市改革开放的重大举措，登山节的举办时间一般为每年的 9 月 6 日至 12 日，自 1987 年至 2017 年已连续成功举办了 31 届。

参赛运动员由最初的 41 个队、275 人发展到现在的百队、千人，参赛集体由初期的 9 个国家发展到 37 个国家和地区。在登山节期间，泰山国际热气球邀请赛、泰山国际攀岩比赛、全国武术散打擂台赛、“五羊杯”国际自行车邀请赛等多项重要体育赛事同时举办。“以节养节”的策划理念是泰山国际登山节发展的重要策划亮点，使最初的登山节逐步发展成为融全民健身登山比赛、经贸、旅游等多项活动赛事于一体的国际性节事，促进了泰安产业间的联动和全民健身运动的深入开展。

泰山，在中国具有相当高的知名度，但是其国际知名度还有待提高。卢元镇教授认为，“共同的语言基础”是民族传统体育国际化的基本条件之一，作为跨文化交流，语言的沟通交流是前提条件。① 而世界著名的名山大川、登山节作为一种无声的语言，促进世界各国人民的交流互动。泰安市借由泰山国际登山节契机开启“世界名山邀”活动，2007 年 11 月，泰山与富士山结为“友好山”。2009 年，在第 23 届国际登山节开幕式上成立了世界名山联盟，除泰山外，还包括加拿大落基山、德国楚格峰、希腊奥林匹斯山、韩国汉拿山、瑞士皮拉图斯山。因此，在登山比赛中，有近 20 个国家和地区的外籍选手参赛，以此也聚集了世界的目光，提升了泰山的国际知名度。

除此之外，在“以节养节”的理念指导下，国际泰山音乐节、泰山啤酒节、泰山旅游节、摄影展、老街美食节、国际兰花节、购物节等各种节日场景通过周密策划轮番登场。在充分展现国内外文化、提高民众参与度的同时，促进了当地旅游、餐饮、购物等产业之间的融合、发展，同时受到了投资商的青睐。

策划者在逐步提高泰山国际登山节知名度的同时，以“以节养节”为理念，带动泰安市相关产业的发展和相关节日的打造，突出“国际性、参与性、可持续性”，推进“品牌化、产品化、市场化”，逐渐将泰山国际旅游文化登山节打造成游客和市民的狂欢节、国际节庆旅游的大品牌。

---

① 卢元镇：《中华民族传统体育的国际化》，《体育学刊》2016 年第 5 期。

四、魁北克冬季狂欢节的全产业链策划

加拿大魁北克的冬季狂欢节起源于1894年，每年从2月份的第一个周末开始举行，为期十天。狂欢节规模盛大，活动内容奇特多彩，具有浓郁的法兰西文化色彩。目前，冬季狂欢节成了魁北克市第三大产业，被公认为北美规模最大的节庆活动，并且是全世界第三大狂欢节，仅次于里约热内卢、新奥尔良的狂欢节，每年吸引近百万国内外游人。其盛况除了当地优质的冰雪资源和自然条件外，更离不开冰雪产业的发展和对狂欢节日的策划，其中最主要的策划亮点则是基于冬季冰雪产业的整个产业链的统一策划。

在户外滑雪用品方面，加拿大本身有Spyder、Arc'teryx、Orage、Salomon、Sierra Designs、Leki等品牌，策划者会考虑加入这些品牌，满足消费者在户外服装、器具等户外装备方面的需求；同时，在滑雪场周边，也有完善的租滑雪装备的场所供消费者租赁。

在滑雪教练方面，加拿大有专门的滑雪教练认证体系，CSIA（加拿大滑雪指导员联盟）是加拿大国家性的职业滑雪指导员组织，级别从1级到4级，同时还提供雪道公园指导员的认证，消费者可以在此享受到专业的滑雪指导，确保安全性和技能性。

在度假村方面，魁北克有许多集滑雪、住宿、餐饮等于一体的度假村。例如，汤卜朗山度假村（Mont Tremblant Ski Resort），堪称“魁北克省顶级的滑雪胜地”，有宽敞的单板与双板滑雪地形公园、风景如画的村庄与设施齐全的高尔夫球场；乐玛喜山滑雪度假村（Le Massif Ski Resort）面朝劳伦斯河，背靠洛朗蒂德山区，也是魁北克著名的滑雪胜地。

在狂欢节活动方面，策划有冰雕比赛、划船比赛、越野滑雪比赛、轮胎滑雪比赛、大型滑车、狗拉雪橇赛、冰上赛马等各种体育活动。其中，非常著名的当属冰雕比赛、花车游行、独木舟大赛、攀冰运动，且活动时间兼顾日夜，游者可尽情狂欢。在狂欢节举办的同时，组织者还策划了冰屋音乐节和蒙特利尔灯光节，每年将有90万人前来体验这场冬日的庆典，享受到各种表演艺术、美食品尝、免费的户外家庭活动以及一整晚的精彩活动。

在酒店餐饮上，费尔蒙芳提娜城堡酒店、北美唯一一家冰旅馆、户外温泉 SPA 给游客带来了不一样的冬日体验；加拿大特有的枫糖浆、“驯鹿”饮料、传统的魁北克式冬季食物肉馅饼和枫糖派，也让游客享受到了魁北克地方风味美食。

在衍生品方面，策划者还推出博纳纪念品（魁北克冬季狂欢节的吉祥物，据说负责掌管这段时间所有人的欢乐）和以冬季狂欢节为主题的旅游美景系列邮票。

策划者基于全产业链的视角，以冰雪资源为核心产业，以体育用品、餐饮住宿、衍生品等为边缘产业，在悉心打造旅游产品的同时，还兼顾游客的衣食住行等各个方面，不仅为当地的体育产业、旅游产业、餐饮服务业带来了巨大的商机，也为消费者提供了便利和不一样的体验，难怪魁北克冬季狂欢节每年都能吸引近百万的游客前往。

学者易剑东指出，体育与旅游、文化、会展、养生、养老、互联网、影视、金融、制造业的融合，在“互联网 +”“大众创业、万众创新”等国家战略和大众旅游时代背景下，不仅激发了体育产业的活力，也为旅游产业的创新转型提供了新方向。① 借 2022 年举办北京冬奥会契机，中国冰雪体育产业将迎来巨大的发展机遇。魁北克冬季狂欢节的全产业链策划提供了一个很好的典范。

第四节　策划提升的思考与展望

体育产业与全民健身活动，是相互促进、相互关联的关系。二者的策划因而具有共同性或相似性。在此，针对第一节概括的问题，对策划提升加以思考；基于政策、科技和产业融合的角度，展望发展新趋势。

---

① 易剑东：《从产业链整合视角看“旅游 + 体育”深度融合》，《中国旅游报》2017 年 4 月 24 日。

一、体育产业策划提升的思考

（一）基于顶层设计视角，惠民性效益考量

在很长一段时间内，我国的体育是作为一种事业来发展的，国家针对体育产业和全民健身的发展也出台了诸多政策支持。这主要是基于一种惠民性效益、国家荣誉和社会效益的考量。近几年来，尤其是2008年北京奥运会过后，人们对体育产业和全民健身非常关注与热爱，所以在策划过程中，要兼顾经济效益和社会效益。策划的赛事和活动要与广大人民群众的精神需求、体育消费需求及全民健身发展方向紧密结合起来。正确引导大众体育消费，促进全民健身与体育消费市场的良性循环。

（二）基于价值链视角，系统设计策划

每个产业都有其特有的产业链，赛事资源＋媒体传播＋衍生产业，构成完整的体育产业链，上游赛事可以分为：职业联赛、国际重大体育赛事、大众体育赛事；中游主要由传播媒体构成；下游衍生产业包括体育用品、体育彩票、健身培训等。而各环节主要表现方式包括：企业赞助、联赛分红、门票收入、转播费收入、付费用户订阅赛事内容、商品及彩票等。这就要求策划者视野开阔，思维创新，充分考虑到产业链的各个方面，进行系统化的设计和策划。对体育活动的电视转播、体育广告，设施场馆的建设经营，体育俱乐部制推进及中介机构发展等，进行市场化策划和管理；同时，根据现有的体育产业结合群众体育消费的特点，充分预测体育消费趋势，不断开发、策划体育新产品使之满足国民体育消费的需求；还要加强对体育产品科技化的重视，提高体育消费的科技含量，从而不断激发群众体育消费的动力。

（三）基于区域化视角，突出地方特色

体育产业与区域环境联系密切，体育产业和全民健身发展具有区域性特点。这种区域特性不仅体现在其发展规模和速度上，还体现在各区域自然体育资源和社会体育资源的差异上。比如，我国东北地区天然的气候特点有利于冰雪产业的开展，江浙一带水域遍布适合全年赛龙舟。因此，在策划的过程中要依托区域资源要素，选择适合本区域发展的产业类型，优先发展符合

区域优势的体育项目和民族特色体育项目，并“坚持分类指导的原则，策划设计多重目标体系的项目”①，使这些项目符合各地区的实际情况。

（四）基于投融资视角，策划融资多元化

我国体育产业曾经长期受计划经济的影响，政府投资一直占重要地位。随着体育产业不断发展和国家的划分界定（国务院发布的《关于加快发展体育产业的指导意见》将体育产业分为公益性体育产业、混合型体育产业和经营性体育产业），经营性体育产业越来越市场化，完善体育产业融资体系势在必行。此外，社会中还蕴含着许多支持我国体育产业和全民健身快速发展的热情与潜能，可以动员与吸纳社会的资金来共建社会主义的体育大厦，实现投资人回报的爱心，同时也为普通体育健身者带来优质体育服务的福祉（增进普通体育健身者的福祉，实现投资回报）。因此，在策划的过程中要注重融入多方利益关系，不再依靠政府单一化投资，合理策划赞助商，进行融资的多元化分配。比如，在活动前策划采取体育基金融资、商业银行贷款融资、体育赞助融资、体育彩票融资等方式，并与其他产业进行融合性发展，从其他产业方面拓宽融资渠道等。

二、体育产业策划发展新趋势

人们健身意识的觉醒和消费水平的提高，使体育产业展现出新的面貌，产业内外环境的变化也给策划活动带来新方法和新思维，下面将对体育产业策划的发展趋势进行预判。

（一）“策划＋政策”：兼顾政策红利

2014年9月2日，李克强总理主持召开国务院常务会议，确定加快发展体育产业，促进体育消费和大众健身，并制定了取消审批、优化环境等具体措施，体育产业黄金时代正式开启。简政放权、放管结合，取消商业性和群众性体育赛事审批，放宽赛事转播权限制，最大限度为企业“松绑”。这为体育产业策划提供了自由的环境，所以策划者在策划的过程中，应盘活、用

① 王艳：《我国区域优势体育产业选择与培育发展研究》，上海体育学院，博士学位论文，2011年。

好现有体育设施，积极推动公共体育设施向社会开放，在更好地服务群众的同时提高自我运营能力。

（二）“策划+互联网”：借乘科技翅膀

2015年被行业内人士称为“互联网+体育”发展元年，近年国内出现了数十家互联网+体育运动初创企业，传统体育产业公司也纷纷转型升级，对自身的产品和服务进行网络布局，不仅包括体育用品、体育场馆的智能化（智能手环、智能网球拍、智能跑鞋等），还包括体育无形资产的网络化交易（如新媒体版权）。2015年，腾讯5年5亿美元拿下NBA在中国的网络独家版权，PPTV 2.5亿欧元拿下西甲未来5年在中国的版权，体奥动力5年80亿人民币拿下中超版权……在进行体育产业策划时，要将互联网基因充分渗透到体育产业的每一个环节，从而实现传统体育产业的转型升级。

（三）“策划+融合”：促进产业融合

随着体育产业快速发展，我国体育产业与相关产业的产业融合与业态创新也已开始显现。学者易剑东也表示，其他行业进入体育产业是未来的发展趋势。体育产业与旅游、文化、信息等相关产业通过产业融合形成了体育旅游、体育会展、体育传媒、体育演艺、电子竞技和体育电子商务网站等新兴体育相关业态。这些产业之间将在技术、业务、市场方面进行更加深度的融合，将为体育产业催生出更多新产品与新服务，增加体育产业的创新性需求。① 这就要求策划不能仅仅局限于体育产业内部，还要兼顾其他产业策划，做到不同产业间的融合发展，从而碰撞出更多的创意。

① 詹新寰、孙忠利、王先亮：《产业融合机制下体育产业发展研究》，《首都体育学院学报》2008年第6期。

下　篇

第十章

长风破浪会有时

——动漫与游戏策划

作为文化产业的一个重要组成部分，动漫与游戏产业近十年来在中国得到前所未有的发展，已经成为与影视、音乐等并驾齐驱的最重要的娱乐产业之一，互联网的广泛应用和不断升级也为该行业蓬勃发展注入了新的活力。然而，我们也必须看到，动漫游戏业在大力发展的同时也遇到困惑和挑战，由于科学策划缺位，原创不足、跟风严重，甚至粗制滥造的“圈钱”之作也在市场上鱼目混珠，发展多年的国外成熟企业对国内市场的巨大蛋糕虎视眈眈，内忧外患的现状对动漫游戏产品质量提出了更高的要求。因此，笔者围绕策划和创意展开探讨，更有意义。

第一节　动漫与游戏策划存在的问题

动漫产业是这样一种产业：它以“创意”为核心，以动画、漫画为表现形式，包含动漫图书、报刊、电影、电视、音像制品、舞台剧和基于现代信息传播技术手段的动漫直接产品的开发、生产、出版、播出、演出和销售，以及与动漫角色形象有关的服装、玩具、电子游戏等衍生产品的生产和经营。

“游戏”一词在《辞海》中的定义是：“以直接获得快感为主要目的，且必须有主体参与互动的活动。”这说明了游戏的两个最基本的特性：一是以直接获得快感（包括生理舒适和心理愉悦）为主要目的；二是主体参与互动，主体的动作、语言、表情等变化与获得快感的刺激方式及程度有直接联系。

动漫与游戏两个产业之间有明显的不同，也有相互联系和相一致之处。在很多情况下，本书将两者放在一起谈论。面对动漫游戏业，我们既要看到长足发展的大局势，也要看到存在的不容忽视的问题和短板。客观理性地认识和研究动漫和游戏业，有助于该行业健康发展。让我们先从产业实践与其策划存在问题的分析入手吧。

一、产品内容缺少创新

从当前制作的现实情况来看，中国的动漫与游戏业产品，总体策划缺位，主题十分单一，内容策划缺乏一定的创新性。动漫游戏产业具有高投入、高利润和高风险性的特征，无形资产占据了其资产中的大部分，是产业的核心资产。实际上，我国目前很多动漫游戏制作都是在一些国外同类产品的基础上改编而来的。单纯的模仿和照抄，使得动漫游戏产品看起来不伦不类，既失去了国产产品应有的色彩，也与国外产品水平相差甚大，没有形成中国独特的动漫游戏风格。

动漫游戏产品特色在于用特殊的表现手法把丰富的民族文化内容表现出来，并且能够引起观众兴趣。大熊猫是中国的国宝，武术是我们的精华，却只能由美国梦工厂让其扬名天下；花木兰的故事在中国家喻户晓，却只能借助好莱坞才能蜚声海外。为什么中国资源和元素需要借由外国产品才能在世界传播？只能说明我们自己缺乏独特创作，创新不足，眼界不够开阔，思维固定在传统的模式里，只能拘泥于模仿跟风，因为眼前利益失去了长远追求。

二、受众需求缺乏把握

从消费和传播策划角度来看，动漫游戏传播，也是选择性地加工信息，通过某种渠道传递给受众，并且引起受众共鸣的过程。在信息传播过程中，参与的主体是十分广泛的，包括传播者、传播内容、传播渠道、接受者以及传播效果五个方面。以国产动画为例，传统观念中受众群体主要为青少年和儿童，但是随着80后、90后乃至00后的成长，中青年已经成为动漫产业一股不容忽视的消费力量，他们人口数量更多，是整个动漫市场消费的主体。他们的求知欲望和好奇心都十分强烈，且已具备了自己的知识系统，能够做基本推理而形成自我意识。中国的动漫业却没有科学地应对和策划，缺乏针对这些消费者的实际心理加以精准分析研究。这些年来，许多国产动画作品，没有很好地结合消费者的实际心理需求。虽然有些作品色彩较为鲜明，能够在一定程度上满足幼儿观看，但对于人数更多、层次更高的青少年来讲，这些作品情节简单、故事性不强、制作也不够精良，因而看起来就显得索然无味，难以满足需求。

三、高端策划专业人才匮乏

我国动漫与游戏产业面临的突出问题是人才难题，高端策划专业人才匮乏。文化产业具有低能耗、低污染、高产业价值、多就业机会等特点与优势，被誉为“21世纪的朝阳产业”。动漫游戏产业属于文化产业的一个组成部分，十分鲜明地体现了文化产业的特征，并且与科技紧密结合，对人才需求量大。近十几年，随着市场形势发展，该产业越来越受到政府和社会的广泛关注。面对诱人的市场前景，政府出台各种扶持政策，不断加大投入力度，由此催生了一大批动漫游戏人才培训机构。经过一段时期发展，虽然该行业员工薪资逐渐增长，但高端专业人才、专职策划人，却依然是稀缺资源。

创意和策划是产品的灵魂。有的人可能认为，动漫游戏策划，就是写个精彩的故事、出几个好点子。但问题是：精彩的故事和好点子，本身就是好的创意，说起来容易做起来难；要将好的创意转化为好的产品，必须要经过系统的、科学的、精心的策划和运作，这种策划和运作，需要做很多艰苦的工作。如果事情如此简单，那岂不是人人都可以做策划？

目前，国内的游戏产业尚处于起步阶段，既缺乏系统的专业理论指导，又缺乏实战经验，以至于一些游戏制作公司和大多数玩家对策划都存在不少误区，主要表现在：一是认为有高超的程序编写能力就能做出一个优秀的游戏，轻视甚至忽略策划工作的专业性和重要性，以至于不少制作组的负责人甚至就是程序员出身；二是认为能编故事就能做策划，做策划是一件轻松愉快的事情，甚至还有人戏言“会编程序的做程序员，会画画的做美工，什么都不会的做策划”。

动漫游戏作为集剧情、故事、音乐、美术、动画、程序等技术于一体的文化商品，对策划者的素质、能力和水平要求很高。总体来看，技术并不是中国动漫游戏研发的瓶颈，最大的瓶颈在创意策划上，这就要求以高水平的专业策划人才作为坚强的后盾。高端专业人才的不足，已经成为制约行业发展的瓶颈。国内动漫游戏产业在人才需求与职业教育之间的脱节问题十分突出，导致高端专业人才市场需求吃紧，供不应求。要使我们的动漫游戏产品在民族性上有自己的特色，最需要的是要有一批深谙民族文化、有正确的人生观和价值观、有深厚的人文底蕴的高水平策划专业人才。

第二节　动漫游戏产品策划要点

创意和策划是动漫与游戏的生命，贯穿产品创作、营销、传播和产业发展的方方面面。只有深刻领会创意的精神内涵，宏观把握并自觉运用策划在动漫与游戏创作过程中的方法与形式，并有重点的具体融入主要流程和环节，才能使创作的产品具有旺盛的生命力，适应市场需求，满足观众需要。

一、动漫产品策划

一部完整的动漫产品，一般要经过三个流程：前期、中期、后期。前期的策划是预期和筹备，以创意构思、剧本编写、绘画艺术等一系列的思考、创作、设计为主，为中后期设置方向打下基础；中期主要是制作阶段，包括原画、动画、画面着色、特效、摄影等，是十分具体而细致的工作；后期主要是编辑合成阶段，包括剪辑合成、配音、音乐和效果合成、营销策划与宣传等。动漫制作流程计划承接性和操作规程严谨性明显，具有分工细密、程序复杂的特点。一般来说，一条成熟的动漫产业链应该涵盖：上游——动漫产品创作及播映；中游——动漫品牌形象推广；下游——动漫衍生品开发。各环节相互配合、紧密衔接，实现协同发展，以促使动漫产业实现盈利和社会效益最大化。

（一）前期创意阶段

1. 选题策划

前期选题策划在项目启动之前，动画策划人和制作者利用资源、发挥创意对项目进行有计划性地准备布置、创造性地思考谋划，并制定有效方案来达成预期效果和目标。动画的选题策划立项大致分为两种情况：一种将现有的漫画、小说或者游戏原作制作成动画，这是现阶段十分流行的“IP”改编，原作的剧情和人设占据前期策划的重要部分；另一种为动画公司筛选策划书进行原创，称为“原案”。原案的编剧一般由公司专属编剧部门来负责，或聘请自由作家来撰稿。所要表现的故事选材可以是原创，也可以是根据原著改编。故事表达应有鲜明的主题、合理的剧情建构、流畅的叙事节奏、适合而协调的内容与形式。

2. 市场调研分析

无论动画公司选择原案还是“IP”改编，在立项前都需要进行市场调研和受众定位。市场调研是策划必不可少的一个步骤，通过调研可以获知受众群体的年龄、性别、教育背景、购买力、心理特征及行为、相关生产的心理变量，如对作品的兴趣、态度等。通过调查数据，公司有依据地分析潜在成功因素、商业效应、衍生品开发的方向和可行性，起着预测市场前景和锁定受众对象的作用。策划人借助调研，进一步确定制作目标和市场定位。充分的市场调研是动画初始策划的基础，原案策划尤其需要充分运用各种科学思维方法和能力。搜集相关市场、环境、形势、政策等信息，以便拟定受众对象、明确动画制作目的、动画主题呈现形式，根据受众对象的审美和需求初步制定方案，这对动画剧本创作有一定的参考价值，以便有针对性地创作和设计动画的内容。

（二）创制阶段

1．剧本创作

剧本创作在动漫制作中十分重要，是生产一部优秀动漫的前提和基础。无数事实表明，许多在国际上获得极大声誉的动漫作品，都策划了一个好的剧本并深受观众喜爱。把故事脚本改编成一个好的动漫剧本，需要对原有的故事进行艺术加工。在这个过程中，市场定位和创意是非常重要的，没有新颖的创意，难以创作出好的剧本。正确的定位，即动漫作品是为大众服务的，要将观众和读者放到第一位。国内通常有人认为动漫作品是给孩子看的，因此就总是以“教”字打头。实际上，娱乐因素也相当重要，更重要的还必须考虑到如何去适应市场，这是动漫产业必须注意的。动漫产业发展固然需要一个广阔的空间，但是并不意味着产业中的内容创新拥有 100% 的自由度。作为一个产业、一个商业模式，成熟的动漫产业需要考虑经济效益，考虑思想性和消费者满意度。这也就决定了娱乐产业的内容创新要以消费者的需求为核心，在艺术性和商业化之间来权衡。①

2．角色设计

一部好的动漫作品，除了有好的故事、高水平的导演外，具有魅力的个性角色和造型也是吸引观众眼球的重要因素。角色作为动漫作品中的故事演绎者和情感传达者，在很大程度上决定了作品的成败。一提起喜爱的动画片，人们的头脑中首先就会浮现出一个个具体鲜明的个性角色和造型，如勇敢无畏的阿童木、聪明正义的一休、胆大智慧的海尔兄弟、机智勇敢的黑猫警长、团结一心的葫芦娃兄弟等。

正是依靠这些可爱生动的角色策划，成功的动画片才充分传达出故事情节和人物个性，从而引起了观众共鸣、深得观众喜爱。近年来被全国各大电视台争先播出的动画片《喜羊羊与灰太狼》的成功离不开片中五个人见人爱的小羊角色：慈祥的村长慢羊羊、聪明的喜羊羊、天真可爱的美羊羊、大智

① 冯波：《动漫剧本的创作以及再加工》，《艺术科技》2013 年第 10 期。

若愚并喜欢睡觉的懒羊羊以及力大如牛的沸羊羊。在五只小羊羊造型上，个性鲜明、表情生动和富有童趣，是深受小朋友喜爱的主要原因。就连该片中的反派角色，河对岸那只每天都想要抓羊吃却总是自讨苦吃的灰太狼，因为在故事中不折不扣地扮演了一个“好老公”的角色而受到了年轻白领的追捧，以至“嫁人就嫁灰太狼的十大理由”的帖子在各大论坛张贴，灰太狼成为城市白领的择偶新标准。可见，成功的动画片角色必须具备灵动的个性和出色的造型设计。①

日本动漫发展史实质上是“故事与角色”发展的历史，对“角色”的高度重视是日本动漫有别于欧美动漫的显著特征。与此相关而值得重视的另一个概念是“角色消费”，它是当代大众文化发展到一定阶段后出现的一种文化表现形式。有学者指出，这是将动漫作品中衍生出来的角色加以商品化并作为消费品所进行的一系列消费，在日本“动漫角色消费事实上就是一种典型的符号消费”，“又是一种具有全民色彩的社会文化活动”。②

3. 分镜头脚本设计

一般情况下，导演或创作者在完成剧本创作之后，会把剧本里的内容通过撰写文字或绘制图画的方式，逐一分解成镜头语言。这样的镜头语言可以直观地表达导演思想、故事情节和动画片风格。不论是文字分镜头还是图画形式的分镜头，里面都包含了每个镜头的镜号，在开拍之前，把叙事场景和动作分成单个镜头和段落，再将文字画面化，用画面讲故事。并且，在每个镜头的旁边都会标注出该镜头的技术信息，如时长、内容、景别、配音等。一部动画片的分镜头脚本可以被称为这部动画的蓝本和参考手册。它帮助和指导动画片的制作和拍摄，清晰地告诉导演和制作者该如何组合镜头，绘制故事内容。换句话来说，分镜头脚本是导演构思的图像化展示，是制作人员的拍摄依据。因此，分镜头脚本的设计在一部动画片的制作过程中十分重要。

前期的分镜包含着导演对每一个镜头构图的美感和意义的思考、画面光

① 刘琴：《国产原创动漫提升剧本创作能力的策略探讨》，《今传媒》2010 年第 1 期。
② 韩若冰：《日本动漫角色与角色消费研究》，山东人民出版社 2015 年版，第 8 页。

效及气氛渲染的把握、对全片的风格样式的设想，凝练着导演在艺术处理上的创作意图、对动画剧情结构的理解、对艺术构思的表达。创作一个优秀的动画分镜头脚本，需要理解分镜头作为动画视听语言背后的语义、文化溯源、创作法则、内在逻辑等多方面的内容。

（三）作品传播阶段

1．营销策划

任何产业的可持续发展，都要有一个完整的产业链条。动漫产业也不例外。作为产业链的重要环节，动漫产品营销周期长、体验度高，离不开策划。动漫营销，指动漫企业以创意为核心，通过动漫画表现形式（包含动漫图书、报纸杂志、电视、电影、音像制品、舞台剧演出等），以及基于现代传播媒介新形式的动漫作品的出版、播出、上映、开发和销售，以及与动漫相关的玩具、服装、游戏等衍生品的生产和经营活动。① 以动漫品牌形象借助内容传播形成的影响力，通过商业运营，实现在不同商业领域的多次销售，创造出高附加值，在配合紧密的运营机制下，动漫形象和内容创意可以很容易地延伸到其他领域。

以迪士尼2013年的动画电影《冰雪奇缘》为例，其营销策划在影片的创意前期就已开始。首先，人物造型严格按照市场的需求来设计，电影主人公Anna和Elsa分别是迪士尼著名的“公主”系列的第13和14位公主。其中，Elsa在电影中的形象与原始设计图中差距较大，从一个女巫、坏皇后的形象最终弱化成一个高贵典雅的迪士尼公主形象，而这个形象无疑更符合市场期望，Elsa也成为迪士尼第一个“女王”版的公主。其次，以成长和亲情为主线的故事展开使观众具有更强的代入感。然后，优美的音乐使得曲目不仅可以依附电影，也可作为电影原声唱片独立出品。《冰雪奇缘》以1.5亿美元的制作费用收获了近10亿美元的全球票房，并获得了第71届金球奖②

---

① 于庆尧：《动漫营销研究的新思路》，中国美术学院，硕士学位论文，2012年。

② 金球奖（Golden Globe Awards）：美国的一个电影与电视奖项，以正式晚宴的方式举行，举办方是好莱坞外国记者协会。此奖从1944年起，每年举办一次。此奖的最终结果是由96位记者（其中约2/3是兼职）投票产生的。

的最佳动画片奖和第86届奥斯卡金像奖最佳动画长片和最佳电影原创歌曲奖，主题曲的两个版本销量在权威的美国公告牌排行榜上都取得了相当不错的成绩，可谓大获成功。

整合营销的核心战略在于以消费者为中心，整合优势资源、协调营销工具以凸显品牌的力量。由于中国传统动漫制作人的营销思想不够成熟，缺乏市场观念和观众意识，或多或少对动漫营销和衍生品开发有所忽视，缺乏对动漫受众市场的长期投入和引导，没有孕育一个强大的群众性、文化性的消费力量，极大地制约着国内动漫产业发展。迪士尼的成功案例，无疑可为我们提供参考思路。

2. 衍生品策划

动漫衍生品，即为利用动漫中的原创人物形象，经过专业衍生品设计师的精心设计，开发制造出一系列可供售卖的产品或服务，如电影、书籍、玩具、服装图案、日常用品、家用电器等，其中动漫玩具占比最高，达到我国动漫衍生品整体市场的一半以上。动漫衍生品开发，唯有在造型初期先系统化地设定其衍生灵魂，才可产生一系列良性的蝴蝶效应。

从动漫前期的造型设定再到衍生品多种类开发，应注意：首先，安全感作为人类需求的较低层次，也是玩具造型前期必须考虑的前提。使用人群年龄层低的玩具设计，应避免有尖锐边角且玩具不能太小，尺寸最好是幼童不能将其塞进嘴里，以免堵住喉咙。避免有绳索吊带的玩具，防止幼童将绳索挂在脖子上，材质运用也必须达到幼童使用标准。其次，造型形态上要注意线条勾勒和趣味性、实用性。性格硬朗的角色硬线条造型处理，如长期占据玩具市场的变形金刚系列。前期设计还应该融入一些贴近生活的可延展设计，如动画片《狮子王》幼年时形象圆润可人，从造型上剖析其整体呈面状，迪士尼将面元素围合作用融入后期衍生品设计中，儿童书包既能够达到一定的广而告之作用，又恰到好处的将实用性与毛绒玩具做了很好结合。最后，精神文明的不断提升，也大大推动了人类传统观念的更新，玩具不仅可以玩，还可以起到教育作用。于是“寓乐于教”也逐渐被扩大化地出现在各类动漫衍生品中，如《蓝猫历险记》衍生出《蓝猫淘气三千问》刊物，“喜羊羊”这一机智聪明又勤奋的角色，衍生出卡通形象的儿童点读机等。①

二、游戏产品策划

“游戏”本身属于感官体验产品，具有特定行为模式、规则条件、身心娱乐及输赢胜负的特点。一款游戏能否被玩家认可，取得商业上的巨大成功，离不开策划的创意与设计。策划是游戏大方向的主导者，是将构思最终走向成品的实现者，因而是理想与现实之间联结的桥梁。策划人不仅是游戏创意和设计者，更是执行者，两者紧密结合。

专业的游戏策划，要根据市场、公司、游戏用户的需求设计合理、新颖、有趣的游戏规则，并且可以撰写各项可执行文档，来指导程序、美术、音效、市场等相关人员工作，而且要长期和目标玩家沟通，来完善游戏的品质。

游戏策划，当然要尽可能多地包含玩家各种各样的需求。游戏所能够满足的需求越多，这款游戏就会越受玩家的认可和欢迎。对于一款游戏来说，重要的不是它有多么复杂的设计和庞大的系统作为支持，而是要让整个游戏带动玩家的兴趣和激情，在好奇心的驱使下进入游戏当中，拥有良好的游戏体验。所以，游戏策划一定要选取好的角度，拥有好的设计理念、完美的构思和游戏架构，从而处理好虚拟和现实的关系，让玩家能够在游戏的虚拟世界中有不同的境遇，进而给玩家足够的满足感。

（一）市场调研

游戏产品市场调研，主要包括对现有作品调研与对用户需求调研两种。前者可避免新策划作品有“跟风”之嫌，后者可保证作品面世后有市场需求，即足够的用户群。此外，市场调研还有游戏产品的时效性问题。一个游戏作品制作周期，短则一年半载，长则两年以上，但产品销售期却非常短，国内通常只有两个月时间左右。也就是说，在一款游戏面世两个多月内，公司就可以得知自己的人力、时间和资金投入是否得到了回报。因而，为开发

---

① 李雯雯：《论前期策划与动漫品牌营销之间的关系——浅析造型设定对动漫衍生品开发的影响》，《大众文艺》（学术版）2013 年第 8 期。

一个新产品进行市场调研时，一定要有一个提前量。首先确定自己产品上市时间，然后根据调研结果判断上市时是否会受到其他产品冲击，用户群是否会因为技术更新、新品上市而转移等。

（二）工作计划

通过调研对当前游戏市场充分认识后，策划人员就要开始确定工作计划安排。工作计划至少应包括：游戏主要指标、各部门工作量预算、制作时间预算、资金预算和进度表。根据游戏容量大小确定参与制作的人员结构，既要在预计时间内完成任务，又要在过程中无人员闲置。安排是否得当，取决于策划经验和预测。在不同游戏种类中，制作组的各部门人员比例不一样，如角色扮演游戏①，美工工作量较大，就应该在美术方面多加人手，可专门安排一人做文字方面工作；战略类游戏美术工作量相对较小，但数据量大，结构复杂，调整困难，靠策划一个人难以胜任，那么就应该安排人员协助策划，做数据设定方面的工作。由于在制作后期就要开始做宣传、销售，工作日程表一定要比较准确，误差不能太大。日程安排过松或过紧，都会影响工作效率，从而增加开发成本，直接影响回报率。

（三）创意开发

任何游戏都由游戏规则和执行规则的人组成。创造游戏好玩最核心的因素，一是明确的而且可达成的游戏目标，二是玩家用以达成游戏目标且有限制的能力与权利，这是游戏的本质。如果游戏题材比较老套，就应该试图从一个全新的角度来阐述古老的故事；或以全新的观念来论释古老的题材；或以全新的体裁制作古老的题材。做到旧瓶装新酒或者是新瓶装旧酒，不能给游戏者乏味或雷同的感觉，要让游戏者在不同的方面领略到新意。

对游戏策划而言，照搬市场上已成功游戏的核心玩法再加点“微创新”无疑最保险，这已经过市场验证，也是不会侵犯版权的。但这种做法容易导致“同质化”等一系列问题，相互之间模仿之风盛行会使玩家厌倦，市场相对疲软。创新需要时间。一个好的创意，从策划之初到最终与用户见面，需

---

① 角色扮演游戏（Role－Play game）：简称“RPG”，是游戏类型的一种。在游戏中，玩家负责扮演这个角色在一个写实或虚构世界中活动。

要不断地去感受市场、争取市场主动性。玩家的需求是可以被挖掘出来的，如果不做点新的东西引导，他们也不知道自己有这个需求，但这是一个繁琐并且漫长的过程。草草地将一个也许还有些创新的作品推向市场，也必然草草地被市场所遗忘。

一般游戏中，最常用的是两种叙述角度，也可以称之为视角，即第一人称视角和第三人称视角。主人公是游戏的灵魂。只有出色的主人公才能使人流连于虚拟世界，才能演绎出精彩的故事。因此，精心设定出一名主人公，游戏就有了成功的把握。确定游戏主线还要注意两个重要因素：一个是情感因素，只有人的本性才可以触动人，使游戏者沉湎于这个游戏；另一个是悬念，悬念是游戏中带有紧张和不确定性的因素，不要让游戏者轻易猜出下一步将要发生什么。加入适当的悬念可以使游戏更吸引人。

游戏追求的最终目标是“乐趣”，是“娱乐”，可玩性或者说娱乐性，等同于游戏的生命。达此目标，概括来说就是调整游戏的平衡。合理的关卡设置让玩家在游戏升级中得到乐趣。游戏平衡性贯穿游戏设计和开发的全过程。平衡是玩家通过一系列选择，最终得以胜利或者在完成所规定的条件后结束游戏。在大多数游戏中，策划的目标是平衡地安排事务，以便胜利只能通过技能和判断来赢取。

（四）营销策划

对于游戏业而言，盈利模式体现在点卡、包时卡、道具卡、客户端、特权 VIP 收费、“免费游戏 + 虚拟物品买卖”的经营模式等。后续营销有重要价值。

1. 植入式游戏广告

这是指营销主依托于游戏本身娱乐性带来的属性和互动性，结合游戏产品文化背景和内容独特性，把企业的广告意图转化为游戏中相应的道具、场景或者任务等表现组合形式。它是企业以网络游戏为媒介进行企业产品或服务宣传展示的主要途径。优点是游戏的开启和结束界面一般布满整个显示屏，发布的广告信息比较直接、清晰，但广告时长会引起游戏者的反感。因此，广告时间通常十分有限，对广告界面的要求比较高。这就要求公司产品广告设计必须精美、简洁、有创意，力求使玩家在匆匆一瞥中理解广告所表达的含意。

2．线上与线下整合营销

这是一种多种因素参与、以消费者为中心而展开的更有效的组合营销方式。二者相辅相成，共同作用。其主要表现形式有：

（1）网络游戏中物品兑换现实产品。优点是新颖、趣味性强、互动性强，迎合了年轻群体追求新鲜的喜好，非常受玩家欢迎。

（2）购买产品获得虚拟物品。这种策略是对上面策略的逆向运用。该方法被企业较多运用，即用户购买企业产品或服务后，可以得到游戏中的虚拟物品。虚拟物品作为商品的增值产品，是产品促销的一个亮点，购买实际产品是整个过程的前提基础，企业营销中可以得到实际的销量增长。

（3）根据产品定制不同形式的网络游戏。这种策略不同于前两者，强调产品是基础，产品衍生出游戏，游戏一般是以产品为核心展开进行的。

3．利用游戏深度线上营销

突出特点是对游戏作为营销渠道的深度挖掘，方法更新颖、更具创造性。企业通过此方式可直接完成产品销售，或间接取得目标客户对产品关注，引发客户购买兴趣，影响购买行为，达到市场营销目的。

4．以游戏为卖点复合营销

企业以玩家对游戏喜爱为出发点，开发生产出可满足玩家需求的产品，线上与线下复合营销。优点是产品与游戏结合得好，可使用户对游戏的热爱转移到对产品及品牌喜爱上，提升品牌形象，增加产品销售。

第三节　典型案例分析

无论国外还是国内，动漫和游戏问世以来，策划人和从业者创造了数不胜数的产品，有的昙花一现，有的影响久远。下面选取有一定代表性的案例，着重于创意和策划亮点分析，彰显其价值和重要意义。

一、日本动画影片巅峰之作《千与千寻》

《千与千寻》是日本吉卜力工作室制作的长篇动漫电影，被国际社会公认为“堪与迪士尼遥遥相望的世界动画另一高峰”① 的宫崎骏的巅峰之作，于2001年7月20日在日本正式上映。“该作品除在美国以外还在欧盟各国、中南美等全世界的各个国家中公映，实现了前所未有的世界称霸”②，不仅创下日本动画电影史的票房纪录，还获得柏林国际电影节最高荣誉金熊奖以及第75届奥斯卡最佳长篇动画奖。由于独特的创意和策划，该片实现了艺术与商业双赢。

亮点一：角色设计独特，主题层次丰富

合理的角色设置，是动漫故事完美展现的基础。《千与千寻》中不仅设定了大量具有现实意义的人物角色，也设置了层次分明的人物关系。首先，执迷于金钱的汤婆和油屋侍者、在现代文明中失去自我的白龙和无脸男等“迷失”的形象，反映了宫崎骏对社会现实的担忧和思考。千寻的父母、河神等人物形象符号则表现了人类欲望、被污染的自然等抽象概念。女主角的形象则是执着勇敢、单纯善良的，这种单纯的人物性格有独特的审美品质，“这种美学品格使人物在故事构成中散发着光芒，这光芒有时超越了情节本身的吸引力，成为故事文本最吸引人的元素”③。通过千寻的异域冒险故事设计和策划，该动漫完成了多层次主题的表达：提倡和谐的天人关系；讽刺人类的贪欲，强调劳动的价值；让孩子独立成长，肯定“同伴精神”；认识和回归自己，寻求自身意义与价值。出色的角色设计和故事内容策划，使观众在清新愉悦的心情中获得层次丰富的情感价值体验。

亮点二：叙事结构经典，叙述方式创新

《千与千寻》采用了宫崎骏动画电影常见而成熟的故事模式：主人公被

① 杨晓林：《动画大师宫崎骏》，复旦大学出版社2011年版，第9页。

② ［日］山口康南：《日本动画全史——日本动画领先世界的奇迹》，于素秋译，中国科学技术出版社2008年版，第127页。

③ 陈奇佳：《日本动漫艺术概论》，上海交通大学出版社2006年版，第174页。

赋予任务——主人公受到试炼，并得到他人帮助——主人公面临难题——主人公请求他人或得到他人的协助——在他人的协助下，主人公解决难题。商业大片以市场为导向，采取相对“安全”的经典故事结构。同时在非限制性叙述与限制性叙述的灵活转换中，该片融入新的叙事元素，利用“多空间模式”的框架作用，对隐喻的元素进行了重点式的取舍与构思，体现了“花开两朵，各表一枝”的艺术韵味。“这种有目的的隐喻的采用不仅能够有助于表达更为深远宏大的主题，而且使影片在主题表达方式方面有所创新，能够引导受众按照言说者的意图对影片进行理解。”① 创新性表达方式与经典叙事结构有机结合，体现了动漫作品在创意和策划上的独具匠心。

亮点三：文化内涵深厚，传播灵活变通

在细节中，《千与千寻》融入民族文化元素，将日本民族文化根基与作品自然新颖地结合，动漫场景上体现了日本特有的风格，如“油屋”和“油屋街”，人物形象和语言也都与日本文化生活紧密联系，如其展示的自然崇拜、言灵信仰、无常观和集团主义等文化内涵。更值得强调的是，它在传播中善于依据文化背景做出创新改变与融合，如对龙、青蛙、桥等古典传说形象进行创意加工，纸人与阴阳术则借鉴了中国传统文化的元素等。为了能让美国观众对故事主题产生“熟悉感”，美国版则将故事主题定位为10岁小女孩的成长故事，故事的最后，千寻说的“I think I can handle it”在日语原版中是没有的。文化内涵的深厚与创新灵活的传播，则为《千与千寻》内容和营销策划插上高飞的翅膀。

作为“全球化”传播的商业动画电影，《千与千寻》制作精良，质量上乘。在叙事结构、故事情节、角色设计方面，强调了浓重的日本文化特色。在动漫开发策划环节，营销推广策略遵循了“利益至上”的市场法则，做出了经典的范例，让人们坚信“只有民族的，才是国际的”。

二、国产动画口碑佳作《西游记之大圣归来》

《西游记之大圣归来》（以下简称《大圣归来》）是2015年暑期上映的

① 李展：《因特网上的跨文化传播》，《厦门大学学报》（哲学社会科学版）1999年第1期。

国产动画电影。因其精心策划、创新的故事和优良的制作吸引了无数粉丝和老少观众，通过口碑实现票房逆袭，上映62天劲收9.56亿票房，成为当年现象级影片。

亮点一：超级IP，人性改编

《大圣归来》的故事基于我国经典的《西游记》传说。作为中国本土的超级IP，《西游记》的改编故事屡屡被搬上大荧幕。齐天大圣孙悟空的故事几百年来影响着一代代的中国人，也为孙悟空这一IP的影视开发打下了广泛的群众基础。影片策划选择了大圣的故事，是其最终取得成功的重要因素之一。对于国产动画的期望，对于《大闹天宫》带来的国产动画美学的怀念，让许多人带着比影片本身更为深厚的感情，在影院中重拾对齐天大圣孙悟空的英雄崇拜。基于超级IP的改编，使得该动画电影因受众广泛而获得了票房成功，而影片中的悲剧英雄形象则加深了观众与之在情感上的共鸣，为其赢得了广泛赞誉。

虽然对原著做了大量改动，在故事内容、叙事结构、角色设定、创意制作等诸多方面加以艺术再创作，借鉴了好莱坞制作技术，但《大圣归来》将中国元素很好地运用到了整部电影的制作中，大圣仍保留了原著中的桀骜与忠诚，仍是那个重情重义、神通广大的美猴王，它没有变成日漫中逆袭的圣斗士，也没有变成美漫中的孤胆英雄。作为一个带着中国观众几百年情感寄托的英雄形象，影片中的悟空打破了枷锁终于代表正义战胜了邪恶，而该影片本身，也因为打破当前国产电影的阴霾之势，满足了观众对于优质国产动画“归来”的愿望。

区别于传统影视剧《西游记》中神通广大、英勇无畏的猴王孙悟空形象，《大圣归来》用一个全新的故事，塑造了一个因被法印封住而法力全无，表面上桀骜不驯、自我骄傲，内心却低沉失落的落魄英雄，一个颓废却永不屈服的东方悲剧英雄形象。昔日的猴王变成了一只普通的猴子，除口头语言表达与人类具有完全的共同点之外，细长的嘴巴和手脚、狭长的脸部、簇状的毛发、紧绷且质感细腻的肌肤，爱理不理的性格外显，都更为写实地反映了孙悟空是只具有人类颓废性的猴子，这种人性化改编使观众产生熟悉感和亲切感；而困住大圣的不只是佛祖的法印，更是失去法力、无能为力的现状。面对妖魔横行的人间，被困的大圣全无同情和正义，内心的善良也被"封印"，这种人性化的改编极易引起观众的压抑感、同情感。而一旦猴王的封印被解除，内心被感化，正义与善良随着"玉宇澄清万里埃"一同归来时，观众的压抑感也得以释放。

亮点二：阖家欢定位，不寻常营销

面对日本动漫和好莱坞电影的围追堵截，《大圣归来》的营销，没有知名演员参与，也没有强大的资金宣传，上映首日排片率仅7.80%，这样一部看似很快就会退出暑期档票房竞争的作品，究竟是如何实现华丽的逆袭?

该动画电影因为宣传费用吃紧，其营销策划起着至关重要的作用。它既主动选择了自媒体作为主要推广和传播途径，也以微博作为主要的传播平台。一方面能够引起普通用户的关注，形成良好互动，更能够调动传播的积极性，官方微博每日都能收到大量的创作和评价，极大地满足了受众企图被关注的心理需求；另一方面也能够将分散的言论通过官方微博进行集中，提高影响力和传播效果。① 营销还充分利用了"点映"的播放模式，分别于2015年6月28日和7月4至5日两次集中"点映"，甚至许多网友为其绘制海报、制作音频。这种影迷自发为电影宣传的形式也被称为"自来水"。经过口碑的"发酵式"传播，电影正式上映第三日（7月13日），票房突破了1亿元，实现了华丽逆袭。

我国动画电影一般定位为面向低幼，即便是做给成年人的动画电影也常常被认为是儿童电影。在了解中国当前动画电影偏见的前提下，影片策划和主创仍然坚持了自己的全年龄段定位。明确了阖家欢的基调后，影片团队为了这个定位做出了许多努力，包括将原本有些黑暗系和成人向的结尾改为较为开放的结局，以适应低幼年龄的观众；延后上映以获得更多时间来说服市场影片全年龄段的定位，让孩子和父母能一起感动着看完等。在具体的营销工作中，发行人员在重点城市举行了影片推介会，将影片全年龄段的风格展

---

① 陈诚：《〈西游记之大圣归来〉成功要素分析》，《新闻研究导刊》2015年第16期。

现给影院经理、院线领导等，为电影的排片争取更多的空间。

《大圣归来》出品方横店影视有限公司总经理刘志江、电影事业群总经理胡明一为电影的宣传费尽苦心，他们发起了“百名明星为中国动画发声助威”的活动，利用其在影视圈的人脉资源，通过社交媒体展现影片制作的过程，吸引明星好友为该影片发声。利用名人效应，其实是营销常用的手段之一，但该影片的明星并不是通过天价宣传费获得，而是靠其质量和口碑传递。在详细分析影片面临的市场情况后，营销团队认识到在有限的宣发费用基础上，影片需要与目标观众大量接触，让观众自动分享观影感受来发酵口碑。片方在20天时间内，在全国50个城市做了80场超前观影，邀请了电影行业人士、动漫专业人士，以及自媒体用户，用以积累口碑。在超前观影后，营销团队紧锣密鼓地开始了电影的第一期和第二期点映。“自来水”并非真的凭空而来，宣发团队用较低的宣发费用，通过明星背书、提前观影与点映等形式，让影片与目标观众大量接触，避免了电影成为遗珠之作，最终为影片铺垫和积累了好口碑。

《大圣归来》符合“互联网+”的时代要求，整合中国与国外动画资源，具备世界眼光，昭示了一条将传统与现代有机结合的国产动漫发展道路。影片成功开始改变国产动画片的低迷状态，让国产动画的投资人、创作者和观众都重拾希望和期待。① 北京大学艺术学院陈旭光教授发出这样的感叹：“像《大圣归来》这样的优秀中国动画电影唤起了我们的殷殷期待：它有全年龄段受众追求的自觉意识，有符合电影工业生产流程规律的运作方式，也有对传统文化的尊重和敬畏，但又在艺术的再创造中秉持开放多元、有容乃大的从容心态——以《大圣归来》的成功为转折点，我们呼唤未来中国电影动画大片时代的到来。”②

三、现象级国产原创手游《阴阳师》

《阴阳师》是中国网易游戏原创的一款3D日式和风回合制RPG手机游

① 任姗姗：《中国动画电影吹响集结号》，《人民日报》2015年8月7日。
② 陈旭光：《呼唤中国电影的动画大片时代》，《光明日报》2015年8月10日。

戏。该游戏2016年6月官网公测，一推出就因题材新颖、制作精良，从同质化的武侠题材手游中脱颖而出。这款手游受众迅速从日本二次元群体扩展到普通游戏玩家，保持在苹果商店畅销榜榜首多日，上架两月内日活跃用户超过1000万，月付费流水八九亿，使网易超越腾讯成为全球收入第一的游戏发行商。在日本服务器开放5天内预约人数超过3万，在加拿大和新西兰等国荣登游戏榜首。它还在社交媒体上引发了“氪金”“抽SSR”“非酋”等话题的火爆，无疑是近年来最具代表性的国产手游之一。《阴阳师》的火爆，与其差异化定位、良好的创意和营销策划密不可分。

定位策略——差异化之路，避免同质化

随着智能手机、移动网络普及，2015年我国手游市场已经初具规模，手游玩家数量达到3.66亿，已经是客户端游戏用户数量的2倍。然而，由于生产商急功近利，手游的同质化问题日趋严重。

面对这样的市场背景，《阴阳师》策划和制作团队立足长远，经过调查分析，决定走差异化之路，放弃规避风险和降低成本的同行老路，主动选择了日本神鬼文化这一尚未被开发的题材，以卡牌和RPG（Role Playing Game，角色扮演游戏）的玩法呈现，给玩家耳目一新的体验，从一开始就在竞争中脱颖而出。在取得同类型游戏与国内市场领导地位以及国际反响后，网易还于2017年推出同IP不同玩法的MOBA新作《阴阳师之决战！平安京》。这一作品巧妙地在MOBA游戏中加入和风元素，再次从千篇一律的众多同类型游戏中脱颖而出，并上架世界最大的游戏交易平台Steam商城，进军国外市场。

内容策划——精心制作，以作品打动人

从内容和主题上看，《阴阳师》的策划把握精准，制作精心，充分考虑到玩家需求的多样性。“阴阳师”并非纯粹的舶来品，而是缘起于中国远古时代的“傩”和“方相士”，在唐朝向东传至日本和朝鲜，后来在日本演化为官方驱鬼师。“在一个重盈利轻文化的产业里，这款游戏的世界观扎根于中国古文化，亚洲文化的同源性促使亚洲玩家都能对游戏故事产生共鸣，这种期待视野兼具民族的和异域的两种特性。”①

策划和制作团队在声优、配乐和画师上投入巨资，“在声优上的资金投入占整个游戏成本的五分之一，高达1000万元”②。在满足基本的游戏声画享受需求之外，团队还设计了系统的任务、章节及对战内容，以满足玩家探索游戏世界、与其他玩家社交互动的需求；团队还策划了游戏内弹幕系统，使玩家不仅可以玩现成的游戏，还可以参与游戏二次创作，满足了玩家的创造需求。丰富的内容满足玩家多样的需求，使游戏的玩家群体从男性扩展到女性，从青少年扩展到中年，也使玩家为游戏内容付费的意愿大大提升。

营销策划——传播形成话题性，活动增加参与感

文化产业和传播从来都是密不可分的。在“互联网+”时代，《阴阳师》策划团队充分认识到传播的重要性，在社交媒体和直播平台上利用玩家的社交需求和分享心理，引导玩家分享游戏体验，传播“非酋”“氪金”等话题热词，话题热度增加，不仅能维持现有玩家，还能吸引更多潜在玩家下载游戏、付费抽取游戏物品。设计团队也在线下与农夫山泉合作推出定制精美包装的饮料，维持了话题的火爆度。为使玩家深度体验游戏魅力，团队还积极参加各类漫展、策划玩家日本行活动，提升了玩家的参与感。一系列营销活动使游戏热度一路走高，玩家活跃度、付费等数据不断创造纪录。

《阴阳师》是一部能够代表近年来国产手游策划高度的作品。它以差异化的定位打开新的局面，创造性地把别国文化元素为己所用，立足长远打造精品文化内容，取得了国内乃至国际市场的良好反响，虽然在后续的运营中出现了一些问题，但其初期策划依然值得国产游戏策划者借鉴。

第四节　思路与建议

动漫与游戏业是富有特色的文化产业。本章先从产业实践与发现策划存在问题入手，然后分别阐明了动漫产品和游戏产品的策划要点。中外经典案例分

① 孙静：《解码〈阴阳师〉：国产游戏的突围之路》，《中国图书评论》2017年第3期。
② 孙静：《解码〈阴阳师〉：国产游戏的突围之路》，《中国图书评论》2017年第3期。

析，则生动具体地彰显动漫与游戏品策划的意义。在上述内容基础上，笔者对此领域发展和策划提出自己的思考，以期引起产业实践与学界同仁注意。

一、关于动漫与游戏产业发展

为了发展中国本土的动漫产业，文化部2012年7月发布的《“十二五”时期国家动漫产业发展规划》中，提出“十二五”期间，着力打造5至10个知名国产动漫品牌和骨干动漫企业，重点培育新媒体动漫，推出一批具有较强影响力的新媒体动漫精品，完善动漫产业融资政策，鼓励各类资本投入动漫产业。这是我国动漫产业首次专门单列规划。这个《规划》继2009年国务院颁布的《文化产业振兴规划》后，从国家层面对动漫产业发展起到了推波助澜的作用，使全国动漫业呈现风生水起之态势。有利的政策导向、良好的社会环境，共同优化了产业发展基础，使得中国动漫市场主体快速成长，规模实力持续强化。国产动画电影《大圣归来》2015年暑期档成功逆袭，成就了动画电影票房史上的奇迹。

互联网、手机新媒体、大数据、云计算、人工智能等一系列新科技，明显助力和有力提振了游戏产业发展，为行业注入了新的活力。根据中国音像数字出版协会①游戏工委、伽马数据（CNG中新游戏研究）②、国际数据公司（IDC）共同发布的《2016年中国游戏产业报告》显示：2016年，中国游戏市场实际销售收入达到1655.7亿元，同比增长17.7%；其中移动游戏市场实际销售收入为819.2亿元，同比增长59.2%，市场占比超过客户端游戏市场达到49.5%，成为份额最大、增速最快的细分市场。中国游戏用户2016年规模达到5.66亿人，同比增长5.9%，增长率小幅上升。《报告》还

① 中国音像与数字出版协会：原名中国音像协会，是由全国从事音像与数字出版行业生产经营的企事业单位及个人自愿结成的、具有独立法人资格的非营利社会团体，是中华人民共和国唯一的全国性音像与数字出版行业组织。

② 伽马数据（CNG中新游戏研究）：国内最为权威的从事游戏产业调查分析的第三方独立研究机构，曾最早公布游戏产值过千亿这一数据。其研究调研、独家撰写的《中国游戏产业报告》系列（亦称“中国游戏产业蓝皮书”）是新闻出版广电总局指导、游戏工委主办的游戏领域最权威的调研报告之一。

显示：2016年约3800款国产游戏获得批准出版。

十九大《报告》中强调，“健全现代文化产业体系和市场体系，创新生产经营机制，完善文化经济政策，培育新型文化业态”。展望未来，“长风破浪会有时，直挂云帆济沧海”。可以预见，今后一个时期我国的动漫与游戏产业在前几年积累基础上，必将迎来一个良好发展的新时期。这个新时期是中国特色社会主义进入新时代的一个侧面体现，新时期之“新”也是一系列新科技在动漫和游戏业运用使然；这个新时期中国动漫和游戏业必将在推进供给侧结构性改革中，适应新常态，提质增效，努力创作出更多优质精品，满足人民日益增长的美好生活需要；这个新时期也是因为去除前些年的“泡沫”、盲目和急功近利（如某些动漫产业园借国家政策之利，圈地搞房地产开发），动漫和游戏业开始回归产业本性，而步入健康、理性和持久的发展正途；这个新时期还是因为在当今全球化大潮中，中国动漫和游戏业必将借鉴美日等国先进经验而融入世界产业发展潮流，并且在追赶国际一流中继承和弘扬民族优秀文化，努力使国产动漫和游戏产品彰显中国特色、中国风格而终成中国气派。

二、动漫与游戏策划的思考

（一）深挖民族文化

中国是拥有五千年悠久文明的泱泱大国，文化是一个民族的历史积淀和创造成果。我国动漫产业若想自立自强，从真正意义上成长起来，必须走自己的路，利用独特的中国元素来努力创造创新，丰富自己的产品内容。只有具有中国特色的作品才能打动国人的心，稳定国内市场，才能更大份额地占领和扩大国际市场。美国“功夫熊猫”系列在中国获得巨大的票房，很大一部分原因是因为里面满满的中国元素。国产游戏若想追求更好的发展，一定要拥有自己的特色，利用中国特有的文化资源，深挖民族文化的同时，又要全方位多方面汲取和借鉴外来文化。

动漫和游戏产品策划，应自觉将民族文化渗透在作品当中，突出文化内涵，并通过各种形式搞好传播和营销，争取经济效益和社会效益双赢。在国产动画方面，《大圣归来》无疑做了很好的表率；而在国产游戏方面，一直以来的“仙侠”类游戏则无疑是传统武侠文化的具体体现和生动诠释。可以说，民族文化为动漫游戏产业的发展提供了不可或缺的文化资源，动漫游戏产业的发展又推动了民族文化走出国门，走向世界，获得新的活力，两者是相辅相成、互相促进的。

（二）突显创意的力量

英国著名学者约翰·霍金斯提出“相信创意的力量”的论断，并对创意做出深入阐发。动漫游戏产业是以“创意”为核心、无形资产占比高的产业，策划人和主创人是否自觉运用创造性思维，直接关系到作品创作和制作水平、关系到产品质量。创造性思维表现在人们在一般性思考基础上，能够从多方面、多层次、多角度入手解决问题，提出独特又新颖的见解，思维路径开放而又发散。

想象力是创造性思维的重要组成部分，主要包括了三个方面：一是对超现实形象的具体构想，如宫崎骏《千与千寻》中的锅炉爷爷、汤婆婆和无面人，或者游戏《魔兽世界》中的各种怪兽；二是设计并表现形象的超现实行为和动作，如《大圣归来》中的人性化孙悟空，既具备人性的行为逻辑，又具有兽性、神性或者物性等个性化特征，以及很多国产网络游戏中设定的“轻功”，满足了玩家像武侠小说中的大侠一样飞檐走壁的快感；三是营造超现实的生活环境，使作品形象及其行为发生在超现实的环境里，构成形象、情节、环境三要素在超现实形态中达到整体吻合，使得作品塑造的角色在特定时空中“活”起来。动漫游戏创作者要用严谨的态度、追求完美的“工匠精神”，充分发挥自己的创造力和想象力，取材于现实的同时超越现实，才能为观众构建出一个完美的虚拟世界。

（三）创新营销手段

传统动漫因受场地、材料等限制和电影、电视、杂志等传统媒体的制约，制作技术复杂、周期长、成本较高、播出平台有限。在科技和信息快速发展的今天，动漫与新媒体结合，在动漫内容的生产创作、媒介传播和受众体验等方面进行创新，形成新媒体动漫，拓展了动漫艺术的表现手法。互动双向的新媒体传播平台，如腾讯动漫等网站，对动漫传播的渠道加以拓宽并优化，构建了动漫立体传播新框架，同时拓展内容表现空间，形成了有声漫画、视频动画、网络游戏等一系列动漫产品和数字衍生产品，极大地丰富了动漫产品形态，促进动漫产业发展。

在游戏产业领域，“影游联动”的新趋势正在显现。游戏借影视播放热度、明星、剧情，降低游戏运营成本，双向强化 IP 价值，增加了客户的活跃度、粘黏度和付费率。另外，随着斗鱼、花椒等直播平台涌现，游戏直播行业迅速崛起，2016 年 5 月 24 日游戏《守望先锋》公测，各大直播平台瞬间被其刷屏，2017 年 3 月 23 日《绝地求生》发行，“吃鸡”浪潮席卷而来。值得一提的是，《绝地求生》的官方并没有在中国进行传统的广告宣传，却成功吸引了大量的中国玩家，对于游戏的大卖，直播的营销宣传确实功不可没。

（四）探索“同人二次创作”的新兴手段

营销手段需要创新，这是大家的共识。实际情况则经常遇到质量与效益的矛盾。创作团队制作动漫和游戏产品的某系列新作，因为需要尽可能地保证作品质量，因此制作周期会比较长。在该系列的多部作品发布时间的间隙，则形成了真空期。在此期间作品的热度会呈现下降趋势，若热度降到了一个临界值，那么当系列新作推出时，或许会因为关注度过低而销量惨淡，导致制作方的利润过低甚至难以收回制作成本，最终带来种种不利影响和严重后果。例如，国产奇幻动画系列大电影《魁拔》，由王川执导、北京青青树动漫科技有限公司于 2011 年开始推出。因为其续作的制作周期过长，话题性较差，关注度过低，导致票房惨淡。

为了尽可能避免类似《魁拔》系列的惨剧，除了全方位尽可能地提高作品自身的品质之外，增强作品的话题性也可以有效地维持作品热度，从而使用户及爱好者们在相互交流中，自行探索作品的可挖掘要素，多元化地提升作品魅力。而在此之前，作品的创作阶段，就应考虑到这一情况并在时空架构、人物塑造等方面为作品的二次创作留有足够的空间。

比较成功的例子是 3D 武侠角色扮演的电脑客户端游戏《剑侠情缘网络

版3》，它是由金山软件西山居开发并由金山运营的。这款游戏运营至今接近10年，依然是国内最火热的游戏之一，拥有着许多粉丝及爱好者，其同人作品包含了音乐、美术、戏剧、文学等各个领域，其中不乏非常优秀的作品。《剑侠情缘网络版3》巧妙的剧情设计，使以上人物都或多或少地参与到故事的主线或支线中，并留下了大量的可供想象和填充的空间，来吸引玩家及中国历史迷、中国传统文化爱好者们参与进来，并任由其进行二次创作，而游戏原创的各种元素也十分精彩。例如，玩家可选择的各个门派风格迥异，各具特色，能够全方位地满足玩家们的不同价值取向和审美需求。各个门派的许多NPC角色也都被塑造得鲜活丰满，富有魅力，而众多角色之间的各种互动更是为同人圈的二次创作提供了取之不尽的素材。此类种种，不胜枚举。可以说，如果《剑侠情缘网络版3》在策划初期完全抛弃了为同人圈和爱好者们所提供的二次创作的素材和空间的话，那么这款游戏就不会拥有现在这样的人气和忠实的玩家群体以及无数的同人作品，自然也就不会取得如此的成就。① 这是值得思考和探索的。

---

① 李澄:《可以为动漫游戏作品带来蓬勃生命力的二次创作》,《艺术品鉴》2016年第4期。

第十一章

创意铸就璀璨光影

——影视产品策划

艺术在当代越来越显示其商品属性。电影电视业也不例外，其艺术性和商业性不能被割裂：作为艺术，影视作品应该具备艺术的品质和品位；作为商品，影视产品又要讲求经济效益，获取利益回报。无论想要实现艺术追求还是经济回报，策划都贯穿于影视品生产、营销全过程，创意显得尤为重要。无数事实表明，策划关系到影视产品的成败，创意才能铸就璀璨光影。

第一节　影视业策划存在的问题

中国影视业近年来得到了飞速发展，不仅电影院线屡屡创造票房奇迹，许多电视台纷纷开辟品牌性栏目，互联网影视业也是一片百花齐放的繁荣局面。但是我们应该看到，目前我国的影视业还存在不少问题，很多问题都与策划缺位、策划不精有关，体现在影视品从创作到落地的各个环节中。

一、影视作品创作问题

（一）思想内涵缺失

影视作品通过故事和人物形象表现思想内涵，应该以营造良好的社会氛围、积极传递正能量为己任。但在现实中，许多影视作品缺乏有意识地策划和精心创作，一味追求经济效益，采取低级手法娱乐观众，无心塑造人物形象，直面社会问题。《非诚勿扰》女嘉宾一句“宁愿坐在宝马车里哭，不愿坐在自行车上笑”，一时引发舆论哗然；郭敬明导演的《小时代》，也被认为是在赤裸裸地炫富。时尚光鲜、好看有趣与影视剧的思想内涵并不矛盾。影视品牌追求的是思想性和艺术性的高度统一，注重在策划上下功夫。展现时尚名人生活的电影《穿 Prada 的女魔头》，满屏的国际名牌，却通过主人公对生活追求的反思和对人生意义的探索，最终用主人公辞掉时尚杂志工作这一选择表达了影片的价值观。

（二）原创力不足

原创力不足，是中国目前影视业发展的短板。影视剧重拍翻拍，甚至直接购买和翻拍国外电视剧的例子比比皆是。清宫剧火了，制作公司便一哄而上去拍后宫剧；穿越剧火了，所有的影视剧都开始玩“穿越”。不仅如此，行业内的抄袭现象也屡见不鲜，内容产业判断抄袭的难度较大，客观上为抄袭者开了便利之门。琼瑶起诉于正抄袭案耗时一年才最终获胜，而这期间抄袭拍摄的电视剧已经播出并卖出了版权，对被抄袭者的原创小说和相关影视作品更是造成了不可挽回的损失。翻拍、购买节目版权以及抄袭现象，都在警示我国影视业的原创能力薄弱，本质上说明了影视产业的策划缺位。

二、影视产品制作问题

（一）行业浮躁难有佳作

对于影视产品而言，策划不仅是必需的，而且是需要精心创意的。影视产品制作不能急于求成，只有经过精心策划和实施，才能切实提高质量。在现实中，肯花心思花时间精心策划、耐心打磨自己作品的从业者，在行业内还是比较缺乏的。行业内急功近利、浮躁之气、只求速度不求质量的心理，使得许多影视产品粗制滥造问题严重。手撕鬼子、扔手榴弹炸飞机的雷人剧情，更是让观众吐槽不已。相反，3D 巨制佳作《阿凡达》的剧本早在 1996 年就已完成，具体的影片策划筹拍时间更是长达四年。IP 的流行一度帮助影视行业借助优质IP资源获得热点和收益，但不够精致的内容和制作迅速将“唯IP论”拉下神坛。《孤芳不自赏》因演员抠图、替身等负面传闻，无法延续首播的高收视率，强大IP和流量明星也无法挽回口碑。

（二）制作能力亟待提高

虽然2017年国产电视综艺有许多亮点，无论是《朗读者》《国家宝藏》《见字如面》等文化类节目还是《中国有嘻哈》《演员的诞生》等娱乐类节目都获得不少赞誉，但整体的影视业水平不高、产品海外竞争力不强，也是不争的现实。除了行业内的浮躁风气外，我国当前的影视制作能力也在影响着影视产品的质量。在电影产业逐步成熟的过程中，我国的电影制作技术正在努力追赶国际先进水平，通过中外合资、合作等方式，电影界出现了一些制作精良的影视作品，如《捉妖记》《大圣归来》等，但耗费了8年辗转了许多制作公司的《大圣归来》比起好莱坞的《疯狂动物城》，仍存在明显差距，整个行业的制作水平仍有较大提升空间。制作能力的背后，反映了我国影视业机制、意识和专门人才培养上存在的问题。这包括影视产品制作过程中的摄影、灯光、道具、化妆、后期制作等专门技术人才，也包括从创作到制作到营销的专业策划人才。

第二节 电影产品策划

电影产业一般可以划分为编剧、制片、发行、放映几大流程。围绕电影产品策划，本节主要阐述策划的基本原则和主要环节，侧重于前期编剧策划和后期营销策划。

一、策划的原则

在中国电影市场呈现爆炸式增长、影片票房与口碑却两极分化的情况下，不少业内人士感慨“市场单一”“好创意太少”“好剧本太少”，许多影视公司从过去的“导演中心制”转型为以剧本开发、项目储备为重点。

“创意为王”是文化产业的不二法则。约翰·霍金斯倡导“相信创意的力量”，并在其著作《创意经济：如向点石成金》中指出，全世界创意经济每天创造220亿美元，并以5%的速度递增。一些国家增长的速度更快，美国达14%，英国为12%。

创意往往通过优秀的策划体现出来，对电影产品来说也是如此。电影策划应当涵盖前期调研、剧本创作、中期制作和后期发行营销。如果不能从项目初期就做好市场前景、投资风险等调查分析，电影很有可能难以发行上映，更不用说收回成本并获取收益。成功的电影策划，不仅可以制作一部优秀的文化产品，而且可以收获良好的经济效益和社会效益。

因此，电影策划应遵循以下几个原则：

（一）内容为王

策划最重要的是内容创意，一个好的创意可以帮助影片从众多项目中脱颖而出，获得投资，吸引优秀导演和演员加入，进而赢得好的票房和口碑。《唐人街探案》是陈思诚编剧并导演的电影作品，喜剧内核下的侦探故事是我们未曾见过的创意，这个精彩有趣的故事吸引了众多影星加盟，并在上映后获得了较高声誉。《光明日报》评价该部电影“是将满满的搞笑和严谨的逻辑以及内核坚实的侦探推理完美结合的诚意之作，让人们在欢乐中思考解密，在情节发展中感受真情实意，在犯罪的阴影下反思善与恶的辩证关系”①。如果不能发现好的创意，一味追随市场其他热门类型，则很难取得口碑和票房的双丰收。赵薇导演的《致我们终将逝去的青春》收获了良好的口碑，取得了不俗的票房成绩，引发各界明星跨界导演电影，并瞅准了青春片这种类型。不论是何炅导演的《栀子花开》还是苏有朋执导的《左耳》，都反响平平，尽管有偶像明星吸引了不少粉丝为电影买账，但影片口碑并未达到预期目标，根本原因在于其内容创意与质量不过硬。

（二）优质优演

影视行业在科技和创意作用下，面临许多新的变化和挑战，行业间的竞争也愈发激烈。无论是流量明星还是流行IP，带给电影行业的热度会迅速消

① 卫昕：《唐人街探案：悬疑与喜剧元素的巧妙融合》，《光明日报》2016年1月18日。

散，而优质的故事和精良的制作却沉淀为新时期电影成功的必备要素。相对创意为王原则来说，优质优演原则更体现为电影故事是否逻辑严谨、情节是否丰富、故事是否精彩有趣。专业编剧在影视策划中扮演着不可或缺的角色。《战狼2》的编剧董群，曾是军旅小说《弹痕》的作者，针对影视作品的特点，他对剧本进行了深入细致的雕琢。对比同样是吴京导演的《战狼1》，这部续作无论是人物设计还是剧情走向，都更加成熟丰富。除了主角延续自己狼性战士的人物设定外，几个配角也各有特点，人物形象十分鲜活。优质的故事加优质的演绎，帮助《战狼2》在2017年一路高歌猛进，并最终拿下票房冠军。

（三）全产业链

电影策划需要思虑周全，贯穿于电影产业制作、发行、销售的全过程。这意味着电影策划既要评估项目的艺术价值、经济价值，也要考量政策限制，更要设想可能遇到的各种风险，并努力规避以实现最终的项目盈利。管虎导演的《老炮儿》，讲述的是亲情、兄弟情，除了邀请了冯小刚、许晴等老戏骨加盟外，还有李易峰、吴亦凡等当红“小鲜肉”参与，多元化的演员构成使得电影吸引了不同年龄段的受众，避免了叫好不叫座。相比之下，一部口碑极佳的国产电影《绣春刀》，获得了第十五届华语电影传媒大奖——最受瞩目电影奖，但由于影片缺乏全面统筹，营销环节尤为薄弱，票房收入颇为惨烈。

（四）受众需求

电影策划从前期立项到后期宣传营销，都要找准影片的受众。一个好的项目可能具有极佳的艺术价值，却不一定能够吸引主流受众。这个项目的策划则更需要针对自己的目标受众，做好针对性营销，以实现盈利最大化。根据受众原则，制作方还要考虑电影的上映时间，针对青少年受众的电影选择暑期档上映，针对情侣的电影选择情人节上映等。合适的上映时间，将对电影票房的最终成绩产生一定影响。电影《失恋33天》选择了2011年11月11日这一世纪光棍节上映，定位为首部为光棍节定制的治愈电影。这部890万小成本的电影最终收获3.56亿票房，投入产出比高达1∶40，成为当年的票房黑马。随着对消费者观影习惯的深入调查与研究，针对目标受众量身定制影视作品不再是空想，甚至很可能成为未来的电影发展趋势之一。

二、主要环节与剧本策划

电影产业一般分为编剧、制片、发行、放映四大流程。编剧是作品创作，属于第一个环节；制片居于编剧之后，指影片的生产及制作过程；发行指通过购买发行权将电影产品在约定的地区和期限内进行有偿传播活动，或代理许可他人使用该电影版权的贸易活动；放映是在电影院或其他场所利用特定的设备将影片拷贝转换成荧幕效果的活动。

在这四大流程中，电影策划都具有极其重要的地位，其主要内容涵盖了剧本研发、组建团队、前期制作、中后期制作、宣传发行、营销管理等。在前期环节，具体的拍摄工作只是一部分。而电影策划的重点在于选题策划、剧本策划和预测性营销策划。选题和剧本策划需要考量影片内容艺术创作与市场前景，营销策划则以在销售与宣传工作中实现电影商业价值为目标。

一部电影的策划，一般始于题材的选择。确定拍什么看起来简单，其实并非易事。某种题材受欢迎，一拥而上地拍这种题材很可能导致观众审美疲劳。不仅如此，对于其他成功影片的盲目追随和模仿，也会产生东施效颦的效果。这并不意味着好的选题一定要标新立异，与众不同，因为好的创意并非总是唯一的，电影市场总会出现类似的创意。确定选题，需要考量主创人员的自身情况、电影受众的接受情况，在此基础上主创者将思想进行独特而成熟的表达。

电影剧本一般分为文学作品改编剧本和原创剧本。文学名著因为出众的思想性和艺术性，一直受到电影创作者青睐。对名著改编实际上是一次艺术再创作，既要尊重原作，又要展现剧作的新思考。知名度不高的文学作品，则给了剧本创作更多自由发挥的空间。原创剧本需要考虑的因素更多，要讲好一个故事，需要考量剧本结构、戏剧冲突，也要努力避免类型化、庸俗化。随着大众审美水平提高，剧本的思想性也越来越成为衡量一个剧本质量和水平的重要因素。

剧本策划内容和流程主要包括：前期市场调研和分析论证，选定创意或素材，获得原创或改变作品的所有权，进行剧情梗概和剧本再创作，形成影片项目简介。

剧本是一剧之本，剧本创意可以完全原创，也可以由他人作品衍生而来，例如小说、漫画、网络剧、绘本等。剧本研发过程，首先应该寻找创意和素材，这需要策划人敏锐的市场嗅觉与认真详细的市场调研论证。创意确定之后，应尽快用法律手段加以保护，包括原创版权声明或版权购买等。剧本写作并非一蹴而就，整个过程可能需要反复修改，也可能吸纳不同主创人员参与。

好的策划人必须明确自己想要的东西是什么，从而启发和引导编剧创作出自己需要的剧本，而不是任由编剧天马行空。如果可能的话，应该尽早让导演参与整个项目的策划，使策划人、导演、编剧能在策划初期达成共识，避免剧本因方向不确定而一再改变。理想的电影策划应该由策划人一手把控，但实际情况则可能受到投资方、导演、编剧个人想法的影响。电影策划要把握好电影主线，协调好各方的需求。电影剧本完成后，一般需要形成影片项目简介，简述剧本创意，概括影片大纲。项目简介在影片后续团队组建、招标引资等各阶段都将发挥重要作用。

三、营销策划及其他流程策划

除了上述主要环节和剧本策划，电影策划还体现在其他内容和流程中，营销策划无疑最具重要性。

（一）营销策划

电影作为一种特殊的文化商品，既具有文化形态，又属于商品。作为商品的电影，必然涉及营销。电影投资具有高投入、高风险、高产出的特点，只有做好营销策划，才更有可能获得收益，为新一轮的电影生产积累资金。一部优秀的影片如果缺乏成功营销，很可能明珠暗投，不仅无法创造经济利益，甚至难以收回成本。电影市场上通过周密的营销策划取得高票房的例子很常见，但高票房影片并不意味着影片质量上乘。

电影营销的直接目标是创造更多的经济利益，最直观的体现便是票房收入。想要吸引观众走进影院，电影的营销策划其实从选题策划就应该开始了，要对市场和观众进行调研。拍摄过程也完全可以展现为电影的宣传营销活动，如适时发布参演明星的新闻或片场信息，满足消费者猎奇心理，便于产生对影片期待。韩寒在拍摄《后会无期》时，专门制作了5集《张小喵片场日记》记录拍摄现场故事，并邀请知名配音演员山新为其配音，片场日记不仅让更多人了解了电影拍摄幕后的故事，也以其独特的风格吸引了众多粉丝，引发观众对电影的期待。电影拍摄完成及上映前，一般是密集的宣传营销期，包含影片海报、主题曲发布、电影发布会、网络传播、主创人员参加的点映等，形式多样，手段灵活。

近年来，随着新媒体崛起，电影宣传方式又有了新变化：一是明星效应的新媒体传播。一般以偶像型明星为主，在微博等社交媒体发布电影宣传文案，号召粉丝去支持电影。现在又有明星主动与粉丝互动的营销方式，明星点赞粉丝的相关微博，引发粉丝的狂热点赞和推介。二是口碑效应的新媒体传播。相对于明星效应，口碑营销则是全民的狂欢。以《大圣归来》为例，电影从点映开始就吸引了一大批粉丝自发创作文案、漫画、海报、视频等宣传材料并在微信朋友圈和微博转发传播，而电影官方微博对网民自发创作的肯定和转发，无疑激发了众多网民的观影欲望。

（二）其他流程策划

取得拍摄资格，是电影策划不可忽视的一环，尤其是在没有影视分级制度的中国，影片立意是否可以通过广电总局审核，拿到拍摄资格，对于电影拍摄发行等后续工作的推进起着决定性作用。

电影团队组建，包含创作人员、演艺人员、服装道具、灯光摄影、前期拍摄、后期制作、宣传营销等。优秀的电影策划，应该为影片寻找和组建最适合的团队。20世纪80年代，陈凯歌执导的文艺题材电影《黄土地》，由于拍摄团队追求优质影片，对画面拍摄要求精益求精，使影片画面呈现令人赞叹的美感；国产动画电影《大鱼海棠》，最终选择韩国的动画制作公司完成制作，保证了影片的画面水准。

电影的拍摄和制作过程尤其离不开策划工作。这个过程，包含了演员及其他工作人员的档期协调、拍摄天气季节的安排、影片进度的管理等，每一步都需要精心的策划与安排。

发行和上映对于电影的票房影响，也不可忽视，档期的选择甚至会决定影片的生死存亡。好莱坞电影很注重相同类型电影的错档上映，美国传奇影业将原本定在2016年3月11日上映的《魔兽世界》调至6月10日，避开了与《蝙蝠侠大战超人：正义的黎明》的正面厮杀。两部影片一部由游戏改编，一部由漫画改编，目标观众群体重叠严重，错开档期保证了二者的双赢。

第三节　电视产品策划

无论是电视剧还是电视综艺节目，都离不开设计、拍摄、制作、播出诸环节，策划贯穿于全过程。电视产品策划涉及类型繁多，对行业影响也极大。宏观的电视业策划，可以影响一个国家或地区的政治媒介生态；微观的电视产品策划则处处体现着社会热点，与社会大众的日常生活息息相关。

一、电视策划的必要性

在电影业迎来新热潮、新媒体飞速发展的今天，电视产业面临着前所未有的机遇和挑战。国外优秀电视类型节目和剧作引入，为其注入了新鲜血液；近十年来，连续剧《甄嬛传》等热播，湖南卫视节目《爸爸去哪儿》、浙江卫视节目《中国好声音》、央视节目《中国诗词大会》《朗读者》等，也让大家看到了电视产品魅力尚存、仍具有潜力。

尽管相关从业人员渴望具有创意的策划为自己的电视产品提高竞争力，但事实上，电视剧和电视节目仍然存在许多问题，科学策划和精准策划的缺位问题显露无遗。近年来，热播电视剧跟风，如后宫剧热、戏说成风等，电视栏目和节目雷同化，如选秀热、过度娱乐等，纷纷受人诟病。

各省市电视台虽努力谋创新促改革，但目前仍存在发展不平衡、不充分等问题。以“快乐中国”立台的湖南卫视一直以提供优质综艺节目知名，近几年浙江卫视、江苏卫视、安徽卫视等也纷纷上马有影响力的栏目，形成强有力的竞争态势。相比而言，曾是全国综艺领先卫视的山东电视台近年却没有知名的栏目，黑龙江电视台更因电视剧重复连播而遭到吐槽。

这也从一个侧面体现了党的十九大《报告》中所指出的：“中国特色社会主义进入新时代，我国社会主要矛盾已经转化为人民日益增长的美好生活需要和不平衡不充分的发展之间的矛盾。”

我们要清醒地认识到，在互联网和手机普及化环境中，面对日趋激烈的同行竞争与挑战，电视业要想激发活力、发挥潜力、提高核心竞争力，迫切需要优秀的策划，需要优质的策划铺路搭桥。这是党和国家近年来强调推进供给侧结构性改革的必然要求。

二、电视产品策划的主要内容

（一）电视剧策划

该策划包括了电视剧的文学策划、人物策划、时空策划等方面。

同电影剧本相似，电视剧的剧本也是一剧之本。优秀的电视剧本不仅应当具备合乎逻辑的剧情和各具特色的人物设定，还应当传递具有正能量的思想性和价值观。韩国电视剧曾以凄美动人的爱情故事引发“韩流”，而近年来的韩剧更加重视剧本的思想性。例如《绿色手术刀》，讲述了具有医学天赋的自闭症患者逐步成长为优秀的儿科医生的故事，剧本不仅在整部电视剧的呈现中普及了许多医学常识，更深刻剖析了医患关系、医生职业道德等深刻问题。又如《听见你的声音》，主要是讲能听见人想法的少年和大龄剩女律师的恋爱故事，同样在普及法律知识的同时，探讨了律师的职业道德问题。这些韩剧通过俊男美女演绎生动有趣的故事，在普及相关知识的同时，呈现出深刻的思想内涵。

电视剧主创团队的选择和策划，决定了项目是否能得到完美的实施。优秀策划者会为自己的项目寻找合适的导演、编剧、演员。著名影视人李洋在策划《士兵突击》和《我的兄弟叫顺溜》时，认为王宝强是这两部电视剧的不二人选，事实也证明角色和演员的相得益彰让这两部剧都得到了观众的厚爱。2015 年热播网络剧《太子妃升职记》，改编自穿越小说，不仅剧情离奇，甚至有点荒唐，剧组也因缺少资金而节衣缩食，但就是这样一部被网友吐槽为“天雷滚滚”的网剧，却因为有高颜值好演技的演员而受到广大网民追捧，甚至毫不介意剧情和道具的缺陷。网友认为剧组所选演员完全符合了小说的刻画和对角色的期许。

不同于文学作品在创作时的时空自由，电视剧策划必须要考虑如何通过荧屏进行时空叙事。电视剧《亮剑》改编自转业军人都梁的军旅小说，描述了八路军优秀将领李云龙富有传奇色彩的生活。“面对强大的敌手，明知不敌也要毅然亮剑”的亮剑精神，感染了无数观众。该电视剧也成为一部经典军旅佳作，至今仍受许多观众喜爱。李洋在策划这部电视剧时，对原著小说进行了相应修改和删减。小说跨越了几个敏感时期，包括“文革”，而在进行剧本改编时，李洋将故事的截点设定在 1955 年。对李云龙后半生和狱中自杀情节的删改，一方面避开了不好把握的敏感话题，另一方面也使得全剧的精神主旨更加凝练。

（二）电视栏目和节目策划

电视节目是栏目下的内容，实际上节目和栏目种类繁多，在策划中二者有着共通的要点。一般来说，电视栏目和节目的策划应注意以下三个方面。

1. 栏目定位

美国著名营销专家艾·里斯与杰克·特劳特，在 20 世纪 70 年代从市场营销的视角提出了定位理论，并认为定位是给产品在预期消费者心中确定的合理而深刻的位置，里斯将之喻为“根据地”，特劳特则直白地称为“核心竞争力”。他们认为，定位的价值最终体现在消费者对品牌的忠诚度上。

根据定位理论，明确栏目定位是成功策划优秀电视栏目的关键。栏目和节目策划要基于电视频道的定位，例如，央视科教频道是顺应我国“科教兴国”方略，以提高国民素质为宗旨，以教育、科学、文化为题材内容的专业电视频道。在此定位下，科教频道推出了《百家讲坛》《子午书简》《第十放映室》《希望英语》等一系列优秀电视栏目。以“情感世界，幸福中国”

为宣传语的江苏卫视，推出的电视栏目围绕情感话题，《非诚勿扰》《人间真情》等节目都取得不错的收视率。以娱乐立台的湖南卫视在栏目策划上似乎更得心应手，无论是新闻播报还是综艺节目的设计，都在“快乐中国”的主旨下彰显轻松活泼的特色。

2. 节目内容策划

在明确栏目的定位之后，接下来就是具体的节目内容策划。根据管理学中的差异化战略理论，在节目内容策划中，应该把握以下几个原则：

（1）前瞻性。电视媒体的鲜明特点，即与社会生活的密切相关性，使电视节目策划只有从社会热点出发，找到并围绕观众的关注点，才能成功提高收视率。例如，江苏卫视《非诚勿扰》开播前，电视人通过递小纸条的形式将热点锁定在了“剩男剩女”上。

（2）系列性。电视节目策划要精选主题，创造既有联系又有创新的系列节目。例如，《快乐大本营》的男神女神季打造了年轻偶像专场，持续了好几期的系列节目共同为栏目炒热了话题。

（3）发展性。电视节目策划还应该长远考虑，在延续栏目主题的同时，不断融入新元素，使节目具有更长的生命周期。例如，《奔跑吧兄弟》《挑战不可能》，每一期既会有固定的明星参与，也会邀请新面孔，设计新内容新游戏，不断为节目注入新鲜血液。

3. 宣传与营销

电视栏目成功与否离不开营销，营销策划也是电视栏目和节目策划的重要组成部分。电视台可以通过播放预告片、制作宣传片等形式，对自己的栏目进行推广，也可以利用已有影响力的节目对新节目进行推介。例如，中央电视台《新闻联播》结束，都会提醒观众收看《焦点访谈》。除了利用本频道的资源进行介绍和推广，也需要注意新媒体时代的整合营销，充分利用微博和微信等新媒体平台，利用节目热点做好互动营销。

第四节　中外典型案例分析

自从电影和电视问世以来，无论国外还是国内，历代影视人创造了众多有代表性的产品。在此，笔者选取有一定典型性的案例，在简要介绍后着重于策划亮点分析，彰显策划在影视中的价值和重要意义。

一、奥斯卡最佳影片奖《鸟人》

在2015年奥斯卡金像奖颁奖中，墨西哥的亚利桑德罗·冈萨雷斯·伊纳里图导演的电影《鸟人》（*Birdman*），不仅获得了最佳影片奖，更是一连斩获最佳原创编剧、最佳导演、最佳摄影，成为此届奥斯卡最大赢家。贯穿影片制作过程的精心策划，功不可没。

亮点一：一镜到底，独特摄影

影片《鸟人》，讲述了曾因饰演超级英雄而大红大紫的过气演员，希望借执导并出演一部百老汇话剧重新挽回自己事业。该影片具有丰富的层次感，人文意义也引起影评人众说纷纭；通过长镜头的使用营造出的“一镜到底”的独特摄影风格，早已成为其“永恒的注脚”①，使电影独树一帜。影片放弃剪辑，让观众感受到整部电影是由一个完整镜头呈现出来，这种设想和策划实施起来并非易事。所有演员都要按照严格步骤表演，又要在规定好的步骤中呈现最自然的演技。任何演员的任何一句台词讲错，任何一步踏错，都有可能使得前期所有拍摄前功尽弃。这种拍摄方式也考验着灯光设计、道具设计等全剧组的默契配合。影片实际拍摄只用了29天，据说能被察觉的剪辑点也只有26处。整个长镜电影，完美呈现了“话剧首演前三天主角的生活在眼前崩塌”的极度动荡不安的心理旅程。对这种拍摄方法是否有炫技之嫌的疑问，导演回应这是为了微妙而不张扬地拍出整个故事。观众对摄影技术的过分注重，虽然使导演“不张扬”的初衷落空，但该片之所以既能拿下最佳摄影，又能获得最佳影片，不能不说导演选择的这种高难度的摄影手段完美契合了整个故事。

亮点二：选角精到，人物贴合

除了独特的拍摄风格，影片演员阵容的遴选和策划，也为大家津津乐

---

① 《“无知得来的意外之美”——“鸟人”和迈克尔·基顿的彼此成全》，时光网，2015年5月25日，http://news.mtime.com/2015/02/21/1539698-all.html。

道。主演迈克尔·基顿是1989年最早两部《蝙蝠侠》电影的主角扮演者，迈克尔的人生经历与影片角色极其相似，在凭借《蝙蝠侠》大红大紫之后，其星途趋于平淡，正如电影中鸟人的境遇一样。作为全球超级英雄角色先锋，迈克尔显然有资格去谈论作为一个过气的超级英雄的感受是什么，他的主演使得整个故事有了令人信服的说服力。电影既是在讲《鸟人》，也是在讲《蝙蝠侠》，演员自身经历和对生活的沉淀与思考，为电影注入了强大的能量。导演由衷地表示："我需要一个很罕见的既能驾驭戏剧又能驾驭喜剧的演员，没有迈克尔·基顿，我根本拍不了这部电影。这不是一个选择，而是别无选择，他就是我需要的人。"

爱德华·诺顿饰演的男二号，极度自负、爱对导演指手画脚，而诺顿本人也因对表演艺术的执着追求而被公认为是难于合作的演员。三号人物艾玛·斯通，曾在《超凡蜘蛛侠》中出演格温·斯黛茜。三位主演都曾成功饰演过知名的漫画改编角色。一群饰演过超级英雄的人，来讲述超级英雄过气后努力翻身的故事，演员对于角色和电影的自我思考加入影片中，因而使得影片独具分量和价值。正因为如此，学者对电影做出精彩评论："这种戏里戏外人物合二为一的设置方式，对于观众的某种思维定式是一次打破，即人物可以不再是虚构的，演员可以不必是替他人发言的，在戏里戏外人物的高度契合之下，演员的举手投足都可以是演戏。演员的演戏又是他们的行为本身，在'戏中戏'的同时又有着'戏中戏'。电影的表现空间大大加强了，影片向真实世界延伸了触角！"①

二、青春终将绽《芳华》

冯小刚执导的《芳华》最终于2017年12月15日上映，凭借优质内容和精良制作赢得票房口碑双丰收，豆瓣评分7.8分，累计票房超过14亿。中国电影市场在经历了上半年《战狼2》为首的票房大片轰炸下半年趋向冷静之后，《芳华》意外受到大众好评，成为年底收官的一匹黑马。从文化产

① 李杰锋：《美国影片〈鸟人〉的人物形象塑造》，《电影文学》2015年第20期。

业策划学角度看，影片成功不是偶然的，至少体现了以下策划亮点。

亮点一：内容与阵容——制作青春外衣下的怀旧情怀

从内容来看，电影《芳华》改编自严歌苓小说《你触摸了我》。小说以二十世纪七八十年代为背景讲述人生故事，塑造了一群正值芳华的青春少年，在充满理想和激情的军队文工团，经历着成长中的爱情萌发与充斥着变数的命运。虽然打着青春片旗号，《芳华》却不同于被拍烂了的“疼痛狗血”青春片，更像是冯导借助小说以光影追忆自己文工团时期的似水年华。影片没有将小说全部故事情节都搬上荧幕，而是选取了冯导最有感触的几段故事展开光影呈现。导演的文工团工作经历、个人浓厚情感的注入，使平铺直叙的碎片化情节反而感动了不少没经历过的观众。内容上的取舍和改编，首先体现出独特的策划。

从演员阵容看，主要角色由一众新生代年轻演员扮演。他们干净的气质，朝气蓬勃，恰如直接从那个年代穿越而来的文艺兵。黄轩饰演男主刘峰，个人气质与角色形象十分契合。导演对女主演从选角时就要求不能整容，在实景搭建的文工团大院搞了三四个月的角色体验和专业集训，正式拍摄时要求素颜上镜。一张张青春面庞，经得住大荧幕检验，并将观众带回芳华岁月。例如，萧穗子吃西红柿的一段镜头，在社交平台迅猛传播，勾起了观众内心美好青春的记忆。

影片人物角色性格鲜明，立体化而又统一于共同群体内。该片前半段讲述文工团琐事，塑造了或泼辣，或软弱，或强硬，或随和的青春群像，后半段营造的战争场面，则着重于刘峰、何小萍的单纯性格和悲惨命运对比。刘峰的 6 分钟战场长镜头、16 岁伤员遗言、患病的何小萍夜色下独自起舞、文工团散伙饭等几场重头戏，这种策划独具匠心，多维度地刻画着主要角色，时间推移展现着个人人生变化。“《芳华》确实是一部优秀电影，也从侧面说明了优质内容生产需要回归理性，脱离资本泡沫的裹挟，摒弃明星资本化的喧哗。”①

① 朱邦凌：《芳华热映难掩“明星资本化”芳华已逝》，《证券时报》2017 年 12 月 25 日。

亮点二：营销与噱头——献给老一辈和年轻一代的共同联欢

《芳华》的营销造势始于2017年中甚至开拍起，最开始发布了一张美感与设计感极强的海报打响宣传的第一枪，绿军鞋和芭蕾舞鞋的对比图片，满满的复古文艺气息，鲜明地点出电影的主题和风格，抓住了观众的眼球。

营销传播除了策划各地路演，冯导还现身红遍全国的综艺节目《中国有嘻哈》的决赛现场，同时与嘻哈歌手合作推出电影推广曲《想把你留在这里》。主题曲《绒花》由韩红重新献唱，首发推广曲《那些花儿》由冯导和主演们翻唱，耳熟能详的宣传曲将影片主题广泛传播，分别打入不同年龄观众市场，推广效果甚佳。

此外，影片推迟上映，意外给观众增添了一些期待值。某些镜头片段和拍摄花絮通过冯导微博，得到提前传播发酵，吊起了观众胃口。上述宣传和推广，促成了影片上映后老一辈和年轻一代观众的共同联欢。

清华大学尹鸿教授认为："这是一部国产片中有艺术表现力和创新性的难得的电影，在同一部影片中，把现实主义、浪漫主义、表现主义手段如此大胆地融为一体，虽然从中可以看到许多电影大师的影子，但的确显示了导演艺术探索的成果和努力。"① 还有评论说："《芳华》是一部关于绝代群体的形象塑造和国家记忆，他们的青春、人生、命运，他们为这个国家做出的付出与牺牲，不仅是他们的芳华，是民众的芳华，也是这个国家的芳华。"②

无论什么时代，人们都有青春芳华，人们都把希望和爱留在了时间长河之中。感同身受即是对该影片最大的认可。青春易逝，但芳华犹在。作为中国电影市场的一股清流，《芳华》的人文贡献意义远大于其经济意义。

三、古装剧的巅峰之作《甄嬛传》

电视剧《甄嬛传》改编自80后作家流潋紫的网络长篇小说，由郑晓龙导演，孙俪、陈建斌、蔡少芬等领衔主演。该剧不仅在播放后引发观众的热

① 尹鸿：《这一年，有部电影叫〈芳华〉》，《中国电影报》2017年12月19日。

② 段运冬：《只有绝代才配芳华：叙述态度、形象塑造与国家记忆》，《中国艺术报》2017年12月20日。

烈追捧，其版权也出售给了港澳台地区和日韩等国，甚至走上了美国荧屏。为何《甄嬛传》能在清宫剧泛滥的行业背景下，取得如此傲人的成绩？

亮点一：网络佳作，地道改编

该剧之所以成功首先在于其剧本的文学策划。网络小说《甄嬛传》在文学网站上发表后获得了不俗点击量和良好口碑，吸引了电视剧主创人员的注意。在对这部已经拥有受众基础的文学作品进行电视剧改编时，郑晓龙导演邀请了原作者流潋紫负责剧本再创作。从原本没有历史背景的架空类小说，到清朝雍正年间的后宫秘史，编剧在尽可能贴近清朝历史的前提下，最大限度地保持了小说中人物的独特性格特点，塑造了各有特色的后宫嫔妃。

电视剧火爆之后，剧中极其考究的台词引发了“甄嬛体”热，一时之间，“这真真是极好的”代替了“好的”，“身子乏了”代替了“累了”等。不只充满清宫时代感的台词贯穿全剧，宫中嫔妃的位份排名也是极其讲究，从答应、常在、贵人到嫔、妃、贵妃、皇贵妃、皇后，等级森严，后宫礼仪也因位份不同而有明显变化。优秀作品加优秀改编，使得《甄嬛传》拥有了丰实的文学内容，具备了其他清宫剧所达不到的观赏性。

亮点二：实力主创，优质团队

《甄嬛传》的人物策划也颇有亮点，不同于用明星堆砌撑起全剧的其他电视剧，导演郑晓龙费尽考量对演员加以选择。许多演员在出演该剧时并不为观众所知，但都成功地塑造了特点鲜明的角色，也有不少演员靠着这部电视剧大红大紫。随着剧情展开，不仅孙俪的绝妙演技牢牢抓住观众的眼球，霸道蛮横的华妃、体贴温婉的慧贵人、端庄却暗含杀机的皇后、卑微却心机重重的安常在等，角色性格特色鲜明，表演也各有千秋。不仅如此，演员们不是清一色的锥子脸，反而胖瘦有度，贴合人物性格，这在如今的电视剧里也是难得可见的一道风景。

为使电视剧能呈现出最好效果，导演邀请了国家一级美术师陈敏正担任造型顾问，曾获得“十佳电视制片优秀电视剧主创优秀摄影师”称号的谢泽任摄影指导。扮演太医温实初的中央戏剧学院副教授张晓龙，更是身兼任礼仪指导。不仅如此，刘欢为电视剧创作的配乐及插曲都为电视剧增彩不少，总制片人和发行人曹平也为电视剧上映保驾护航。

无论是剧本的选择和改编，还是主创与演员团队，都经过了精心策划和认真实施的过程。清宫剧品牌的打造绝不是偶然的，也不是某一方面努力能够做到的。《人民日报》和《光明日报》对此剧有如下评价："电视剧《甄嬛传》，给后宫戏这一类电视剧创作开掘了文化深度"①；《甄嬛传》不仅"立意明确、主题鲜明，结构紧凑、线条清晰，故事一波三折，引人入胜，而且体现出了强烈的批判精神，其对人性的开掘，对真、善、美和自由的讴歌令人感动，播出以来受到广大观众的好评"②。

四、颇受欢迎的美国喜剧《生活大爆炸》

美国电视剧《生活大爆炸》，演绎了四个宅男和一个美女邻居发生的搞笑生活故事。该剧一经播出，就得到了观众的热烈追捧，并在全球积累了众多忠实粉丝。作为季播电视剧，它曾两度被一次性续订三季，这是在美国电视剧史上不常见的一件事。

亮点一：科学极客，聪明性感

"Smart is the new sexy."（聪明也性感）是《生活大爆炸》一直宣传的主旨。该剧主角是四个拥有极高的智商却在社交方面一筹莫展的科学家和一个智商平平的正常女生。在播出时间并不理想的试播阶段，电视剧就得到了忠实粉丝的追捧，并一直续订到第十季。关于一个天体物理学家和邻家美女的有趣选题，主创之一比尔·布拉迪深有体会，他早年做程序员时的同事都非常聪明，生活中也发生了不少笑料和有趣的故事。当他把这个选题告诉自己的好搭档查克·罗瑞时，就被认为是个不错的主意，但不希望故事的主角是生活在过度商业化环境中的程序员们，认为那种环境会让电视剧缺少很多乐趣。在许多电视剧注重表现职场奋斗、生活琐事时，比尔和查克却独辟蹊径地选择了讲述宅男科学家的日常生活，这个独特选择让观众耳目一新。选

① 毛佩琦：《不妨"俗得那样雅"》，《人民日报》2011年12月30日。

② 韩业庭等：《古装戏应弘扬主流价值观——从电视剧〈甄嬛传〉说起》，《光明日报》2011年12月21日。

择就是策划，独特策划思维的运用使得本片脱颖而出。

不同于其他幽默喜剧采用大众都听得懂的笑话，该剧里到处都是科学术语，有些笑点甚至必须要有一定的科学基础才能听懂。电视剧主要角色讨论的内容不仅包括了天体物理专业的相关知识，也涵盖了政治、历史、地理等方面。为了能让科学家的故事更“科学”，制片方专门聘请了美国加州大学洛杉矶分校的物理和天文学教授大卫·萨尔兹保担任科学顾问。正是打着“最睿智节目”的独特标签，该剧得以成为继《老友记》之后最为成功的情景喜剧。

亮点二：角色鲜明，演员出众

《生活大爆炸》中的主角之一谢尔顿·李·库珀。作为科学家，他是智商高达 187 的天才，却又具有最低的情商。他极其自负又极其率真，总是直截了当地说出自己的想法，“坦率”地指出对方很愚蠢。吉姆·帕森斯的扮演让这个角色格外出彩，这个一身毛病的科学家甚至出人意料地成为最受观众喜爱的角色。编剧曾夸赞吉姆可以根据简单的剧本提词，做出让人惊喜的表演和天才发挥。

谢尔顿的室友莱纳德·里奇·霍夫斯塔德，个子矮小，为人真挚热心，虽然默默爱慕着漂亮的女邻居佩妮，却老是被挫败，因此常常被几个室友嘲笑。霍华德·约尔·沃罗威茨是个犹太人，此人极其猥琐，并且自认为魅力非凡。他会六种语言，却用来和女人搭讪。剧中的拉杰什·罗摩衍那·库萨帕里，是一个羞涩的印度男生，一口地道的印度英语，自然夹带了许多笑料，在最初几季电视剧中无法与女性正常说话聊天。这些角色都有十分鲜明的特点，与以往影视作品中的科学家的形象完全不同，几位演员将这些宅男科学家饰演的惟妙惟肖。因为饰演这些角色已经有接近十年的经验，演员们坦承与角色一起成长，既关心角色在剧情中的走向，也会在日常生活中站在角色的角度反思该如何做决定。演技出众、又贴合角色的演员，是这部剧取得成功的另一重要因素。选择出色的演员担任相应角色，是另一项很有意义的策划，也是十分重要的策划。

第五节　策划的新思考

上述案例，是我们从中外不胜枚举的影视产品中精选出来的。通过分析可以看到，案例从不同侧面展现其策划亮点，创意铸就璀璨光影。现在我们站在当前大地，放眼未来，从特点上把握影视业发展的趋势，思考新时代背景下的影视策划问题，并提出相关建议，期望有益于中国影视业发展。

一、影视业发展的趋势与特点

互联网对影视业的发展已经产生了深远影响，根据目前所见的影视形式，我们预测影视业未来发展趋势，呈现以下特点。

从内容上看，IP 正在慢慢退热。出众的文学作品因为具有广泛的粉丝基础，因而改编成为影视品也会吸引许多注意力。但近两年的市场表现表明，“唯 IP 论”逐步显现出其不足，而影视作品的质量成为影响其最终成绩的重要因素。无论是流量明星还是赶追潮流的长篇制作，影视产品如果缺乏科学策划、没有优质剧情和优秀表演，都难以在无数观众挑剔的审视中过关，难以真正吸引住观众慧眼。影视剧好口碑的爆款越来越多，而被负面评论压死难以翻身的也比比皆是。

从形式上看，各电视台、影视公司正在积极成为影视内容的原创者、策划者、生产者。例如，湖南卫视的自制剧取得了良好的口碑和经济效益，引发各电视台纷纷效仿。网络视频平台也早已开始探索网剧模式，乐视自制的《太子妃升职记》成为现象级网剧，优酷出品的《白夜追凶》则重新定义了网剧的新标准，最新网剧《我叫黄国盛》用荒诞喜剧的方式聚焦当今社会问题。电影方面，电视台综艺节目延续成电影作品的热度正在减弱，网络大电影的投资也趋于理智。整体上来说，网络剧和网络综艺势头大好，电视产业面临分化；电影产业投资趋于理智，或有助于精致电影作品的产出。

从营销上看，互联网对影视业及其策划产生了深远影响。2017 年春节期间电影市场又是一片红火，甚至出现消费者跑遍多家影院都无票可买的情况。线上票务的发展使得提前购票简单方便，这也在一定程度上促进了消费。随着大数据的火爆，人人都带有自己独特的标签，影视产品营销也不可避免要与大数据的应用相结合。一方面，影视业的营销策划可以利用大数据实现精准高效营销；另一方面，未来影视策划的初始阶段也许会有全新变革，为特定人群生产特定内容的作品，将会是未来发展的趋势之一。

二、新时代背景下影视策划的思考与建议

我国影视产业目前发展中面临着许多问题，解决这些问题不可能一蹴而就，需要从各个方面出发，尤其要注意从策划学角度思考，提高策划水平，为影视业发展创造良好环境。

（一）改变制作方式，重视原创策划，观众引导创作

原创策划是影视业的不二法宝。我国影视业需要有才华的影视从业人员，更需要富有创意的影视策划人。实际上的从业人员和策划人，未必有资金完整展现自己的理想。而投资方一旦注入资金，总会或多或少地参与影视策划的过程，希望自己的意志能在作品中得以体现，投资方并不专业的欲求，可能影响好创意的表达，最终影响影视产品的质量。

影视业一直都是各方势力你争我抢激烈角逐的“战场”。有艺术追求的不知名策划人未必能在与投资方的斡旋中占据有利地位，即便是被业界公认的知名策划人也经常在艺术与资金中权衡和取舍。此类问题解决的出路，或许可以借鉴英美韩等国家对于影视剧作品的制作方式。英美剧的编剧地位是不可撼动的，追踪剧情发展的剧迷常常关注编剧的动态，编剧被认为掌握着剧中角色的生杀大权，而制片方只负责生产流程。较高的编剧地位，实质上表明了影视创作上对策划的重视。电视剧按季播出，一旦收视效益不好，就没有后续资金投入。为了获得观众认可，主创人员肯定会努力提高策划水平，打造优质的影视品。

（二）完善法律制度，扎实稳步改革，加强创意策划

目前在中国，政府支持和大型企业投入对整个影视产业生态有重要意义，仅靠民间力量是远远不够的。当然，民间创意策划、民间资本力量也不

能忽视。影视分级制度迟迟无法确立，给影视作品的创作带来不便。文化艺术工作者有了好的创意和策划，却要小心翼翼看是不是能拍，拍了能不能播，一定程度上限制了许多影视创作者的艺术发挥。但我们也要看到，中国市场体量巨大，不可盲目照搬西方的分级制度；即使分级，如何确保科学合理分级，如何确保限制级影视作品不会有盗版流通，也并非易事；还要考虑分级之后，可能会出现盲目迎合观众的劣质产品。我国的影视放映评审机制，需要深入分析当前国情，在借鉴国际经验的基础上，扎实稳步进行改革。

实践表明，优秀的创意策划对于影视产业有重要意义，加强创意策划是提高影视产品质量的关键。影视产业的稳健发展，也需要相关法律法规来保驾护航。美国演员工会、编剧工会，对维护演员和编剧的合法权益、解决行业纠纷起有着重要作用。此外，关于著作权、影视改编权的纠纷也日渐增多，而我国在这些纠纷的解决上，目前缺乏明确的法规条例及富有实效的实施。2016 年通过的《电影产业促进法》降低了电影拍摄的准入门槛，电影创作空间加大，为我国电影产业的规范化发展起到了良好的推动作用，但受限于当前我国电影产业的发展现状，仍有许多问题未能在其中得以体现。

（三）把握道德底线，注重思想内涵，提高策划水平

除了政府与社会各界努力为影视行业打造良好的产业环境，处在圈内的影视策划人和创作者，自身也应该严格要求，做到以下几点：

1. 把握道德底线，提供优质内容

文化产业从根本上说是内容产业，内容为王。影视作品在策划过程中，可以也应当借用生活的热点问题，这一方面可以展现社会风貌，让大众更全面地了解社会现状；另一方面对社会热点的捕捉也会帮助影视作品获得较多关注，从而获取经济效益。但影视作品的策划中一定要明确作品的思想观念，要有清晰正确的是非观，各种形式要为内容服务，充分表达内容。

2. 提高原创力，发现好创意

影视策划和制作，应当追求作品的独一无二，敢为人先，而不是一味地追逐模仿。在当前大众消费旺盛形势下，只要有一个新鲜的创意，就很容易

抓住审美疲劳的观众。以《太子妃升职记》为例，虽然也是“穿越”，却是男人穿越到女人身上，由此引发的一系列搞笑的后续故事吸引了一大批猎奇的网友。再如，中央电视台的国产综艺《中国好歌曲》，在所有综艺节目都搬出了已经大红大紫的明星参与节目之时，这个选秀节目却反其道而行之，以发现优秀词曲创作人为目标，比赛过程只听旋律只看歌词不看脸，其独特模式吸引了许多观众。《中国好歌曲》不仅为乐坛发现了新力量，也推出了一系列唱作俱佳的优秀音乐人。

3. 与时俱进，发扬工匠精神，脚踏实地谋发展

影视策划和创作需要紧跟潮流，发现社会大众的需求，并开展有针对性的策划。但是，策划工作是艰巨的创造，也是富有智慧的创新过程，来不得虚假，容不得偷懒，更不应该浮躁。我们需要沉下心来，发扬工匠精神，脚踏实地，耐心雕琢。经过这样下功夫策划和创作的产品，才会形成影视精品，才会打动观众。相反，草率跟风完成的产品，即使播映也难以获得口碑和经济效益。

第十二章

百花齐放竞相妍

——演艺娱乐业策划

无论内容还是形式上，表演艺术与娱乐业都是十分丰富和复杂的，是文化事业和文化产业领域中重要的组成部分。中国演艺娱乐业从历史到现实，走过不寻常的历程，改革之路艰难而值得反思。中国特色社会主义进入新时代，社会主要矛盾转化为人民日益增长的美好生活需要和不平衡不充分发展之间的矛盾，放眼世界和未来，演艺娱乐业既面临困难和挑战，也有发展空间和机遇。因而，策划就更具必要性、重要性和现实性。

第一节　演艺娱乐业与其策划存在的问题

随着国家文化体制改革，中国演艺娱乐业经历了一个改革、探索和发展的历程。本节首先说明相关概念，然后对这一领域现状和策划存在的问题加以归纳。

一、演艺娱乐业相关概念

（一）表演艺术与演艺产业

表演艺术（简称“演艺”），即表演团队在一定的策划和组织下，通过唱、奏、跳、说等语言声音、肢体动作和表情神态，以剧院、露天舞台、旅游景区等特定室内外演出场所为平台，辅以舞台美术的烘托，为观众举办的现场表演，包括音乐、舞蹈、戏剧、曲艺、杂技、魔术等艺术形式。

何谓“演艺产业”？演艺产业是人类表演艺术数千年来历史发展的产物，古代即有萌芽，近代开始形成，但其作为成熟的产业形态，是在现代社会才完全确立和发展起来的。演艺业包括产品和服务，是由前期艺术创作、策划组织、排演、宣传、销售、中介运作、剧院运营管理等诸多环节构成的文化产业。

在经历了一系列的管理体制改革后，我国演艺业越来越成为文化产业发展的重要领域。“艺术生产过程的产业化运作，是当代科技、现代管理融入艺术生产过程所带来的相应的生产关系和生产方式变化的必然结果，它将能动地为艺术的创新和发展提供广阔的前景，使艺术生产释放出令人难以想象的巨大空间。”①

（二）娱乐与娱乐产业

娱乐是指为了让人们获得精神享受和放松，刺激一切感官使其产生不同情绪的休闲活动，包括艺术类、棋牌类、体育类等表演和比赛、游戏、游乐场及影视节目等。

娱乐业的范畴较广，既包括具有商业性质的娱乐场所，也包含以现场表演、新媒体为依托的提供欣赏、教育、选拔、休闲娱乐等服务的演艺活动。娱乐为大众提供了休闲、享乐、排遣和减压的生活方式，既填补了业余生活的空缺，又开拓了人们的视野和思维。

演艺娱乐场所和形式十分复杂，我们在这里谈到的主要是演艺类的娱乐业，如演艺厅、音乐茶座、带有演艺活动的西餐厅、酒吧等场所；演艺类商演、艺术节、演艺赛事等现场娱乐活动。广播电台、电视和互联网播放的各类演艺选秀节目、颁奖典礼、综艺节目、真人类影视作品、部分体育赛事等大众媒体娱乐，这些在第十一章有所涉及。

---

① 谢大京：《试论表演艺术团体运作方式的产业化》，《社会科学》2003 年第 5 期。

由于大众媒体的便捷性，凭借这种方式进行的娱乐活动成为当下极具魅力和关注度的娱乐业的重要部分，它将传统上流社会进行的高雅娱乐融入普通社会生活，消弭了演艺娱乐爱好者的性别、年龄、国界和等级差别，使人们拥有同等的休闲享乐方式和密切交流的话题，成为人们业余生活的关注焦点。

二、演艺业的基本特征

概括起来说，演艺业与其他文化产业相比，具有如下鲜明特征：

（一）本真性

演出艺术是舞台上的表演形式。尽管演出前有幕后的策划和设计编排，但舞台上纯粹是艺术原始、真实的展示，是表演者多年修炼的真实技艺和情感流露。演艺因为本真性而具有独创性，正是“台上三分钟，台下十年功”。因此，它既是可控的又是不可控的。台下的精心布置和严格要求使得演员有所准备，但是由于心理和生理、服装、温度、场地环境、观众素质等种种因素会随着时间和空间等各种条件的变化而变化，表演又存在不可控性，需要临场应变的能力来做出反应和调节。

（二）过程和结果的双重存在性

演艺活动的鲜明特点在于创作者表演的过程同时也是观众的消费过程。演艺呈现给消费者的是文化产品的生产过程，是即时创作、即时消费的文化品，产品同生产行为不能分离。正如马克思所言：“一个歌唱家为我提供的服务，满足了我的审美需要；但是，我所享受的，只是同歌唱家本身分不开的活动，他的劳动即歌唱一停止，我的享受也就结束；我所享受的是活动本身。”① 虽然有录像和录音复制品，但人们更愿意现场欣赏表演，如现场聆听帕瓦罗蒂的歌唱、现场目睹杨丽萍的优美舞姿等。因为，在观赏过程中消费者所得到的是他在录像或录音制品中所无法比拟的满足。因此，美国印第安纳大学教授布罗凯特说：“戏剧冲动是人类的天性，无法根除。戏剧不一

---

① ［德］马克思、恩格斯：《马克思恩格斯全集》第26卷，人民出版社1972年版，第436页。

定永远受欢迎，戏剧所具有的娱乐有时会被别种活动取代，但是戏剧将永远以各种形式面目出现，永远是人类社会的一部分。”①

（三）现场互动性

演艺产业赋予其活动现场互动性，即表演者与观赏者处于同一场所，发生交相互动。演艺类文化商品具有鲜活的生命力，不同于其他文化产品。因其互动性使消费过程变得更有激情，受众更有参与感与集体荣誉感，消费者受演员气场与情绪的影响，会聚在一起形成活跃的艺术欣赏氛围，这种氛围又会感染到其他受众，提高整体欣赏者的素质，促进文明良性循环。

（四）不可复制性

上述几个特点决定了演艺具有独特性、不可复制性。表演艺术的价值在于演出活动是表演者的独特创造，是其思想、情感、技艺、修养的个性展现。所谓“十年磨一戏”，这使得演艺品具有不可复制性。另外，观众的消费和生产者的创造过程是同步的，观众会跟随表演者的情绪起伏，享受的是活动本身。当然内心的澎湃和震撼依然持续，尽管录像或录音可以记录下现场，但不论音质、画面还是细节都不是原版的复制，这种偏差会导致任何复制品都丧失演艺自身特有的现场魅力。

正如徐世丕所说：“表演艺术的生命力源于每次演出活动演员观众之间的当面交流式原创或二度创造型的时空再现过程。演艺机构的形成和运作生存，艺术表演团体的生产营销，有其独特的规律，照搬大工业生产的规模化复制方式，只能窒息演艺事业的生命。”②

三、演艺娱乐业策划存在的主要问题

我国演艺娱乐业目前存在的主要问题有：剧目类型与基础设施存在地域差距，原创精品剧目与专业管理人才较为匮乏，配套服务与行业规范亟待完善，对外演出市场份额仍然较小等。从策划角度看，演艺娱乐业策划现存如下问题：

① ［美］布罗凯特：《世界戏剧艺术欣赏——世界戏剧史》，胡耀恒译，中国戏剧出版社1987年版，第600页。

② 徐世丕：《关于剧团改革的若干思考》，《中国文化报》2010年3月3日。

（一）宏观策划不平衡

从宏观策划来看，国内演艺市场区域性差别较大。中小城市及偏远地区因经济、政府重视程度、创作团队、交通等原因导致演艺产品稀缺且发展迟缓，某些剧院因建在较偏僻的位置而导致观众数量的减少，甚至出现资源闲置现象。民俗演艺团体规模和发展空间小，传播方式传统且单一，影响力具有区域性差距。硬件设施不够完善，剧院建设、设备购买、维护和使用期限等方面不能满足实际需要，部分剧场内外部设计在美学、声学方面视听效果还有很大的提升空间。演艺业还未完全实现网络的在线直播，限制了地区、民族传统文化资源和时尚演艺作品的传播和实时共享。这些现象和问题，充分反映了发展不平衡不充分，背后的原因固然很多，但重要的一点就是剧目类型与基础设施策划水平参差不齐，尤其是演艺事业较为落后的地域和领域，策划意识和手段都有待提高。

（二）策划资源较为匮乏

演艺业发展需要资源，目前看策划资源不足。国内高质量、大规模的原创音乐剧、歌舞剧等类型作品较为缺乏，亟须培育中国演艺原创生态。文艺作品难以平衡文化的“大俗”与“大雅”间的矛盾。娱乐市场不成熟，过分依赖引进海外版权，创新意识与品牌效应亟待提升。综艺节目过于注重明星的名气，而忽视节目内容质量，过分追求经济效益。专业且年轻的优秀编剧与导演缺乏经验，演出经纪人资质与能力不匹配，跨省与跨国经营能力人才更为缺乏。

（三）行业策划亟待完善

演艺业结构性矛盾突出，反映了行业策划亟待改善。商业性演出比重较大，公益性演出较为稀缺。演职人员薪资较低，剧目票价相对于居民收入而言整体过高，不能满足低收入群体及老年人的欣赏需求，中小城市的票务代理还未普及。各类型景区演艺市场发展不均衡，且呈分散状态。我国演艺娱乐市场较繁荣，正处于迅猛发展状态，却缺乏详细的行业政策法规保护，管理不够严格精细，部分演出秩序不够规范，市场有些鱼龙混杂，招聘方式不够公开透明，艺术水准参差不齐，低俗内容仍然可见。

（四）对外演出策划存在短板

我国对外演出策划也存在短板。从演出的对外贸易来看，我国对外演出市场份额仍然较小，由于缺乏演艺产品版权和民族品牌的贸易输出，丰富的演艺资源得不到充分“挖掘”和“包装”，以输出剧目为主，大投入、大规模制作的本土精品演艺作品数量较少，使得我国无法跻身演艺强国之列。而西方经典歌舞剧、音乐剧则更受国内观众欢迎。我国占较大比重的民族歌舞和杂技等作品的演出，不能满足“国际演艺粉丝”的需求，对外演出作品和交流作品种类分配不够合理。我国对外演出作品的单场票房收入远远低于其他国际水平级演出团体。这与缺乏对外演出的大型演艺集团有关，演出机构跨国经营的模式和规模不够完善。

上述问题都表明，搞好科学策划、精心策划和运营策划，对于演艺业健康持续发展，具有必要性、现实性。

第二节　演艺娱乐业策划理论要点

演艺娱乐业内容丰富、形式多样。它既是与国民素质和国家文明紧密相关的文化事业，又是与国民经济和社会发展密切关联的文化产业。从概念内涵到基本特征，我们可以看到，创意如何、策划是否科学和精心，关系到一切演艺娱乐活动的效果和效益。

一、演艺娱乐业策划的重要性

策划对演艺娱乐活动具有重要意义，以下从演艺娱乐业的目的和必要性方面加以说明：

（一）了解市场，明确方向

演艺业的策划，有利于领导者、组织者把握方向，通过实践了解市场和大众需求，有利于演艺活动的顺利开展并取得预期效果。良好的策划使资源的挖掘和开发更贴近生活，避免雷同现象和乏味效果，明确演艺目的和性质、类别，培养更多忠实观众，分析实施过程中所需解决的问题，预测演艺业发展趋势。

（二）有效管理，提高效益

合理规划与精心策划，有利于做好演艺产业链各环节的前期工作，为各种资源、人员和其他条件做好充足的准备；管理有序，最大程度降低损失，有计划地完成各阶段任务，从而提高运行效率和效益，创造经济和社会效益。优质的策划可以增加产品附加值，促进相关产业协同发展，衍生品的设计、开发和销售不仅能增加收入，还可以带动设计、制造、销售、新媒体等行业的发展。

（三）促进创新，扩大宣传

新颖的策划，可以为演艺增添更多创意和灵感，赋予剧本新意和流行元素，提高灯光、音响、道具布置等舞美设计的新媒体水平，创新演艺形式，增强演员与观众的互动体验，使观众耳目一新，使作品引领时尚演艺潮流，有利于大众的自主选择与消费，推动演艺业繁荣发展。

（四）赋予内涵，打造品牌

演艺策划能够提升演艺活动和产品的文化与精神内涵，实现内容与形式的完美统一，促进文化正能量传播，利于培养大众价值观、审美和文化艺术气质，丰富大众的文化休闲生活。通过策划，观众更沉浸于享受而不是完成交易，产品深入人心，形成了独特的文化品牌。

二、演艺娱乐业策划的内容

各类别演艺均有相似之处，戏剧是完善程度高、具有典型代表性的一种表演形式，在此仅以戏剧为例，阐述其策划内容。

整个戏剧演艺活动，包括剧作家、剧本、导演、演员、舞美设计师、宣传、观众等元素，各元素具有不可替代的作用。剧本是戏剧艺术的重要基石；导演是决定舞台风格、戏剧二度创作的核心；演员的人物形象刻画是戏剧表演的本体；舞美设计是营造真实戏剧环境、烘托剧情发展中情绪的关键；宣传渠道与力度是影响票房的重要因素；观众的参与度、审美及反馈是衡量戏剧成功与否的标杆。

从策划学角度来看，戏剧表演有无策划、水平高低，都体现在上述元素中。具体表现为：在剧本创意上，对真实生活如何展示和提炼、与时尚的接轨程度；在导演水平上，个性和文化素养如何体现、整个表演活动如何实现其艺术追求；在演员团队上，角色怎样分配、演技如何完美表现；在舞美设计上，怎样呈现时尚、大气、唯美。此外，在宣传和营销方式、演员与观众的互动等方面，也要注意遵循传统的同时不忘融入创新元素，吸引更多受众群体的眼球。这些都是戏剧策划不可缺少的内容。

整个戏剧表演是一个由多个环节共同构成的活动系统。因此，策划要全面，考虑要周到，在演艺业各个环节融入创意的同时，要注意整体的协调一致，不能割裂和忽视某些环节。同时，策划还要分清主次，有所侧重，不能眉毛胡子一把抓。剧本的创意决定了戏剧情节是否吸引人，这就要求戏剧策划首先要重视演艺内容策划，在此基础上再考虑形式策划。无数事实表明，剧本内容和情节经不起推敲，则该剧演艺难以成为经久不衰的典范。哪怕是老剧本，只要有新创意，策划精心细致，就能够赋予它创作的激情，赋予表演者真实情感，再将传统经典搬上时尚舞台，更易取得良好效果。

不只戏剧，对于所有演艺类型而言，只有既重视全面系统的策划，又注意抓住重点精心策划，才能使演艺策划沿着正确的轨道推进，并取得理想的成效。

三、演艺娱乐业策划的原则

演艺策划的原则，就是演艺策划应遵循的法则和理念。概括起来有以下几点：

（一）创新性原则

亚洲剧场导演之翘楚、华文世界知名的剧场工作者赖声川，提出了创意金字塔模型，将神秘的创意形成过程可视化、形象化、具体化。在《赖声川的创意学》一书中，他指出创意可分为两步：通过构想激发创意，找到途径让创意成型，即创和作，也可理解为获得内容和找到形式。

创意是演艺娱乐业策划的灵魂。策划人提出具有特色与深度的创意设想，并将其付诸实践，通过不同的形式得以呈现。演艺娱乐业的每个环节都蕴藏着无限的设计元素，作品创作、表演形式、融资方式、场地布置、服装道具、灯光音响、宣传推广等方面无不体现着创作者、编排者、投资者、监管者、宣传者等人才的创新思路与独特情怀。

（二）时效性原则

演艺娱乐生产即观众欣赏的过程，不需要经过后期制作，现场即时产生效果，影响着观众的心理、情绪与价值观，使其产生丰富的联想与感受。演艺娱乐作品应具有前瞻性，不仅反映时代特征与文化价值观，还汇聚了大批忠实粉丝，引领着时尚文化潮流与新型休闲消费。例如，游客夜晚现场观看广西阳朔《印象·刘三姐》大型实景演出，与白天浏览桂林山水相辅相融，产生即景的时效感受。

演艺娱乐业策划，要求创作者赋予作品精湛的艺术技巧、丰富的文化内涵与深刻的教育意义，在观众间形成巨大的磁场，增强体验感，即使表演结束甚至许久后回忆起时，激动的情绪依然浮现在脑海中，并觉得观超所值。

（三）可行性原则

演艺娱乐业策划，需要策划者对策划对象进行可行性分析，根据时间、地点、人员、政策等实际情况，灵活制定具有可操作性的策划方案，细节部分务必考虑周全，保证其实施并取得成效。通过市场调查等方法分析演艺娱乐项目的风险、效果、投入成本、产出效益以及是否遵循法律法规等。

（四）资源整合原则

演艺娱乐业策划，应当重视资源整合，充分挖掘、利用丰富且优质的资源，如人才、技术、传统文化、民族特色等要素。根据地域环境，加强民族元素与流行元素的融合，以多元化的艺术形式传承并弘扬民族文化，加强跨界融合，不断打开新市场。例如，旅游演艺品牌——歌舞《梦回大唐》，由于实现了资源有效整合，收获了高票房，推动了西安旅游业与演艺娱乐产业的发展。通过与国际接轨，创作中西文化交融的演艺娱乐作品，增强人才交流与国际合作，实现资源互补与跨文化传播。

（五）系统性原则

演艺娱乐业策划，应遵循系统性原则，重视产业链的完整运作，落实到每一环节的构想，形成完备的流程与明晰的组织架构，加强管理，完善配套服务。形成前期筹备、作品创作、团队排演、版权交易、院线运营、宣传推广、票务销售、观众欣赏的完整系统，使策划方案具有整体性。

（六）利益平衡原则

演艺娱乐业策划，力求实现经济效益与社会效益的平衡。通过设计生产并销售专辑、图书、服饰、手工艺品等衍生品获得票房以外的经济收入，增加附加值；通过策划组织公益演出、捐赠活动、义务宣传等方式提高社会影响力，呼吁大众奉献爱心，最终实现效益最大化。网络直播、快闪等新型传播方式拓宽了受众范围，使演艺娱乐业真正融入日常生活，实现艺术的普及。

四、演艺娱乐业策划的技能

文化产业策划通行的方法和技能，在本书第二、三章已有阐述和举例。在此仅侧重于演艺娱乐业策划，对思维、创造、实践、沟通等能力进行简要说明。

（一）多向思维、积极思考

具备一定规模的正式演艺，是由多个环节构成的活动系统。因而，活动策划应当积极思考，自觉运用多种思维方法，追求创新。例如，策划人运用逻辑思维方法，梳理层次，环环相扣，把握演艺娱乐业市场动向，关注发展趋势，进行市场定位。又如，策划人自觉运用形象思维和灵感思维方法，借助形象、图像、想象力与画面感而产生创作灵感，增加作品的生动性和感染力。到杭州旅游，游客观赏《宋城千古情》演出，除了震撼的舞台效果、华丽的服装设计，更为根植于地域的悠久而深厚的良渚文化、绵延不绝的“良渚精神”所打动。真的应了那句广告语：“给我一天，还你千年。”再如，策划人善于运用预测性思维方法，对策划项目的前景进行估计、推测与判断，如预测上座率、好评率、票房与设施、安全、天气、交通等相关变动因素，降低风险，保证项目的顺利运行，从而达到预期目标。

（二）培养灵感、创意设计

灵感源于日常知识储备与经验的积累。策划人在读书、调研和思考的基础上，通过悉心观察获取瞬间的灵感。学习亚力克斯·奥斯本提出的头脑风暴法，即智力激励法，努力创造活跃氛围调动参与者的情绪，为创意设想的提出提供良好的环境。与他人的交流中碰撞出思想的火花，激发创造力。可借鉴赖声川创意金字塔模型中提到的创意的创与作两个步骤，策划人在第一步通过观察生活汲取经验和感受，产生独特的创意构想；在第二步通过凝心聚力，将设想转化为创意设计，在思维活跃的基础上设计出高质量的策划方案。

（三）体验感受、挖掘内涵

演艺是实践性很强的活动。策划者需要深入生活与行业内部，尝试体验、获得丰富的感受，不断挖掘文化资源的内涵，并使之与艺术元素相融合，探索娱乐消费的新形式。策划者可采用蓝海战略，通过挖掘新元素抢占新的消费市场，引领消费时尚，关注国际演艺娱乐业前沿动态，融入更多新型且具有价值的创意，增加受众追求且不受因素影响的部分，减少超过受众需求且增加成本的部分，剔除没有价值却造成竞争攀比的部分。例如，《宋城千古情》最后一幕“魅力杭州”有雨中采茶的景象出现，整个舞台上空“雨水”降落，此时观众席上空也有细小“雨滴”飘然而下，一股清爽感扑面而来。

（四）互动沟通、跨界融合

演艺也是综合性艺术，需要多学科交叉、多技能整合。策划者通过与创作者、编导、表演者、演艺公司、剧院、赞助商等互动沟通，正确传达业务信息并听取反馈意见，提高项目运作效率。通过与不同行业人士的沟通，增强彼此间的信任，寻找与演艺娱乐产业的契合点，拓宽合作渠道，敢于联想、勇于挑战，通过交流实现资源互补与跨界融合。

此外，演艺策划还需要统筹各要素，对人员进行合理分工，有效分配项目进度时间与资金等要素，强化全局把控意识，果断决策、组织与协调控制，整合资源，确保流程每个环节顺利进行。

第三节　典型案例评析

古今中外，演艺策划案例颇多。在此，选取有一定代表性的经典案例，在简要介绍后着重于策划亮点分析，彰显策划在演艺中的价值和重要意义。

一、维也纳新年音乐会——节庆演艺的经典品牌

维也纳新年音乐会于每年 1 月 1 日在奥地利的维也纳金色大厅举办，由历史悠久、素质高超的维也纳爱乐乐团演奏。曲目至今仍以施特劳斯家族的圆舞曲为主，也穿插一两个其他作品。音乐会分为上下半场，每场均一个半小时左右，曲目间有用母语对作曲家、创作风格等的简要介绍。卡拉扬、祖宾·梅塔、巴伦·博伊姆、小泽征尔等都曾为其执棒指挥，并在演奏《蓝色多瑙河》引子部分时献上新年致辞，用母语或汉语致以新年问候。不同指挥的演出风格和人格魅力使音乐会呈现缤纷色彩。它不仅开创了新年音乐会的形式，还通过电视的直播实现了音乐的跨国传播，是全世界绝佳的视听盛宴。中央电视台直播并邀请顶尖音乐家及音乐评论家讲解。王黎光在 2016 年直播时评论道："维也纳音乐会是五体投地地去拥抱大众，用很精美的音乐语言表达真实的家长里短。它简单的如此卓越，平凡的如此高尚。它的音乐给我们带来了一种社会的功能性，音乐是我们心灵的教堂，它净化我们的人生，同时使我们脱离低级趣味。"世界著名指挥家杨颂斯则说："举办新年音乐会是这里的伟大传统。"

（一）鲜明的主题策划与特色的文化品牌

维也纳新年音乐会每届都有自己的主题。统一的主题策划，使选曲范围更加清晰，曲目更有统一性。鲜明的主题策划，明确了整场音乐会的基调、风格，表达了策划人、指挥家和乐团演奏者的思想情感，体现了演艺遵循产业运行规律和与时俱进，如 2013 年和 2016 年的主题分别是：纪念瓦格纳和威尔第 100 周年诞辰和纪念联合国成立 70 周年。以音乐会形式陪伴世界音乐爱好者欢庆新年，缅怀音乐家或纪念历史时刻，更有凝聚力和仪式感。经

典主题的策划，不仅使音乐会成为万人瞩目的盛宴，还融合了其他文化内涵和元素，展示了维也纳的城市形象，传播了奥地利民族文化。这也为当地旅游业提供了良好的宣传机会，带动了国内外一系列新年音乐会诞生，开创了节庆音乐文化的新模式，并在全世界奏响了特色文化品牌。

（二）传播营销和盈利渠道的选择

由于科学策划和实施运作，维也纳新年音乐会自 1959 年起通过奥地利广播公司和欧洲电视二台进行世界各国的直播，通过向其他国家出售转播权获得更多经济收入。借助互联网，各大视频网站在线直播，促进了现场演艺的跨国传播。音乐会开场金色大厅的外部景观，曲目演奏时镜头在演出现场及奥地利风光之间切换，该创意策划满足了更多观众对音乐厅建筑特色的好奇，如身临其境一般，还使整场音乐会画面风格多样，极具视觉冲击力，犹如一部人文、艺术与自然结合的微型纪录片，通过视觉呈现给观众音乐的色彩感。“维也纳新年音乐会的电视转播一直是音乐传播学界所关注的热门课题，因为它并不是一个孤立的事件，而具有普遍意义。当电视几乎已经渗透到了世界的每个角落，音乐这一个古老的艺术形式也受到了大众传播的巨大影响。”①

与此同时，音乐会还丰富了盈利链条，除了现场商业盈利之外，其场外附加值盈利也非常庞大。场外附加值盈利包括赞助费、衍生品开发销售和在线直播的广告收入。现场录音和录像、各国音像店进口蓝光光碟，实现了 O2O 的商业模式，满足了乐迷收藏高品质音效光盘的需求，提升了商家经济效益。

（三）形式多样的创意表演

维也纳新年音乐会策划，还表现在形式多样的创意表演。除圆舞曲、波尔卡之外，音乐会还包含歌剧序曲、空灵纯净的童声合唱及倍受期待的芭蕾舞，引入了更多施特劳斯家族外的作曲家的作品。1987 年卡拉扬首次也是唯一一次执棒音乐会，创造性地指挥着观众参与音乐互动的新形式，策划融入童声合唱曲目。2012 年《西班牙圆舞曲》演奏接近尾声时，站立着的军鼓

---

① 冯洲：《被电视改造的维也纳新年音乐会》，《人民音乐》2006 年第 11 期。

手绅士地用扇子为大鼓演奏者、贝斯手和镲演奏者扇风。2013 年音乐会演奏《威尼斯狂欢节的梦幻回忆》时，指挥给演奏员们送上毛绒玩具，给乐团首席献上炒勺，他也接受了他们的厨师帽，形式的诙谐和内容的严谨在旋律和表演中充分体现，赋有戏剧色彩。2016 年邀请英国著名服装设计师 Ema Ryott 设计演出服，款式、色彩和面料质地的设计，凸显了演员舞姿美感和气质优雅。这些创意和策划，都使新年音乐会扩大了受众，赢得了良好口碑和声誉。

二、弗拉明戈舞剧《卡门》——民族资源的现代挖掘

弗拉明戈是一种融歌唱、吉他、舞蹈为一体的舞蹈形式。舞剧《卡门》经编舞大师拉法叶·亚吉拉于 1992 年创作成功，之后由拉法叶·亚吉拉弗拉明戈舞团、塞维利亚弗拉明戈舞蹈团等演出，《卡门》的演员年龄一般大于部分普通舞剧演员年龄。通过具有鲜明吉卜赛民族特色的弗拉明戈舞蹈将一段爱情悲剧展现得淋漓尽致，表达了西班牙人民热情奔放的性格和对爱情的追求，以肢体动作生动地刻画人物内心，表情神态随剧情自然流露。表演需要舞者有丰富的阅历、精湛的舞艺。为积极拓展海外演出市场，穆尔西亚国立舞团将舞剧重新策划编排，并开启巡演，于历史名城西安拉开帷幕，在中国的巡演长达两个月。“《卡门》的经典性就在于不同编导、不同演出团体、不同舞种的诠释，不断为其注入了鲜活的血液，从而使这一作品屹立在艺术之林而永垂不朽，熠熠生辉。”①

（一）极尽渲染的舞美设计

《卡门》舞美策划精心精细。精雕细琢的道具简单却极具代表性，独舞、群舞者围绕各道具展开舞蹈，构成剧情发展的线索，使剧情呈现有所依托，其点、线、面的视觉效果给人舒适感。整部舞剧没有十分绚丽的灯光陪衬，却仍具美感，追光时而投向道具处的舞者，简洁的道具和夸张的舞姿形成鲜明对比，以聚焦观众视线，凸显震撼效果。穆尔西亚国立舞团舞美设计讲

① 杨普超：《久盛不衰的“野性之花”——〈卡门〉》，《舞蹈》2016 年第 7 期。

究，并运用近百件先进演出设备，如电脑灯、通例灯、面光、追光等各类配置，精简的舞台布置背后却有着繁杂的幕后工作。该剧负责人贾丹彤谈道："舞剧《卡门》的布景简洁，没有一丝花哨的修饰，重点是用复杂的灯光来突出舞台上的演员。"①

（二）异彩纷呈的服饰策划

舞剧服饰策划独特，不同颜色、款式、面料、民族风格的变化表现不同心情、性格和剧情环境，异彩纷呈。以拉法叶·亚吉拉弗拉明戈舞团的服饰为例，男女伴舞者身穿不同色彩的分体长舞裙和衬衣马夹，淡淡的暖色调略显古旧，女独舞者身穿款式不同、色彩统一且鲜艳的百褶镶边长裙，如卡门的红色舞裙和左侧的红花头饰，卡门由红色到蓝色、咖啡色相间舞裙的变化和对比，使舞台层次感更加分明。男独舞闪亮的金片甲上衣及带穗半裤的芭蕾服饰的融入，在奔放的舞蹈风格中赋予舞者优雅高贵的气质。又如，穆尔西亚舞蹈团的服装由马蒂姐妹手绘设计，整场演出有200套舞裙尽显风采。"正是这些十分考究的造型和复杂制作工艺，而增添了《卡门》的波西米亚式的活力与风情，让观众看得出丝的光感。"②

（三）交相辉映的伴奏运筹

《卡门》的精彩策划还体现在伴奏上。乐器、人声等现场伴奏和背景乐伴奏两种方式，还原了剧情发展的真实场景，给人以真情实感及新奇感受。不同于《天鹅湖》等其他舞剧，弗拉明戈吉他、长笛、手鼓、拍手、伴唱等现场伴奏形式的多样性使剧中的人物情绪得以烘托，增强戏剧感且更富有生活气息。在铜管、木管及弦乐伴奏配合下，扛枪士兵们在整齐划一的基础上更增加了力度感和气势。带有小提琴泛音独奏的《卡门序曲》，空灵的长笛、黑管旋律以及女高音独唱等伴奏音乐穿插于舞剧中。可见，伴奏运筹惟妙惟肖，交相辉映。

---

① 谷体伟：《30公斤"绝世舞裙"亮相弗拉门戈舞剧〈卡门〉》，《羊城晚报》2013年8月27日。

② 徐广良：《浅谈歌舞服装的设计要素》，《美术大观》2010年第12期。

三、微电影交响音乐史诗《女书》——中西合璧的原创精品

“女书”流传于湖南江永，是迄今唯一的女性文字，有“女人的圣经”之称。《女书》是由谭盾经过5年的田野音乐调查后创作的反映江永女子生活与传统地域文化特色的新媒体音乐作品。该作品作为交响乐史诗，与女书民谣的旋律和节奏皆一致。它包含《秘扇》《母亲的歌》《穿戴歌》《哭嫁歌》《女书村》《女儿河》等13个乐章。这些乐章分别配有13部微电影。《女书》由雅尼克·涅杰瑟贡执棒，与费城交响乐团合作演出，成为国家大剧院“五月音乐节”中抢救民族文化的重要作品，是融西洋乐器、传统音乐、文学、电影为一体的民族原创精品。谭盾认为该创作是“为我们的母亲和姐妹谱写一座声音的纪念碑”①。

（一）西洋器乐演绎传统文化

《女书》的创意与策划，以一种声像结合的生动方式打开人们认识古老民族文化的大门，引起观众对文化、艺术和历史的反思。谭盾以“女书”原生态为创作素材，在自然风光和传统音乐熏陶下，把自己的音乐理解和民俗风情融入艺术创作中，以西洋乐的记谱方式谱写传统民间音乐作品，“歌是重要的主体，竖琴穿针引线，乐队是铺垫”②。《女书》现代派风格交响乐版本的成功改编，反映了不同时代的文化碰撞。该策划使湖南地域传统文化搭载西洋乐航船驶向世界演艺的海洋，以西洋乐丰富且极具模仿力的声音表现女性性格特色。谭盾说：“竖琴像是一个历史的‘女声’，在叙述，在哭泣。”③ 水乐也是该作品中极具创意的亮点之一，谭盾把村口的眼泪塘作为写意的主体，他说：“整个情节都是用水来做。流水的东西正好是女书织体的一个线条。”④ 用现代作曲手法演绎古老女书民谣，与国际著名乐团合作，在交响乐繁杂的技巧和卓越的演奏中展示江永妇女朴实的形象与生活态度。

① 牛春梅：《谭盾：借“女书”寻找中国音乐传统》，《北京日报》2014年5月21日。
② 李瑾：《谭盾创作谈“风水”大师说〈女书〉》，《音乐生活》2013年第12期。
③ 张学军：《“费城之声”回荡京城　竖琴哭述〈女书〉》，《北京娱乐信报》2014年5月23日。
④ 李瑾：《谭盾创作谈“风水”大师说〈女书〉》，《音乐生活》2013年第12期。

雅尼克说，《女书》在费城首演时，每场都有许多观众流泪，中国观众的饱满情绪与美国观众一样被深深感动。

（二）创意策划使舞台元素丰富多样

数码科技展现三维艺术，“梦想、理想、现实”和“过去、现在、未来”双重的3D使艺术形态与声像对位并连接。电影艺术与音乐的结合，有助于回顾历史，使音乐的画面感和旋律走向更清晰，彰显声音与光影的特色，呈现出“音乐3D”和“时空3D”的创作理念。交响乐团震撼的音响效果赋予女书民谣磅礴的气势和多层次的音乐色彩。数码科技的使用给观众带来更多神秘、新奇和身临其境的感觉，使视觉效果更有冲击力。

四、开心麻花——热门事件的幽默盘点

北京开心麻花娱乐文化传媒有限公司成立于2003年，由张晨首次提出了贺岁舞台剧的概念，是我国最受欢迎的舞台剧创作排演的民营机构，位居我国商业话剧票房第一，并于2013年获得中国文化产业投资基金大力支持。该舞台剧包含话剧、小品、音乐剧、网络剧、电影等多种戏剧作品形式，并使新媒体喜剧走进人们日常生活。著名评论家张颐武谈道：“不同于主旋律作品，‘开心麻花’是娱乐产品，但同样发挥着重要的社会功能，她提升了年轻人的幸福感，熨平了大家的焦虑、抱怨、愤怒等情绪，同时热烈的演出氛围也对年轻人的自我认同很有帮助。”①

（一）精准定位的特色模式

开心麻花的话剧从生活、道德、爱情等题材中获取灵感，以诙谐的方式盘点年度热门事件，犀利的批判语言、经典时尚的原创或改编的流行语台词、具有喜剧效果的方言植入、音色和语调的刻意处理及夸张的笑声等使触动听觉敏锐细胞的关键要素极具个性。“‘开心麻花’对人物的刻画不是写实的，而是漫画式的，一句对白、一个动作、一种神态就能准确捕捉到不同人物的个性特点。同时，其对人物的呈现，又不是单一扁平的，而是包含内

---

① 李扬：《“开心麻花”：八年深耕喜剧品牌》，《文汇报》2012年2月8日。

心世界的复杂性。”① 开心麻花从传统和俗态的喜剧中汲取精华并使之糅合，与传统话剧相比，其话剧更“接地气”，贴近百姓生活，反应时代潮流，抓住受众笑点，通过“卖力”的创作表演收获人们有思想且发自内心的笑，与媚俗喜剧相比，它又更具深度和内涵，是本土高雅喜剧的特色形式。

开心麻花的排练和演出方式与传统话剧的创作有所不同，更注重即兴创作。不论是总经理还是导演等人都可参与“民主创作”，甚至剧本都是由聊天时产生的桥段和搞笑台词攒成的。“开心麻花的剧本创作不是‘独头蒜’风格，而是类似于企业管理中的‘头脑风暴法’。‘开心麻花’总经理刘洪涛曾经说：‘我们的创作团队永远要超越过去、超越自己，这个团队年轻，有朝气有理想，从编剧、导演到演员，都为最后的舞台呈现贡献着智慧和汗水。’”②

（二）新型合作的品牌营销

开心麻花积极向全国各大城市拓展演出空间，举办即兴戏剧节，使其走出剧场，走进早教机构或幼儿园等，这种创新策划是公共文化服务的体现。此外，开心麻花全国高校公益巡演计划、开心麻花高校戏剧基金的成立和一百多所高校校园经理人的策划，使其既拓展了教育培训领域的业务，又有利于剧目创作和公司运营的资金筹备。同时，开心麻花为了与粉丝和潜在消费者保持互动沟通，公开向社会征集剧目，收获素材与人才的同时还激发了喜剧迷们的热情，拉近了两者距离。

开心麻花还格外重视深入的品牌战略合作，在广告植入、剧场宣传、剧目推广、团单包场、新媒体播放等细分环节与品牌商家进行商业合作，不仅与腾讯视频、乐视网、黑马营销等深度合作，还与地产、汽车销售等公司进行品牌合作。2012 年开心麻花推出的网络自制剧《开心麻花剧场》，在与乐视网达成协议后每周更新一集，促进了线上线下喜剧共同发展，提高了收视率。

① 李春：《〈夏洛特烦恼〉：“开心麻花”的味道》，《当代电影》2015 年第 11 期。
② 潘晓曦：《开心麻花的启示》，《鸭绿江》2015 年第 11 期。

第四节　策划的思考

五彩缤纷的演艺舞台，经常在上演着生动的活剧。上述案例，犹如演艺海洋里的几朵澎湃的浪花，又如演艺百花园里几朵艳丽的鲜花。因为有创意和策划，演艺的内容和形式、演员和舞台才能变化无穷，常演常新。在文化大发展大繁荣的当代中国，演艺产业也在焕发生机，我们期盼百花齐放竞相妍。针对第一节提出的问题，笔者在本节对演艺娱乐业策划进行思考，并提出建议。

一、演艺娱乐业策划的建议

（一）重视内容策划，打造原创精品

众所周知，文化产业内容为王。站在主创和导演的角度，各类演艺娱乐策划首先要在剧本创意创作和主题提炼两方面下足功夫。

好的剧本必须讲好故事。好故事需要塑造鲜明独特的形象，具有感染力和吸引力，主要故事合情合理而又生动有趣。好剧本离不开主要人物和故事情节的内在矛盾冲突，而非苍白的形象和平铺直叙。从剧本创作的构思阶段开始，便决定了后期人们的关注和热情程度。不论是歌剧、舞剧、戏剧抑或民族交响音乐会，都应当重视剧本的策划、创意和创作。是否下足功夫，决定了剧本的质量和档次。只有精雕细琢，才能创出精品。

主题或主旨，是贯穿在剧本、体现在演员、舞台和整个演艺活动的主线。主题思想包含深刻内涵，表现了演艺策划者、主创者对自然、社会和人生经历的态度和看法。主题需要下功夫经过思考，加以提炼。例如，维也纳新年音乐会的主题提炼，创造了经典。斯坦尼斯拉夫斯基将剧本创作所追求的主题思想即创作意向称之为“最高任务”，可见其重要性。剧本只有拥有明确的主题思想，才能使作品形成一个独立整体；剧本只有融入作者的思想、情感和个人风格，才能使主题思想更丰满。谭盾的音乐会，如《水乐》《纸乐》《鬼戏》《牡丹亭》等作品，都被赋予独特的主题和别致的名字。

对于演艺娱乐策划来说，除了剧本和主题，演员队伍也很重要。演员对整个演艺主题的把握、对剧本情节矛盾冲突的理解，有利于明确剧本和自己所扮演的角色。优秀演员应将剧作者、策划者的意图淋漓尽致地表现出来。选择优秀主角，重视搞好演员队伍培训，也是演艺策划的重要内容。

从内容策划来看，应加强不同类型演艺娱乐作品的创作，并尽量缩小城乡间的差距，拓展中小城市上演作品的种类，打造更多原创精品剧目，使其具备教育和启迪性，宣传正能量，弘扬正确的价值观，增强社会影响力，如把抗震救灾、模范代表的先进事例改编成话剧剧本，并为其“量身定做”乐曲，通过艺术表演给人们心灵以洗涤和净化，增强艺术的社会宣传功效，规范演艺娱乐行业秩序，加强相关政策法规保障。

（二）丰富表现形式，加强对外演出

内容要通过形式表现，演艺娱乐形式策划和创新也是十分必要的。

相对于剧本、导演、主题、演员诸要素，舞台、服饰、道具、灯光等诸多方面，则属于演艺活动的形式。为明确的内容而设计、选择、搭配适宜的形式，用灵活多样的形式来充分表现和体现内容，达到形式与内容的统一，是演艺策划的应有之义。

任何大型演艺活动，都要搞好上述要素的策划和设计。这诸多方面的策划是否科学而合理、设计是否专业而精致，直接关系到演艺活动是否成功，能否给观众带来震撼和吸引力。例如，弗拉明戈舞剧《卡门》，极尽渲染的舞美设计、异彩纷呈的服饰策划，产生了强烈的感染效果。妆容、服饰和道具多样化创新设计，丰富了表现形式。又如，在杂技中融入不同舞种的肢体语言，如探戈、芭蕾、桑巴等舞姿，适当消减表演时给观众带来的紧张感，使其更具美感和灵动性。再如，拓展中小城市演艺类别，如增加竖琴、电声乐器、木偶剧类的演出。通过现代作曲手法、歌唱装饰技巧等，对红歌进行改编，与原生态、美声唱法、中西乐器等融合，搭配时尚创意风格的军装并以卡通版历史故事为背景，还可将唐诗、宋词等传统经典文学更多地改编成歌曲。

此外，政府应为中小城市提供更好的政策环境，完善演出场馆及设备等

硬件设施，加强市场监管，拓宽融资渠道，鼓励更多赞助商与演艺团体合作；针对不同受众和年龄举办不同类型的演艺节，如儿童话剧、现代舞、音乐剧等演艺节和传统戏曲、杂技、红色歌舞等，扩大在儿童与中老年群体中的受众。不断扩展演艺娱乐的新形式，如企业周年庆典、时尚派对、商场开业与婚礼庆典等，增加公益性演出数量，并提高质量与内涵。

对外演出方面，应扩大民营企业、机构与表演团体在海外的巡演与驻场演出，政府与企业不断完善对对外演出精品的扶持，并制定更多的奖励与数据统计政策，不断扩大国际市场份额。

（三）塑造品牌形象，培养复合人才

原创精品剧目与专业管理人才较为匮乏，这是我国演艺娱乐业及其策划存在的突出问题。演艺策划追求的是品牌。有无策划、策划是否成功，集中体现在最终的品牌塑造上。

现代营销学之父菲利普·科特勒博士，侧重于从市场竞争和营销角度界定品牌。在《营销管理》一书中，他明确提出：品牌是一种名称、术语、标记、符号或图案，或是它们的相互组合，用以识别某个消费者或某群消费者的产品或服务，并使之与竞争对手的产品或服务相区别。

中国文化产业要增强核心竞争力，必须在文化品牌建设方面有大的突破，其主要任务在于凝练品牌内涵，构建和完善品牌框架，打造和维护品牌支撑，保持品牌资产保值增值。① 我国演艺品牌塑造和建设也是如此，需要在品牌内涵、品牌构架、品牌支撑和品牌资产上做文章、下功夫。

既然演艺产品可以从内容和形式上分析，那么演艺品牌策划、塑造和构建也可以从内外两大方面入手。具体来说，既要重视演艺品牌形象设计和视觉识别系统的创意和设计，又要加强演艺品牌内涵、主题和理念文化的创意和策划，这两大方面缺一不可。实际上，在演艺品牌建设中这两大方面是相辅相成的，内涵品质、理念文化作为“内隐层”，是内在的精神层面的东西，需要形象和视觉“外显层”的表现和展现；形象和视觉作为演艺品牌的

---

① 花建：《2013 年文化产业的四大亮点》，人民网，2013 年 2 月 5 日，http://art.people.com.cn/n/2013/0205/c41426－20433556.html。

“外显层”，也需要“内隐层”的文化为内容和依据。

精心的策划有利于演艺产品的品牌塑造和运营。鼓励原创演艺作品，实现演艺品牌剧目“系列”发展，同影视作品续集一般，不断扩充和创新剧目内容，引领潮流。打造连锁演艺品牌，成立更多连锁演艺企业并加快上市步伐。加强版权输出，增加贸易收益，打造演艺娱乐出口品牌。建立更广阔的国内外演出交易平台，加强经纪机构、表演团体与演出场所的便利合作。加强复合型人才的培养，进一步加强高校艺术专业与企业的合作，实现资源互补。

（四）增强互动体验，实现跨界融合

互联网、云计算、大数据、人工智能，渗入了社会的方方面面，给生产、生活和娱乐带来前所未有的变化。技术手段更新，尤其是新媒体时代到来，对演艺娱乐业策划提出了新要求，既有内容要素也有形式方面的。

现代技术手段为体验经济插上腾飞的翅膀，受众的体验正在成为演艺娱乐活动策划的着眼点。百姓重视体验感，实行体验收费制，观众可付费体验演艺策划和运作的流程。增强网络演出的互动性与体验性，建立国内、国际演艺共享的网络平台，实现演艺网络在线直播的普及，并可购买进口演艺设备和衍生品，促进我国演出艺术的海内外交流。

此外，促进演艺娱乐业与其他行业的融合发展，如与影视、法律、教育、医疗、建筑、旅游餐饮、艺术设计等行业合作，实现共同开发和资源互补。

二、演艺娱乐业的发展趋势

立足当下，展望未来发展，我们可以看到中国演艺娱乐产业的国际化、民族化和数字化的趋势日趋显明。

国际演艺市场进一步融合，引进更多海外经典新作，同时创作更多形式新颖并具有文化品牌特色的本土演艺剧目，使其走向国际舞台。中外合作演出机会不断增加，一场演出聘请中外演员同台表演。

我国民歌、地方戏曲、民族乐器及民族舞蹈的品牌打造，通过演艺媒体使传统技艺得以良好传承与发展。民族乐器及其他音乐表现形式与海外特色乐器及音乐风格的融合改编更普遍，如原生态和美声唱法对流行乐曲的重新编曲。

网络、手机等新媒体对于演艺业的传播力度进一步加大，如各演艺形式的网络付费直播、网站、电视、社交软件、电子书籍和论文等对演艺实况的即时报道有助于宣传；引进海外高技术含量的新媒体设备，并自主研发满足我国时代新作表演要求的新技术、新设备和新表现方式。新媒体使演艺产业链各环节更完善，如剧本、乐谱的创作、排练、宣传、售票、入场欣赏等环节的数字化、智能化功能。此外，电声技术对声效的处理和存储，道具和舞台控制的电子化操作更频繁，以及声光技术在服饰上的普遍运用，如乐手、歌唱和舞蹈演员、魔术师及戏曲表演者的戏服等都促进了演艺事业的发展。

第十三章

歌儿为什么这样红？

——网络音乐业策划

随着互联网的发展与网络覆盖面的扩大，音乐产业早已脱离了磁带、CD 等载体，推出可便捷流通的多种形式。从 MP3/MP4 到 iPod，从凤凰传奇到 TFBOYS，从热门单曲到网络红人，这些关键词的诞生无一不彰显着网络音乐的更新换代。网络音乐这一载体形式，将受众的听觉盛宴迁移到网络平台，如同打开了一个潘多拉魔盒。歌儿为什么这样红？网络音乐释放出美丽的旋律和绝妙的歌词，也潜藏着利益的诱惑，挑战着道德的底线。在国家大力提倡音乐版权和整改网络内容的时代背景下，网络音乐产业正面临着前所未有的发展机遇和挑战，其策划的必要性与重要性不言而喻。

第一节 网络音乐业与其策划中的问题

客观认识我国网络音乐业的现状，既要看到快速发展一面，又不能回避健康发展中的问题。在此，本节简要地说明发展现状，概括网络音乐业的特征，指出网络音乐业策划中存在的问题。

一、网络音乐业的特征

网络音乐业是一个系统的概念，与网络音乐并非同级范畴。网络音乐业既包含一个音乐产业的运营与管理，也包含一首音乐歌曲的传播与营销。因此，在分析网络音乐业策划之前，首先要明确网络音乐和网络音乐业的特征。

据国际唱片业协会发布的《2017 全球音乐报告》显示，全球录制音乐市场规模在 2016 年增长了 5.9%，为 1997 年国际唱片协会开始跟踪市场以来的最高涨幅，总收入达 157 亿美元。其中，数字收入增长 17.7%，首次占到全球录制音乐产业年收入的半壁江山。① 《2017 中国音乐产业发展报告》则显示 2016 年中国音乐产业总规模约 3253.22 亿元，增长了 7.79%，同比增速高于同期 GDP 增速 1.09%，其中数字音乐的产业规模达到 529.26 亿。②

虽然我国网络音乐市场发展趋势良好，但由于网络音乐本身所具有的特殊性，其发展和运营过程中的不确定性远高于其他行业。大量以博眼球、博出位为目标的所谓“热门金曲”“网络原创歌曲”成为网络音乐业的毒瘤，网络歌曲热门不断却鲜有经典之音。这些都源自网络音乐策划环节的不健全以及专业策划人才的缺失，长此以往，必将严重影响我国网络音乐的发展。

（一）网络音乐的特征

网络本身所具有的迅捷的传输性能、便利的社交互动、海量的内容存储以及自主的用户选择等特点，展示出了传统媒介所不具备的显著优势③，而这些优势也为网络音乐的制作与传播提供了更广阔的空间。

首先，网络音乐具有多样性。计算机的普及为大众提供了对等的多媒体平台，每个人都可以在这个平台上进行音乐形式的改编与创作，其形式上的

---

① IFPI：《2017 全球音乐报告》，知识库，2017 年 4 月 28 日，http://www.useit.com.cn/thread-15172-1-1.html。

② 张丰艳：《2017 中国音乐产业发展报告》，搜狐网，2017 年 9 月 8 日，http://www.sohu.com/a/190713244_152615。

③ 张丰艳：《互联网渠道下音乐国际传播的现状、特点与问题分析》，《现代传播》2015 年第 8 期。

多样化与传播载体的多样化以及内容的多样化，均通过互联网得以实现和扩大。网络音乐的多样性是其区别于其他音乐形式的重要特点。①

第二，网络音乐具有共享性。依托于网络而产生的音乐形式必然承接了网络的特点——快速的制作和传播。这种快速的传播方式搭配互联网便捷的社交互动，带来的必定是大众的音乐共享，这是网络音乐得天独厚的优势，也是其区别于他者的根本特点。

第三，网络音乐具有复制性。网络音乐的多样性带来了更多的原材料，共享性则提供了快速的传播渠道，根据本雅明的机械复制理论，网络音乐同样拥有复制性，并且因其快捷便利而打破了这种复制性的时间和空间限制。

此外，网络音乐的海量内容存储和互动社交能力都是其区别于其他音乐形式的重要特点。凭借内容多样、形式共享、传播复制三大特点，网络音乐才得以快速传播，成为目前占据音乐产业主流的音乐形式。

（二）网络音乐业的特点

中国网络音乐产业形成于21世纪初，各大网络音乐平台涌现，以庞龙、刀郎等人为代表的第一批真正意义上的网络音乐歌手成为大众明星。网络音乐业以内容（网络音乐）版权为核心，以创造用户使用场景、优化用户体验为拓展途径，以增加用户使用数量为直接目的，以收费和广告为主要盈利渠道。

1. 长尾效应显著

美国《连线》杂志主编克里斯·安德森提出的“长尾理论”，可以用来表述现代的一种商业或经济模式，即在需求市场中，需求和销量不高的产品所共同占据的市场份额，可以和主流产品的市场份额相当，甚至更大。越来越多个性鲜明的小众音乐在网络崛起，网络音乐的销售商也不再依靠少数热门歌手和作品获取利润，而将目光投向了市场潜力巨大的长尾音乐市场。20世纪初美国乡村音乐的爆红和2015年中国民谣音乐的复兴都是长尾效应的具体表现。各大网络音乐平台也都设有专门的长尾网络音乐过滤器，对音乐

① 王国良：《网络音乐的特性及其评析》，《郑州大学学报》（哲学社会科学版）2007年第4期。

进行不同种类的划分，以满足用户对于长尾市场的需求。

2. 版权付费艰难

2015 年 7 月，响应国家版权局号召，各大网络音乐产品全面下架未获得版权授权的音乐，市场开始逐渐走向规范。① 在中国持续 15 年之久的音乐付费、版权争论终于有了合理合法的结尾，音乐版权正规化运作的到来结束了音乐市场的免费时代。网络音乐平台基于音乐版权的购买、运营和商业化运作都开始发生巨大变化，行业洗牌加速。② 不过，虽然版权付费的相关法律规范已出台，但具体的收费标准和权益双方的责任界限尚未明确，中国版权付费也只是刚刚起步。

3. 行业整合加剧

版权付费起步后，网络音乐行业整合情况会更加紧密，为争取更多的网络音乐资源和版权资源，网络音乐平台之间只有合作才能获得用户青睐，只有分享才能保证平台音乐数量的稳步增加和用户粘性。目前，中国网络音乐市场的行业资源经过长时间的磨合与整理，已经形成了新的市场格局——除腾讯旗下 QQ 音乐外，酷狗、酷我合并形成海洋音乐派系，整合了虾米和天天动听的阿里音乐集团成立，百度音乐和太和音乐合并，市场格局逐渐清晰起来。

二、网络音乐业策划存在的问题

（一）随意抄袭，版权意识不强

抄袭现象一直是我国网络音乐业的痛点，归根结底在于网络音乐的策划方职业道德缺失，版权意识不强。大张伟歌曲《倍儿爽》在春晚一唱而红，其朗朗上口的旋律和中毒性的歌词一时成为热点，其后此歌被指抄袭《江南Style》《狐狸叫》等众多知名歌曲，但就其技术层面看，却无法判定为抄袭。2006 年中国音乐著作权协会曾公开表示法律上虽然没有对歌曲旋律抄袭数量

① 张强：《腾讯携手网易数字音乐由争转合》，《计算机与网络》2015 年第 2 期。

② 《企鹅智酷：2015 中国互联网年度趋势报告（音乐篇）》，豆瓣网，2016 年 1 月 26 日，https：//www. douban. com/note/537033132/? type = rec。

上的明确规定，但业内默认的规定是8小节雷同就认定是抄袭，实际操作起来都是根据个案情况进行判定，很难界定“抄袭”和“改编”之间的区别。业内不乏利用法律空隙谋取利益的网络音乐策划，这种投机取巧的行为势必会影响网络音乐的健康发展。

与此同时，策划人员缺乏对音乐版权的策划保护，由此造成的纠纷屡见不鲜，并成为限制网络音乐发展的桎梏。2016年4月，中国信息通信研究院发布的《2015中国网络版权保护年度报告》指出，2015年全国共有2118件网络版权相关的民事判决和裁定书，与去年同期相比增长28.3%，其中网络音乐领域的版权纠纷数量较大，成为网络侵权案件最多的类型，是法院审理网络版权案件的重点。① 2018年3月，曾被誉为“中国音乐第一股”的多米音乐因版权收售不足退出历史舞台，又一次对版权付费的网络音乐市场敲响了警钟。

（二）同质现象，歌曲质量粗劣

自2015年起，文化部开展了对内容违规的网络音乐产品集中排查工作，共排查出《北京混子》《不想上学》《自杀日记》等120首内容存在严重问题的网络音乐产品。这些网络音乐产品含有宣扬淫秽、暴力、教唆犯罪或者危害社会公德的内容，违反了《互联网文化管理暂行规定》第十六条的规定，已被列入网络音乐管理“黑名单”，任何单位和个人不得提供。② 2017年大热综艺《中国有嘻哈》双料冠军之一PGone的《圣诞夜》中“纯白色的粉末在板上走”等歌词被指教唆青少年吸毒，并多次出现侮辱女性的字眼。目前网络音乐市场鱼龙混杂、缺乏创意，不少创作人为博人眼球而策划了质量粗劣的网络歌曲，歌词露骨下流、MV画面色情暴力，对青少年造成了不良影响，严重忽视社会价值。

（三）定价混乱，盈利模式有局限

目前，音乐版权方和网络之间利益分歧很大，主要表现在版权费用和结算机制两个方面，缘于缺乏互信沟通、缺乏规范化收费和结算平台、缺乏有

① 王芳：《版权：构建在线音乐生态的基础》，《经济》2016年第14期。
② 赵贺佳：《中国“独立音乐”传播路径探究》，《音乐传播》2016年第3期。

效利益分配机制，这些原因造成利益无法合理、公平地进行分配，双方建立在高额版费、授权等途径上，无法形成战略联盟。而在国家法律层面，也未有关于版权价格或下载收费价格的指导性意见出台。因此，网络音乐策划者只能通过主观臆断的方式进行歌曲版权定价，这种定价方式极具主观效应，缺乏精确的市场数据支撑，容易造成版权流失。

（四）过分炒作，营销手段低级

歌手发片或新歌发行，策划者总想找出一个切入点进行炒作营销，这已经成为中国网络音乐圈的常态。策划者总是将一些莫须有的事情向媒体撒播，以期获得头版新闻和社会舆论关注度，从而迂回给新歌造势。曾有一名网络歌手为博人眼球当众承认自己与凤姐的恋情，事后却承认纯粹团队炒作，自己与凤姐根本不认识。这种炒作行为虽然是娱乐行业的常态，但从根本上来说都是低级的营销手段，不利于长久的发展。

在鱼龙混杂的网络音乐业中，若放任这些问题的存在，则会加剧这一混乱现象，致使众多优秀歌曲成为冷门，大街小巷充斥靡靡之音和烂俗之词。同时缺乏有效策划的定价模式和盈利模式，也难以对用户付费产生正向引导作用，更妄论解决中国音乐界版权付费难题。种种乱象反映出网络音乐的策划并未遵循既定的原则和理论，然而唯有科学策划，方能保障我国网络音乐业的健康发展。

第二节　网络音乐业策划理论要点

网络音乐业策划是对网络音乐业整体产业链进行资源协调与要素重组的活动，是对网络音乐业从创意产生到运营盈利进行分析与谋划，并经过决策确定实施的过程。其中，包括音乐业的各个环节，如网络音乐推广、网络音乐平台搭建、网络音乐营销宣传、网络音乐盈利模式构建等。每一个环节又可以衍生出不同的策划，只有环环相扣才能够取得成功。由于网络音乐业策划包含业态策划和个例策划两种形式，在此以最为常见的网络歌曲策划为例进行理论要点分析。

一、网络音乐业策划的价值

第一，策划能为网络音乐业谋划正确的方向。网络音乐业策划包括网络歌曲推广策划、网络平台营销策划、网络音乐盈利策划等。无论是何种策划，策划的内容都不外乎市场调研、受众细分、营销推广等过程，这些步骤对于网络音乐业的发展具有方向性的意义，能够帮助网络音乐业树立良好的行业形象，有效扩大社会影响力，明确目标市场，逐步形成网络音乐公司的竞争优势和品牌特色。

第二，策划能为网络音乐业提供科学的依据。策划并非决策，但策划所提供的思路与方案，为网络音乐业科学的决策提供了依据。网络音乐业策划中的市场调研为音乐推广与形象树立都提供了第一手资料，整个策划过程离不开数据分析和市场反馈，这些都为网络音乐行业的健康持续发展提供了可借鉴的经验。

第三，策划能为网络音乐业的成功运营保驾护航。策划涉及网络音乐业的每一个环节，一个优秀的策划能够使这个过程里的各个要素相互协调、相互促进，最终实现网络音乐业的最优价值。一份详尽周密的网络音乐策划涉及制作、盈利、推广、后期等多项组合，通过不断的市场反馈与数据改善，经过决策程序后可确定为具体的实施方案，在此基础上运营的网络音乐策划，其成功率大大提高。

归根结底，策划是一种创造性的思维活动，对于网络音乐业更是如此。只有经过策划的网络音乐才能够实现各个要素相加的最大价值，才能兼得经济效益和社会效益，才能通过互联网平台扩大影响力，成为行业中的翘楚。

二、网络音乐策划的原则

音乐产业并非严格意义上的创意产业，音乐的旋律和编纂都有迹可循，也都必须符合作词作曲的基本规范。近年来，一些突破传统作曲方式的“音乐作品”出现，如红遍直播界的“喊麦”，但这种方式是否能够称之为音乐，在业内还存有较大争议。因此，与其他内容产业创意为主的策划方式不同，网络音乐策划应该以定位为主，好的音乐策划需要学会引发共鸣、情感定位。

（一）USP（Unique Selling Proposition）原则

USP 理论在于通过一系列的举措将品牌打造为代表消费者“独特的销售主张”的符号，彰显它与其他产品的不同之处。在消费者心中，一旦将这种特有的主张或许诺和特定的创意对象——产品或品牌联系在一起，产品就能维持在稳定的市场地位中。[①] 歌曲的受众和市场需要进行提前定位，并根据定位需求进行歌词旋律的编写。例如，红遍中国的凤凰传奇组合，其经纪人最开始就将组合定位为老少咸宜的中国式情歌形象，坚持“农民的内心和国际化的包装”，由此产生了与广受青少年追捧的市场化明星完全不同的组合发展路线，然后通过《月亮之上》《自由飞翔》《荷塘月色》等极具中国民族特色的词曲一炮而红。其中，《最炫民族风》更是通过中毒性的旋律和歌词被称之为“宇宙神曲”，开辟出了“农业重金属”的独特曲风。这种风格的熟练运用与此前《亚洲雄风》《黄土高坡》的走红不无相似之处。

（二）共鸣原则

共鸣论主张在广告中述说目标对象珍贵的、难忘的生活经历和人生体验，激发听众内心深处的回忆，同时赋予品牌特定的内涵和象征意义，建立起主客双方的情感桥梁，从而达到音乐的震撼效果。这种共鸣理论在描述性产业中发挥较多，如音乐、文学、影视剧等。例如，周杰伦独创的“周氏情歌”就开启了这种青春共鸣的曲风创作手法。此外，因配合剧情走向，这种原则尤其在影视剧配乐的策划中发挥着重要作用。2017 年年末大红的电影配乐《说散就散》因其极具感染力和共鸣性的作词编曲成为各大音乐榜单的 NO. 1，而当年在《那些年我们一起追的女孩》中由胡夏演唱的《那些年》也同样让人为之沉浸伤感。

（三）形象原则

好的音乐要言之有物，如同诗歌。著名音乐教育家蔡松琦教授认为，在

① 史振洪、刘胜花、万钧：《商务策划学》，南京大学出版社 2008 年版，第 55 页。

人类艺术早期萌芽时期，诗歌与音乐就是一对同时诞生的孪生姐妹，他们是描述内心的不同语言。因此，在作词过程中，策划者要注意借用形象元素，将一些司空见惯的实物放置于歌曲中，从而帮助歌词完成描述任务，民谣歌曲常通过优美的歌词和具体的物象来唱出内心的故事、表达个人的情感，如赵雷《成都》中使用的“垂柳”“衣袖”“裤兜”，以及宋冬野《董小姐》中的“兰州”香烟等。春晚热门歌曲《时间都去哪儿》中所用的“老树”“新芽”“开花”“白发”等词语能够极大增加歌词本身的煽动性。

三、网络音乐业策划的流程

（一）市场调研

市场调研分为两部分：一部分是宏观市场调研，主要调研当前网络歌曲市场情况、版权收费情况、付费下载和盈利情况等；另一部分是微观市场调研，是围绕着网络歌曲制作和推广的各个环节而衍生出的调研，至少包括同类型歌曲市场需求调研、各网络音乐平台播放量调研、不同年龄阶段歌曲喜好调研、各大音乐榜单及排行榜类型调研等。通过一系列的市场调研，基本确定市场同类型歌曲的需求情况。

（二）细分定位

对通过市场调研得来的数据和结果进行分析，可以采用定位策略进行网络歌曲市场预定位。定位策略，是指根据竞争者现有产品在市场上所处的位置，针对消费者对该产品某种特征或属性的重要程度，强有力地塑造出本企业产品与众不同的、给人印象鲜明的个性或形象，当顾客产生相关需求时，便会将该产品作为首选，占据这个定位。网络歌曲可以通过市场调研了解同类型歌曲的市场位置，明确自身定位，并对内容进行调整，突出核心竞争力，打造独特不同、个性鲜明的歌曲形象，占据该类型歌曲的市场位置。

（三）制作歌曲

在调研和定位结束后，就可以进入制作歌曲的环节。歌曲内容的制作是整个策划的基础，歌曲只有做得有特色，才能够实现大规模的传播效果。一般来说，网络歌曲制作尤其要注意两部分：歌词和旋律。歌词要么深入人心，如2015年大火的民谣金曲《南山南》，要么浅显易懂，如《老鼠爱大米》，为配合情感表达，可多用实物形象元素，将歌曲向符号转化；旋律要么朗朗上口，如《小苹果》《最炫民族风》，要么优美动人，如《孤单北半球》《董小姐》等。还有一种歌曲，充斥着让人中毒的旋律和无意义的歌词内容，被称作“神曲”，如2010年龚琳娜演唱的《忐忑》。

歌曲的制作并非一朝一夕能够完成，2014年席卷各大音乐榜单的TFBOYS《青春修炼手册》以励志的歌词和朗朗上口的旋律迅速在国内走红，除了倚仗于粉丝追捧外，歌曲的制作也颇为周折。据称，该歌曲每一个旋律都调整了上百遍，歌词中的每一个词也都经过千挑万选，力求实现最优传播效果。

（四）版权定价

在传统音乐产业中，这一环节要完成的是对实体唱片或CD的售价确定，或转授其他渠道进行发行的价格。而在网络音乐业中，网络歌曲的定价环节是版权定价。目前，大部分唱片公司的网络音乐获利方式有两种：一是将音乐版权一次性打包卖给音乐平台；二是将音乐授权给音乐平台方，按实际下载量分成收费。在这个环节中，策划者要选择一种获利方式，并与网络音乐平台进行商议，确定实际价格。目前，内容方和平台之间关于版权的定价没有统一标准，这是未来网络音乐产业，甚至整个音乐产业中亟待完善的一部分。

（五）渠道发行

歌曲制作完毕，需要策划者选择合适的渠道进行发行。保罗·莱文森的“新新媒介”理论认为，超出电子邮件、网络聊天等直接信息获取方式的媒介是为“新新媒介”。网络音乐的渠道发行要利用新新媒介理论，用户对媒介的发展方向起着决定性的作用，因此在选择发行的平台时要注重该理论中的“网络”“互动”和“参与”，争取建立起新型的数字化关系网络，促进用户群体的多元互动，构建新的社交群。

目前，网络音乐的发行渠道主要有五种：音乐门户网站、音乐搜索平台、P2P音乐共享软件、无线音乐广播平台和移动运营商（前三种方式均存在移动端和PC端两种，在此为方便表述，不作划分）。其中，以音乐共享软件为主要发布渠道。P2P 音乐共享软件，是指用户可以在平台上自由上传内容并试听或下载，这种共享软件使得网络音乐的交流与传播更加方便。P2P 音乐共享软件是国内外应用最为广泛、用户数量最大的音乐发行渠道。随着互联网云空间技术的应用，云音乐的出现打破了以往网络音乐畅听下载的时空限制，使得用户可以随时随地用任何设备收听自己的乐单，如网易云音乐、QQ 音乐等。这种平台是最符合网络音乐策划所需的新新媒介理论的渠道形式。

（六）宣传营销

策划者选择合适的平台进行发行后，需要制定相应的宣传营销方案，网络时代的传播互动性要求宣传营销方案也必须时刻注重用户偏好变化、音乐产业变化以及用户付费行为变化等。为此，网络营销方案策划者应重点关注用户需求分析、交互式营销和品牌建设等。根据网络音乐营销的特征，目前最常使用的营销模式有三种：病毒营销、体验营销和数据库营销等。

1．病毒营销

病毒营销是一种信息传递战略，是指利用公众的积极参与性和人际网络，使营销信息像病毒一样得以传播和扩散。病毒营销的传播需要精心设计的“病毒”，通过即时通讯、社交平台、电子邮件等方式进行传播，其特点在于传播速度快，传播范围广，传播成本低。目前比较常用的几种网络音乐病毒营销方式有：定点超越，指创造性的模仿，在已有热门歌曲基础上改变唱歌技巧或传唱方式以获得受众认可，如旭日阳刚的《春天里》和众人恶搞的《最炫民族风》；社交营销，也可称为意见领袖营销，指由社交平台或社群社区中的意见领袖进行宣传，拉动营销效果实现的方式，如《普通DISCO》；口碑营销，严格意义上也属于社交营销的一种，由用户口耳相传实现传播扩散，如《小苹果》。

2．体验营销

体验营销分为两种：一种是试用型营销，即通过赠送或试用等方式为用户提供试听机会或音乐体验机会，从而达到营销目的，彩铃业务的一般营销模式便是采用这种套餐赠送方式；另一种是植入式营销，是指植入某种网络产品或网络应用，通过植入中介使用户对歌曲感官、情感和情绪等形成多维感觉，从而提高用户对音乐歌曲及品牌的认同感。体验营销能够形成用户需求氛围，并在用户心中产生联想，音乐化为一种符号，与用户产生持续性的交互与传递。目前，国内有很多网络歌曲采取与网剧或游戏合作的方式，如热力赛车网游主题曲就是由 TFBOYS 演唱的《信仰之名》、2015 年红极一时的搜狐自制剧《无心法师》主题曲《最长的旅途》等。以上两首歌曲经过中介植入营销，纷纷榜上有名，成为热门单曲。

3. 数据库营销

数据库营销是一种建立在受众需求、价格和产品偏好、消费行为特征等定性数据分析基础上的产品设计和品质提升营销方法。大数据时代的到来为网络音乐数据库营销的实现提供了可能，但这种营销方式虽然针对性较强、成功率较高，但营销的成本也比其他营销方式高。音乐艺术家们不再仅仅依靠消费者赚钱，通过大数据，他们可以帮助品牌与他们的目标受众相连接而赚钱。这一领域的潜力是无穷的，因为数据不再局限于传统唱片业的体制结构中，市场上存在一个很大的空间可以进行创新。如 *Worth It* 就是通过大数据分析找到了和歌曲受众定位相似的动画电影《精灵旅社 2》，实现了歌曲全网火爆。

此外，在营销过程中，要注重使用逆向思维，主要特征是非定势性、辩证性。例如，盗版本是网络音乐的天敌，但通过逆向思维，把握盗版和翻唱创造的机遇，反而能够极大地增加作品传唱度和创作者知名度，为后续的歌曲创作奠定基础。当然，这种思维并非鼓励盗版，而是倡导在策划过程中换一种思维方式，化腐朽为神奇。

（七）分析报告

在歌曲宣传营销后，无论成功失败，都需策划者进行市场调研和数据分析，以了解所策划网络歌曲的最终市场情况，总结经验教训，为以后网络歌曲的策划与推广提供依据。基于此而产生的数据库将成为网络音乐未来智库发展的重要环节，是推动网络音乐数字化运营，甚至是智慧城市的一部分。

第三节　中外典型案例分析

在介绍了网络音乐业策划的理论基础和流程后，本节选取了四个不同类型的案例进行分析和具体阐释，四个案例包含网络音乐业态策划和网络歌曲策划。

一、颠覆音乐的“捆绑销售”：iPod + iTunes

自 2001 年面世以来，苹果公司 iPod 音乐播放器的累计销量仅用 10 年时间就冲破 10 亿大关，在全球数字音乐播放器市场的占有率一度高达 80% 以上；另一方面，与其捆绑销售的在线音乐商店 iTunes Store 售出超过 200 亿首歌曲，全球在线音乐占有率超过 75%。[①] 苹果公司之所以能够成功占领在线音乐市场，成为垄断性的全球数字音乐霸主，最根本的原因在于其销售过程中，策划团队采用了“捆绑销售”的方式，以 iTunes 为纽带和枢纽，通过歌曲与硬件设施的搭配，策划了一套完整便利的音乐直销体系。

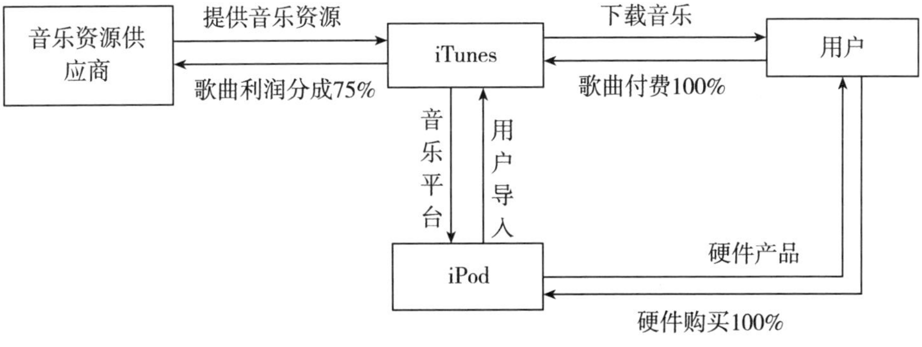

图 13－1　iPod + iTunes 捆绑销售商业模式示意图

精准定位，细分营销。在这个案例中，策划者首先对在线音乐的受众进行了明确的定位，即 18 至 35 岁的新知识阶层，这一目标客户群体有着较高的受教育程度和积极的消费观念，对新生事物有较强的接受能力，网购积极

① 龚超：《苹果的商业模式创新》，《管理学家》（实践版）2011 年第 8 期。

性也远高于其他群体。在目标群体定位后，团队的营销策划进行了精准的细分市场，而非进行广泛式营销。

剑走偏锋，捆绑销售。其次，苹果公司将硬件设施与在线音乐商店综合考量，推出了关键性的捆绑销售策划方案，即在这种销售模式下，用户想得到服务，必须先购买网络音乐硬件播放器 iPod，然后通过 iTunes 网络音乐商店购买音乐并转移到 iPod 上使用。一方面，顾客被网上音乐商店大量的吸引过来促进了 iPod 的销售；另一方面，顾客购买大量的 iPod 同时，带动音乐的需求，让音乐商店的销量激增。① 同时在付费方面，策划团队采用了分成②的方式，用以促使唱片公司源源不断提供新鲜歌源，由此形成循环盈利链条，同时促进 iPod 和 iTunes 两者的共同进步。

别出心裁，创新付费机制。策划团队在将 iTunes 与 iPod 联系起来之后，设置了捆绑式用户付费机制，并充分考虑用户对于音乐的需求，积极从消费者角度出发，提高用户体验，如在 iTunes 商店中免费的重复下载服务，为顾客提供便利的浏览、搜索功能等。通过 iPod 产品的不断升级、更新，推出更多品种，包括 iPod classic、iPod touch 等，满足消费者日新月异的需求。这种模式的不断更新与设计给予消费者极大的自由度和选择度，使得消费者真正感受到内容与硬件的完美结合，为消费者创造价值。

这种捆绑销售的创新策划方案在当时的音乐界掀起了广泛热议，以获取免费音乐为目的消费者开始接受这种付费模式，苹果公司亦利用这次策划扩张了苹果公司以版权为基础的内容产业，引导了网络音乐业中较为完整的用户付费行为。

纵观 iPod + iTunes 的捆绑销售网络音乐案例，别具一格的创意点和大胆创新的营销策划方案是其成功的关键点，策划者立足于消费者需求，采用创新渠道进行网络音乐营销，变相引导用户付费，打造循环盈利圈，打开了版

---

① 张征：《苹果网络音乐商店商业模式分析》，《商场现代化》2014 年第 16 期。

② 苹果公司与宝丽金、百代、索尼、环球和华纳等五大音乐制作商签订协议，由制作商同意将本制作公司音乐产品在 iTunes 上出售。iTunes 商店允许用户免费浏览 20 首歌曲，试听 30 秒音乐样本，可以直接将喜欢的单曲按每首 99 美分的价格下载到 iPod 上，整张专辑花费 9.99 美元。

权盈利的网络音乐业新局面。王博阳认为："苹果公司统治了从硬件、软件到服务整条产业链，将所有相关市场和经济组织起来运作。'硬件 + 内容'的模式，使 iTunes 成为与 iPod 同步的唯一官方软件，这样 iTunes - iPod 就成了一个代名词，永远联系在了一起……这种无缝商业模式为音乐人、版权人和苹果公司找到了一种新的赚钱方式。"①

二、中国移动的"绝地反击"：咪咕音乐

为更好地发展无线音乐业务，应对网络音乐平台的竞争，中国移动 2006 年成立无线音乐基地，以求充分发挥产业链核心和引擎作用。咪咕音乐是中国移动无线音乐基地打造的正版音乐平台，2015 年 1 月 15 日咪咕文化科技有限公司正式挂牌成立，下辖音乐、游戏、动漫、视频、阅读 5 个子公司，是国内最大的音乐内容销售平台和音乐会员运营平台，咪咕注册会员数已超过 1.6 亿，累计收入占国内数字音乐市场份额的 60%。②

从一无所有到独占鳌头，从艰难起步到创意迸发，咪咕音乐的成功离不开策划团队基于移动互联网市场情况与发展动向精准把握后做出的一系列重要决策，而这些环节的策划正是咪咕音乐占据网络音乐高地的关键因素。

创新定位战略，切入缝隙市场。咪咕音乐策划团队一改以往单一的策划方案，而采用全方位、立体化的市场定位策略，以试听、下载和应用三大支柱为切入点，打造与众不同的全在线式音乐平台。通过一系列的体系构建和平台扩展，一手策划完成了包括自有产品咪咕音乐、咪咕特级会员、咪咕铃声、咪咕爱唱、咪咕唱片、咪咕杂志、彩铃、歌曲下载（无损版）、来电铃声、咪咕音乐 MV、咪咕音乐人、咪咕音乐排行榜、咪咕指数、咪咕和 TA 的朋友系列音乐活动等丰富内容在内的移动互联网数字音乐平台。

链接用户平台，精准把握渠道。在众多互联网音乐平台中，中国移动对于咪咕音乐的自身定位极为不同。它以移动互联网为平台，以服务提供商

① 王博阳：《苹果 iTunes 网上音乐商店：版权制度的未来模式?》，《电子知识产权》2009 年第 6 期。

② 吴刚：《"咪咕云"创新无线音乐发展模式》，《中国新通信》2011 年第 21 期。

（SP）为渠道，策划了一个完整的流量接入体系，而这个体系中对于渠道的精准把握，直接促成了咪咕音乐的庞大用户量。咪咕音乐能够发展壮大，决定性的因素在于中国移动 8 亿多庞大用户群所提供的流量接入平台的搭建，从而实现从产品介入、产品展示与分发、产品落地渠道到计费与代收费等服务一条龙。① 相对比大部分依靠广告收入或“基础功能免费、高级功能付费”为模式的移动互联网平台，咪咕音乐对上游资源提供者如何将资源转化为收益，有着得天独厚的优势。

策划平台型商业模式，即多方合作保持流量引进共赢。自 2013 年开始，咪咕分别与银联、支付宝、财付通等第三方支付平台以及新浪微博等社交平台启动战略合作，针对粉丝需求策划了一系列的音乐试听、分享、粉丝互动等功能和服务。后来咪咕与华谊兄弟、京东商城、掌趣科技、华为、迪信通、天音等联合启动“咪咕创星计划”，策划了一系列目标为合作共赢的品牌孵化活动。

图 13－2　咪咕音乐品牌符号（左图）和咪咕玩偶形象（右图）

值得一提的是，除了完成庞大流量导入体系的策划外，咪咕音乐敏锐地发现互联网音乐缺乏典型符号的市场空缺，策划团队在创立之时就有意进行品牌符号化，设计了“咪咕”的形象（如图 13－2 所示），并生动地融入各种营销手段中，构建了良好的品牌形象和较高的粉丝忠诚度。

咪咕音乐的出现对于移动时代的网络音乐公司具有非常典型的示范意义。策划团队通过定位战略在市场中挖掘尚未开发的移动数字音乐，通过完

① 陈亮：《咪咕公司何以再创辉煌?》，《通信世界》2014 年第 28 期。

整的流量渠道和符号营销等活动的策划，最终成为体量过千亿元的互联网公司。正如咪咕总经理廖宇所言："市场决定资源配置，既然大众想要新的音乐体验和音乐产品，作为音乐服务者就要去满足它们的合理需求。"①

三、红遍全球的神曲：《江南 Style》

《江南 Style》是韩国音乐人朴载相（PSY 鸟叔）的一首 K－Pop 单曲，反映的是韩国首尔江南区上流富人阶层豪华奢靡的生活。该音乐视频自 2012 年 7 月 15 日上传到 YouTube 视频网站后，立即引起轰动，当日就获得超 50 万次浏览量，在短短三个月内打破吉尼斯世界纪录成为全世界点击量最高的音乐视频。五个月后该音乐又成为互联网历史上第一个点击量超过十亿次的视频。② 吸引了来自全球各地各种身份人群的关注，联合国秘书长潘基文曾称该歌"为世界和平做出了极大贡献"，我国央视频道也曾多次报道相关新闻。鸟叔自此歌之后，身价更是水涨船高，目前已突破 8 亿韩元，创下韩国身价新纪录。除了歌曲自身明快简洁又富有感染力的歌曲内容与舞蹈动作之外，其策划团队采取的营销手段和反向思维促成了该曲快速传播，是其爆红的关键所在。

病毒式营销——《江南 Style》及其 MV 率先是在 YouTube 上发布的，这一睿智的决断来自策划团队对于网络发行平台的市场调研数据。据美国权威调查机构在 2012 年进行的调查显示，全美地区使用率最高的视频网站即 YouTube，占所有用户的 85% 以上。该曲选择在 YouTube 这一国际化网络平台发行，在第一时间将歌曲推送到全球潜在受众面前。随后，视频迅速被制作团队引导向各大社交网站，在 Facebook、Twitter、微博、人人等网站吸引众网友争相转载分享，这不仅得益于歌曲本身所独有的中毒性歌词曲风和标志性的骑马动作，更是策划团队对意见领袖③传播功能的有效挖掘：无论是

① 刘畅：《"线上""线下"咪咕音乐》，《经济日报》2017 年 4 月 8 日。

② 张晓：《〈江南 style〉传播动因解析》，《东南传播》2013 年第 4 期。

③ 意见领袖：在信息传递和人际互动过程中少数具有某种影响力的中介角色者。在此案例中，布兰妮、安妮海瑟薇以及汤姆克鲁斯、Bigbang 等都是意见领袖。

小甜甜布兰妮、安妮海瑟薇还是韩流偶像 Bigbang 都在以上社交网络中拥有众多粉丝，他们纷纷转载发布《江南 Style》的信息，使得该曲以几何倍数的速度进行传播。韩国中央大学权赫仁认为，名人的推荐及转发对这首歌来说是一种低成本高效率的无形广告，尤其是明星大腕的推荐参与，对这首歌的风靡起到了不可估量的推动作用。①

反向思维（逆向思维）——此实战案例中，策划团队做出的最为关键的一步就是一改传统音乐策划中的老路数，采取放弃 MV 版权而走病毒式营销的策划方案。据报道，该曲 MV 策划方案主要包括了“明星现场模仿”“恶搞视频病毒传播”“中文音译版视频”等多种渠道。这种营销，使特定的信息像病毒一样扩散，并通过网络快速复制和传播到数以百万计甚至过亿的受众。换言之，通过别人为自己宣传，实现“营销杠杆”的作用。与其他音乐产品不同，任何人都可以制作《江南 Style》相关 MV 上传至网络。这引发了人群自由录制该视频与别人分享的热潮，上至联合国秘书长、下至普通网民，包括各行各业各种身份受众，在全球范围内掀起了模仿骑马舞的高潮。虽然损失了不菲的版权费，但全民模仿使得病毒营销策划取得了巨大的成功，打响了歌曲演唱者和制作公司的知名度和美誉度，鸟叔和经纪公司在出场费、演出费等方面的收益远大于放弃的版权费用。这种颠覆传统、颇具创新的反向思维看似放弃了版权收益，其实获得了未来发展的更多可能。这首歌正是以一个差异化的品牌，引起消费者注意，形成品牌共振，然后再通过全媒体的大规模反复传达，实现了全球覆盖和无缝渗透。② 后来，中国网络神曲《小苹果》的走红也是采用了同样的策略。

四、构建社群的音乐生态圈：网易云音乐

根据央视报道，以网易云音乐为代表的一批新兴音乐移动社交软件的出现，标志着数字音乐迈入了全民社交的时代。移动互联时代，社交属性的应

---

① 权赫仁、郭梦孟：《论〈江南 Style〉的成功——以市场营销策略的成功运用为主》，《太原师范学院学报》（社会科学版）2013 年第 12 期。

② 张晓：《江南 Style 何以风靡全球》，《传媒观察》2013 年第 5 期。

用凸显了内容赋予网络时代的人文含义。网易云音乐不同于传统的音乐播放软件，是一个主打音乐社群概念的平台。自上线以来，它一直致力于音乐社交功能，通过多种独创的用户关系网络和社交生态圈打造了以用户体验为核心的音乐社区。在其发展过程中，网易云音乐不断推出创新策划方案，在拓展盈利模式的同时为用户提供全方位的音乐体验。

设置激励营销，增加用户粘性。引导用户付费或增加用户使用场景，这种行为需要平台策划者为用户设置既定的激励制度。激励式营销理论，是指通过物质或精神奖励来引导用户行为、吸引用户参与，将受众被动关注变为主动关注，甚至参与到广告活动内容中而达到营销的目的。这一理论成立的关键在于要确保不同等级用户的需求得到满足。网易云音乐产品负责人朱一闻认为，做工具没有出路，只有活跃的用户才有价值。因此，网易云音乐策划了物质激励和精神激励两种方式：前者包括用登录次数和评论兑换积分，积分可用来参与抽奖和享受某种折扣或优先权；后者则体现在共同兴趣点人群的沟通交流，可通过实名认证的方式在音乐平台中表达自我。高等级用户要被赋予更明显、更有优势的特权，适当加大差距感，满足用户的不同需求，如网易云音乐的评论板块中高等用户可以设置置顶，以增加荣誉感，从而达到驱动用户的目的。

细化垂直板块，打造粉丝社群。网易云音乐中“音乐+社交”的策划定位，使其更易精耕垂直内容，做精做细音乐版块。策划方设置了歌单和主播电台，使得音乐内容得到更大程度的细分，受众可以选择自己感兴趣的频道或歌单进行播放；同时，还策划了“朋友”频道供受众发布文字或视频动态，受众可结合热门话题，吸引志同道合的人群。这种信息的创造与传播，将同一兴趣点的粉丝人群结合起来，通过互相评论和分享歌单的方式，赋予平台更多的人文内涵，使其不单单是一个简单的音乐播放软件。

口碑营销助力情怀经济。用户创制歌单并非网易云音乐的首创，但网易云音乐在此基础上又向前迈进了一步，即通过分享至朋友圈、微博等社交平台，无形中扩大了网易云音乐的宣传层面，使其口碑效应最大化。网易云音乐能够在众多音乐软件中独树一帜，关键在于其评论系统的优化。自媒体大

V雷斯林说，网易云音乐的评论都是网易云用户智慧的结晶，蕴含着他们十几万人加起来几百万年的人生感悟。其创始人丁磊在个人介绍中写道："做音乐是为了灵魂的对话与沟通。"这既是丁磊个人对于音乐的追求，也是其创立网易云音乐的初衷。在评论系统的策划中，不仅有用户自发地听音乐、写评论，还有平台方的主动策划。2017年网易云音乐与杭州地铁合作，摘取其平台评论中的部分语录印制在地铁上，其优美的评论和深情的话语再次使得网易云音乐与用户群紧密相连。

部分语录摘录如下：

最怕一生碌碌无为，还说平凡难能可贵。

哭着吃过饭的人，是能够走下去的。

世界如此广阔，人类却走进了悲伤的墙角。

年轻时我想变成任何人，除了我自己。

我听过一万首歌，看过一千部电影，读过一百本书，却从未俘获一个人的心。

由此可见，网易云音乐通过真实的用户体验和分享传播，使其在强弱关系网络中实现传播层级的不断扩散，让用户对这一品牌产生归属感和依赖感，以此实现用户的尊重认同和自我价值需求。

第四节　思考与提升

无论是盈利模式创新还是社交平台合作，网络音乐业的策划活动从细分定位到制作发行再到宣传营销，整个产业链都围绕着一个目的——吸引用户。用户的增加能够为网络音乐平台带来一切机遇，要想尽可能多地吸引用户，利用大数据发展粉丝经济是最快最稳定的做法。

一、网络音乐业策划提升途径

（一）实施创新策略，提高版权意识

在网络音乐层出不穷的互联网中，要想冲出重围，仍然需要立足于歌曲

本身的制作，利用大数据分析歌曲受众需求，制定创新策略，提高歌曲质量，才能在众多雷同音乐中占据有利地位。而这些都要求网络音乐业策划者充分利用高科技进行市场调研与分析，用创新的思维制作网络音乐；同时，随着国家相关政策的出台，正版音乐的推行势在必行，也终将成为网络音乐产业的主流。身为策划者，更需要坚定地遵守法律法规，用正版意识和正版思路进行音乐策划。

（二）大数据制作，增加定位精准性

现在很多爬虫软件可以根据某一事件抓取出现频率较高的各种关键词，如网友在分析周杰伦歌曲时，发现“青春”“回忆”“校园”等青春系字眼出现频率较高。网络音乐策划者可以充分利用大数据工具，将适合自己所策划曲风的字眼、元素和形象添加到作品中，以增加歌曲定位的精准性。例如，当策划者要策划一首关于校园的歌曲时，可以通过爬虫软件抓取网络中已有的同类歌曲高频关键词，对这些关键词的风格和传达的内涵进行分析，通过巧妙的编排和利用将这些元素纳入歌曲之中，从而在最短的时间内让听众产生熟悉感。

（三）实施情感营销，利用数据营销手段

网络音乐与大数据是密不可分的，它能够通过大数据精准实现歌曲投放和偏好推荐，为网络歌曲创造出最大的出场空间。这一点可应用在网络音乐的策划中，在营销过程中充分发挥数据营销策略的作用，如网易云音乐在每年都会推出的《年终听歌报告》，实现了听歌行为报告的个性化定制。从报告中，听众可以回顾这一年听歌的时间，哪首歌听得最多，最喜欢的歌手又是谁，哪天熬夜听歌等，这些信息的描述是对用户心理需求的直接洞察，受众纷纷将报告转向朋友圈等社交平台也无疑成为网络音乐的一次大型免费营销活动。

（四）完善定价策划，保证良性竞争

网络音乐平台的收费模式不应该是单一的，但其收费价格应该稳定在一个基准线上，歌曲的版权定价也应该尽快稳定。网络音乐策划者需要在未来的工作中不断拓展盈利渠道，制定符合国家法律法规的版权定价标准，在市场价格的基础上引入用户反馈机制，以消费者能够接受的价格进行歌曲定价收费，以免陷入打价格战的恶性竞争中。策划者需提高自身素质，兼顾经济

效益和社会效益，保证市场竞争的健康持续发展。

（五）引导音乐评论，强化用户体验

网络音乐业的核心赢利点在于粉丝。对于仍然处于探索期的中国网络音乐产业而言，无论怎么样的盈利模式，都必须建立在持久的用户活跃量基础之上。因此，在策划中就必须注重打造社群空间，加强产品的互动功能，增强用户社交粘性。例如，在歌曲发布过程中积极引导音乐评论、实现互动模式的多元化，即文字、语音、图片、视频等多方位互动模式，而不仅仅局限于文字交流。视频、图片的沟通互动方式已在网易云音乐得以运行。同时，在强化用户体验方面，策划者还可以借鉴议程设置原理，引入豆瓣小组讨论的方式，形成音乐生态圈中的强关系，使社交功能出现相对封闭的强关系圈和共享讨论的弱关系圈。二圈相互联动，共同营造社群环境。

二、网络音乐业策划的未来趋势

行业整合加剧已经成为我国网络音乐产业的整体趋势，这意味着行业之间的合作将是改变音乐产业格局的重要因素。音乐策划者在未来应当加强彼此之间的合作交流，尤其是平台与平台之间的合作，在网络音乐中加入社交类活动的策划方案，提供更多线上线下沟通交流的用户体验，建立起完善的流量引入机制。在国家版权局的大力推动下，2018 年 2 月 9 日，中国网络音乐一线 APP 网易云音乐和 QQ 音乐达成版权合作，实现资源共通。

正如 2017 年 11 月在成都国家音乐产业基地举行的“2017 中国音乐产业发展峰会”上，四大国家音乐产业基地负责人代表、A8 传媒集团主席兼 CEO 刘晓松在《音乐产业，渠道与未来》的主题演讲中所言：“社交媒体已经逐渐取代传统媒体，成为文化娱乐产业传播的主要渠道；随着社交媒体对内容品牌的打造影响越来越大，如今音乐的内容生产很大程度上是看着渠道来做，本质上则是看着消费者来做”“音乐产业活下来靠培育 IP，活得好靠下一代社交”。①

① 刘晓松:《音乐产业活得好靠社交》，腾讯网，2017 年 10 月 3 日，https：//www.ddvip.com/weixin/20171204A09N2V00.html。

未来网络音乐业策划将以大数据为手段，以粉丝经济为目标，实现大数据定位、制作、发布、营销，构建全数据化的音乐生态圈：由社交或电商平台搭建流量入口，以正版音乐为流通产品，以拓宽使用场景为方法，不断壮大长尾市场（如流媒体、UGC 等服务），增加盈利模式，最终实现粉丝音乐生态闭环，并辅以基于用户习惯的精细化挖掘和更具兴趣引力的内容源头，增加粉丝用户粘性，帮助网络音乐平台和平台中的歌曲实现最优价值发挥。

歌儿为什么这样红？曲儿为什么都爱听？因为策划和创意蕴含其中。任何音乐最重要的是打动人心，其策划过程中必须融入新意，容纳社交元素，缩短音乐人与消费者之间的距离，使音乐能够与受众产生强烈共鸣，从而培育网络音乐 IP，促进网络音乐业持续健康发展。

第十四章

运筹帷幄于指掌

——手机媒体策划

中国互联网络信息中心早在2009年初发布《中国手机媒体研究报告》，就将手机媒体这一新媒体形式正式纳入媒体研究范围。世界传媒巨头默多克曾预言："未来将是手机媒体的天下。"手机媒体全方位渗透于人们的现代生活，迅速占领产业市场，既受益于移动信息技术的巨大进步和变革，又与手机媒体自身特性、与其成功的创意和策划密不可分。

第一节　手机媒体与策划概述

从"始祖情怀"的大哥大，到"乱花渐欲迷人眼"的2G手机，再到如今"负势竞上，互相轩邈，争高直指，千百成峰"的3G、4G手机，短短几十年时间手机的发展已是"轻舟已过万重山"。纵观这一历程，信息技术的每一次创新都带来了信息传播的大革命，"一切媒介的应用潜力和后果是不可预测的，这是一切媒介固有的属性"①。的确，手机抹平了数字鸿沟，手

① ［美］保罗·莱文森：《手机：挡不住的呼唤》，何道宽译，中国人民大学出版社2004年版，第11页。

机媒体却真正让世界被抹平。

一、关于手机媒体

以虚拟智能、开放共享为特征的数字化，使各据一方的信息业、电信业和大众传媒业汇聚到一起创造出融合新趋势，为手机媒体成长提供了适宜的技术土壤。消费者对于不同媒介内容的综合式消费需求及其在市场经济中所确立的主体地位，推动着融合化潮流，各类媒体都在向“无所不能”演化。具备鲜明个性和私密性的手机媒体，在主体化、个性化觉醒中应运而生。国家也出台和推进了相关产业政策，助力于手机媒体产业，极大地刺激了产业的起步和繁荣。

（一）主要含义

“哥伦比亚”号航天飞机 2003 年 2 月 1 日失事后不到 10 分钟时间，美国国内的几十万手机持有者通过短信息获知了这一重大新闻；同年 3 月 20 日伊拉克首都巴格达遭到空袭不过 1 分钟，中国新浪网发布手机头条短信：“巴格达上空响起爆炸声，美军飞机轰炸巴格达，伊拉克战争打响。”手机短信在突发事件的报道上出尽风头，时效超过任何媒体。人民网、人大新闻网、政协新闻网在 2005 年 2 月 24 日共同推出了国内首家以手机为终端的无线新闻网——“两会”无线新闻网，首次实现了手机报道国家重大政治活动新闻的历史突破。这几件标志性的事件，引发了对手机成为真正意义上的“第五媒体”的大讨论。

作为手机媒体领域较早的研究者，匡文波在 2003 年就认为手机媒体是“通过手机进行信息传播的工具”。随着研究的进一步深入，他将手机媒体的界定拓展为以手机为视听终端、手机上网为平台的个性化信息传播载体，它是以分众为传播目标，以定向为传播效果，以互动为传播应用的大众传播媒介。① 朱海松明确地定义手机就是第五媒体，即“基于无线通信技术，通过以手机为代表的移动终端，展现信息资讯内容的媒介形式。应用形式主要包

① 匡文波：《手机媒体——新媒体中的新革命》，华夏出版社 2010 年版，第 21 页。

括移动互联门户网站、手机报和手机杂志、手机电视、手机社会网络、手机微博、电子阅读、二维码等”①。手机媒体的业务形态多种多样，不但涵盖了传统媒体如报纸、广播、电视类的媒体类型，更为重要的是开创了手机媒体所独有的媒体类型，手机二维码、手机支付、手机金融将媒体向更为广阔的边界拓展。在移动互联网时代，手机作为移动设备终端呈现出一种移动融合多媒体化的态势，将衍生出一种更为全新的媒体形态，不仅是一个融合媒体，更是一个超越以往任何媒体的超媒体。

学者李丹丹对上述见解加以综合，提出“手机媒体”的定义：在狭义上，手机媒体是指以手机为视听终端、手机上网为平台的个性化信息传播载体，它是以分众为传播目标，以定向为传播效果，以互动为传播应用的大众传播媒介；在广义上，手机媒体是指基于无线电通信和互联网技术的，负载传播信息符号的个人移动信息终端以及与之相关的传输者、传播机构或组织的总称。②

（二）基本特征

1. 高粘黏性

以小巧的手机终端为主要载体的手机媒体是一种“带着体温的媒体”，其可与受众形影不离的高便携性和移动性是其他媒体不可比拟的优势。其粘黏性集中体现在用户主动自发的黏着。注意力在现代纷繁复杂的媒体环境下成为媒体争抢的稀缺资源，而手机媒体传播语境的碎片化、多样媒介形式以及丰富的手机应用都成为粘黏受众的关键，创造出“离散眼球经济”③。美国媒介理论家保罗·莱文森在其《手机：挡不住的呼唤》一书中指出了手机对媒体使用习惯的变革：手机的出现将人们从固定的屏幕前和封闭的室内解放出来，进入一个天地空间与现代科技结合在一起的世界。他认为无线移动

---

① 朱海松：《第一媒体：手机媒体化的商业革命》，广东经济出版社 2011 年版，第 1 页。

② 李丹丹：《手机新媒体概论》，中国电影出版社 2010 年版，第 23 页。

③ 离散眼球经济：通过对消费个体进行非连续的、间歇的和零散的时间段和空间段的注意力吸引来获得经济活动中品牌利益的最大化。

的无限双向交流潜力，使手机成为信息传播最方便的媒介。①

2. 高到达性

工信部最新数据显示，2017 年全国移动电话用户净增 9555 万户，总数达 14.2 亿户，移动电话用户普及率达 102.5 部/百人，比上年提高 6.9 部/百人，全国已有 16 省市的移动电话普及率超过 100 部/百人。据美国 Zenith 最新研究报告预测，2018 年中国智能手机用户数量将达到 13 亿人次，位居全球第一。大鹏之动，非一羽之轻也，手机终端成本和互联网营销软成本的不断降低使手机媒体普及率不断攀升，而如此丰富的受众资源使手机媒体较之其他媒体有着难以望其项背的信息到达率和传播覆盖率。

3. 高定制性

包装款式、铃声主题、系统 APP、资讯订阅等集中展现个性，使手机已然成为人们个性释放甚至是感官接受与表达的一部分。手机媒体既不像传统媒体那样将人与媒体相互分离，也不像网络媒体那样将人淹没，而是更加凸显人的主体性，生动诠释了保罗·莱文森提出的媒介演化的“人性化趋势”理论。有学者认为“手机媒体是一种完全以个体为中心构建的媒体”②，手机媒体可依据受众的个体兴趣爱好对传播的信息进行细分，将泛化的大众传播分割筛选为“对症下药”的小众化精准传播。

4. 高跨越性

手机虽小，手机媒体却是“融合”集大成的媒体，具有跨时空、媒介、技术和市场的特性。手机传播是一种数字化传播，可以轻易跨越时间、空间障碍，几乎无更新周期，更新成本极低，可实现即时的信息传播。手机媒体具有集文字、声音、图片、影像、动画、即时音视频等多种信息处理于一体的多元化传播优势。此外，手机传媒产业同时横跨了多个行业或产业，如手机终端设备制造行业、通讯业、软件业、出版业、影视业、动漫业、报刊业、地理信息业等，呈现手机传媒、电信运营、互联网与传统媒体等跨市

① ［美］保罗·莱文森：《手机：挡不住的呼唤》，何道宽译，中国人民大学出版社 2004 年版。

② 刘洋：《中国手机媒体化发展中的问题及对策》，郑州大学，硕士学位论文，2007 年。

场、跨行业融合合作的局面。

二、关于手机媒体策划

手机媒体策划，是指针对手机媒体项目或产品的筹划和设计，其自身的多媒体融合性与运营构成复杂性决定了其策划并非单一语境，而是跨越了媒介策划、文化策划、产业策划等多个相关策划系统的综合策划体系。

（一）主要内涵

手机媒体策划在学界并没有标准的定义，尚未见系统研究的期刊和专著。根据手机媒体及其策划发展的最新特点，笔者从广泛意义上将手机媒体策划定义为：手机平台各方为实现一定的目标效益，基于激发创意，充分利用和遵循手机媒体的媒介优势与运营规律，整合分析市场与资源，对手机这一媒介载体上的一切形式的业务、应用，加以系统地创新设计和统筹规划。与普通策划相比，除了具有一般的目的性、前瞻性、可操作性和合理性外，还具有更突出的整合性、不确定性以及灵活性，要求策划人员拥有更开阔的学科视野、更强的好奇心和探索欲、更综合全面的分析设计能力以及更高的对于个体潜在需求和瞬息万变时代环境的洞察和体悟能力。

（二）价值与意义

1. 降低媒体风险，实现长远发展

一方面，为了避免传媒行业剧变下的不稳定和自由带来舆论或市场的不良走向，手机媒体的发展需要通过策划对其人文属性进行正向、清晰地勾勒和把握。没有策划，其文化意义将像无渠的流水肆意奔流，要么源竭干涸要么洪涝成灾。另一方面，手机媒体在传媒大变局中面临着空前激烈竞争，但同时同质化也十分严重，内容上你有我仿，平台上你占我跟，运营上手段相似、模式相似，这必然违背可持续发展之径。摒弃同质化竞争，依靠独具匠心的创意与策划，在变局中谋求长远发展，是开启手机媒体美好未来的金钥匙。

2. 强化内容质量，提升媒体价值

历经多年实践，我们发现“必死的纸媒”死去的只是“纸”，无论技术、渠道怎么变，“内容为王”仍是对媒体融合时代的基本判断。正如喻国明教授所言：“无论通道修到天上还是地上，内容是需求不可离弃的东西，内容的价值保障也许比渠道建设来得更可靠。”① 在时代的媒体变局里，“内容为王”本质上是对“王的内容”的呼唤，即对具备移动数字消费形态和能以个性化与差异化粘黏用户的优质王牌内容的渴求，能够为王的内容的生产则依靠经典的创意和优质的策划，手机媒体更需要通过创意与策划回归媒体价值的本质。

3. 树立媒体品牌，优化盈利模式

媒体创意与策划的核心是知识产权，霍金斯曾这样比喻：知识产权是创意经济的“货币”，手机媒体策划本质上就是对符合手机媒体特点的原创知识产权的打造和传播过程，这将推动手机媒体产业的纵向延伸，形成层次更丰富、内容更完整的产业价值链，从而促进盈利模式的差异化、多样化。譬如，网易新闻客户端，通过策划树立了自己的品牌形象，其策划广告文案是“我们，有态度”，利用眼睛、鼻子、嘴巴三个创意元素与拉链元素创造性结合，表达出其核心品牌概念，即网易新闻敢于撕开伪装、揭露真相，并始终坚持自己的态度，在同类新闻客户端中立起了属于自己的 IP。

4. 指导发展方向，抓住商业机遇

手机媒体策划是顺应手机媒体竞争和发展需要产生的，通过问题设置、环境分析、创意构想、计划安排、组织实施、反馈评估等策划环节为手机媒体的发展传播在思路上提供新创意，在行动上提供明确目标指向、最佳方案预判以及结果评估反馈，在组织上提供最高效的管理方案。手机媒体传播与发展有无数路径，但是对于特定手机媒体来说，哪一个方案能实现效益最大化、哪一个思路最能出奇制胜、哪一个媒介最值得合作、哪一个风险最需要规避等，都需要策划环节的实施来给出答案。里约奥运会期间，商业价值估值达 300 亿美金的中国游泳明星宁泽涛因比赛表现欠佳，成绩话题全无，使众多赞助商为其早早准备好的广告版面和宣传策划皆无用武之地，但伊利集

① 转引自张世悬：《媒体微博新力量》，《人民日报》2013 年 12 月 12 日。

团却趁势打出了“不在顶峰慕名而来，不在低谷转身离开”的宣传口号赢得一众宁泽涛粉丝的好感，保证了预期的品牌曝光率回报。相比之下，作为中国游泳中心赞助商的蒙牛集团，却在游泳队因傅园慧等各种话题人物而热度爆棚的情况下没能拿出足够有亮点的策划，失去了品牌曝光的大好机会。可见，策划的有无、好坏会产生不同的结果，有精心的策划就能够有效地指导实践，给企业带来良好发展机遇和经济收益。

（三）手机媒体策划存在的问题

1. 流量至上，媒体产品质量低

注意力经济时代，流量即是财富与价值的折现码。自 2012 年手机超越电脑成为中国网民上网第一大终端，移动互联网与媒体行业的化学反应也愈加剧烈，以新闻客户端为代表的手机媒体无可争辩地成为流量瀑布。新闻媒体平台有两个条件是必需的：一是拥有授权的媒体内容，一是职业的新闻素养。显然许多手机媒体产品是不合格的，譬如今日头条，它更像是一个低门槛娱乐平台，消遣恶趣味的工具。只认数据的机器算法推荐机制决定了内容分发平台上永远是擅长迎合的低门槛内容更能获得更多流量，编辑的把关人职能弱化，流量至上的追求几乎割舍了对媒体产品品质的坚持。

2. 人才缺乏，媒介品质待提高

手机媒体是个综合媒体，它融合了报纸、广播、电视、网络等多方特点，涵盖了文本、音频、视频等多领域内容，对编辑策划的要求相当高。目前的手机媒体团队往往是传统媒体转型组建，缺乏专业的综合型媒体策划人才，造成了手机媒体离真正的“完全”媒体还相距甚远。再者，低俗内容的泛滥和把关人的算法化揭露了手机媒体“媒体品质”的缺失。所谓“媒体品质”，就是作为强力介入普通大众日常生活的资讯类产品的提供者，该法人团体之于社会生活应是秩序稳定器而非混乱制造者的角色，亦即其必须肩负与其公众相对称的社会责任。目前，手机媒体的内容大多是由服务提供商来制作的，他们多以营利为主要目的，其中一些根本没有媒介资质。如果他们成为手机媒体策划的主力军，又能拿出怎样符合社会价值和公众利益的策划？结果可想而知。

3. 隐私失护，法律监管不全面

手机媒体俨然已是个人的信息中心，手机用户的社会关系成为社会信息流向导管和目的地，信息传播及其影响愈发复杂和难以控制。偷拍与人肉搜索、微博网民制裁，“被直播”……手机媒体成为不少用户有意无意侵犯公民隐私权、肖像权或扰乱社会正常秩序等负面事件的助纣之手。实践证明，我国现阶段采用的间接保护隐私权的方法是不完备、不周密的。当信息渠道越来越依靠手机资讯平台，媒介资质的审核和法律对信息的监管和保护应当成为悬在每一个手机媒体头上的“达摩克利斯之剑”。

第二节　手机媒体策划理论

“工欲善其事，必先利其器。”没有哪款手机媒体产品、项目是凭空产生的，都必须按照一定的原则和流程展开创意、加以策划，并根据实际情况调整各个环节，最终呈现策划目的最优的可行性方案。

一、策划原则

1. 创意的核心性

在手机媒体的发展中，创意是内容与核心，策划则是方法和手段。唐代李翱在《答朱载言书》中道“六经之词也，创意造言，皆不相师”，道出了策划与创意的不可分割性。罗曼·罗兰说：“创意是人类历史进化中永远有效的契机。”没有新颖的创意，策划出再好的谋略也难以持久地赢得市场；再独特的创意，没有专业策划方案实施也无用武之地。创意的高度决定了策划活动的深度和广度、可持续性，在策划过程中，不断增强认识和整合资源，会激发出创意的火花。

2. 目标的指向性

手机媒体策划的目标始终是策划的起点，也是创意的主线，还是解决方案的评价标准。一个高效合理的目标往往要进行精细的受众定位和市场细分，即对受众进行科学认识和把握，从广泛撒网向精准捕捞转变。

海量多层次的手机受众、庞大的同业竞争群、爆炸的同质信息都要求手机媒体在市场细分的基础上找准自己在复杂的媒介环境中的立脚点，凸显出针对特定受众的自身优势。现在几乎所有的新闻客户端都具有了精准屏蔽和“猜你喜欢”推送的个性化信息服务功能。而且，目标往往不止一个，策划需要对媒体的长远目标和眼前目标、总体目标和具体目标加以梳理权衡，根据发展实际需要调整取舍，始终指向效益最大化。

3. 模式的突破性

创意策划具有敢于自我否定的开拓性，成功的手机媒体策划应该突破手机媒体的传统运作领域、传播模式、技术手段和受众市场，走出“安逸区”。首先突破可以来自“补缺”，弥补用户需求缺口、弥补互联网端功能在移动端应用的缺口、弥补传统媒体应用的缺口，这些都是在手机媒体上实现突破的便捷路径。其次，突破来自对市场需求的前瞻，在手机用户需求日益个性化和多样化的今天，追随用户不容易找到企业生存的利润空间，最深层次的突破则来自创造，著名大师德鲁克有一句名言：“好的公司满足需求，伟大的公司则创造市场。”

4. 媒介的融合性

美国著名学者罗杰·菲德勒提出媒介形态变化的三原则：共同演进、汇聚和复杂性。这一发展规律给手机媒体策划以重要启示：不要片面夸大自身的优势与影响而忽视与现有媒体的长远合作效益，手机媒体策划中主动寻求与传统媒体及其他新业态媒体的合作，创新整合媒介力量。手机媒体策划强调媒介融合性的意义在于在明确目标指向下进行媒介筛选，通过策划实现效益最大化的媒体组合，形成一个相得益彰的立体传播体系。

5. 效益的双重性

效益性是判断媒体策划的基本标准，无法实现目标效益的策划是无用功。只能实现单方效益的策划则是低价值的。一个策划应当自觉追求社会效益和经济效益相统一，必须秉守二者兼顾，作为基本的生存底线和价值原则。个体价值和社会风向在媒体的内容策划中得到呈现，这就要求手机媒体在策划中不仅要把握时代浪潮挖掘媒介财富，还要自觉发挥促进时代潮流正向发展的社会功能，不断提高媒介的积极价值，努力维护社会规范，塑造和传播进步健康的文化符号。

6. 程序的严谨性

手机媒体策划遵循程序的严谨性，不仅是传统意义上的恪守系统流程，更在于强调科学的管理、可行的操作和高效的执行。一个严谨的策划使创意不流于空想，它是目的性和规律性的统一，掌握客观市场数据，严格论证分析，才能找到策划要解决问题、达到目标的关键所在，从而依此制定行动计划和项目日程；也只有尊重客观事实和规律做出的策划安排才能保证操作上的可行性。

二、策划的基本要素

手机媒体策划的基本要素包括策划的主体、策划的客体、策划的目标、策划的环境等，在此作简要说明。

（一）策划的主体

策划的主体即策划者，包括策划活动的发起者、设计者和执行者。手机媒体的策划主体通常就是“基于手机媒体生存和发展的各方”，包括手机媒体的内容供应商、电信运营商、渠道管理者以及手机设备制造商等手机媒体全产业链的上下游参与者。值得一提的是，产业链上的用户环节也成为策划主体的重要一极，他们以“自媒体”的身份参与手机媒体策划，原本接受信息服务的个人或企业通过微信（文字）、喜马拉雅（广播）、今日头条（新闻）、映客直播（视频）等手机自媒体平台成为媒体服务的独立提供者，自媒体往往不受特定盈利目标的束缚，从千姿百态的个体经验出发，成为一股不可小觑的创意策划生产力。

（二）策划的客体

策划的客体即受策划者，策划活动所指向的对象。手机媒体策划的客体，即“手机这一媒介载体上的一切形式的业务、应用”。手机媒体的业务类型，按策划构成层次可划分为产业发展、媒介发展、媒介营销以及产品和服务，按业务构成板块则涉及渠道、平台、产品、内容、市场等。手机媒体的应用，则包括了通讯交流类、信息资讯类、移动商务类、休闲娱乐类等丰富多样的移动数字应用。策划客体是复杂多样的，但只有经过策划主体改造时才具有策划意义上的存在性。

（三）策划的目标

策划的目标即策划要实现的具体化、数量化的目的。目标也有大有小，是整个策划活动设计环节、解决问题、效果评估的必要前提。手机媒体策划的目标可分为两大类：经济目标和文化目标。经济目标是财富增长的量化要求，譬如手机游戏，经过对游戏主题立意、平台渠道规划、虚拟产品设计、市场销售方案等策划实现用户数量和经营额的增长。文化目标则是社会效益和政治效益的统一，是对正面价值传播的具体要求。譬如，央视新闻以及CCTV5等媒体利用手机微博在奥运会期间微博碎片化即时跟进赛况，并利用表情包、秒拍等吸引注意力以扩大影响力，起到宣扬传统奥林匹克精神和中国力量的积极意义。

（四）策划的环境

策划的环境即策划的外部条件，是策划得以形成和实施的客观影响因素。手机媒体策划的主体和客体构成了策划的内在结构，目标和环境则是策划运行的外在土壤。手机媒体所面临的环境是复杂的，首先社会文化环境碰撞激烈，传统文化与现代文化、主流文化和大众文化、本土文化和外来文化之间的相互摩擦和改造在传媒高度发展的今天空前激烈；其次，媒介环境变动剧烈，传统媒体在式微中绽放新生，新媒体在风口浪尖不断衍生新模式，新旧媒体融合层次不断拓深，这些媒介变局给手机媒体的发展带来了巨大的不确定性。再者，与手机媒体产业链相关的渠道方、广告方、内容服务方等利益关系复杂。

三、策划的一般流程

无论是策划孕育了创意，还是创意衍生策划，手机媒体策划都有其一般过程。

（一）捕捉目标

手机媒体是典型的创新创业的“微经济”平台，它的媒介内容是短小碎片的，它的传播是迅捷即时的，因而对于灵光一现的 idea 的捕捉往往成就了策划的最初目标。赋予创意活动以明确的目标任务是策划的第一步，既要自由无拘地展开想象，又要围绕主要问题的解决进行思考。

（二）队伍组建

手机媒体的融合特质对于策划人员的综合素质有着极高的要求，“闻道有先后，术业有专攻”，应当筛选和组建一支策划队伍。策划队伍要考虑团队人员的年龄层次、专业背景以及个性特点等。为了做好 2008 年奥运会微博营销，耐克组建了一个 60 余人的策划团队，由耐克数字营销和品牌传播部门以及几家外部公司共同组成，成员包括创意人员、制作人员以及媒体专家，拿出了许多经典的奥运经典策划。

（三）市场调研

科学可行的策划建立在对市场和资源客观调研与严谨分析的基础上，市场调研是为了“知彼”——了解消费者、竞争对手和生存环境。手机媒体策划的市场调研有鲜明的数字化特征，手机用户的类型层次、产品偏好、注意力焦点、消费规律等都可以通过后台大数据分析获得。

（四）媒介分析

媒介分析是为了“知己”——梳理自身的资源优缺，明确自身的定位。手机媒体是传统媒体和新媒体融合的集大成者，是“媒体的媒体”，策划中首先，要明确自身的媒介性质，如共青团中央微博、《人民日报》微博的定位是党媒，而网红 PAPI 酱则是原创视频自媒体。其次，要明确自身的文化风格，内容品位和文化内涵上是高雅还是通俗，是时尚还是平实。最后，要明确自身的传播特质，包括传播范围、目标受众、表现元素以及创意承载等。

（五）制定计划

制定计划是将构思的画笔落在纸上，描绘出创意目标实现的蓝图。手机媒体策划制定计划是一个动态的过程，要随着市场时机和舆论时机的变化不断调整计划，对于资源调配和组织合作也要根据受众反馈进行机动选择。

（六）组织实施

策划的实施是将蓝图变成美景，将意识流变成现实态。手机媒体策划的组织实施具有极强的实践弹性，实施规模可大可小，如一个广播自媒体的圣诞策划或许通过主播录制一期节目即可完成，而一个手机品牌的新机推广策划可能要动用品牌的全国之力。组织实施过程亦是对计划进行调整的过程。

（七）评估反馈

策划最终要实现一定的效果，但对实施效果的评估反思并不是策划的最终环节，手机媒体的反馈机制是灵活且及时的，它贯穿策划制定和实施的全过程，在某些策划中评估反馈环节需要前置。

第三节　典型案例评析

手机媒体的策划客体复杂多样，各种类型的策划案例各有特色，其中日本 I mode 是手机媒体发展较早的探索者，一度是移动互联网的代名词，是“世界上最成功的无线互联网服务之一”①。同样发端于手机的腾讯微信早在 2013 年就成为全球下载量和用户量最多的通信软件，“引领移动互联网时代经营新模式”②。音乐短视频 APP 抖音则是这个时代最年轻的手机媒体行业代表。

一、I mode：手机媒体的先行者

日本可以称得上是移动互联网业务发展最好的国家之一，其移动数据业务收入约占全球 40% 的份额，早在 2007 年，除了数据接入费和广告费之外，来自移动内容和移动商务的收入就超过 10 亿美元。I－mode 是日本最大的移动通信公司 NTT DoCoMo 自 1999 年 2 月 22 日推出的数据业务，可供用户使用无线互联网业务，是世界上最成功的无线互联网服务之一。从其发展状况来看，I－mode 在日本国内迅速普及，手机上网成为时尚，很快在日本掀起一股无线上网热潮，用户数量也呈现稳步增长的趋势。

① 匡文波：《手机媒体概论》，中国人民大学出版社 2012 年版，第 8 页。

② 袁琦：《2013 年十大关键词专家点评：微信》，国家工业与信息化部网站，2014 年 2 月 27 日，https：//www. sogou. com/link?url。

（一）策划坚持内容为王

NTT DoCoMo 作为移动互联网的先锋，最早领悟到内容质量是成功的关键。内容又以四个标准最为重要：新鲜的，即时更新；有深度；应该鼓励用户多次访问，如用手机进行联网游戏；用户应该能够得到手机上网方式的好处。I－mode 结合日本国民心理，策划了各种娱乐业务吸引用户，如漫画、游戏、图片下载和听音乐等，保证其业务内容个性化和丰富化。始终能提供优质和新鲜的内容体验，才是粘黏用户的关键。

（二）创新盈利模式

传统互联网信息的使用是免费的。手机 I－mode 首创了移动互联网信息使用收费的模式，其内容收费服务模式使得用户和 ICP 进入网络的门槛很低，促进整个产业链进入良性循环。它提供的互联网服务是收费的，并且用户完全可以接受；它将收取的服务费与提供服务的 ICP 进行利润分成，分成比例是9：91，促进了信息源的发展。这一模式创造性地激励内容提供商不断提供完善和新颖的内容，在双赢的基础上获得创新增值。

（三）注重策划融合性，与传统媒体合作

日本是世界上报纸消费量最大的国家之一。从手机来看，又是世界上拥有率和使用率最高的国家之一，是年轻人生活中必不可少的工具。日本《读卖新闻》作为世界发行量最大的报纸正是看中了这一点，在 I－mode 刚推出时就与 NTT 开展合作，策划了广泛的移动发行业务。与姐妹刊 *Sport Hochi* 联手为 I－mode 的订户提供新闻简讯、体育头条、职业棒球大联盟和联赛的战况及娱乐明星的最新动向等内容服务，使新闻二次利用开发移动发行业务，取得了巨大成功。

（四）产品策划不断推陈出新

I－mode 电话机重量轻、彩色屏幕显示、内置 Web 浏览器，拥有发送信息以及其他功能，价格实惠，很受日本青年一族的欢迎。NTT DoCoMo 与手机厂商合作，不断策划推出手机新款式。该公司所有的 I－mode 手机的界面以及操作系统基本上都是统一的，老用户对新终端很容易上手，保证了不同终端之间的互操作性，既维持了旧用户，又吸引新用户体验。

二、移动互联网创新先驱——微信

微信是腾讯 2011 年 1 月 21 日推出的通过移动互联网发送语音短信、图片和文字实现多人群聊的手机聊天软件。仅一年时间，微信就远远超越了该领域几乎所有对手，2012 年 3 月 29 日已超过 1 亿用户，目前已超过 8 亿活跃用户。微信从一个单一的产品迅速发展为一个综合性平台产品，颠覆了多个价值区间，成为腾讯公司在移动互联网时代的战略级产品，甚至有望成就腾讯由 PC 王者向移动终端王者转型。①

（一）创意策划——创新媒体表达形式

成功策划的核心是创新，微信无疑是移动互联网创新的先驱。首先，微信创新语音表达，提高了新媒体使用性价比。语音输入比之传统的文字信息传输过程更为便捷有效，又可以随时回放，解决了用户不同时在线的问题，也比网络电话或普通电话传输自由度更高，资费较少。其次，创新信息边界，推动新媒体多屏发展。用户通过手机二维码扫描即可轻松登录 PC 终端，交换移动终端和 PC 终端之间的信息、图片、文件等，这一创新功能对于多屏时代而言，具有深远的引导意义。第三，自主划分社交与传媒属性。微信既拥有私密传输、一对一对话的通信功能，也拥有对朋友公开发布信息的朋友圈。在朋友圈内，又能够灵活限制公开程度，如屏蔽、设置可见范围等。因此，微信信息传播范围完全可控，用户能够自主将微信的不同部分分别划为社交和传媒属性。

（二）营销策划——加强媒介融合

媒介融合是手机媒体营销策划和产品运营策划的重要思路。微信作为手机即时通讯软件，积极开放与其他媒体的合作，进行文化的交叉传播。国内目前最大社区型女性时尚媒体“美丽说”2012 年 4 月入驻微信，成为首批开启与微信合作的互联网媒体之一。“美丽说”看中微信作为手机即时通讯和社交工具所拥有的庞大客户群；而微信通过“美丽说”在时尚领域占有一

① 罗仲伟等：《动态能力、技术范式转变与创新战略——基于腾讯微信“整合”与“迭代”微创新的纵向案例分析》，《管理世界》2014 年第 8 期。

席之地，吸引了一批时尚弄潮儿入驻微信，增强平台的内容实力。这种时尚媒体和手机媒体的合作，不但在吸引顾客上获得了双赢，微信传播的优势也被越来越多的媒体所注意，在拓展新媒体的同时加强各领域媒体共同“融合式”发展。

（三）产品策划——找准定位与突出重点

首先，腾讯有自己清晰的产品定位，即脉络清晰、版本主打的即时通讯，始终保持通讯的产品核心地位。后来添加了定位查找功能，颇受欢迎，为微信成为综合社交软件“锦上添花”。其次，微信的受众是普通大众，要最大程度考虑最普通人群的需求，而不是一味地突出个性，强调独特。在操作上微信始终保持使用简单、界面清晰、不轻易变更的特点。腾讯在后期所添加的定位服务和“漂流瓶”，更是延伸到人性化的一种服务。在和微信众多博弈的类似产品中，“陌陌”主打的是定位交友功能，即主打扩展陌生人交际圈，是以一种先交朋友、后交流的创作理念立足。微信希望打造成突出交流的全方位使用的程序，而陌陌只是满足一部分人个性化交友需求，这给手机媒体策划者以启示：必须走差异化策划之路，找准产品定位，突出重点开发。

三、现象级短视频应用——抖音 APP

“抖音”2016 年 9 月上线，成为 2017 年崛起最快的一款音乐创意短视频社交 APP，用户通过软件选择歌曲，拍摄 15 秒的短视频，形成自己的作品并上传至平台，实现娱乐和社交功能。抖音日均视频播放量已达 20 亿，并长期居于中国 iOS 市场“摄影与录像”榜首。抖音海外版 Tik Tok 在进入日本半年后，成为日本 App Store 下载量第一的应用①。

（一）产品策划，精准定位与用户满足

抖音的产品定位是“年轻人的音乐短视频社区”，以 20 至 29 岁年轻用户为主，以音乐作为切口强化短视频信息里“表达”的部分，易于产生社区，而不是让产品被工具化。抖音拥有的个性迷你 MV、特色滤镜道具、创

① 《抖音携手联想，斩获 2017 最佳行业创新营销案例金奖》，新浪城市，2017 年 12 月 14 日，http：//www.sina.com.cn。

意多段混剪、特效、发起全民挑战等特色功能，满足了年轻群体猎奇、个性化、群体归属、情绪转换、表达与互动等心理需求。

（二）题材策划，挖掘话题强大引领力

最初的短视频应用如美拍、快手等都没有固定的话题题材，主要采取用户自由创造的方式提供题材。抖音所做出的新尝试，则是通过对视频进行分类以及由 APP 内部官方账号进行话题引领等方式将用户的创造力量集中起来，实现一种更精准有序的短视频内容和题材的挖掘，并将其创作活动置于整个应用的活动框架之内。在抖音 APP 中的首页和发现页中，都存在着大量的话题引领性栏目，如“手势舞”“炫球技”“中枪舞”等，简单易懂且易于参与模仿。

（三）营销策划，线上线下双联动推广

抖音善于抓住时机策划营销方案，线上的前期推广依靠明星造势，邀请鹿晗、吴亦凡等明星入驻赢得受众注意力。同时，抖音策划出品各类 H5 创意小游戏在各大平台全面推广，例如“世界名画抖抖抖抖起来”“抖音，找啊找啊找爱豆”等凭借粉丝效应和创意扩大自身影响力。抖音策划举办了 2017 全国青少年才艺大赛、抖音咖 party 等线下活动，模仿达人亮相《快乐大本营》。抖音还赞助了网络综艺《中国有嘻哈》，借助两个超级 IP 资源增加用户的活跃和留存，并通过其音乐分享和嘻哈歌曲的模仿、翻唱等方式，为平台提供了一大批优质内容。

第四节　产业优化与策划提升

伴随着手机功能改善和提升，手机媒体将会成为这个时代最受瞩目的主流媒体，围绕手机媒体展开创意策划的必要性也日益凸显。每个时代都有自己的印记，如何去叙述和挖掘这种时代情感的正向价值，需要策划绘制蓝图。“带着体温的媒体”是“挡不住的呼唤”，经过策划“无所不能”，此乃运筹帷幄于指掌。创意与策划给予了手机媒体发展和提升更多的可能和保障，手机媒体革新也从根本上要求策划提升跟上时代步伐。

（一）增强人才队伍，提升产品质量

手机媒体发展相较于其他媒体而言，媒体产品质量低和缺乏专业的从业人员，是其致命的短板和瓶颈。因多媒体的组合性，手机媒体对从业人员的专业水平和综合能力要求较高较强。目前已有几家手机报意识到这个问题，开始积极组建自己的职业采编团队，真正“发出自己的声音”。通过专业素质教育，有效培养策划人才队伍，像报纸、广播等传统媒体一样，尽快形成一套自己独特的传播理论、运行规则和行业规范，从生产机制和策划主体上提升手机媒体产品质量。

（二）加快融合转型，创新策划理念

目前，欧美国家原来坚持的公共传播服务政策和对传媒业市场化、垄断化的限制政策，已经发生了转向——规制机构从分离向融合转变，规制重心从结构向行为转移，规制改革的取向是实施放宽市场准入。由此可见，放松和推进规制融合与转型，已经成为世界性的潮流。面对产业融合中规制转型的国际趋势，我国政府有关部门也应创新手机传媒产业管理理念，变封闭的、独占的观念为开放、合作、分享的观念，突破既有的管理部门利益格局，基于媒介融合和产业融合的现实与发展趋势，推动手机媒体策划理论和理念的融合、借鉴与创新。

（三）健全产业规范，规整策划框架

健全产业规范和监制，手机媒体策划才能在一个规范稳定的产业环境中有条不紊的展开。首先，尽快制定出台《手机传媒管理条例》，加强手机传媒产业的依法监管，在市场准入、运行监督、市场退出等方面形成整套监管机制。其次，从手机传媒的传播内容层面、技术层面、市场层面以及业务运营层面等进行综合监管和控制。第三，国家层面要明确手机传媒产业监管责任的具体职能部门，移动运营商层面要加强日常技术监控职责，严把信息准入关和信息播发环节，严格惩治手机色情、手机赌博、短信欺诈、垃圾短信、政治谣言、流氓软件等。由此，手机媒体的策划规范和行业设计标准才能进一步完善并得以有效执行。

第十五章

众人拾柴火焰高

——文化产业众筹策划

随着互联网金融的日益成熟，众筹作为一种网络商业模式参与到各个行业的企业或项目筹资过程中，并出现了专门的众筹平台。众筹传入中国后已经发生了很大的变化，中国式众筹注重“众”而非“筹”，正如俗语所说“一个好汉三个帮”“众人拾柴火焰高”。事物具有两面性，这一点也决定了它的局限性。本章仅就文化产业众筹从策划学角度加以探讨，简要阐明文化产业众筹策划的原则和流程，分析不同的众筹类型案例，提出笔者的思考和建议。

第一节　众筹与文化产业

作为一个新生事物，众筹在世界上兴盛是近年来的事情。借助互联网，众筹从国外到国内，从金融领域跨越到多个领域，包括文化产业领域，呈现蓬勃发展的态势。随着众筹的推广与应用，多样的文化产业业态涉足众筹。

一、关于众筹

“众筹”一词，译自国外的crowdfunding，即大众筹资或群众筹资。沃顿商学院Ethan Mollick将众筹定义为：“创业者或团队通过互联网等非标准化金融中介模式向大众进行募集资金，为其文化、社会或是商业项目进行融资。”① 自众筹传入中国后，其基本内涵和外延发生了扩充，指用“团购+预购”的形式，向网友募集项目资金的模式。② 其基本内涵除了“筹资”以外，还充入“营销”概念，并辅以奖励机制作为回馈。在国外的众筹概念中，众筹的初衷在于“支持”而非“回报”，而在中国的众筹概念中，“回报”成为吸引众筹投资的关键所在，也是国内互联网众筹必不可少的一环。

我们可以总结国内外的关键词，将众筹概念界定如下：从投资者角度看，众筹是指一群人通过某种筹资平台对某一公开项目进行募资以支持项目的开发或成长，并获得某种奖励回报的投资行为；从融资者角度看，众筹是指企业或项目通过某种筹资平台设置奖励回报，吸引大众投资以达成目标的筹资或营销行为。

据不完全统计，截至2017年6月底，中国国内上线的众筹平台共计808家，有439家处于运营状态③，共获取项目37905个，成功项目数量为31552个，成功项目融资额达110.16亿元④。从融资领域看，智能科技项目与文化娱乐项目分别占据融资规模的主要内容，其中以娱乐宝为首的众筹产品融资规模巨大。众筹的项目并不限制行业和方向，可做的项目涵盖科技、设计、影视、音乐、漫画、游戏等多种类别。上述数据充分显示和表明，文化产业及其相关产业与众筹之间关系紧密。

① ARMIN S. Crowdfunding of Small Entrepreneur Ventures. The Oxford Handbook of Entrepreneurial Finance,2010(09).

② 石莹莹：《对中国众筹的几点思考》，《职工法律天地》2016年第10期。

③ 贺婷婷：《基于文化产业互联网众筹平台的几点思考》，《现代经济信息》2016年第28期。

④ 《中国众筹行业发展报告2017上》，搜狐网，2017年8月3日，http：//www.sohu.com/a/161883089_427460。

二、文化产业众筹策划的重要性

文化产业众筹策划是一个需要创意和情怀的过程，要始终坚持以满足消费者需求为导向。因此，未经策划的文化项目可能会因太过平庸或没有引发共鸣而失败，最终无法实现融资目标。

文化产业众筹策划能够帮助文化产业或文化项目超额完成预定目标。纵观国内外众筹实践案例，明确的策划主题、新颖的策划方案、丰厚的奖励设置都能够为众筹项目增加投资吸引力，更快更好地实现众筹目标。

优秀的文化产业众筹策划，能够实现文化产业链条的补充与完善。众筹作为融资环节和宣传环节的一部分已经成为众多文化领域极具创新力和号召力的产业链一环。具有前瞻性的优秀众筹策划，充分补充了文化产业链条，促进产业生态圈构建。

文化产业众筹策划能够为项目提供大数据，有助于项目的后续发展。大数据的核心价值在于预测，众筹依托互联网平台与受众联系，为项目融资的数据搜集和整理提供了便利。用户接受程度、盈利转化情况都可以成为大数据，为项目的下一步开发运行提供及时的数据依据，帮助文化项目可持续健康发展。

三、文化产业众筹策划中的问题

从实际来看，真正能够进行专业化众筹策划的人才少之又少，盲目跟风的众筹策划只会导致众筹市场鱼龙混杂，缺乏精品策划意识的众筹项目最终只能成为庞大金融市场的泡沫，昙花一现。可见，众筹这块蛋糕虽然美味，却不是人人都能分得一杯羹。

（一）缺乏创意，策划题材重复

无论是众筹项目还是文化产业自身，总是对创意要求甚高，这缘于二者特殊的行业属性，唯有创意才能帮助项目寻求恰当定位，采取正确策略，快速占领细分市场。众筹项目日益增多，其创意却逐渐消减，越来越多的项目策划者只照搬成功的众筹案例，而缺乏对自我项目的认知与剖析，导致项目立意陈旧、文案冗杂、没有新意，更难在众多项目中脱颖而出，从而导致项目融资失败。

（二）缺少调研，策划定位模糊

互联网平台与其他融资渠道不同，虽能为投融资双方提供平等直接的信息沟通平台，却无法为二者提供面对面交流的机会。众筹策划者只能通过网络的片段评论或社交平台的只言片语进行市场调查，其结果必定有失偏颇。现在的众筹策划大多直接发行，少有经过详细周全的市场调研而后发行的，这终将导致众筹项目与受众需求不能契合或契合程度不高。

（三）筹资混乱，策划评估困难

对于文化产业众筹项目策划者来说，众筹融资金额的拟定与选择是众筹策划的重中之重，也是最为关键的一步，这将直接决定着项目实际筹得款项的多少。众筹资金额过少，不利于发挥项目本身的价值，反之，则会导致项目失败。而文化产业项目本身因其文化性的特殊属性，价值评估非常困难，对项目策划者金额确定造成了极大困扰。

（四）激励不足，策划回报单一

在回报的策划中，众筹项目策划者往往选择单一的奖励回报，如设置三到五个回报梯度，每个梯度都是在前一个梯度奖励基础上再加一环，这样的奖励回报不但没有新意，鲜能吸引投资人，更没有体现出文化产业项目本身的价值，对众筹市场的激励不足，无法促成项目成功。

（五）侧重营销，策划目的偏离

文化产业众筹相较于其他产业众筹，规模较小且多是营销目的。[①] 例如，现在最为流行的电影衍生品开发，其本质是“预售 + 团购”。根植于这种目标的众筹策划是当今中国文化产业众筹策划的主流，但这与众筹融资价值的发挥相背离。侧重于营销目的的众筹策划，最终难逃化为“团购”的命运，众筹策划者应该考虑如何将融资与营销合理地融为一体。

① 陈洁、王广振：《文化产业众筹融资模式分析》，《牡丹江师范学院学报》（哲学社会科学版）2016 年第 2 期。

第二节　文化产业众筹策划的流程与原则

无论是文化产业还是众筹，占据核心位置的都是“人”。前者需要依靠“人”进行消费、使用，才能实现品牌培育；后者依靠“人”实现口碑传播和项目融资。由此可见，在文化产业众筹策划中必须立足于受众需求，牢牢把握“人”的内心，使粉丝转化为投资人，让情怀转化为口碑。

一、文化产业众筹策划原则

（一）情怀与创意

文化产业众筹策划要有创意，项目立意需新颖独特，项目内容要生动有情怀，产品或项目定位要精准。任何一个文化产业项目放到众筹平台，想要在众多项目中脱颖而出，务必使得项目本身与众不同。文化产业是最能够调动粉丝积极性的行业，其众筹策划也要紧紧抓住粉丝群体。在想法、文案和宣传过程中，增加情怀占比，以煽动性的文字和极具感染力的口号来抓住投资者的目光。

（二）互动性与参与感

文化产业众筹策划要注意与市场沟通，及时获取市场有效信息，加强与目标受众互动，保证细分市场需求旺盛。只有获得市场的第一手信息，才能够为文化产业众筹项目做出可靠的策划。此外，在策划中，尤其要注意打造参与感，从策划到运营，无处不彰显着受众参与的重要作用，充分实现用户互动。

（三）奖励制

在文化产业众筹策划中务必要设置一定的奖励，从捐赠众筹到股权众筹，无一不需要设置奖励吸引投资人，在策划中加入奖励制已成为如今众筹策划的必备环节。奖励梯度与内容是否迎合受众需求，是否能够促进众筹目标顺利完成，是检验众筹策划的重要标准之一。

（四）大数据

文化产业众筹策划是一个自始至终围绕大数据进行的策划过程，从前期市场调研、用户反馈到主题确定、奖励设置再到信息回收、平台发布，每一个环节都离不开应用大数据。这就要求文化产业众筹策划必须时时掌握大数据，及时搜集整理，以供分析预测，指导策划流程。

二、文化产业众筹策划流程

文化产业众筹项目策划者，必须对众筹过程的方方面面进行详尽地规划，才能确保项目正常运行。文化产业众筹策划是一个较新的概念，目前尚未有具体流程，但一个众筹项目的完成必然要经过以下策划过程，在此分为前中后三个阶段论述。

（一）前期策划

前期策划是文化产业众筹策划的重中之重，直接反映了该项目的内容和目的。这部分策划包含拟定项目名称、选择发布平台等较多内容，关键点在于文案书写和内容编排、目标金额选择和设置奖励回报。

1. 文案写作和内容编排

互联网平台所能够提供的空间只是一个网页的文本，众筹项目的立意需考虑如何在短文本内实现核心价值的呈现。文化产业众筹项目若想成功，需直击痛点、引起注意。所谓“痛点”，产生于人们日益增长的精神文化需求与物质现实之间的矛盾。基于用户痛点的营销法则包括三条：一是改变不了产品，但可以改变消费者对产品的看法；二是用消费者最容易理解的语言和画面提炼广告词；三是基于用户痛点提炼卖点。例如，在一个名为“在街角，邂逅‘好久不读’——让我们一起复兴阅读”的书店众筹项目展示页面中，其广告语以连续的四个“好久没有”直击受众痛点：“你，好久没有读书。好久没有体会翻书时手指划过纸张的感觉。好久没有在实体书店感受阅读，感受遇到一本好书的惊喜。好久没有在街角遇见一家心仪的书店。”在大部分旅游项目众筹策划中，我们可以看到它的广告语和宣传画面的选择都是直击环境污染、空气质量恶劣等受众痛点。

2. 目标金额选择

目标金额的选择要结合同类项目的市场情况来拟定，不能单纯设定为所需资金的数额。因此，在进行选择前，策划者必须对市场进行深入细致的调研，了解受众投资人的投资心理和投资取向，以便顺利完成投资目标。策划者可以通过问卷调查或深度访谈的形式对受众进行需求分析，同时通过数据搜集与建模考量评估相关细分市场供求变化，在此基础上形成可供参考的调研报告，以便及时调整更改众筹项目中的各项问题，尤其是目标金额的适应性调整，以减少发布后可能面临的筹集失败风险。

3. 设置奖励回报

回报设置是体现项目奖励的要点，无论是奖励型众筹还是股权制众筹，都要求策划者做好回报设置。在奖励策划中应注意要设置三个以上的回报，为投资人提供更多的选择才会有更多的吸引力。奖励回报最好是项目的衍生品或与项目内容有关。由东京理工大学教授狩野纪昭（Noriaki Kano）提出的 KANO 模型是根据不同类型的质量特性与顾客满意度之间的关系，将产品服务的质量特性分为五类：基本（必备）型需求、期望（意愿）型需求、兴奋（魅力）型需求、无差异型需求、反向（逆向）型需求。① 其中，魅力需求和意愿需求是文化产业众筹策划中务必要实现的顾客需求。前者是指用户意想不到的服务，后者是会影响到用户满意度的补充需求。众筹项目要在开始前就策划好奖励回报内容的等级，按照投资金额的多少来逐层递进回馈（或产品、奖励）的内容。最高级别的奖励回馈需要体现 KANO 模型中的魅力因素。

例如，在《甄嬛传》画集的众筹策划中，其基本型奖励是明信片和画集，期望型奖励是台历、礼包和复刻画，兴奋型奖励是在画集中被署名并参与主创团队讨论。这些奖励的策划从低到高都经过精心挑选和慎重决定，既要考虑到奖励发放的成本，又要充分调度受众积极性，在适度的投入范围内完成号召。

（二）中期策划

根据马斯洛需求层次理论，目标人群的心理需求从低到高按层次分为：生理需求、安全需求、社交需求、尊重需求和自我实现需求。对于活动策划

① 魏丽坤：《KANO 模型和服务质量差距模型的比较研究》，《世界标准化与质量管理》2006 年第 9 期。

者来说，挖掘目标用户需求，并且能够“快狠准”地切入这一需求，既可以大幅提高“用户—参与者”的转化率，又能够引发口碑效应，扩大用户大众传播范围。

众筹中期的策划，需要选择项目发布平台。可选的方式有两种：一是线下发布，一是线上发布。目前行内所称众筹，一般指的是后者，即选择互联网众筹平台进行项目发布。而股权众筹因风险较高，需要在项目发布之前由策划者确定好领投人和跟投人。此后，策划者就可以将项目放置于已选择评估好的众筹平台上，进行项目的发布。这里的项目发布也有两种：一种是直接发布，即项目在平台上面向大众公开募集；另一种是预发布，只进行小额筹款，相当于投向市场的一块问路石，如果小额款项在很短时间内筹集完毕，则证明该项目有正式发布的价值，如预筹出现问题，则可以此为据进行调整，目前大部分的众筹平台没有预筹设置，但随着风控的不断完善，这种预筹模式会逐渐发展起来。

（三）后期策划

1. 宣传营销策划

后期的策划集中于宣传营销。此时，情感因素利用和情怀经济打造尤为重要。情感营销是从消费者的情感需要出发，唤起和激起消费者的情感需求，诱导消费者心灵上的共鸣，寓情感于营销之中。[①] 在情感消费时代，消费者购买商品所看重的已不是商品数量的多少、质量好坏以及价钱的高低，而是为了一种感情上的满足，一种心理上的认同。[②] 情感营销能够使受众的消费行为由理性转化为感性，更注重消费时产生的精神体验和项目环境，这对项目长久运营非常有必要。例如，在众筹首届 CULT[③] 文化艺术节“反熵伐纣”时，策划师大石在文案中写道：“当这个世界充斥各种千篇一律大而无当的现代艺术时，我们准备做点有趣的事情，办一个有趣而纯粹的艺术

① 祝晓铭、王艳平：《网络广告“品牌营销”策略研究》，《现代商业》2014 年第 35 期。

② 刘凤、薛庆：《论情感消费》，《华人时刊》（下旬刊）2013 年第 7 期。

③ CULT 艺术：在艺术价值体系混乱全面熵增的世界里，某些艺术家由于其作品过于独特的表达形式，而被标签为一种“另类黑色怪诞诡异阴暗恶俗反传统”的 CULT 艺术。

展。我们没有常规的目的性，也没有能力让你正襟危坐思考人生，我们并不想拉着你的手带你走入什么养尊处优的极乐世界，我们只想充满共谋意味的邀请你加入一个清明有序的反熵①世界。”此外，情感营销还能够提高消费者的品牌忠诚度②，增强消费者对品牌的认同感，从而产生购买偏爱。

现代化的宣传策划大多利用社交平台、人脉关系、众筹平台首页推荐等方式，其中社交平台的利用必不可少。例如，《2013 快乐男声》大电影在进行众筹时，参与其中的主创人员纷纷在微博等社交平台进行宣传推广，官微也采取转发、关注和抽奖的形式增加互动性，培养受众参与感，使其能够感受到这个电影的众筹项目从发起到结束的每一个环节。

2. 反馈回收策划

项目分析与数据反馈是众筹策划的最后一环，也是对众筹持续发展至关重要的一步。根据实际众筹情况，调整众筹策划的细节，发现其中存在的问题，为项目下一阶段实施众筹或新项目众筹的策划提供可靠凭据与实战经验。正是由于策划中对项目后期分析的重要性，才使得众筹能够不断优化成熟。

第三节　四种类型案例分析

由于文化产业众筹在中国起步较晚，目前除了几部小众动画电影，如《十万个冷笑话》《大圣归来》等，鲜有特别成功的案例。为更好地进行策划分析，本文将选取四个完全不同的众筹类型，以期全方位展现不同的项目如何进行相应策划。

一、音乐众筹策划：ArtistShare 成就格莱美奖

众所周知，当今影响力最大的众筹网站是美国 KickStarter，但世界上最

① 反熵：任何事物在时间的行进当中是一个走向混乱和无序的过程，这种热力学现象叫作熵增。宇宙万物无不服从一个不断熵增的规律，秩序化为无序，清明化为混沌，反熵则是一个相对的抵抗过程。（以上内容均出自众筹网中该项目相关页面的公布内容）

② 黄晓霞、崔庆五：《品牌忠诚度——企业竞争取胜的关键》，《重庆邮电学院学报》（社会科学版）2005 年第 4 期。

早的众筹网站却是于2003年成立的ArtistShare。该众筹网站致力于为粉丝们提供支持唱片生产与发行的平台，资助小众艺术家。① 作为互联网行业第一个为艺术开放筹资的众筹平台，ArtistShare于2003年10月正式开始运营②，Maria Schneider敏锐地抓住机会，在网站上发行了专辑“Concert in the Garden”众筹项目，融资成功后通过网络进行线上发售。该专辑获得第47届格莱美4项提名，并最终荣获“最佳大爵士乐团专辑”，成为格莱美历史上首张不通过零售店销售的获奖专辑。其后Maria再次于ArtistShare平台上发布新专辑“Sky Blue”制作众筹项目，并最终筹得近20万美金资金支持，远超于专辑融资预算。此次音乐众筹策划是ArtistShare网站知名度最大也最成功的一次案例，Maria及策划团队从用户需求角度出发，利用马斯洛需要层次理论，精准分析并满足粉丝需求是该策划项目成功的关键所在。

根据马斯洛理论，在生理需求上，粉丝们拥有倾听音乐的生理欲求，故而促使Maria制作精美音乐专辑，从内容着手强化粉丝积累，满足粉丝的基本需求；在安全需求上，Maria及团队在筹划专辑融资中敏锐地发现市场上大部分音乐专辑都有“独向制作”的缺点，即专辑制作过程对市场掌控程度不够，仅通过音乐人按自己标准策划，没有考虑到粉丝及市场的变化，粉丝对于音乐创作的安全需求建立在是否能够在消费的基础上保障自己听到想听到的音乐，因此当Maria发现了ArtistShare网站的“粉丝—音乐人”互动模式后，便迅速调整融资策划方案，利用众筹平台上线新专辑，充分考虑粉丝的选择需求，保证其听到自己想听到的音乐；在社会需求上，Maria及时把握初获格莱美奖的舆论热议期，在网络上推出新专辑众筹消息，充分发挥粉丝传播效应，通过粉丝关系网络之间的信息传递实现众筹融资宣传效果最大化；在尊重需求上，Maria在项目策划中加入了丰厚的奖励回报设置，第一次项目众筹时，Maria团队共策划了14个梯度的奖励回报，其中包括音乐人独家访谈、彩排等幕后花絮视频以及限量版签名CD和筹资创作笔记等。这

① 来艺博：《论众筹网站在中国的起步与发展——以“点名时间”网为例》，《今传媒》（学术版）2013年第11期。

② 孙学立：《我国众筹融资模式及监管问题研究》，《华北金融》2015年第5期。

些奖励的设置给予了出资粉丝极大的尊重，在当时业内盛行的单向购买市场中，获得投资奖励回报满足了粉丝的尊重需求；在自我价值需求上，当Maria进行第二次音乐项目众筹时，特别加入了执行制作人级套餐（也就是上面所讲KANO模型中的魅力因素），价格售至18000美元，该套餐只发行一份，获得的回报包括专辑执行制作人的署名、受邀参观专辑录制现场、Maria乐团一整年演出的VIP入场券以及每个月收到一次创作进度的视频汇报。这项套餐最终被一位从事投资业的爵士乐发烧友获得，并最终受邀去了格莱美颁奖典礼的现场。通过对粉丝自我价值需求的满足，Maria策划团队所进行的创新性奖励策划既激发了粉丝们投资的热情，也用最好的奖励回报给了粉丝。

这个案例，堪称成功的音乐众筹策划。Maria及其团队基于马斯洛需求层次理论，立足于粉丝需求，依次策划了“粉丝积累、粉丝参与、粉丝传播、粉丝尊重及粉丝自我认同”的融资环节；同时，策划团队通过KANO模型合理分配奖励机制，充分把握市场需求和粉丝动向，最终所筹得的20万美元是当时网站筹资款项最大、社会关注度最高的众筹项目。

二、电影众筹策划：中国动画电影的突围

互联网动画系列剧《十万个冷笑话》（以下简称《十冷》）制作方有妖气公司，2013年3月26日推出了制作《十冷》电影版的消息并在国内首家众筹网站——“点名时间”推出了电影众筹融资项目。① 在其后不到五个月的时间内，总共吸引了5431人参与众筹，总筹资金额达到130万元。电影上映后，动画剧继续保持高热度。作为中国动漫史上首个众筹电影，《十冷》不仅实现了资金筹集，同时积累了大量的社会人气，效果丰厚。② 同样运用众筹融资的动画电影《大圣归来》前期靠线下众筹，由制作方牵线组织众人投资，后期衍生品利用线上众筹，市场反应十分热烈。这种众筹融资模式开

① 张玉蓉：《新媒体时代国产动画电影的营销之路——以〈十万个冷笑话〉为例》，《青年记者》2015年第23期。

② 罗婷：《〈十万个冷笑话〉的商业发展模式及其启示》，《艺术百家》2014年第5期。

启了中国“情怀”融资先例，为中国动漫产业筹资活动提供了广阔的空间。在众筹过程中，策划团队充分利用社交平台主打“情怀”路线，做足项目宣传，极大地提高了知名度，最终实现筹资成功。

在制作初期，《十冷》策划人和制作人就曾强调“不求合家欢，只求打动年轻人”。这种定位一开始就看准了年轻人动画电影市场。中国的卖座动画电影屈指可数，近几年仅是被《喜洋洋》《熊出没》等低幼动画电影占据市场。《十冷》甫一出现，就以“非低龄中国动画电影”的名号吸引了大批具有消费能力的年轻人粉丝。主打“青年”情怀，强调与传统动画电影之间的区别，并迅速在贴吧、豆瓣、猫眼等社交平台进行影片众筹的相关宣传文案推送①，牢牢吸引受众目光，充分调动青年人的观影渴望。

《十冷》众筹项目的宣发延续了电影制作的互联网思维，出品方都是知名社群或社交平台，如小米、新浪娱乐等。它们利用微博、微信等社区平台发布电影众筹的消息，如设立热门话题、粉丝头条等，吸引各自粉丝群前往投资。电影票发售平台格瓦拉、猫眼等也就众筹项目加以宣传，并提供电影票预售等活动。这些营销手段既为项目进行造势，又极大吸引了“路人”粉丝，再加上众筹的噱头，乐于接受新鲜事物的青年粉丝自然买账。

《十冷》电影热映后，衍生品众筹很快在淘宝众筹上线，制作团队推出了“十万个冷笑话”创意收纳盒、抱枕、公仔、洗漱套装等不同的品类。由于缺乏重视和宣传，衍生品众筹并不算成功，仅筹得一万多元。相对而言，《大圣归来》的衍生品则表现得尤为成功，利用社交平台上口碑宣传的舆论热度，将衍生品众筹消息也印上“情怀”烙印，每一款产品都与电影情节或传递的价值观紧密相连，众筹宣传语采用“不一样的孙悟空”“史上最高票房”“中国动漫”等颇具情怀导向性的词语或字眼，吸引粉丝目光，提高了粉丝经济转化率。

严格意义上，中国动画电影的众筹突围并不仅仅提供了融资渠道，更打开了电影营销策划的新局面，口碑营销、情怀营销都成为动画电影宣发的关

① 李坦：《浅析新媒体时代下的国产电影口碑营销策略》，《戏剧之家》2017 年第 2 期。

键词。目前采取众筹融资的三部知名动画电影，《十冷》《大圣归来》《大鱼海棠》，都是采取了“情怀宣传＋社交推广”的策划方式实现了成功。可见，众筹方式依靠的是粉丝的力量。策划人只有充分把握粉丝需求，做好宣传推广，主打情怀路线，才能够保证项目的可持续融资。

三、旅游众筹策划：开启自然度假新模式

丽江逸景营地于2015年12月22日在淘宝众筹平台推出“众筹美好生活，1房1车1路度假新模式”旅游众筹项目。该项目本着颠覆中国传统旅行的理念，旨在提升国人旅行品质，以众筹为基础，通过互联网＋自然度假旅游主题，开启自然度假新模式。该项目只用40天已筹得资金1932万元，远超既定目标，成为国内众筹领域最大的一匹黑马，也创造了旅游众筹记录新高。① 在这个案例中，策划团队牢牢把握消费者的需求心理，直击社会痛点，采取标新立异的项目立意，吸引了众多投资人的目光。项目策划立意颇具新意，是该项众筹成功引得千人投资的根本所在。

对于旅游众筹来说，策划者能够创新旅游立意，针对时下旅游业存在的问题提出颠覆性的旅游项目，是策划活动的关键。策划团队针对旅游中存在的“酒店—交通—路线”三大行业问题，立足于优化游客体验，把握消费需求，打造“1房1车1路度假新模式”，直击旅游酒店交通行业的痛点，引发游客共鸣。

打开逸景营地众筹项目的淘宝众筹页面，可以看到整个网页罗列着旅游营地风光秀美的照片和视频，项目整体文案图文并茂，迎合了当下看图时代的互联网浏览和信息接收习惯。

在项目介绍中，策划者精心设计，在颇有限制的一页网页文本中，以数字突出营地核心竞争力，用图文并茂的方式充分展现了逸景营地的竞争力，让人印象深刻，极大地吸引了投资人。例如，“1房1车1路”“与300天＋阳光、5330公顷浩渺湿地、10万只候鸟同居”“100家规划营地之一、5家

① 《众筹度假新模式：逸景营地颠覆旅游三大行》，中金在线，2015年12月7日，http：//news. cnfol. com/it/20151217/21958665. shtml。

已正式运营营地之一”等，用鲜明的数字体现出项目的景观和价值，简单又突出。此外，还辅之以打动人心的情怀文案，如“远离喧嚣，逃离城市，回归山林，回归田园”等。

该众筹项目依托逸景旅游俱乐部，主打高端自由行度假体验。此次策划定位于高端旅游人士，奖励梯度设置上打破原有的层层递加传统，采取￥448—￥2680—￥4480—￥8680 四个梯度八个奖励的方式，其中￥4480 梯度设有五个不同的回报。策划团队还将每个梯度的优惠减省金额明确计算而出，￥4480 梯度中五个回报节省金额各不相同，为游客提供广阔的可选择空间。清晰的高端定位、丰厚的回报奖励和别具一格的梯度设置迎合了消费者心理，吸引了众多游客。

对比其他众筹方式，旅游众筹是最能提高“投资人—游客”线上线下转化率的类型，项目立意的创新与突破是旅游众筹策划最为关键的核心。[①] 此外，旅游众筹策划中，也不能忽视周边配套设施完善，服务质量提升，旅游景区的合理开发和运营等线下问题。

四、知识众筹策划：罗辑思维的直接战术

知识型视频脱口秀“罗辑思维”2012 年 12 月 21 日正式上线。七个多月后，罗辑思维推出史上最无理的付费会员制，仅半天就轻松入账会费 160 万元；一年后二期会员招募，且限定微信支付，罗辑思维 24 小时内搜集会费 800 万元。[②] 此后采用此种方式罗辑思维进行了多次众筹，培育大批量的粉丝、构建社群，并将粉丝几乎完全转化为了资金，以包含知识的内容产品作为奖励回报，实现了众筹。严格意义上说，罗辑思维从开始到现在依然在利用这种会员社群式众筹方式，这也是目前少有内容自媒体敢于尝试的融资方法。[③]

同时，罗辑思维的节目在选题上也是由专业团队和热心粉丝一起决定

① 陈洁：《情怀经济：“众筹 + 文化旅游”路在何方?》，《人文天下》2016 年第 3 期。

② 王传珍：《知识付费奇点与未来》，《互联网经济》2017 年第 1 期。

③ 本书中暂且搁置对于其众筹行为是否合法的争论。在我国，众筹行为本就仍未被完全规范，因此无法定论，故对此不做评论，仅将其作为一个成功的众筹策划案例来分析其策划过程。

的，这种知识众筹的方法增强了粉丝的参与感，众筹参与者名曰“知识助理”，为罗辑思维周五的视频节目进行策划选题。①

此种众筹策划不同于前面三个案例，这是一种罗辑思维与其粉丝的两方众筹。前三个案例都是三方众筹，即项目发起方、投资人和众筹平台。罗辑思维之所以没有依靠平台，是因为其本身有足够自信的内容和已经凭靠的视频网站，在资金极其迫切的情况下，没有必要引入第三方众筹平台参与。这种直接的众筹方式，一方面使得粉丝切身感受到罗辑思维筹集资金的紧迫性，另一方面可以直接有效辨别粉丝群体中的分级情况，即哪些是“铁杆粉丝”，哪些是“亲情粉丝”。凯文·凯利的“千人铁杆粉丝”理论认为，任何作出原创价值的创作者只需要拥有1000名铁杆粉丝便能糊口。美国著名评论家迈克·斯顿也曾说，在娱乐时代，你的取向只能通过你的付出来判断。显然，罗辑思维结合了这两种粉丝理论，通过粉丝付出的方式来进行粉丝等级评定，以调整后续的社群搭建规则。

2013年还属于大众对知识付费认知尚浅的年代，罗辑思维能够通过这种直击受众眼球的方式获得融资，来自对自身内容的自信。这个案例中，罗辑思维几乎没有采用其他特别的营销手段，但这一众筹融资策划，本身就是一个极大的创意。这种营销策略，我们可以称之为极简策略。本书第六章的vivo手机广告案例也属于这种极简策略。因此，这属于一种知识众筹的个案，虽然目前众筹平台都有类似的众筹项目，但能够做到罗辑思维融资水平的项目，实属凤毛麟角。

实际上，罗辑思维利用知识众筹也是在为自己的品牌和社群构建做市场摸底。盛佳、柯斌等人评论罗辑思维的众筹行为是通过众筹建立的社群，“首先利用自身的内容产品黏性来影响并聚合志趣相投的粉丝，然后通过限额会员制形成基于共同价值观的交流社群，再以社群为品牌提供社会化推广合作的基地。”②

---

① 朱翎：《颠覆行业的四大众筹案例》，《青年文学家》2015年第19期。

② 盛佳、柯斌、杨倩：《众筹：传统融资模式颠覆与创新》，机械工业出版社2015年版，第90页。

由此可见，一个股权众筹项目是否能够取得最后的成功，并非取决于这个项目本身的优劣程度，而是项目策划者要用长远的眼光看待众筹，而不是仅仅把当下的融资当作众筹目标，品牌孵化、培养竞争力才能够促使策划者往更高更远的方向做谋划。

第四节　建议与思考

在奖励回报上，文化产业的众筹比其他产业众筹项目更偏向无形和精神层面。因此，众筹项目吸引投资者的能力和水平，更强调通过情感营销、痛点思维、引发共鸣等方式来实现。在此情形下，文化产业众筹亟待科学策划，发挥其真正的帮扶价值。

一、文化产业众筹策划的建议

众筹项目普遍体量小，经验缺乏，资源有限，适合高精尖的小团队作业。在美国，围绕着 KickStarter 有 40 亿美元的生态圈规模，我国众筹发起者也可以寻找专业的策划团队，开展策划，广纳人才，选取最优创意方案。因此，众筹策划必须首先组建专业化团队，然后再通过种种途径提高策划方案的质量。

（一）做好市场调研，注重粉丝需求

前文已说，文化产业众筹项目与其他众筹项目最大的不同之处在于其必须把握“人”（也就是粉丝）的需求。那么每一个项目策划都需要建立在受众的市场分析上，包括行为习惯、付费偏好、奖励回馈偏好等调研。同时，粉丝中男女比例和支付能力是市场调研中的必备项目。有研究表明，女性对于情感类内容的付费冲动要大于男性。因此，合理利用粉丝比例，高度重视粉丝需求是成功策划的第一步。

（二）主打情感营销，内容直击痛点

所有成功的文化产业众筹策划，无一例外都是极具煽动性和感染力的项目。在前文论述的四个案例中，我们可以发现“情怀”和“参与感”是满足粉丝需求、调动粉丝投资积极性的重要因素。因此，在项目策划中要主打

情感营销策略，走情怀经济路线。策划者要善于挖掘与人们理想不符或人们现实中不满的因素，从而在项目营销中加以利用，直击痛点，简单有效。

（三）策划视野开阔，有全产业链视角

文化产业众筹策划不仅要考虑到现时项目的策划情况，也要为后续跟进项目和长久的文化品牌做准备。这就要求策划者要以全产业链的眼光来看待众筹，而非仅仅将其作为产业链的小小一环，将营销和融资目的融于一个完整的产业链条之中。目前，以京东众筹为首的智能科技领域的众筹项目已经成为企业孵化平台，而这一孵化功能也应成为文化企业参与众筹的努力方向。罗辑思维给人启迪：众筹策划者不仅要宣传、融资，更要将自己的活动升华，以提炼品牌、凝聚粉丝，用更好的奖励机制不断吸引粉丝目光，促进文化产业众筹市场的可持续发展。

（四）跨界合作，保障投资安全

文化产业众筹策划，绝不仅仅是一个行业内部的策划，而应该是跨行业合作、多方位并行的生态系统构建。众筹从根本来说依然属于互联网金融的部分，其面临的最大瓶颈还是征信等级带来的风险问题。文化产业本身就是一个信用级别和版权价值难以评定的行业，众筹策划过程更是需要引入专业人士或机构的“变相担保”和“权威评定”，才能在设置实际有效的融资目标、吸引更多圈外资金。众筹项目策划者积极寻求保险措施，建立保障机制，保证投资人的资金安全，为打消投资人顾虑，增加策划的专业性和文化产业项目的征信准入门槛。

二、文化产业众筹策划的未来思考

随着 BAT 企业对众筹行业的延展，众筹作为小微企业融资的重要渠道，必将在更多领域通过各个环节参与项目孵化和企业发展。无论是智能科技产业众筹还是文化产业众筹，其创意要求和策划专业要求都越来越高，也越来越精准。策划人要时刻关注行业变化和趋势，提高众筹的策划品质与水平。

首先，众筹市场细分化。未来只有占据细分市场的策划才能够脱颖而出、吸引众筹投资人的目光。而要想精确占领细分市场，必须通过前期充分的市场调研和受众分析，才能够获得第一手大数据资料，将数据转化为众筹策划依据，在此基础上完成颇具创意、兼顾市场和社会双方效益的众筹项目。

其次，众筹环节生态化。未来的策划必须基于全产业链的视角进行众筹项目筹划，而不仅仅是完成单个项目的融资。以电影众筹为例，开拍之前需融资众筹，上映前进行电影放映众筹，上映后搞衍生品开发众筹，众筹不仅仅是电影制作至发行的一个环节，也将成为这个产业链中贯穿始终的渠道。众筹作为一个渠道平台，将会彻底改变参与其中的产业。文化产业首当其冲，众筹策划者更需注意生态化环节的策划与构建，才能发展成为多层次资金市场的一员。

最后，众筹营销社交化。众筹与社交媒介的结合势必会成为众筹策划的未来发展趋势，这种融合可能会以社交众筹的方式出现，也可能以股权众筹或奖励众筹中任何一种模式的一个环节出现。所以，众筹策划者在对众筹项目进行宣传营销时，必然会加入社交平台的考量，这是与投资人进行直接互动、吸引投资的最直接有效途径。京东众筹中推出了“搞吧”轻众筹，这种轻众筹就是众筹环节的一部分，通过社交媒介引入，对项目进行预热和市场调研，在达到一定标准后方可真正进入众筹平台。①

此外，众筹在中国发展仍然处于法律不完备阶段。一方面，《关于积极推进“互联网+”行动的实施意见》等地方性文件提出了要鼓励众筹行业发展，众筹也出现在了《“十三五”国家科技创新规划》和“十三五”规划纲要第七章“深入推进大众创业万众创新”中。这意味着顶层设计为众筹预留了发展的空间。另一方面，目前仅出台了关于股权众筹的风控和行为规范，对于融资金额小但涉及范围广的奖励众筹规范较少，而这种方式又是文化产业众筹项目的集中领域。因此，文化产业众筹的发展仍然前途未卜，但我们仍报之以乐观的态度。因为随着网络金融发展、法律完备，这一领域终将迎来规范化的引导，从而正确发挥众筹的融资和营销价值。策划者也要密切关注国家政策变化，做到因“策”利导。

① 陈洁、王广振：《文化产业众筹融资模式分析》，《牡丹江师范学院学报》（哲学社会科学版）2016 年第 2 期。

第十六章

小镇贵在“特”

——特色小镇策划

近年来，特色小镇建设在中国呈现蓬勃发展态势。在国家及各地政府大力倡导和推进下，特色小镇建设取得了显著成就，大江南北涌现出一批特色鲜明、内涵丰富、生态美丽的小镇。特色小镇的“异军突起”，为实现区域经济转型发展、乡村振兴、特色发展、城镇化建设等起到了积极作用。但是，由于科学策划和顶层设计缺位，以及存在急功近利行为，导致特色小镇的布局与建设面临许多矛盾和问题。小镇贵在“特”。因此，我们必须认真面对，深入思考，科学策划，既要理性建设特色小镇，也要致力于特色小镇的创新探索。

第一节　特色小镇建设形势与策划的问题

特色小镇的政策利好决定了建设的受重视程度。正是由于特色小镇所带来的“经济红利”和“文化红利”，其发展规模和数量不断增加，成为创新发展的重要内容。但在特色小镇规划发展中如何处理好整体与局部、内涵发展与产业发展、小镇定位与特色发展等方面仍存在很多分歧和问题。

一、特色小镇建设形势

（一）特色小镇建设的主要政策

自 2014 年杭州市云栖小镇首次提出“特色小镇”概念，密集出台关于加快规划建设的相关文件以来，国家、各省市陆续颁布相关政策文件以发展特色小镇。各级政府正在从总体规划要求向具体实施推进，从具体政策文件颁布到贯彻落实发展转变，并附以相关支持性政策，以此推动特色小镇发展。

2016 年 7 月为落实《国民经济和社会发展第十三个五年规划纲要》关于加快发展特色小镇要求，住建部等三部委力推特色小镇发展，到 2020 年培育 1000 个左右各具特色和富有活力的特色小镇，努力打造区域经济创新发展新模式。同年 12 月，为深入贯彻落实习近平总书记、李克强总理等党中央、国务院领导关于加强特色小镇和小城镇建设的重要指示精神，按照《国家发展改革委关于加快美丽特色小（城）镇建设的指导意见》要求，实施“千企千镇工程”，引导社会资本参与美丽特色小（城）镇建设，促进镇企融合发展、共同成长。2017 年 12 月四部委为贯彻党的十九大精神，把特色小镇和小城镇建设作为供给侧结构性改革的重要平台，以促进新型城镇化建设和经济转型升级。

（二）主要省市特色小镇建设

在中国，政策导向是各项事业发展的有力杠杆。目前，建设特色小镇已经成为各省市创新发展的重要选择。根据山东特色小镇网大数据分析，截至 2017 年 4 月，我国特色小镇数量 Top10 依次为：浙江省 315 个、云南省 211 个、湖南省 105 个、黑龙江省 104 个、海南省 103 个、陕西省 68 个、江苏省 65 个、北京市 50 个、重庆市 42 个、安徽省 38 个。① 同年 12 月，国家已公布两批 403 个全国特色小城镇和 96 个全国运动休闲特色小镇名单。根据 31 省市特色小镇产业规划汇总，全国计划建设特色小镇的总量已多达 3000 个，

① 山东特色小镇网——大数据，载于 http：//www.shandongtesexiaozhen.com/index.php?m = content&c = index&a = lists&catid = 21。

远超三部委的规划要求。

在特色小镇建设中，浙江省起到了“模范”和表率作用。目前，全省已经批复23个国家级特色小镇及114个省级小镇，而杭州市特色小镇正在全省乃至全国引领一轮产业转型升级和城乡统筹发展的新浪潮。广东省计划到2020年，将建成100个省级特色小镇①，并成为新的经济增长点。云南、四川提出到2020年建设200个特色小镇，部分省市提出计划建设100个②，在数量上，西南地区最为集中。在各省市的积极布局下特色小镇正得以快速发展。

二、特色小镇规划和策划中出现的问题

由于我国特色小镇建设正处于发展初期，对其认识不足并缺乏相应的经验。因此，在特色小镇布局和建设实践中，已经出现了一些问题，应当引起重视。

（一）缺乏科学规划和完善的顶层设计

我国地域辽阔，东西南北差异大，发展不平衡不充分问题将存在较长时期。特色小镇建设始于科学规划。目前从全国来看，某些区域特色小镇布局，因急功近利，规划缺乏科学性、长远性，并未充分体现特色小镇因地制宜，以突出走差异化道路。特色小镇布局离不开有效、完善的顶层设计，顶层设计赋予特色小镇应有的定位和功能，明确其作用和意义。有无合理、有效、完善的顶层设计，直接影响特色小镇的规范和有序建设，影响创新和可持续发展。

（二）未能真正重视“特色”内容建设

特色小镇贵在“特”，而“特”中包含策划之义。其“特色”内容是小镇建设之本，是持续发展的根本动力。相关资料显示，目前一些小镇建设雷

---

① 吴哲：《广东首批特色小镇示范名单出炉——36家上榜》，南方网，2017年8月29日，http：//kb. southcn. com/content/2017－08/29/content_ 176942159. htm。

② 罗娟：《政府工作报告再提特色小镇，特色小镇建设热潮引爆全国》，360个人图书馆，2017年4月18日，http：//www. 360doc. com/content/17/0418/17/40060592_ 646609474. shtml。

同化现象严重，并未突出其“特色”内容，主要表现在：已有产业没有形成产业链；未能形成特色产品和服务；缺乏特色经营理念；不重视小镇文化内涵建设；未能合理设置和建设特色小镇景观系统。特色内容缺失，直接影响小镇发展的动力和活力，不利于实现其经济价值、文化价值和社会价值。

（三）创新策划不足，发展缺乏活力

创新与创意和策划密不可分，活力关系到发展。目前，建设特色小镇往往是为完成“任务”，某些特色小镇创新策划与活力不足，可以概括为三点：一是缺乏特色产业支撑。没有核心产业支撑与符合市场需求特色产业体系，特色小镇难以立足，更谈不上可持续发展。浙江省特色小镇（如横店）的成功主要在于具有专业化的产业生态和明确的功能定位。二是缺乏体制机制创新。特色小镇建设出现了多部门、多领导现象，缺乏统一、规范的管理系统，机制创新不足。有些特色小镇在发展中，往往是孤立化、简单化发展，缺乏统一运营发展机制和区域资源融合发展理念。三是未能建立系统化的品牌战略，短视近视现象普遍，发展战略滞后。

（四）圈地式发展，过度房地产化

特色小镇建设直接面临的是土地问题。在地方政府趋之若鹜背景下，大房地产企业闻风而动、逐利而来，打着发展特色小镇的旗号而大肆圈地、搞房地产开发。近年来，虽然大房企将特色小镇视为新型城镇化的主要窗口，并提出美好愿景，但最后在实际中往往是以出售“特色”房产，快速获利而告终，其所标榜的特色小镇不过是房地产买卖的借口。

（五）人本管理缺位

目前小镇建设往往忽视人的存在，将人视为小镇的附庸而非主体，主要表现在：有些特色小镇内部群体管理有问题，为了统一规划将原有居民全部外迁，导致小镇居民缺失和“非土著化”；基础设施建设不到位，交通、住宅、商店、食宿、卫生等配套缺少和不合理，没有人性化服务；生态环境保护较差。

第二节　特色小镇策划的基本内容与路径

2017 年党的十九大《报告》把“实施乡村振兴战略”作为重大战略之一，提出要坚持农业农村优先发展，按照产业兴旺、生态宜居、乡风文明、治理有效、生活富裕的总体要求，建立健全城乡融合发展体制机制和政策体系，加快推进农业农村现代化。对特色小镇的策划既要考虑小镇的发展，又要兼顾城乡间的融合发展，以全新的理念推进特色小镇发展和新型城镇化建设。根据这一总体要求和特色小镇文化资本的构成要素，有针对性地创意、策划特色小镇，基本内容有特色小镇的定位模式、精神理念构建、文化感知要素构建、品牌化战略建构等四个方面。

一、特色小镇的基本认识与文化资本

（一）基本认识

在世界范围内特色小镇发展由来已久，但对其认知仍未达成一致，这主要源于特色小镇存在的多样化和多元化发展。

在欧美国家，小城镇人口一般不超过 10 万人。我国作为行政区划的镇，一般是根据人口比例或特别需要，经省、自治区、直辖市批准而设立。我国目前的特色小镇，多以建制镇行政边界为基础，围绕自身的功能定位发展，而浙江省的特色小镇更多是以非建制镇存在和发展起来。我国特色小镇的基本类型，多为从特色小镇的产业类型进行划分。例如，据山东特色小镇网截至 2017 年 4 月 8 日大数据分析，以投资额规模 Top8 将全国小镇划分为以高科技研发为主要产业的特色科技小镇、旅游产业特色小镇等八大类，此外还有田园特色小镇、体育特色小镇和教育特色小镇等。①

（二）文化资本内涵

农村和城市是人类两种生产生活场所（或称生命栖息地），也是两种生

---

① 载于山东特色小镇网——大数据，http://www.shandongtesexiaozhen.com/index.php?m=content&c=index&a=lists&catid=21。

活方式。马克思指出：“城市本身表明了人口、生产工具、资本、享乐和需要的集中；而乡村里是相反的情况：孤立和分散。”① 马克思所强调的城市要素，集中表现为人口、生产工具、资本、享乐、需要，这些要素可归结为一种文化资本。这也是经济发展空间的表现形式。2017 年底的中央经济工作会议，首次提出了“经济发展空间”概念，并将城镇化的健康发展作为优化经济发展空间的重要内容。

从人类社会历史来看，资本的发生是不断积累的过程。“我们必须把资本的概念和伴随这一概念的积累物及其全部效应重新引入社会世界。”② 按照布尔迪厄之见，资本的积累逐步形成一“文化生产场域”，而这一“场域”就是实现财富和价值的所在。理解特色小镇，应将其视为一个文化与资本的价值链，一个有待开发的“文化资本宝藏”。特色小镇在当代中国具有城乡融合的意义。我们通过对其文化资本挖掘，创造其发展的永续动力，将文化资本要素融入特色小镇建设之中，这也与我国实现新型城镇化的发展要求相契合。

（三）文化资本的建构要素

从文化资本的角度来认识特色小镇的文化价值，应当对特色小镇文化模式加以构建与铸造。这种构建与铸造固然需要视觉艺术系统的物化成果，但更应强调其中所蕴含的精神、文化价值体系，形成其存在和发展的文化模式，使其具备真正的特色。

任何特色小镇都存在一定的特色文化传统。虽然小镇传统的文化要素各有差异，但都具有传统的存在意义，如小镇景观、小镇精神、小镇文化、小镇经济、小镇社会、小镇形象等，都是特色小镇存在的共性元素和资源，均有其文化资本意义，需要对特色小镇的精神文化、物质文化加以保护和创新发展。

① ［德］马克思、恩格斯：《马克思恩格斯全集》第 3 卷，人民出版社 1965 年版，第 57 页。
② ［法］布尔迪厄：《文化资源与社会炼金术——布尔迪厄访谈录》，包亚明译，人民出版社 1997 年版，第 189 页。

二、特色小镇的整体定位模式

针对市场营销，20 世纪 70 年代美国学者提出了定位理论和策略，并认为定位是给产品在预期消费者心中确定的合理而深刻的位置，特劳特称为“核心竞争力”，里斯则比喻为“根据地”。他们共同认为，定位的价值最终体现在消费者对品牌的忠诚度上。定位理论早已超出市场营销领域，在西方产生了较为广泛的影响。这一理论，对于我们今天特色小镇策划和建设，仍然值得借鉴。

（一）整体定位模式的基本内容

特色小镇在区域社会发展中，具有整体定位模式。这一内涵的意义在于特色小镇的发展依托特有的区域环境，这种环境是特色小镇发展的前提和优势。作为具有城乡融合意义的特色小镇，更应表现为一个开放的、适应性系统，集中表现在与周边资源的合作发展关系上，这一关系就是特色小镇在其生存区域的定位。

特色小镇在区域社会发展中的定位，应强化特色定位、综合功能的定位。从目前我国特色小镇的发展现实来看，考虑较多的是小镇形象的定位，很少从以下各个方面进行系统的、有层次的整体定位，因此有必要加强思考和探讨。

（二）特色小镇功能定位策略

1. 文化定位

文化要素定位是整体定位的前提。特色小镇的文化要素选择，要明确小镇的文化传统、文化属性和文化表述等要求。在方法上要做到定位能解决问题，即创造一种发展的指向和文化经济融合的机制。定位选择一般可分为：符号化的、具体的文化要素定位，如时刻、建筑、绘画等具有时代典型和艺术的物化成果；精神性的文化要素定位，如节庆、民俗、信仰等非物态的文化内涵；经验性的文化技能定位，如手工技艺、歌唱、舞蹈等文化活动技能。这些方面的文化定位，可以利用优势文化资源来实现小镇的文化价值、经济价值和社会价值。

2. 产业结构定位

特色小镇的产业结构定位，应根据将要发展或已经形成的主导产业进行定位，做到定位准确和把握特色。在重视构建核心产业的同时，应探索相关衍生产业和其他产业协调发展，避免单一产业形态。目前特色小镇产业结构不断呈现出新内容、新角色，正朝着创意、绿色、科技、文化、健康、时尚、金融等发展。丰富产业结构内容，既要注重优势资源的产业化开发，还要强化主导产业及其衍生功能和辐射功能，兼顾城乡间的融合发展和共同发展。

3. 服务定位

服务定位可分为软服务和硬服务两个方面。特色小镇软服务指服务人员的服务态度、形象塑造，培养形成文明、礼貌的良好形象，使小镇居民和外来人员感受到满意；硬服务指以人为本理念合理配置公共服务设施，创新发展公共设施，突出特色和优势，如小镇的食宿设施、基础设施、交通优势、信息化服务、数字化服务功能等。服务定位要做到软服务和硬服务有机统一，实现小镇服务的整体提升和特色发展。

4. 生态环境定位

良好的生态环境是人类赖以生存的根本，是人类健康发展的诉求。特色小镇优质的生态环境可以带来经济价值、文化价值和社会价值。特色小镇在建设和发展中，必须突出生态环境的保护和利用，尤其是特色文化旅游小镇，更应注重对生态环境的保护，将良好的生态环境作为小镇发展的价值资源和特色资源。

5. 形象定位

特色小镇形象定位是小镇形象体系的整体把握，为小镇的整体发展提供“外在”服务功能，一般见之于声誉和口碑。特色小镇的形象定位应做到：小镇精神理念与形象策划和设计相契合；小镇形象不仅是小镇“镇容”的绿化和美化工程，更是小镇“内涵”的品牌工程，如小镇人的素质、小镇服务形象等；小镇形象策划应具有“个性”和特色，从小镇的文化元素中加以提炼和创新。

三、特色小镇理念文化构建

（一）理念文化内涵

理念是一个人、一个群体、一个企业乃至一个民族存在和发展的精神支柱，也是现代特色小镇的文化凝练与形象内核，是特色小镇内在的、最深刻之“特”。特色小镇的内在精神特质，体现为特定的理念文化和经营理念，创造出个性化理念，并在理念的推广中体现为群体价值取向。

特色小镇理念的内涵孕育五大使命，即小镇的历史文化价值使命、经济发展使命、社会发展使命、生态环境保护使命、可持续发展使命。理念文化的构建与传播，对内利于整合形成“核心竞争力”，使小镇居民产生强大的凝聚力，以更好地反哺特色小镇的全面发展；对外利于建立“根据地”，树立良好的小镇形象，培养小镇品牌在社会大众中的认知度、忠诚度和美誉度。

（二）理念文化构建策略

特色小镇的理念文化所展示的是小镇的精神、价值、观念。小镇精神层面理念的优质构建和高效构建，依赖对自身各项资源和文化元素的总括把握、精准提炼和科学提升。构建要素主要包括：特色小镇的精神追求、使命担当、文化理念、管理理念、经营理念、服务理念、发展理念、宣传口号、广告语、居民礼仪、行为准则等。构建过程包括从小镇自然环境、人文、性质和功能等各方面出发，挖掘小镇特色和个性，梳理历史文化，进而总结、提炼已有文化，创意和策划，塑造小镇理念系统。

从一般意义上，特色小镇的理念系统必须能够表达：特色小镇为谁而存在、内外整体形象如何、根本价值观是什么、存在与发展的责任是什么、未来发展怎样、如何反映公众诉求、文化价值和蕴涵是什么等。理念系统构建的过程中，应当处理好小镇理念与小镇发展各要素之间的关系，处理好小镇的历史、现实与未来之间的关系，处理好小镇内部与外部之间的关系。

四、特色小镇文化感知要素构建

美国杰出的城市规划专家凯文·林奇（Kevin Lynch），有两部代表性著作：

《城市意象》和《城市形态》。他的学说开创了城市设计理论研究的新领域，影响了现代城市设计与规划，推进了建筑、风景园林等各个学科发展。对当代中国特色小镇策划和建设，仍有不可忽视的启迪作用。

（一）文化感知要素的内容

无论是短暂停留还是长期居住，人们对“文化空间要素”都会形成一定深度的感知，尤其是长期居住的家乡，其感知深度是永恒的记忆。这种由景观和生活片段产生的感知、记忆，凯文·林奇称之为“文化感知”。

由文化要素构成的空间是极易被深度感知的。“一个环境的空间形态和人类认知过程相互作用的交汇点。这样的感知过程完全仰赖于个人对城市的情感，光靠浮光掠影的皮相是不够的。”① “战争中孤独的士兵相互交流时，最初也最容易谈到的就是对‘家乡’的回忆……这意味着，最甜美的感觉是家，不仅熟悉，而且与众不同。”②

特色小镇是客观存在的，其在被感知的过程中，每个人的心理都会存在某种“定势”或是意象，其中每个人都反映了相当一些人的认识和感知。人们对特色小镇的文化感知要素可以归纳为硬文化感知要素和软文化感知要素。前者包括小镇标准字体、小镇标准色、道路、边界、区域及标志物。以上个别元素都不会孤立存在，空间组成区域，边界划定范围，道路穿行其间，并伴随着一些标志物和色彩，看似孤立的个体元素“不经意”地融为一体。软文化感知要素主要有：历史故事，人和生产生活过程中形成的片段、记录、记忆、情感表述，以及博物馆、档案馆、展览馆、吉祥物等。文化感知也是人本理念的重要内容。特色小镇文化感知要素策划和构建，就是将特色小镇打造成地方性、“小范围”的艺术文化中心。

（二）文化感知意象要素构建策略

1. 硬文化感知要素构建

标准字。特色小镇的标准字体，是小镇所属的政府机构和相关组织的专属名称及理念表述形式的标准字体。标准字必须按照统一规范和要求，做到

① ［美］凯文·林奇：《城市形态》，林庆怡等译，华夏出版社 2001 年版，第 93 页。
② ［美］凯文·林奇：《城市意象》，方益萍、何晓军译，华夏出版社 2016 年版，第 3 页。

标准、规范和可识别，从而便于小镇形象表达和宣传，更好地获得大众好感。

标准色。特色小镇标准色也是色彩的一种表现。特色小镇作为小范围的空间集聚，色彩的选择应以小镇的历史、发展、区位、环境、人文及色彩的偏好来定位，在多元中寻求主调，既不能单一化，也不能复杂化，做到丰富而舒适。特色小镇的色彩通过丰富设计和科学搭配，增强自身生命活力。

道路。道路是特色小镇形象的主要观赏地，是感知意象产生的核心元素之一。道路可以作为环境元素，在小镇的街区延伸和展示，构成不断变化、有关联的景观系列。特色小镇的道路，除了交通功能外，还应有商业功能、展示功能、文化功能、认知体验功能、绿化功能以及交往空间的功能。道路规划设计，应尊重、合理布局道路历史、道路名称、道路景观，充分考虑其与周边资源的协调程度。例如，民宿型文旅特色小镇的道路策划设计往往与自然景观相衬托，避免过于拥挤，并附以休憩畅谈场域，打造出具有区域特色的自然景观道路。

边界。边界作为一种空间的表现形式、一种标志和界限，是人们感知存在价值的另类表述。在区域间的分离与衔接及景观的塑造中，边界具有重要的组织作用。就外在而言，特色小镇的边界往往是城乡结合的农村房屋、道路、城墙及自然景观带。就小镇内部而言，边界的主要形式有：墙、绿化带、道路、河流、公园及约定成俗的标志物等。特色小镇的边界规划，应设计有“透景”边界（如栅栏等）、“无景”边界（如草坪）、可“书画”边界（如艺术墙）、可“种植”边界（如由种植体验而构成的），重点突出有艺术价值和历史文化价值的边界。

区域。区域是特色小镇意象的基本元素，人们可以在内部来识别它，也可以将其作为景观和参照物来欣赏和对比。特色小镇的发展需要明确的主题性区域构建，一旦小镇区域的主要需求得到满足，确立了与小镇其他部分的差异，主题单元的重要作用就会凸显。决定小镇区域特征的是主题单元的连续性和多样性，主要有形式、色彩、纹理、装饰、标志、建筑、广场、轮廓、功能、声音、居民、地形、河流等。

标志物。“标志物是观察者的外部观察参考点，有可能是在尺度上变化多端的简单物质元素。”① 标志物既是观察者的参照物，也是具有特殊功能存在的某种元素。标志物的简易识别需要有清晰的形式、鲜明的对比、突出的位置和特殊的功能。

特色小镇内部元素中能成为标志物的通常有四种：一是使小镇的某一元素在区域内极易观察到，如小镇的高楼大厦、塔、树等；二是建立具有明显的局部对比物，如一条街道内突出某一独特风格的建筑物、宽阔的空间格局等；三是突出有历史文化价值的特色建筑，尤其是保存较为完好且风格独特的建筑；四是肯定具有特殊功能意义的存在，如特色小吃、手工艺、历史人文等。

标志是小镇文化资本的构成要素。一个良好的标志可以成为小镇的旗帜，成为小镇特有的文化符号。特色小镇的标志能够让大众产生共鸣，有强烈的地方性、唯一性和文化性，并在一定群体中有首属效应，即看到一标志便能想到这一小镇。策划、设计标志应做到：挖掘小镇的文化元素，创造小镇的唯一性和差异性。小镇的标志是小镇社会文化的“浓缩”，是小镇文化资本核心要素的提炼和升华，也是注意力经济的亮点。我们应将特色小镇的标志打造成具有一定公众知名度、有一定文化价值和经济价值的“品牌”。

2．软文化感知要素构建

特色小镇文化感知要素构建，既要满足人们对小镇“物与形”的需求，也要满足人“情与感”的需要，突出软文化感知要素的存在和作用。

首先，历史故事和重要人物，是特色小镇文化资本的重要内容，是小镇内涵发展、创新发展的重要题材。注重对其资料收集、整理，并以文本和数字化的形式呈现给大众。增强小镇形象和情节故事，并切实重视和充分利用，做到既要宣传推广又要衍生开发的多元化发展。

其次，注重对生产生活过程中形成的片段、记录和记忆及情感表述的资料和对其的整理。这包括对小镇特色产业的发展历史脉络资料的搜集和整

① ［美］凯文·林奇：《城市意象》，方益萍、何晓军译，华夏出版社2016年版，第60页。

理，如手工艺类手工产业发展脉络和相关的名人工匠及重要作品等；对小镇居民生活记录的资料搜集和整理，尤其是有典型特色的家庭生活记录资料，如老照片、视频、书画等；名人、诗人、作家等对小镇作品的描述和情感诉求。

再者，吉祥物是特色小镇的文化符号，是小镇的形象代言。小镇群体的每一员都应将其作为情感存在的一部分。吉祥物作为与“自身”相伴的符号，应该精心设计和推广。吉祥物在形象塑造上可以有多种选择，动物、卡通、神像、石刻、木雕等，都可以作为小镇吉祥物，但最好只选择一种形式，并设计优美的造型、鲜艳的色彩，赋予其强烈的亲和力。

最后，构建特色小镇博物馆、档案馆、展览馆。其规模不一定追求过大，应注重馆藏品、展品的特色化和地方化，在建筑形式上有独特的艺术表达，能够让人们感受到小镇的文化内涵，并由此不自觉地产生认同情感和印象。

通过上述内容的整理、策划、创意、创建，可增强小镇的文化内涵，增加小镇的历史文化色彩和感受度，扩大社会影响力，建设浓郁人文特色小镇。同时，也可通过产业化开发，经营相关衍生产品和服务，以实现其经济效益。

五、特色小镇品牌化战略

（一）品牌化战略的内容

品牌运作是特色小镇经济、文化、社会发展以及形象推广、宣传传播的重要内容和途径，是特色小镇之间开展竞争的重要手段。特色小镇品牌化战略，是指在特色小镇整体形象传播中，全面塑造小镇品牌，扩大品牌价值，提升核心竞争力，增强小镇的知名度、满意度和美誉度。品牌化战略主要包括：特色小镇品牌、小镇传统文化品牌、小镇企业品牌、产品品牌、服务品牌、人物品牌及科技品牌等。

（二）品牌化战略构建策略

特色小镇的品牌文化可以在小镇任何元素中萌生和发展，只要是符合社会大众利益的文化要素和商品都可以成为小镇的品牌。但是，能够拥有系统性品牌和持久性品牌的特色小镇却很少，这就需要在建设特色小镇时强化品牌效应，注重品牌构建和塑造。品牌化构建策略主要指：根据特色小镇品牌化战略的内容，构建系统性的小镇品牌战略；将特色小镇品牌化战略与小镇形象塑造相结合；特色小镇品牌战略必须赋予品牌以文化内涵，严禁品牌的形式化和空壳化。只有构建具有系统性、针对性和内涵性的品牌，并搞好品牌维护和传播，才能使特色小镇的品牌战略得以健康持续发展。

第三节　策划案例评析

从历史角度说，有特色的小镇早就出现，并经历了一个发展过程；从国际上看，特色小镇在欧美国家屡见不鲜，已经形成较为成熟的形态。下面我们分别从中外选取有代表性的案例加以分析，关注其策划重点。

一、“中国的好莱坞”——横店特色小镇

横店特色小镇位于浙江省东阳市横店镇，与中国特大型民营企业横店集团的子公司重合，2016 年 10 月正式列入第一批中国特色小镇。作为我国影视文化产业发展的“领头羊”，横店一直走在全国特色小城镇建设前列。截至 2016 年底，横店累计接待剧组 1800 多个，拍摄影视剧 5 万部（集），古装剧出品量占全国的 2/3。横店接待游客 1800 万人次，带动东阳旅游收入达 165 亿元。2017 年 1 至 9 月统计，实验区入区企业实现营业收入 175.21 亿元，同比增长 22.53%，接待游客 1264.52 万人次。横店特色小镇策划与建设的成功，在于其定位明确、大胆创新和多元化发展。

好的策划案离不开明确的定位。无数事实表明，定位明确和准确，才能为事业和企业发展找到正确方向。横店特色小镇在策划和建设之初，各方面就达成共识，明确了小镇“差异化”战略定位，积极寻求具有鲜明特色和发展潜力的产业内容。导演谢晋 1996 年为拍摄香港回归的献礼片四处寻找外景，当时横店还没有像样的电影院。横店集团创始人徐文荣敏锐地嗅到了商

机，他向谢晋当面承诺：我们出钱来建外景基地，保证按你要求建好，绝不耽误一天的拍片时间。此时横店没有任何影视方面的资源，徐文荣承受了诸多非议和压力。仅四个多月，120 支工程队夜以继日地在横店的荒岭上削山辟地，依山造景建造出一个拍摄基地。基地占地 319 亩，各类建筑 150 座、建筑总面积 6 万多平方米，“19 世纪南粤广州街”再现 1840 年前的羊城旧貌。《鸦片战争》1997 年上映，横店的名声也随之远播，横店影视城也由此发展起来。

此后，横店特色小镇将文化与产业、文化与小镇、产业与小镇相融合，大力发展影视文化产业和旅游产业，建成了集影视、旅游、度假、休闲、观光为一体的大型综合性文化产业集聚区，实现了文化产业的集聚发展和产业的衍生发展，“无中生有”地创造了横店特色小镇的发展奇迹和独特模式，被美国好莱坞杂志称为“中国的好莱坞”。

成功的策划案例离不开创意、创新的发展理念。横店本是一偏僻的荒山区，而在这样的环境里要建成影视、旅游产业基地，可谓白手起家、困难重重。中国企业园区国际合作联盟主席吴昀国指出：“横店集团是较早开发特色小镇的代表。乌镇和横店两者相比的话，横店的模式、经验更值得学习。因为乌镇交通便利，又有很多的历史文化积淀。而横店则是在一片荒山、一个偏僻的山区里建成的，很不可思议。”① 徐文荣认为：“建设特色小镇要以挖掘当地的特色产业、资源、文化为主。如果要发展文化产业，就要注重弘扬、传承、创新民族文化三者相结合。横店的文化产业就是从一无所有到无中生有，再到不断创新这样一步步发展起来的。”②

横店特色小镇就是在这样的偏僻山区先后投入 30 个亿，策划、建设了纵贯华夏五千年的文明史，上至春秋战国秦汉唐宋，下至元明清现当代的大型系列影视实景拍摄基地：广州街 · 香港街、明清宫苑、秦王宫、清明上河图、华夏文化园、明清民居博览城、梦幻谷、屏岩洞府、大智禅寺、红军长征博览城、春秋 · 唐园和圆明新园等，多个不同特色的影视拍摄基地和旅游

① 范颖华：《横店特色小镇——中国版“好莱坞”》，《中国企业报》2017 年 7 月 4 日。
② 史莹：《中国企业发展论坛特色小镇峰会对话横店》，《浙江新闻》2017 年 8 月 27 日。

景区异彩纷呈。正是这些内容的大胆创新和创造制作，才成就了横店的“与众不同”，也构建了多元化的发展道路。如今，横店影视城已成为全球规模最大的影视拍摄基地。

据了解，横店特色小镇在接下来的五年，将从以下五个方面来实现“中国影视文化名城”这一目标，也是小镇进一步完善和提升之举：创新影视旅游产业和打造魅力横店；着力工业转型升级，创造实力横店；加大生态环境的保护与治理，打造生态横店；努力完善设施功能，打造宜居横店；推动体制、机制创新，打造活力横店。可以预见，这些目标如果能够达到，横店特色小镇这个中国品牌就会更加实在更加闪亮，同时也会成为国际品牌，一定会对中国特色小镇和城镇化建设起到强有力的表率作用。

二、美国宾夕法尼亚州巧克力产业小镇——好时镇

美国宾夕法尼亚州的好时镇，与“好时巧克力”连在一起。好时公司是北美地区最大的巧克力及巧克力糖果制造商，是一家有一百多年历史的老字号。创始人米尔顿·好时先生 1903 年在“好时镇”开展巧克力制造业，当时这里还是一个人烟稀少的牧场，而好时先生以其聪明才智重新阐释和规划设计了这里的一切。随着产业的发展，好时公司的员工成为好时镇居民的主体。好时公司也加大对公共服务项目的投入，铺筑道路，修建医院，建筑体育馆、游乐场、剧场和巧克力温泉等，“无意”中把好时镇打造成为美国小城镇绿化建设的范例。

独特的创意理念和特色产业成为好时镇吸引世人的重要内容。好时镇的成功离不开其核心产业的发展，融入核心产业的创意和策划理念以及衍生产业，又一起构成、提升了小镇发展的特色和活力。目前，好时镇拥有三家现代化的巧克力工厂，是世界上最大的巧克力生产基地。好时镇以巧克力产业而“起家”，又以巧克力产业而闻名于世，是典型的传统产业特色小镇。但是，好时镇并未因巧克力产业带来的盈利而限制了自身的想象空间和创意理念。恰恰相反，小镇的主创者、建设者和居民，自觉意识到发挥自己能动性加以筹划的重要性，早已将巧克力元素完全融入小镇的策划和建设中。如今

的好时镇已到处充满“巧克力”，好时镇的路名多与巧克力有关，路灯造型的理念也是源于巧克力，客房里的床单也是著名的好时 KISSES 巧克力的图案，床头柜和书桌上各摆放着精致的巧克力，菜单上也有巧克力特色菜等。外地来客还可以参观、体验巧克力制作的全过程，仿佛进入了一巧克力国度。

丰富产业业态，打造现代乐园。美国好时乐园（Hersheypark），一向以结合历史精华与未来创新而闻名。好时乐园的建成，丰富了人们的休闲和娱乐，园区的现代化设施和创新内容弥补了乡间小镇的“朴素”。2015 年夏季好时镇推出全美首个室内旋转发光过山车“LaffTrakk”。Maurer 公司建造的 Laff Trakk 共有 7 节车厢，每节车厢乘坐 4 人，整个运行时间为 70 秒，预计每小时流动载客量为 850 人，车身可 360 度自由旋转，过山车最高车速约为 64 千米，轨道长约 430 米，运行中有惊险刺激的转弯和翻腾等。这个半黑暗、半家庭式的过山车创新项目，每次都会为游客带来不同的感官体验。游客人数和体型体重影响车身的旋转，带来不同亮度、充满色彩的元素，与周边有趣的视觉效果相配合，为乘坐 Laff Trakk 增添无限乐趣。游客可以感受各种视觉和声音，包括各种角色，如 Laffing Sal、镜子大厅、纸牌屋等。奇妙屋是美国游乐园的珍宝，也是好时乐园历史的重要部分。在乐园内，巧克力形象也是无处不在，商品店里也有各种巧克力衍生纪念品，让游客在感受好时乐园的新与奇中，仍不忘“巧克力小镇”的特色之处。

第四节　思考与建议

当我们为建设和发展出谋划策时，必须从不同层面来理解和研究特色小镇，关注和提升其重要价值和意义。特色小镇作为“物态”的存在形式，服务于人类群体生活，最终为人的“诗意栖息”找到“理想家园”，实现人类社会的美好生活方式。因此，策划和建设特色小镇，既要考虑小镇的内在发展、融合发展，也要重视人本理念和持续发展理念。

一、科学策划和完善顶层设计

规划和策划是行动的前提和指向，特色小镇建设始于科学策划。特色小镇的科学策划有利于引导小镇建设，合理规划和布局发展内容，才能实现健康发展。完善的顶层设计需要一定的“高度”和“力度”。国家发改委宏观经济研究院科研管理部主任高国力说：“要站在乡村振兴战略的格局下认知中国的特色小镇建设。特色小镇是乡村振兴的桥梁纽带和重要依托，没有特色小镇的培育和发展壮大，就没有乡村的真正振兴。”① 特色小镇应积极寻求城乡间的产业发展和区域融合，注重小镇与周边乡村的融合发展。小镇不应是唯一的获利者，让小镇的发展红利渗透和惠及周边乡村的振兴，以实现区域共同发展和繁荣。

二、持续发展需要融入特色内容

一是特色产业。从产业构建型特色小镇来看，对特色产业的理解不能泛泛而论，如一些以普通制造业为主而形成小范围产业集聚的“特色小镇”，是否能称为特色小镇是值得商榷的。笔者认为，特色产业应以特色为主，突出小镇特色产业的地方性、文化性和独特性，如小镇旅游产业、小镇体育产业、小镇生态农林牧渔产业、小镇文化创意产业、小镇历史文化遗产保护与利用等。

二是特色产品和服务。特色小镇优化发展需要特色的产品和服务。其特色应体现为人无我有、人有我优，不断创新发展产品和服务的形式和内容。特色产品，即具有小镇特色的产品类型，如手工艺品、特色小吃、生态农产品等；特色服务，即拥有、提供特色的服务人员、服务内容和态度及服务单位和基础设施，又如特色的公共服务部门及人员的服务态度和服装风格，体验、休闲、娱乐、养生等服务内容，布局合理、具有特色的公共服务设施等。

---

① 张阳：《中国特色小镇迎来新时代》，《人民日报》2017 年 12 月 25 日。

三是特色经营模式。特色小镇的经营方式应以政府引导、企业主导、群众参与的经营模式为主。政府的监督，市场机制的融入，有利于特色小镇的资源的优化配置及小镇的合理发展和快速发展。群众是特色小镇的主体，建设和经营好特色小镇是利民惠民的重要体现。但是，有些特色小镇的发展成了商人牟利的手段，只顾自身利益而忽视群众利益，这是值得反思的和应该杜绝的。

三、塑造特色文化，致力于创新发展

构建特色文化优势。“文化是社会的意识上层建筑，它主要在思想领域起作用，并且通过迂回、曲折的路径反作用于社会经济。”① 特色小镇贵在“特”，“特”离不开产业特色，更离不开文化特色。只有重视特色小镇的特色文化建设，挖掘文化内涵，才能更好发挥小镇文化的“反作用”，提升特色小镇的经济价值和社会价值。原来没有历史文化资源的特色小镇可以进行后天创造，如横店的优势文化，就是政府和企业通过创意而创造的。

塑造特色景观意象。景观的本质反映的是人对真、善、美的价值追求。特色小镇景观开发，如何融入创新型的设计理念和风格，需要所有设计者重视和思考。西方的景观设计理念和风格未必适合中国。适当引用和借鉴也应与国情、省情和“镇情”相结合，从中华优秀的传统文化中寻求特色小镇全新意义的景观意象，塑造和构建具有中国特色的可品、可游、可宿、可闲、可娱、可憩、可观、可赏、可思、可学、可参、可创的文化景观意象。

产业创新发展与体制、机制创新变革。既要对传统核心产业进行创新发展，又要积极发展相关衍生产业和新兴产业。体制创新是为优化特色小镇的市场环境、管理机制，转变政府职能，为特色小镇的发展提供更有利的政策环境。机制创新是为实现特色小镇内部结构协调发展的保障，避免特色小镇内部运行机制的分散化、不统一、不协调，实现小镇的协调发展和整体发展。通过体制、机制的创新，可以有效引导特色小镇持续发展，增强发展活力。

---

① 刘诗白：《现代财富论》，生活·读书·新知三联书店 2005 年版，第 28 页。

四、避免过度房产化，合理布局经济发展空间

特色小镇的建设应当是绿色的、人文的和可持续发展的，不是地产商用以谋利的“空间环境”。城镇化不是城镇建设的工具，而是城镇发展的结果。“大干快上”、土地扩张变现的小镇建设，由此所引起的过度化房地产开发，是城镇建设的“粗放发展”，急功近利，违反合理布局经济发展空间的精神，不符合特色小镇建设的初衷和本义，最终会被市场所淘汰。作为新型城镇化建设的一部分，特色小镇建设应避免“千城一面”，要因地制宜，注重环境保护、人文底蕴和文化传承，有效做到与人文、环境、产业和地域的融合发展。

五、构建人本理念特色小镇

党的十九大《报告》提出：“中国特色社会主义进入新时代，我国社会主要矛盾已经转化为人民日益增长的美好生活需要和不平衡不充分的发展之间的矛盾。”特色小镇建设就是为解决发展不平衡和不充分问题，缩小城镇、乡村之间的差距，谋求人民生产、生活的“新空间”。“为人民重新设计小镇”，应作为特色小镇建设的初衷。特色小镇是人民集聚、生活的场域，发展特色小镇就是为了满足“人民日益增长的美好生活需要”。特色小镇的建设和发展应该以人为本，是“朴实”的，这种朴实就是人的真诚、亲情和感恩。应该让居住、生活在特色小镇的人感受到存在的意义，找到自己的灵魂和情感归宿，让小镇充满人的情感以实现其生命价值。这才是符合“人本理念”的特色小镇。

主要参考文献

（一）国内专著

［1］毛泽东：《毛泽东选集》，人民出版社 1991 年版。

［2］汪建：《思维学导论》，山东大学出版社 1994 年版。

［3］陈放：《策划学》，中国商业出版社 1998 年版。

［4］高鑫：《电视艺术学》，北京师范大学出版社 1998 年版。

［5］鲍明晓：《体育产业——新的经济增长点》，人民体育出版社 2000 年版。

［6］熊元斌：《旅游营销策划理论与实务》，武汉大学出版社 2005 年版。

［7］刘诗白：《现代财富论》，生活·读书·新知三联书店 2005 年版。

［8］刘宏球：《电影学》，浙江大学出版社 2006 年版。

［9］王建民：《战略管理学》（第 2 版），北京大学出版社 2006 年版。

［10］赖声川：《赖声川的创意学》，中信出版社 2006 年版。

［11］王川、武寒青：《动画前期创意》，高等教育出版社 2006 年版。

［12］易图强：《出版学概论》，湖南师范大学出版社 2008 年版。

［13］罗紫初：《编辑出版学导论》，湖南大学出版社 2008 年版。

［14］周培玉：《商务策划管理教程》，中国经济出版社 2008 年版。

［15］严三九、王虎：《文化产业创意与策划》，复旦大学出版社 2008 年版。

［16］史振洪、刘胜花、万钧：《商务策划学》，南京大学出版社 2008 年版。

［17］吴粲、李林：《策划学精要》，中国人民大学出版社 2009 年版。

［18］余艳波：《广告策划》，武汉大学出版社 2009 年版。

［19］刘道玉：《创造思维方法训练》，武汉大学出版社 2009 年版。

［20］范志忠、马华：《影视动画编剧学》，浙江大学出版社 2009 年版。

［21］李丹丹：《手机新媒体概论》，中国电影出版社 2010 年版。

［22］柏定国：《文化品牌学》，湖南师范大学出版社 2010 年版。

［23］吴廷玉：《文化创意策划学》，大连理工出版社 2010 年版。

［24］孙玉才：《创意策划之诠释与经典案例》，山东人民出版社 2010 年版。

［25］王育济、齐勇锋、侯样祥等：《中国文化产业学术年鉴》（1979 - 2002 年卷），山东大学出版社 2010 年版。

［26］陈培爱：《国家经济发展战略与中国广告产业创新发展研究》，厦门大学出版社 2011 年版。

［27］杨东篱：《伯明翰学派的文化观念与通俗文化理论研究》，山东大学出版社 2011 年版。

［28］兰世秋、胡勇、黄光虹：《最新经典旅游创意案例集》，重庆大学出版社 2011 年版。

［29］黄石、李志远、陈洪：《游戏架构设计与策划基础》，清华大学出版社 2010 年版。

［30］李常庆：《日本动漫产业与动漫文化研究》，北京大学出版社 2011 年版。

［31］李涛：《动画符号与国家形象》，浙江大学出版社 2012 年版。

［32］匡文波：《手机媒体概论》，中国人民大学出版社 2012 年版。

［33］谢大京：《艺术管理》，法律出版社 2012 年版。

［34］牛淑萍：《文化资源学》，福建人民出版社 2012 年版。

［35］刘玉平、王晓鹏：《文化产业文献导读》，福建人民出版社 2013 年版。

［36］高福安：《影视制片管理基础》，中国传媒大学出版社 2013 年版。

［37］张鲁君：《文化创意与策划》，福建人民出版社 2014 年版。

［38］胡惠林：《文化经济学》，清华大学出版社 2014 年版。

［39］范伟达、范冰：《社会调查研究方法》，复旦大学出版社 2014 年版。

［40］金力、石洁：《广告营销策划经典案例分析》，北京大学出版社 2014 年版。

［41］章旭清：《动画企划》，东南大学出版社 2014 年版。

［42］陈红：《创造学与创新管理》，河南人民出版社 2014 年版。

［43］徐兆寿：《旅游文化创意与策划》，北京大学出版社 2015 年版。

［44］韩若冰：《日本动漫角色与角色消费研究》，山东人民出版社 2015 年版。

［45］付晓青：《文化产业新业态研究》，福建人民出版社 2015 年版。

［46］盛佳、柯斌、杨倩：《众筹：传统融资模式颠覆与创新》，机械工业出版社 2015 年版。

［47］风笑天：《现代社会调查方法》（第 5 版），华中科技大学出版社 2015 年版。

［48］梁君：《区域文化产业升级机制与路径》，广西师范大学出版社 2016 年版。

［49］刘佳：《音乐产业的发展模式与运行机制》，经济管理出版社 2017 年版。

［50］王晓鹏：《文化学概要》，福建人民出版社 2017 年版。

［51］司若主编：《中国影视产业发展报告（2017）》，社会科学文献出版社 2017 年版。

（二）国外著作

［1］［美］亚力克斯·奥斯本：《创造性想象——创造性地解决问题的原理和步骤》，王明利等译，广东人民出版社 1987 年版。

［2］［德］马克思、恩格斯：《马克思恩格斯选集》，人民出版社 1995 年版。

［3］［法］布尔迪厄：《文化资源与社会炼金术——布尔迪厄访谈录》，包亚明译，人民出版社 1997 年版。

［4］［加］马歇尔·麦克卢汉：《理解媒介——论人的延伸》，何道宽译，商务印书馆 2000 年版。

［5］［美］凯文·林奇：《城市形态》，林庆怡等译，华夏出版社 2001 年版。

［6］［美］艾·里斯、杰克·特劳特：《定位》，王恩冕、于少蔚译，中国财政经济出版社 2002 年版。

[7]［美］保罗·莱文森：《手机：挡不住的呼唤》，何道宽译，中国人民大学出版社2004年版。

[8]［英］约翰·霍金斯：《创意经济：如何点石成金》，洪庆福等译，上海三联书店2006年版。

[9]［英］大卫·赫斯蒙德夫：《文化产业》，张菲娜译，周蔚华校，中国人民大学出版社2007年版。

[10]［美］大卫·奥格威：《一个广告人的自白》，林桦译，中国物价出版社2003年版。

[11]［美］伊丽莎白·科瑞德：《创意城市》，陆香、丁硕瑞译，中心出版社2010年版。

[12]［美］保罗·莱文森：《新新媒介》，何道宽译，复旦大学出版社2011年版。

[13]［美］理查德·佛罗里达：《创意阶层的崛起》，司徒爱勤译，中信出版社2010年版。

[14]［美］菲利普·科特勒、凯文·莱恩·凯勒：《营销管理》，王永贵等译，中国人民大学出版社2012年版。

[15]［美］威廉·阿伦斯、迈克尔·维戈尔德、克里斯蒂安·阿伦斯：《广告与营销策划》，丁俊杰等译，人民邮电出版社2013年版。

[16]［美］唐·舒尔茨、海蒂·舒尔茨：《整合营销传播》，王茁、顾洁译，清华大学出版社2013年版。

[17]［加］艾伦·贝森：《动漫游原创力：100个动画、漫画、游戏、影视人不可不知道的原则》，赵嫣译，中国青年出版社2013年版。

[18]［美］瑞安：《创意制片完全手册》，马瑞青译，北京联合出版公司2015年版。

[19]［美］杰西·谢尔：《游戏设计艺术》，刘嘉俊、陈闻等译，电子工业出版社2016年版。

[20]［美］凯文·林奇：《城市意象》，方益萍、何晓军译，华夏出版社2016年版。

［21］［日］佐藤大：《佐藤大：用设计解决问题》，邓超译，北京时代华文书局2016年版。

（三）期刊论文

［1］李道平：《略论出版策划》，《中国出版》1997年第7期。

［2］白继红：《新闻策划研究综述》，《高校社科信息》1999年第2期。

［3］舒咏平：《出版发行中的整合营销传播》，《编辑之友》2002年第6期。

［4］谢大京：《试论表演艺术团体运作方式的产业化》，《社会科学》2003年第5期。

［5］黄晓霞、崔庆五：《品牌忠诚度——企业竞争取胜的关键》，《重庆邮电学院学报》（社会科学版）2005年第4期。

［6］李国岳：《论体育品牌策划的原则和方略》，《吉林体育学院学报》2006年第1期。

［7］魏丽坤：《KANO模型和服务质量差距模型的比较研究》，《世界标准化与质量管理》2006年第9期。

［8］张海涛：《电视新闻生产如何实现流程再造》，《记者摇篮》2007年第4期。

［9］王国良：《网络音乐的特性及其评析》，《郑州大学学报》（哲学社会科学版）2007年第4期。

［10］周善：《论出版策划学的学科架构》，《经济与社会发展》2007年第7期。

［11］汪家驷：《论新闻策划》，《当代传播》2008年第4期。

［12］齐勇锋：《文化体制改革：进展、难点和前景展望》，《中国文化产业评论》（总第8卷）2008年7月版。

［13］罗紫初：《论出版人的文化追求与市场意识》《出版科学》2008年第5期。

［14］詹新寰、孙忠利、王先亮：《产业融合机制下体育产业发展研究》，《首都体育学院学报》2008年第6期。

［15］柳斌杰：《版权创造财富》，《成都纺织高等专科学校学报》2009年第1期。

［16］程明、姜帆：《整合营销传播背景下广告产业形态的重构》，《武汉大学学报》（人文社会科学版）2009年第4期。

［17］汪澈：《谈电视剧策划与策划人——访影视策划人李洋》，《当代电视》2009年第8期。

［18］齐勇锋：《文化产业在应对金融危机中的地位和作用探讨》，《东岳论丛》2009年第9期。

［19］毛小红：《浅析法兰克福国际书展的成功之道》，《中国出版》2009年第20期。

［20］昝胜锋：《嵌入式广告、文化暗合与电影票房》，《中国文化产业评论》2010年第2期。

［21］魏景飞：《我国会展业发展现状及对策研究》，《东岳论丛》2010年第4期。

［22］丁培卫：《新时期中国民族动漫产业核心竞争力研究》，《社会科学辑刊》2010年第4期。

［23］魏鹏举：《我国文化产业的融资环境与模式分析》，《同济大学学报》（社会科学版）2010年第5期。

［24］黄慧：《整合营销传播背景下的会展策划》，《媒体时代》2010年第9期。

［25］苏静、张秋芬、王茜：《健身全民化与休闲体育资源交互耦合的理论研究》，《武汉体育学院学报》2010年第9期。

［26］毕秋灵、黄淼：《院线制：中国演出市场新引擎》，《文化产业导刊》2010年第10期。

［27］王广振、曹晋彰：《文化产业的多维分析》，《东岳论丛》2010年第11期。

［28］张友臣：《发达国家文化品牌培育经验探析》，《东岳论丛》2010年第12期。

［29］盘剑：《中国动漫产业：呼唤“‘新’中国学派”》，《文艺争鸣》2010 年第 20 期。

［30］唐建军：《文化生态学视野下遗产旅游地的可持续发展研究》，《东岳论丛》2011 年第 1 期。

［31］杨东篱：《发展文化产业与构建良性文化生态》，《天府新论》2011 年第 1 期。

［32］刘嘉龙：《会展活动策划整合理论研究》，《中国城市经济》2011 年第 29 期。

［33］殷俊：《动漫产业与提升文化软实力对策探讨》，《西南民族大学学报》（人文社会科学版）2012 年第 5 期。

［34］张军：《文化会展业：从平台到品牌的建构——以深圳文博会为例》，《开放导报》2012 年第 6 期。

［35］邢保林：《影视导演、策划与制片的关系》，《视听》2012 年第 8 期。

［36］韩英：《问题与反思——入世以来我国图书版权贸易状况分析》，《东岳论丛》2012 年第 9 期。

［37］李庆雷、高大帅、杨坤武：《当今旅游策划需要关注的五大基本原理》，《西华大学学报》（哲学社会科学版）2013 年第 2 期。

［38］任津雨：《探析旅游策划中存在的问题及对策》，《大众文艺》2013 年第 2 期。

［39］王广振、曹晋彰：《中国演艺产业发展反思与演艺产业链的构建》，《东岳论丛》2013 年第 4 期。

［40］张晓：《〈江南 style〉传播动因解析》，《东南传播》2013 年第 4 期。

［41］刘凤、薛庆：《论情感消费》，《华人时刊》（下旬刊）2013 年第 7 期。

［42］来艺博：《论众筹网站在中国的起步与发展——以“点名时间”网为例》，《今传媒》（学术版）2013 年第 11 期。

［43］李蕾：《观谭盾〈女书〉之我感》，《音乐时空》2013 年第 12 期。

［44］李莉文：《会展整合营销传播手段分析》，《科技视界》2013 年第 19 期。

［45］陈少峰：《文化产业业态变化与文化企业经营策略研究》，《北京联合大学学报》（人文社会科学版）2014 年第 1 期。

［46］范周、张芃：《新时期中国文化产业发展面临的几大问题》，《北京联合大学学报》（人文社会科学版）2014 年第 2 期。

［47］花建：《中国文化产业的区域发展战略》，《同济大学学报》（社会科学版）2014 年第 3 期。

［48］邵明华：《媒介融合背景下我国影视文化消费的趋势与对策》，《现代传播》2014 年第 5 期。

［49］马明：《中国对外演艺业发展的问题与探索》，《同济大学学报》（社会科学版）2014 年第 5 期。

［50］罗婷：《〈十万个冷笑话〉的商业发展模式及其启示》，《艺术百家》2014 年第 5 期。

［51］罗仲伟等：《动态能力、技术范式转变与创新战略——基于腾讯微信“整合”与“迭代”微创新的纵向案例分析》，《管理世界》2014 年第 8 期。

［52］张征：《苹果网络音乐商店商业模式分析》，《商场现代化》2014 年第 16 期。

［53］栾轶玫：《建议用“融媒体”代替“全媒体”》，《新闻论坛》2015 年第 1 期。

［54］张强：《腾讯携手网易数字音乐由争转合》，《计算机与网络》2015 年第 2 期。

［55］王广振、王新娟：《互联网电影企业：产业融合与电影产业链优化》，《东岳论丛》2015 第 2 期。

［56］高书生：《我国文化产业发展的总体状况和主要特征》，《经济与管理》2015 年第 3 期。

［57］范建华：《带状发展：“十三五”中国文化产业发展新趋势》，《云

南师范大学学报》（哲学社会科学版）2015 年第 3 期。

［58］邵明华：《转型期我国文化产业营销模式创新的路径选择》，《东岳论丛》2015 年第 5 期。

［59］于丽：《中国电影衍生品：未来的商机与挑战——从〈西游记之大圣归来〉说开去》，《电影艺术》2015 年第 5 期。

［60］孙学立：《我国众筹融资模式及监管问题研究》，《华北金融》2015 年第 5 期。

［61］刘春、刘玉平：《山东省文化产业博览会提升研究》，《齐鲁艺苑》2015 年第 5 期。

［62］张丰艳：《互联网渠道下音乐国际传播的现状、特点与问题分析》，《现代传播》2015 年第 8 期。

［63］李春：《〈夏洛特烦恼〉："开心麻花"的味道》，《当代电影》2015 年第 11 期。

［64］朱翎：《颠覆行业的四大众筹案例》，《青年文学家》2015 年第 19 期。

［65］喻国明、潘佳宝：《"互联网 +"环境下中国传媒经济的涅槃与重生——2015 年中国传媒经济研究的主题与焦点》，《国际新闻界》2016 年第 1 期。

［66］傅祚华：《选题策划与出版流程》，《中国编辑》2016 年第 2 期。

［67］陈洁、王广振：《文化产业众筹融资模式分析》，《牡丹江师范学院学报》（哲学社会科学版）2016 年第 2 期。

［68］陈洁：《情怀经济："众筹 + 文化旅游"路在何方?》，《人文天下》2016 年第 3 期。

［69］赵贺佳：《中国"独立音乐"传播路径探究》，《音乐传播》2016 年第 3 期。

［70］张俊鹏：《"互联网 +"时代纸质书的出版策划》，《编辑学刊》2016 年第 4 期。

［71］金元浦：《我国当前文化创意产业发展的新形态、新趋势与新问题》，《中国人民大学学报》2016 年第 4 期。

［72］陈守湖：《IP 出版的考察——流行文化、粉丝经济与媒介融合》，

《理论探索》2016 年第 4 期。

［73］王国华：《略论文化创意小镇的建设理念与方法》，《北京联合大学学报》（人文社会科学版）2016 年第 4 期。

［74］潘爱玲、邱金龙：《我国文化产业并购热的解析与反思》，《华中师范大学学报》（人文社会科学版）2016 年第 5 期。

［75］卢元镇：《中华民族传统体育的国际化》，《体育学刊》2016 年第 5 期。

［76］胡惠林：《关于文化产业发展若干问题的思考》，《华中师范大学学报》（人文社会科学版）2016 年第 6 期。

［77］杨普超：《久盛不衰的“野性之花”——〈卡门〉》，《舞蹈》2016 年第 7 期。

［78］喻国明：《打造新型主流媒体价值范式与影响力的关键——以北京广播电视台线上直播平台“北京时间”G20 杭州峰会报道为例》，《新闻与写作》2016 年第 10 期。

［79］齐骥：《文化产业供给侧结构性改革的要素与行动逻辑研究》，《东岳论丛》2016 年第 10 期。

［80］王传珍：《知识付费奇点与未来》，《互联网经济》2017 年第 1 期。

［81］冯立新、任劲：《2000 年以来中国旅游规划创新热点研究》，《云南地理环境研究》2017 年第 1 期。

［82］祁述裕：《建设文化场景，培育城市发展内生动力》，《东岳论丛》2017 年第 1 期。

［83］张鸿雁：《论特色小镇建设的理论与实践创新》，《中国名城》2017 年第 1 期。

［84］李向民：《文化产业供给侧结构性改革问题初探》，《福建论坛》（人文社会科学版）2017 年第 2 期。

［85］杜贤：《“互联网＋”时代的选题策划》，《科技与出版》2017 年第 2 期。

［86］朱建华：《媒体“中央厨房”的实践与思考》，《新闻前哨》2017 年第 2 期。

［87］李坦：《浅析新媒体时代下的国产电影口碑营销策略》，《戏剧之家》2017 年第 2 期。

［88］吴佳妮：《音乐社交短视频软件何以走红——以抖音 App 为例》，《新媒体研究》2017 年第 3 期。

［89］李凤亮、潘道远：《我国文化产业创新的制度环境及优化路径》，《江海学刊》2017 年第 3 期。

［90］刘士林、王晓静：《特色小镇建设实践及概念界定》，《中国国情国力》2017 年第 6 期。

［91］李康化：《文化产业供给侧结构性改革的战略选择》，《福建论坛》（人文社会科学版）2017 年第 8 期。

［92］林凡军：《基于演艺产业生态理论的演出院线内涵与机理研究》，《山东社会科学》2017 年第 10 期。

［93］关旭、陶婷芳、陈丽英：《我国大型城市旅游业与演艺业融合路径及选择机制——企业层面的扎根研究》，《经济管理》2018 年第 1 期。

［94］李育菁、张捷：《集体欢腾与灵光塑造：数字时代流行音乐商业价值研究》，《现代传播》2018 年第 1 期。

［95］曾涛、杨朔、占绍文：《区域文化创意产业竞争力形成机理仿真研究》，《统计与决策》2018 年第 2 期。

［96］潘爱玲、刘文楷、邱金龙：《困境与突破：新旧动能转换背景下文化企业商业模式创新研究》，《山东大学学报》（哲学社会科学版）2018 年第 2 期。

［97］LEIPER N. The framework of tourism：Towards a definition of tourism，tourist，and the tourist industry. Annals of Tourism Research，1979，6（4）.

［98］DAVIS F. D. A technology acceptance model for empirically testing new end – user information systems：Theory and results，Massachusetts：Massachusetts Institute of Technology，1985.

［99］SCHMITT B. Experiential marketing：How to get customers to sense，feel，think，act，and relate to your company and brands. New York：Free

Press, 1999.

[100] Parasuraman, Technology readiness index (TRI): A multiple - item scale to measure readiness to embrace new technologies. Journal of Service Research, 2000, 2 (4).

[101] ARMIN S. Crowdfunding of Small Entrepreneur Ventures. The Oxford Handbook of Entrepreneurial Finance, 2010 (9).

（四）报载文章

[1] 张宪春:《啤酒节给青岛带来了什么》,《中华工商时报》2003 年 8 月 21 日。

[2] 喻国明:《报业突围路径：整合力》,《中华新闻报》2007 年 2 月 7 日。

[3] 杨振之:《旅游策划规划理论研究集锦之七：旅游策划与后旅游策划》,《中国旅游报》2009 年 6 月 24 日。

[4] 刘玉平:《横看成岭侧成峰》,《光明日报》2010 年 4 月 11 日。

[5] 徐万佳:《旅游策划要走高品质之路——对话深圳多彩旅游策划顾问公司总裁卜春斌》,《中国旅游报》2010 年 10 月 10 日。

[6] 景晓萌:《法兰克福书展：“故事”驱动中国》,《中国文化报》2012 年 8 月 11 日。

[7] 柴野:《全球文化交流的风向标》,《光明日报》2014 年 10 月 14 日。

[8] 陈旭光:《呼唤中国电影的动画大片时代》,《光明日报》2015 年 8 月 10 日。

[9]《“主题乐园”成为资本逐鹿新战场》,《国际商报》2016 年 6 月 20 日。

[10] 施庆华:《世界最大图书博览会是怎样经营的？——法兰克福书展》,《澎湃新闻》2016 年 10 月 17 日。

[11] 刘畅:《“线上”“线下”咪咕音乐》,《经济日报》2017 年 4 月 8 日。

[12] 易剑东:《从产业链整合视角看“旅游 + 体育”深度融合》,《中国旅游报》2017 年 4 月 24 日。

[13] 陈金海、杨世国:《深圳文博会：文化创新联通中外》,《人民日报》（海外版）2017 年 5 月 18 日。

［14］木岩：《网络游戏：创造产值更要凸显文化价值》，《中国文化报》2017 年 8 月 25 日。

［15］刘国政：《主题公园玩转传统文化》，《经济参考报》2017 年 11 月 16 日。

［16］尹鸿：《这一年，有部电影叫〈芳华〉》《中国电影报》2017 年 12 月 19 日。

［17］张婧：《新时代网络游戏踏上转型升级发展新征程》，《中国文化报》2018 年 4 月 16 日。

后　记

“君子务本，本立而道生。”转眼之间，我们进行《文化产业策划学》编著工作已三年有余，寒往暑来，日月如梭。“不登高山，不知山之高也；不临深溪，不知地之厚也。”写作过程，也是“登高山”“临深溪”的探索，苦甘自知自乐。虽然编著过程中遇到了很多问题和困惑，但我们一直恪守“务本”之道，始终努力思考和探索，积极寻求应对和解答之策，秉持不浮躁、不懈怠、不慕虚名、不妄自菲薄的心态。

呈现在读者面前的这本书，是我们大家的集体创作。写作的动因和特点，在“导论”中已有说明。该著作，我们将其定位为介于学术专著与研究生教材之间，兼有二者特点，部分章节是以学术期刊论文的水准自我要求的，结果是否达到，留待读者评判。

本书是多年来我们关于文化产业与策划的思考和思想的凝练。首先由刘玉平老师提出总体设计策划，拟定编著计划和大纲；接着，青年教师张鲁君、李大伟、付晓青、韩若冰、章军杰参与讨论写作大致内容。然后，文化产业管理专业博士研究生聂莺、曹晋彰、刘春、陈洁、于海，硕士研究生尹建华、孙楠、张俊梅、阎韶宁、王九涛、张李男、戴雯雯、王富林、王奕之、周恋榕、苑泓丽、申雄宇、叶宗乐、王梦晓等，陆续加盟编著工作，发挥了各自的学术特长，奉献了聪明才智。初稿完成后，刘玉平、陈洁、周恋榕三人既分工又合作，共同完成了全书稿各章节的修改、统编和完善任务。

需要说明的是，本书得以出版，首先感谢中国传媒大学齐勇锋教授百忙之中予以关注，并拨冗作序；十分感谢山东大学历史文化学院方辉、刘家峰、朱伟等领导的支持，感谢陈尚胜、刘玉峰、张友臣、徐畅、赵兴胜、唐锡光等知名教授的学术指导，也要感谢山东人民出版社的胡长青社长、重点项目编辑室王海涛主任、战海霞编辑等人所给予的大力帮助。本书写作所用文献资料，不论标注与否，在此一并表示感谢。

由于我们水平所限，加之新课题新尝试、时间较短，难免存在不足之处，欢迎广大读者批评指正。

编著者

2018 年 6 月 26 日